ABITUR-WISSEN KUNST

Barbara Pfeuffer

Malerei · Plastik · Architektur

STARK

Umschlagbild: © Baloncici/Dreamstime.com

ISBN 978-3-86668-204-7

www.stark-verlag.de
1. Auflage 2009

Inhalt

Fortsetzung siehe nächste Seite

Fortsetzung siehe nächste Seite

Autorin: Barbara Pfeuffer

Vorwort

Liebe Schülerinnen und Schüler,

Das „Grundwissen Malerei – Plastik – Architektur" ist auf die Oberstufe des Gymnasiums abgestimmt und bietet einen gründlichen und fundierten Überblick über die Kunst-Entwicklung in den letzten 200 Jahren. Dieser Band kann sowohl unterrichtsbegleitend als auch gezielt zur Abiturvorbereitung eingesetzt werden, da er auf dem gültigen **G8-Lehrplan** basiert.

- Ein **Rückblick** stellt den kunsthistorischen Zusammenhang her. Damit wird die Kunst des 20. Jahrhunderts, die den Schwerpunkt des Buches bildet, in den historischen Kontext eingebunden.
- Neben der Vermittlung von Faktenwissen werden **Entwicklungsverläufe** aufgezeigt und in den zeit- und geisteswissenschaftlichen Zusammenhang eingebettet.
- In den **Exkursen** werden im Kontext des jeweiligen Kapitels wichtige Themen wie etwa die Entwicklung der Landschaftsmalerei knapp und übersichtlich dargestellt.
- Zahlreiche **Bildbeschreibungen** lenken den Blick auf das einzelne Kunstwerk und geben einen Anstoß zum „aktiven" Sehen.
- **Abbildungen** gewährleisten die Veranschaulichung des Textes und trainieren das optische Gedächtnis.

Viel Erfolg bei der Arbeit mit diesem Buch und bei der Vorbereitung auf den Kunstunterricht und das Abitur.

Barbara Pfeuffer

Von der frühchristlichen Kunst bis zum Rokoko

1 Grundbegriffe (Malerei – Plastik – Architektur) und Übersicht

Bis zum Beginn des 20. Jahrhunderts waren drei Kunstgattungen klar voneinander zu trennen: Malerei, Plastik und Architektur.

Malerei Gestaltung in der Fläche	Plastik Gestaltung von Körpern	Architektur Gestaltung von Räumen
Arten		
• Wandmalerei • Tafelmalerei • Glasmalerei • Buchmalerei u. a.	• Skulptur (aus hartem Material: Stein, Holz); durch „Wegnehmen" entsteht Form • Plastik (aus weichem Material: Wachs, Ton, Erzguss); durch „Hinzufügen" entsteht Form	• Sakralarchitektur (Tempel, Kirche) • Profanarchitektur (öffentliche Gebäude: Rathaus, Oper, Museum usw.), Wohnbauten, Palast
Mittel		
• Bildträger (z. B. Holz, Papier, Wand) • Farbe (zusammengesetzt aus Pigment und Bindemittel)	• Rundplastik (umgehbar, z. B. Statue) • Relief • Bauplastik (an Architektur gebunden) u. a.	• Gestaltung von Außen- und Innenraum, Plätzen (freien Räumen), Städtebau, Landschaftsarchitektur

2 Entwicklung vom 4. Jahrhundert n. Chr. bis zum 18. Jahrhundert

Die großen Stilepochen der europäischen Kunstgeschichte sind:

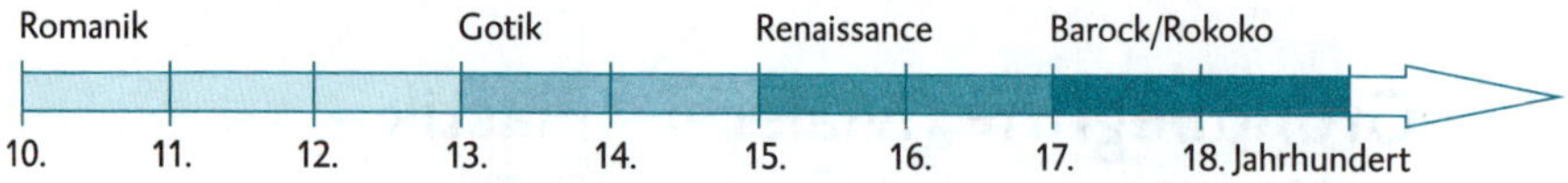

Die einzelnen kunsthistorischen Epochen sind in der Regel miteinander verzahnt, gehen fließend ineinander über oder sind regional unterschiedlich ausgeprägt. Die Jahreszahlen dienen daher nur der zeitlichen Orientierung und sind als Anhaltspunkte aufzufassen.

Zeit	Stilepochen, historische Fakten	Wichtige künstlerische Leistungen, Künstler
Spätantike		
4.–7. Jh.	• Frühchristliche Kunst	
313	• Edikt von Mailand (Duldung des Christentums)	• Anfänge der christlichen Kunst
391	• Christentum wird Staatsreligion	• Entstehung des christlichen Kirchenbaus (Typus Basilika) Zentren: Rom, Byzanz, Ravenna
Frühes Mittelalter		
450–750	• Völkerwanderung • Merowingische Zeit	• Anfänge der Buchmalerei, frühe Blüte in Irland
750–900	• Karolingische Zeit (Karl der Große)	• Kulturelle Blüte am Hof Karls des Großen, Wiederanknüpfen an römische Vergangenheit („Karolingische Renaissance") (Pfalzkapelle zu Aachen)
850–950	• Ungarneinfälle („Dunkles Jahrhundert")	
919–1024	• Regierungszeit der Ottonen	• Erneutes Anknüpfen an römische Tradition („Ottonische Renaissance") • Buchmalerei

Hohes Mittelalter		
1050–1200	ROMANIK • Regierungszeit der Salier (1024–1125) und Staufer (bis 1268) • Investiturstreit • Kreuzzüge	• Romanischer Kirchenbau (Massenbau, Kreuzgratgewölbe, gebundenes System, Krypta, Wandmalerei) • Entwicklung der figürlichen Plastik • Berührung mit islamischer und byzantinischer Kultur
12.–15. Jh.	GOTIK	
1140–1200	• Frühgotik in Nordfrankreich und England	• Gründungsbau der Gotik: St. Denis bei Paris (Abt Suger) • Kathedralen von Chartres, Paris, Laon
1200–1230	• Hochgotik in Frankreich	• Kathedralenbau (Kreuzrippengewölbe, Strebesystem, Skelettbau, Maßwerkfenster, Glasmalerei) • „Klassische Kathedralen“: Chartres, Reims, Amiens • Gewändeskulptur: beginnender Naturalismus
1150–1250	• Protorenaissance in Italien	• Von der Antike geprägte Romanik (kaum gotische Stilelemente in Italien) • Zentren: Pisa, Florenz • Malerei: byzantinisch geprägt
1180–1300	• Ausbreitung der Gotik in Mitteleuropa	• Straßburger Münster
1300–1400	• Deutsche Sondergotik	• Hallenkirchen, Backsteingotik
14. Jh.	• Italien: Trecento Erste Hälfte Blütezeit, zweite Hälfte Stagnation (Pest)	• Florenz: Bettelordenskirchen (Kommunalgotik) • Giotto und sienesische Künstler
Spätes Mittelalter		
1400–1500	• Spätgotik in Mitteleuropa • Aufblühende städtische Bürgerkultur	• Flügelaltar • Tafelmalerei • Beginn der Ölmalerei • Ausgeprägter Realismus in den Niederlanden (Gebr. van Eyck)

1453 1492 15. Jh.	• Untergang des oströmischen Reiches (Eroberung von Byzanz durch die Osmanen) • Kolumbus entdeckt Amerika • Frührenaissance in Florenz „Quattrocento" • Medici und Zünfte als Mäzene	 • Kulturelle Blütezeit • Zentralperspektive (Brunelleschi, Masaccio) • Kunst und Naturwissenschaften im Austausch (Leonardo da Vinci)
Neuzeit		
16. Jh. 1500–1520 1500–1530 1520–1540	RENAISSANCE • Zeitalter der Entdeckungen und der Kirchenspaltung • Hochrenaissance in Rom • Renaissance in Europa • Manierismus ausgehend von Italien	 • Baubeginn Petersdom • Michelangelo (Sixtinische Kapelle) • Raffael (Stanzen des Vatikans) • Deutschland: Dürer, Altdorfer, Holbein d. J. • Höfische, subjektiv geprägte Kunst
17. Jh. 1570–1630 1630–1700 1680–1730 1700–1750 1730–1780	BAROCK • Frühbarock in Italien • Hochbarock • Frankreich: Regierungszeit des Sonnenkönigs Ludwig XIV. • Deutschland: Kulturelle Entfaltung wegen 30-jährigem Krieg stark eingeschränkt • Barock in Deutschland • Rokoko in Frankreich • Rokoko in Süddeutschland	 • Gründungsbau der barocken Kirchenbaukunst: Il Gesù in Rom • Rom: Bernini • Spanien: Blüte der realistischen Malerei (Velázquez) • Holland: Rembrandt, Vermeer • Flandern: Rubens • Frankreich: Versailles, Poussin • Schloss- und Klosteranlagen, Wallfahrtskirchen • Malerei: Watteau, Boucher, Chardin • Kirchenbauten (Wieskirche)

2.1 Entwicklung vor der Romanik

Die Geschichte der Kunst (Malerei und Bildhauerei) bewegt sich zwischen den Polen „Abstraktion“ und „Naturnachahmung“. Ersteres leitet sich ab von „abstrahere“ und bedeutet „Wegziehen“ (von der Natur). Dabei kann das Naturvorbild vereinfacht (z. B. auf eine Grundform reduziert) sein oder ganz weggelassen werden. Ausgangspunkt für die Natur nachahmende Kunst ist die sichtbare Wirklichkeit, die realistisch oder idealisierend wiedergegeben wird. Die äußerste Form des Realismus ist der Illusionismus, der die Natur täuschend ähnlich wiedergibt.

Die europäische Kunst speist sich vorwiegend aus zwei Quellen, der Kunst der Antike (naturabbildend, der Mensch steht im Zentrum) und der Kunst der Germanen (ornamental-abstrakt, keine Menschendarstellungen). Im Zuge der Völkerwanderung treffen beide aufeinander. Nach dem Untergang des Römischen Reiches entwickelt sich (u. a. in Byzanz und Ravenna) die **frühchristliche Kunst** (5.–7. Jh.) unter dem Einfluss beider Quellen.

Vorbild für den christlichen Kirchenbau ist die römische Markt- und Gerichtshalle **(Basilika)**. Hier wird ein Bautypus entwickelt, der mit Abwandlungen bis ins 19. Jh. Gültigkeit hat. Die frühchristliche Basilika (3- oder 5-schiffig) hat ein überhöhtes Mittelschiff, ihr Inneres ist hallenartig weit. Der Apsis (griech.: „das Angefügte“; Ort des Altars, stets im Osten) ist mitunter ein Querschiff vorgelagert (z. B. Alt St. Peter, Rom, 4. Jh.). Licht fällt durch kleine Obergadenfenster (Obergaden: Wand über den Säulenarkaden, die Haupt- und Mittelschiff trennen), der hölzerne Dachstuhl ist offen. In Sant' Apollinare Nuovo (Ravenna) etwa ist noch ein Großteil des Mosaikschmucks erhalten, der die gesamten Innenwände überzog. Die figürlichen Darstellungen dienen der Veranschaulichung des Heilsgeschehens.

Ein strenger Formenkanon (flächige, unräumliche Darstellung, häufig Goldgrund, meist Frontalansicht) hält sich im byzantinischen Raum bis ins 15. Jh. (1453 wurde Byzanz durch die Türken erobert). Neben dem Längsbau wird auch der Zentralbau üblich, der vor allem als Mausoleum (Grabkapelle) und Baptisterium (Taufkapelle) dient. Äußerlich sind die dünnwandigen, aus Ziegeln errichteten Kirchen („Kartenhauscharakter“) sehr schlicht.

Eine erste kulturelle Blütezeit nördlich der Alpen entsteht am Hofe Karls des Großen. Aus dieser Epoche ist die Pfalzkapelle (Aachen) erhalten, der erste monumentale Steinbau nach der römischen Zeit. In den Klöstern werden Bibeln handgeschrieben und illustriert. Die Buchmalerei orientiert sich an Ornamenten der Germanen (Flechtbandornamentik) und figürlichen Darstellungen der römischen Zeit (**„Karolingische Renaissance“**, 8./9. Jh.).

2.2 Romanik und Gotik

Die Kunst des Mittelalters steht im Dienst der Kirche (Sakralkunst). Ihr kommt daher die Aufgabe zu, Glaubensvorstellungen zu versinnbildlichen. Jede Darstellung ist symbolisch – als Hinweis auf Gott – zu verstehen. Elemente aus der sichtbaren Welt werden abstrahiert, d. h. vereinfacht, um die intendierte Aussage so klar wie möglich zu machen. In prägnant formulierten **Sinnbildern** wird den Kirchenbesuchern (zumeist Analphabeten) das Heilsgeschehen vor Augen geführt.

Die burgähnlichen Kirchen (Massivbauweise) weisen im Inneren hohe, geschlossene Obergaden auf, die Platz für ein umfangreiches Bildprogramm bieten (Wandmalerei). Unterbrochen werden sie nur von kleinen, schießschartenähnlichen Fenstern. Häufiger ist nun das Querschiff vertreten, das bewirkt, dass der Grundriss an ein lateinisches Kreuz erinnert (ein längerer Hauptbalken, ein kürzerer Querbalken). Zwischen Apsis und Querschiff wird der Chor eingeschoben. Querschiff und Langhaus schneiden sich in der Vierung, über der häufig ein Turm errichtet wird. Türme krönen auch die Fassaden, die oft von einem Westwerk verstärkt werden. Während in der Ottonischen Zeit noch der offene Dachstuhl vorherrscht (St. Michael, Hildesheim, um 1000), werden unter den Saliern die ersten gewölbten Decken aus Stein gebaut (Kreuzgratgewölbe, zuerst im Dom zu Speyer, 11. Jh.). Unterhalb des Altarraums werden Krypten errichtet, welche der Reliquienverehrung dienen. Der charakteristische Rundbogen erinnert an die römische Baukunst (romanisch → römisch).

Seit dem **Hohen Mittelalter** (13. Jh.) setzen sich Theologen und Künstler zunehmend mit dem irdischen Lebensraum auseinander. Am Gewände des gotischen Kirchengebäudes (schräg eingeschnittene Wände zu Seiten des Portals) entwickelt sich die figürliche Plastik. Aus der eng mit der dahinterliegenden Gewändesäule verbundenen starren Gestalt (12. Jh.) entsteht die dem Menschen nachgebildete körperbetonte Skulptur. Der „Beau Dieu" von AMIENS (Christusfigur) ist der idealschöne Mensch. Die „Maria der Heimsuchung" am Hauptportal der Kathedrale von Reims erinnert sogar an antike Kaiserinnenbildnisse. Mit der Säule des Gewändes besteht nur noch lockere Verbindung. Die Figur ist vor die Wand getreten. Das steinerne Gewand fällt schwer über den plastisch durchgeformten, frei dastehenden Körper, der durch Gestik und Mimik belebt wirkt.

Der Bilderschmuck ist also von den bemalten Innenwänden (Romanik) sowohl auf die Portale (Gewändeskulptur) als auch auf die großen Maßwerkfenster (Glasmalerei) verlagert worden. Aus dem Massenbau ist der „Skelettbau" geworden, in dem es kaum noch geschlossene Mauerflächen gibt. Die dünnen, vielfältig durchbrochenen Wände können das Kreuzrippengewölbe nicht alleine tragen. Ein ausgeklügeltes Strebesystem fängt den Schub des Gewölbes von außen auf und leitet ihn zum tief in die Erde reichenden Fundament weiter. Im Inneren beruht die Konstruktion auf den Rippen, welche dem Gewölbejoch Stabilität verleihen und bis zum Boden des Mittelschiffs hinunterführen. Stützende Elemente befinden sich am Außenbau. Im Inneren hat man den Eindruck, dass der Raum geradezu schwerelos nach oben strebt. Das farbige Licht verleiht dem Inneren zudem eine geradezu mystische Atmosphäre. Voraussetzung für das Verständnis der gotischen Kathedrale ist die **Lichtmetaphysik**. Sie beruht auf der Annahme, dass das Licht, das von außen durch die farbigen Glasscheiben dringt, göttlichen Ursprungs ist. Die Verwandlung in farbige Strahlen macht das Licht und damit den göttlichen Geist deutlich anschaubar, ja, fast greifbar. Transzendentes wird sozusagen manifestiert und damit glaubhaft. Die überirdische Wirkung des Lichteinfalls kann z. B. noch in Chartres erlebt werden, wo die meisten Glasfenster erhalten sind. Als bekanntes Merkmal für den gotischen Stil gilt der Spitzbogen, der den romanischen Rundbogen ersetzt hat.

Es wird vermutet, dass schon zwischen der Bauhütte von Reims und der Kunst in der Toskana Verbindungen bestanden. Zu Beginn des 14. Jahrhunderts ist der Kontakt zwischen der Gotik in Frankreich und den Kunstzentren der Toskana offensichtlich. Der sienesische Maler SIMONE MARTINI arbeitet zeitweise am Hof des Papstes zu Avignon. Gut bekannt ist er mit dem humanistisch gebildeten Dichter Petrarca, der einige Jahre in Südfrankreich lebt. Petrarcas für die damalige Zeit spektakuläre Besteigung des Mont Ventoux leitet ein neues Verhältnis des Menschen zur Natur ein. Er beschreibt die Schönheit des Naturerlebnisses, die ihren Ursprung in Gott habe. Thomas von Aquin, der große Theologe, setzt Schönheit mit Wahrheit (Gottes) gleich und rechtfertigt damit die Freude des Menschen an der Schönheit des irdischen Daseins.

GIOTTO überwindet die sog. **„maniera greca"**, den in Italien verbreiteten, von byzantinischen Künstlern geprägten Stil, der in den Ikonen der Ostkirche weiterlebt. In seinen monumentalen Wandfresken stehen blockhafte Körper schwer und fest im Bildraum, nach Licht und Schatten modelliert. Wie ein Architekt baut er seine Komposition aus Senkrechten (z. B. Figur) und Waagerechten (Dach, Boden), nimmt damit Bezug auf den „Rahmen" (Bildbegrenzung) und erreicht so eine strenge, in sich fest gefügte **Bildtektonik**. Giotto ist wegweisend für die neuzeitliche europäische Malerei und Vorbild für zahllose Maler bis ins 20. Jahrhundert (z. B. Pittura Metafisica).

Die Wiedergabe der **realen Umgebung** des Menschen beginnt mit den Fresken von AMBROGIO LORENZETTI (vgl. Exkurs: Geschichte der Landschaftsmalerei) im Rathaus von Siena (um 1340). Im Fresko „Das gute Regiment" wird das Leben im damaligen Siena geschildert. Außerhalb der Stadttore sieht man die typische toskanische Hügellandschaft, die Thematik ist **profan** (weltlich).

Bis zum Ende des 18. Jahrhunderts steigt der Stellenwert der Profankunst. Seit dem 19. Jahrhundert spielt die Sakralkunst nur noch eine untergeordnete Rolle.

2.3 Renaissance

Zu Beginn des 15. Jh. (Quattrocento) greifen Künstler in Florenz die Neuerungen des Trecento auf. Durch das Regierungsgeschick der Medici kommt es zu einem bedeutenden wirtschaftlichen Aufschwung, der Florenz befähigt, große Summen für die künstlerische Gestaltung von Kirchen und Palästen aufzubringen. Die Stadt erlebt ihre Blütezeit. Hier entsteht die Renaissance, nach J. Burckhardt, Kunsthistoriker (19. Jh.), die „Entdeckung der Welt und des Menschen". In den Vordergrund des Interesses treten der Mensch und seine Umwelt. Wissenschaftler und Künstler dienen derselben Aufgabe: der Erforschung der **Natur**. Geistige Grundlage ist der **Humanismus**, der sich im 14. Jh. entwickelt und seine Wurzeln im Denken der Antike hat (franz. Renaissance: „Wiedergeburt", gemeint ist die der Antike). Als „Väter" der **florentinischen Frührenaissance** gelten BRUNELLESCHI, DONATELLO, MASACCIO und GHIBERTI, autarke Künstlerpersönlichkeiten, deren geistige und nicht mehr nur handwerkliche Leistung gewürdigt wird.

Vorbild für Masaccio ist Giotto, dessen Monumentalität z. B. in den Fresken der Brancacci-Kapelle (Santa Maria del Carmine, Florenz) wieder auflebt. Noch stärker als Giotto charakterisiert Masaccio seine Personen durch unterschiedliche Physiognomien. An antiken Statuen studiert er den Kontrapost; die naturnahe Schilderung des menschlichen Körpers und individuellen Ausdrucks lassen auf Modellstudium schließen.

Entscheidend für die weitere Entwicklung der Malerei ist die Erfindung der **Zentralperspektive** durch den Architekten Brunelleschi. Der erfahrbare Raum wird – mathematisch nachvollziehbar und auf den Betrachter bezogen – im Bild nachgeahmt. Wahrzeichen der kulturellen Metropole der Frührenaissance ist die Kuppel des Florentiner Doms (1420–1434), von Brunelleschi entworfen, der zuvor in Rom die Kuppel des Pantheons studiert hatte.

Donatello, ein Freund Masaccios, revolutioniert die Bildhauerei. Sein „David“ ist die erste freistehende Aktfigur seit der Antike. Die Spannweite seiner Ausdrucksmöglichkeiten reicht von empfindsamen Madonnenfiguren bis hin zu expressiv gestalteten Skulpturen (z. B. der Prophet Habakuk, gen. „Il Zuccone“ vom Campanile des Florentiner Doms).

In der Frührenaissance steht das Bemühen um die Wiedergabe des unmittelbar Sichtbaren im Vordergrund. Profane Sujets wie Porträt, Selbstporträt, Akt, Stillleben, Landschaft und mythologische Motive nehmen zu und werden im Laufe des 16. Jahrhunderts autonome Bildgattungen.

Mittel zur Darstellung des Tiefenraums in der Landschaft werden vor allem im Norden entwickelt (Farb- und Luftperspektive). Hier herrscht bis zum Ende des 15. Jahrhunderts die **Spätgotik** vor, die sich durch Realismus im Detail auszeichnet. Das Wissen um die Zentralperspektive gelangt erst durch ALBRECHT DÜRER um 1500 in den Norden.

In der **Hochrenaissance** wird die Summe gezogen aus den Errungenschaften des Quattrocento. Selbstverständliche Voraussetzung für künstlerisches Tun sind jetzt die in der Frührenaissance erarbeiteten Methoden zur Darstellung der sichtbaren Realität. Ihre Anwendung geschieht in souveräner Weise, da eine sklavische Befolgung die Beschränkung künstlerischer Originalität bedeutet hätte. Kulturelles Zentrum ist nunmehr Rom. Die Päpste sind wichtige Auftraggeber für MICHELANGELO und RAFFAEL, die in der Hochrenaissance (Michelangelos spätere Arbeiten gehören dem Manierismus und dem Barock an) wahrhafte Großtaten auf dem Gebiet der Kunst vollbringen. Dazu gehören die Stanzen des Vatikan (ital. stanza: „Zimmer“), ausgemalt von Raffael (z. B. „Die Schule von Athen“) und die Deckenmalerei in der Sixtinischen Kapelle von Michelangelo.

Die größte künstlerische Herausforderung stellt der Neubau des Petersdoms (seit 1506) dar. Papst Julius II. beauftragt zunächst BRAMANTE mit der Planung, der von der in der Renaissance bevorzugten Zentralbauidee ausgeht. Auch Michelangelo, der 1546 die Kuppel entwirft, hält an dieser Idee fest, verkleinert jedoch die Arme des griechischen Kreuzes, um der Kuppel eine den ganzen Raum beherrschende Dominanz zu verleihen. Um 1600 fügt MADERNO ein Langhaus an, das den Blick auf die Kuppel stark beeinträchtigt. BERNINI gestaltet den Vorplatz mit den Kolonnaden (ab 1656).

Während im Mittelalter die Kunstschaffenden hauptsächlich Mönche oder in Zünften organisierte Handwerker waren, wird seit der Renaissance der „freischaffende“ Künstler als „Genie“ gefeiert. Das neue Selbstbewusstsein zeigt sich u. a. in Selbstbildnissen. Selbstverständliche Voraussetzung für den Künstler ist inzwischen die Beherrschung der Naturwiedergabe. Hinzu kommt ein subjektives Ausdrucksverlangen, das sich in der persönlichen „Handschrift“ zeigt. Selbstbewusst setzen sich die Künstler auch bei religiösen Sujets über mittelalterliche Formvorstellungen hinweg und interpretieren alte Themen völlig neu. Immer steht der Mensch, der als „Maß aller Dinge“ gilt, im Zentrum. Aus dem christozentrischen Weltbild des Mittelalters ist das anthropozentrische der Neuzeit geworden. An die Stelle der mittelalterlichen Symbolkunst tritt die naturabbildende Kunst der Neuzeit.

Dem Aufbau des Kosmos liegen – nach Auffassung der Kunsttheoretiker der Renaissance, die sich auf Platon und Aristoteles beziehen – präzise Maßverhältnisse und einfache geometrische Formen (Kreis und Quadrat) zugrunde. Auch der Mensch unterliegt diesen kosmischen Gesetzmäßigkeiten. Die **Idealgestalt des Menschen** zu finden, ist Ziel der Künstler der Hochrenaissance (Idealismus).

Diese glanzvolle Epoche wird durch einen brutalen Überfall auf die Ewige Stadt beendet. Als die Truppen Karls V. 1527 im „Sacco di Roma“ Rom plündern, bricht für viele Künstler und Gelehrte eine „heile“ Welt zusammen. Hochstimmung verwandelt sich in Depression. Raffael und Michelangelo werden zwar von den jungen Künstlern Göttern gleich verehrt, doch deren idealistische Darstellung des Menschen, der im Einklang mit sich selbst zu sein scheint, und die Harmonie ihrer Kompositionen sind nicht wiederholbar.

Auf die Hochrenaissance folgt die Zeit des **Manierismus**. Die an verschiedene europäische Fürstenhöfe geflohenen italienischen Künstler betonen die eigene, unverwechselbare Note und suchen nach einer möglichst originellen „Manier“ (z. B. ARCIMBOLDO, PARMIGIANINO). Die Natur ist nicht mehr absolutes Vorbild. Verzerrungen, überlange Gliedmaßen, jähe perspektivische Verkürzungen, ungewöhnliche Farben und künstlerische Virtuosität versetzen in Erstaunen. Fantastische Erfindungen und der Hang zum Morbiden machen Unbewusstes sichtbar. Eine besondere Rolle spielt seit dieser Zeit die **Handzeichnung**, die den individuellen Ausdruck am reinsten bewahrt. Die – nach Auffassung des 16. Jahrhunderts – von Gott empfangene Idee wird direkt auf das Papier übertragen. Die Spur der genialen Hand bleibt sichtbar.

Die kurze Zeit des Manierismus ist voller Widersprüche. Ausgeprägter Selbstverwirklichungstrieb steht neben der Auffassung, Kunst sei lehrbar, was zur Gründung zahlreicher **Akademien** führt. Wenn aber der Maßstab für die Bewertung von Kunst (Naturnachahmung) wegfällt, wird ein Kunsturteil relativ. Sinn und Zweck von Kunst und Kunstlehre werden erstmals diskutiert. Der Künstler selbst rückt in den Blickpunkt, steht nun vor seinem Werk. Giorgio Vasari wird mit den „Viten“ (Lebensbeschreibungen italienischer Künstler) zum „Vater der Kunstgeschichte“.

2.4 Barock

Seit den 80er-Jahren des 16. Jahrhunderts nimmt der Barock von Italien seinen Ausgang und findet – in äußerst unterschiedlicher Ausprägung – Verbreitung in ganz Europa. Es ist der letzte große Epochenstil.

Prägend für Geisteshaltung und Kunst dieser Epoche ist die Spannung zwischen mystischer Frömmigkeit und weltlicher Daseinsfreude. Äußerst lebendig ist das Bewusstsein der **Vergänglichkeit** (Krieg und Pest prägen die äußeren Lebensumstände), das sich in zahlreichen Vanitas-Motiven und der Idee vom **Welttheater** als Gleichnis des eng begrenzten Lebens äußert. Im Zentrum der Darstellungen steht – wie in der Renaissance – der Mensch. Neben religiösen sind mythologische Themen (aus der antiken Sagenwelt) weit verbreitet.

Im Unterschied zum höfisch-intellektuellen Manierismus ist der Barock volkstümlicher. Die römische Kurie fördert in der **Gegenreformation** den neuen Stil, mit dem für den katholischen Glauben geworben wird. Kunst muss verständlich sein, Vorbild ist wieder die sichtbare Wirklichkeit. Über den Sinneseindruck sollen Wunder glaubhaft werden. In den Deckengemälden der Kirchen öffnet sich ein Licht- und Wolkenreich, bevölkert von Heiligen. Die – scheinbar – unendliche Weite des Himmels ist raffinierter perspektivischer Konstruktion und virtuoser Farbgebung zu verdanken.

Das neue Wissen um den dynamisch-bewegten Organismus des Universums (Kopernikus, heliozentrisches Weltbild) hat eine veränderte Beziehung zum **Raum** zur Folge: Während in der Renaissance der Bildraum überschaubar und von berechenbarer Ausdehnung war, scheinen sich die gemalten Landschaften der Niederländer in unbegrenzte Fernen zu erstrecken. Das **Licht** schafft atmosphärische Wirkung, vereinheitlicht alles Dargestellte, lässt aufglänzen bzw. in Schattenzonen versinken. Die **Oberfläche** der Dinge wird in illusionistischer Weise wiedergegeben. Ihr Aussehen in einem bestimmten Moment, d. h. ihr Schein, wird eingefangen, die Vergänglichkeit ihrer „Erscheinung" somit im Bild aufgehoben.

Man unterscheidet vier Hauptrichtungen in der Barockmalerei.

- In Gegenden, in denen die katholische Kurie Richtlinien für die Kunst erlässt (Rom, Flandern) und der Künstler im Auftrag der Kirche oder eines Hofes arbeitet, ist der **sensualistisch-naturalistische Barock** verbreitet. Er zeichnet sich durch dynamische Komposition voller Bewegung und starke Tiefenwirkung aus. Das dramatische Geschehen scheint „auf der Bühne" stattzufinden (CARAVAGGIO, die Gebrüder CARRACCI, RUBENS u. a.).

- Einen **klassizistischen Barock** findet man in Frankreich unter der absolutistischen Herrschaft Ludwigs XIV., der die Kunst reglementiert. Hier orientiert man sich an den ausgewogenen Kompositionen der Renaissance. Die Linie wird – im Gegensatz zum sensualistisch-naturalistischen Barock – der Farbe vorgezogen.
- Im bürgerlich-protestantischen Holland herrscht ein **verinnerlichter Naturalismus** vor. In kleinformatigen Tafelbildern wird Einfaches, Alltägliches (Stillleben, Landschaft, Interieur) wiedergegeben. Kennzeichnend sind beschauliche Ruhe, Bescheidenheit und religiöse Motive (REMBRANDT, VERMEER, RUISDAEL u. a.).
- Im höfisch-katholischen Spanien erlebt die **realistische Malerei** eine Blütezeit. Der Realismus ist bis heute Tradition in der spanischen Kunst und zeigt sich v. a. in den Porträts. Gemälde von überragender Bedeutung schuf DIEGO VELÁZQUEZ (1599–1660). Sein Gemälde „Die Hoffräulein" („Las Meninas", 1656) zählt zu den großen Meisterwerken und gibt bis heute Rätsel auf. Der Maler zeigt sich selbst neben einer großen Leinwand. Sein Modell ist evtl. die kleine Infantin Margarita, um die sich zwei Hoffräulein bemühen. Im Spiegel dahinter erscheinen die königlichen Eltern. Mit diesem Blick in sein Atelier verlässt Velázquez den traditionellen Porträttypus und setzt sich selbst und seiner Kunst ein Denkmal. In den 50er-Jahren des 20. Jahrhunderts schafft PICASSO über 40 Variationen zu diesem Gemälde.

2.5 Rokoko

Die französische Kunst des 17. Jahrhunderts ist vom steifen Hofzeremoniell des Sonnenkönigs bestimmt. Um 1700 wird der Hof wieder von Versailles nach Paris verlegt, das von nun an auf kulturellem Gebiet in Europa den Ton angibt.

In den neu aufgekommenen **Salons**, in denen auch Bürgerliche vertreten sind, wird über Geschmacksfragen entschieden. Man liebt das Intime, Zierliche; zarte Pastelltöne bestimmen die Innenausstattung der neuen Lustschlösschen und Pavillons. Die kühle Marmorpracht von Versailles ist nicht mehr gefragt. Die Malerei entspricht dem Zeitgeschmack, der die elegante, verspielte und kapriziöse Kunst vorzieht. Bevorzugte Themen sind Liebespaare, Akte oder eine als „einfaches Volk" verkleidete Hofgesellschaft, die sich im Park oder in der freien Natur die Zeit mit Geplauder oder Tanz vertreibt. Die idyllischen Szenen sind in „natürlicher" Umgebung angesiedelt, das Abgezirkelt-

Geometrische des Parks von Versailles gehört der Vergangenheit an. Die Malweise erscheint impressionistisch-locker. Auf subtilste Weise werden Oberflächen nachgeahmt; von den Leinwänden herab meint man das Rauschen und Knistern von Samt und Seide zu vernehmen. Zarte Farbnuancen kennzeichnen den verfeinerten Stil. Besondere Vorliebe besteht für Rosa, Silber, Hellblau und Weiß. Einzige Aufgabe der Kunst in dieser Zeit ist es, zur Steigerung des Lebensgenusses beizutragen. Den Künstlern liegt es fern, Kritik an der Dekadenz ihrer adeligen Auftraggeber oder der Gesellschaftsordnung zu üben.

In Bildern von JEAN-ANTOINE WATTEAU (1684–1721) wird jedoch die verborgene Tragik der Gesellschaft spürbar, deren Glanzzeit sich dem Ende zuneigt. Berühmt wird der größte Maler des französischen Rokoko mit seinen „Fêtes galantes“, die sich in der freien Natur bei immer schöner Witterung in herbstlich-warmem Licht abspielen. Die bühnenhaft arrangierten Bilder erscheinen unwirklich schön. In der Traum- bzw. Scheinwelt Watteaus agieren die Personen marionettenartig. Vergnügungen bereiten keine wirkliche Freude. Ein Hauch von Melancholie liegt über den malerischen Szenen. Zu den bekanntesten Bildern von Watteau zählen der „Gilles“ (1719, vgl. „Frühstück im Atelier“ von Manet) und die „Einschiffung nach Kythera“ (1717), beide im Louvre, Paris.

Weitere Vertreter der französischen Rokoko-Malerei sind FRANÇOIS BOUCHER, JEAN-HONORÉ FRAGONARD und JEAN SIMÉON CHARDIN. Während sich Boucher und Fragonard der galanten höfischen Themen annehmen, ist Chardins Malerei von bürgerlichem Charakter. Die streng aufgebauten Stillleben und Interieurs werden zu wichtigen Vorbildern, u. a. für Cézanne. Die Komposition und der Umgang mit der Farbe, die als Substanz spürbar ist und zugleich mit unnachahmlicher Meisterschaft eingesetzt wird, um Stofflichkeit wiederzugeben, machen ihn zu einem Vorbereiter moderner Malerei: Das autonome Bild, in dem Form und Farbe bildimmanenten Gesetzen gehorchen und nicht mehr der Nachahmung des optischen Erscheinungsbildes verpflichtet sind, bahnt sich an.

Im süddeutschen Raum kann man das Rokoko am besten in den Kirchen studieren, z. B. in der Basilika Vierzehnheiligen (1743–1772) von BALTHASAR NEUMANN oder in der Wieskirche (1745–1754) von DOMINIKUS ZIMMERMANN. Eine Überfülle von Skulpturen, Stukkaturen und Malereien geht scheinbar nahtlos ineinander über und ist untrennbarer Teil der Architektur **(Gesamtkunstwerk)**, die im Unterschied zum römischen Barock hell und heiter wirkt. Den Hauptraum bildet jeweils ein Oval, eine im Rokoko beliebte Form, der von weiteren kreis- oder ovalförmigen Räumen ergänzt wird. Zentral- und Längsbauidee gehen auf diese Weise eine Synthese ein.

3 Ende der großen Stilepochen um 1750

Die letzte große Stilepoche, der Barock, klingt mit dem Rokoko aus. In der Mitte des 18. Jahrhunderts richten sich zwei verschiedene Strömungen gegen das Rokoko, das noch die althergebrachte, vom Absolutismus bestimmte Gesellschaftsstruktur repräsentiert: **Vorromantik** und **Klassizismus**. Von nun an gibt es keine umfassenden Stilepochen mehr, sondern parallel zueinander verlaufende, unterschiedliche, oft diametral gerichtete Strömungen **(Stilpluralismus)**. Die Hinrichtung Ludwigs XVI. bedeutete das Ende des Absolutismus, der auf der feststehenden, im Mittelalter begründeten Autorität von Staat und Kirche beruhte.

Das Auseinanderbrechen der alten Ordnung hat einen tiefgreifenden Wandel der Gesellschaftsstruktur zur Folge. Zugleich erlangt das Individuum ein neues Selbstverständnis: In der amerikanischen Unabhängigkeitserklärung wird die Gleichheit aller Menschen betont, ihr Recht auf Freiheit und persönliches Glück. „Freiheit, Gleichheit und Brüderlichkeit" schreibt auch die Französische Revolution auf ihre Fahnen. Gewinn der Freiheit bedeutet Verlust überkommener Normen. Auf dem Gebiet der Kunst entfallen ästhetische Wertmaßstäbe. Der einzelne Künstler ist nun auf sich gestellt und muss in sich den Maßstab suchen. Die daraus resultierende Verunsicherung wird in der **Romantik** zum Ausdruck kommen.

Die Ursache für den Wandel in der Geisteshaltung ist letztlich im Wegfall der religiösen Dimension zu suchen, die dem Einzelnen Sicherheit und Halt gegeben hatte. Verweltlichungstendenzen gehen zurück bis in die Hochgotik (Anfänge d. Naturalismus) und gipfeln um 1800 in der **Säkularisation**. Die religiöse Malerei spielt künftig keine Rolle mehr. Das 18. Jh. ist eng verbunden mit dem Begriff der **Aufklärung**. Vordenker dieser rationalistischen Bewegung sind Descartes, Locke und Newton; im 18. Jh. wird sie getragen von Diderot, Voltaire, Kant, Montesquieu, Lessing u. a. Der „Glaube" richtet sich nun auf das unbegrenzte Vermögen des menschlichen Verstandes, nicht mehr auf die Allmacht Gottes. Das Ende des Mittelalters ist damit endgültig besiegelt.

Das Rokoko steht am Ende einer glanzvollen Epoche der Kunst, führt sie auf einen letzten Höhepunkt und leitet zugleich über zu einer neuen Zeit. Bereits im Rokoko wurden akademische Regeln bezüglich der Bildkomposition vernachlässigt. In zunehmendem Maße wird künstlerische Individualität zugestanden (lockerer Pinselduktus). Figurenszenen werden in die Natur „eingebettet", das Ineinander von Mensch und Natur und die Erzeugung einer traumähnlichen Atmosphäre weisen hin zur Romantik.

4 Zwischen Rokoko, Klassizismus und Romantik: Francisco de Goya

Der 1746 geborene, aus Fuendetodos (Aragón) stammende GOYA kommt 1766 nach Madrid, wo er an der königlichen Teppichmanufaktur Entwürfe anfertigt. Zielstrebig und geschickt (er heiratet die Tochter eines einflussreichen Künstlers) arbeitet er sich zunächst zum Akademiedirektor und schließlich zum ersten Hofmaler empor. Nach einer schweren Erkrankung (1792) wird er taub. Misstrauen und Depressionen sind die Folge. Seine seelische Verfassung spiegelt sich z. B. in den „Pinturas Negras" (den „Schwarzen Bildern"), in denen düstere Farben und Themen vorherrschen. Nach den napoleonischen Kriegen (1814) wird er als Hofmaler bestätigt. 10 Jahre später geht er jedoch aus politischen Gründen (Verfolgung von liberal Gesinnten) ins französische Exil nach Bordeaux, wo er 1828 stirbt.

Goya gilt als das einzige Genie in der bildenden Kunst um 1800. Er ist Zeuge einer Zeitenwende und setzt sie als einziger Künstler bildnerisch um. Das Auseinanderbrechen der alten Ordnungen von Monarchie, Staat und Kirche ist als Folge der Französischen Revolution, der Industriellen Revolution, der Diktatur Napoleons und der Kämpfe um die Befreiung von dieser anzusehen. Zusammen mit dem neuen *„[...] romantischen Pathos angesichts der Natur und die durch die Aufklärung freigesetzten Leidenschaften wurde um 1800 ein zweites Kapitel der Neuzeit, das mit der Renaissance begonnen hatte, heraufgeführt."*[42]

Die Intellektuellen sind sich der Umbruchsituation bewusst. Der deutsche Philosoph Hegel äußert 1806 sinngemäß, der Zeitgeist habe sich ruckartig geändert. Vorstellungen und Begriffe, die in der vergangenen, alten Welt gültig waren, seien wie ein Traumbild zusammengefallen. Dieser Bruch zeigt sich auch in der Kunstentwicklung bei FÜSSLI, BLAKE, CASPAR DAVID FRIEDRICH oder RUNGE. In Frankreich bleibt der klassizistische Stil beherrschend, der seit der Revolution an den Machtapparat gebunden ist. Erst 20 Jahre später wirkt sich auch hier die Romantik aus.

Das Menschen- und Weltbild der Zeit um 1800 verändert sich radikal durch die neue **Diesseitigkeit des Lebensgefühls**. Religiöse Bilder sind kaum mehr möglich. Bei Goya findet sich nichts Tröstendes. In der „Erschießung der Aufständischen" wird das Leid der Opfer nicht durch die Aussicht auf Erlösung im Jenseits verklärt. Er zeigt eine Welt ohne Gott und klagt die Kirche an, die nicht auf der Seite der Unterdrückten steht.

Goya darf jedoch nicht zum Helden stilisiert werden: Grafiken mit brisanten Themen, die ihn unter Umständen vor die Inquisition gebracht hätten, erscheinen zum Teil erst nach seinem Tod.

Goya ist der einzige Maler seiner Zeit, der nie versucht, *„aus dem Grauen der Zeit in künstliche Ideale zu fliehen. Durch Goya, in seinem Werk, zerbrach der Stil der Zeit, hielt er der Wirklichkeit nicht mehr stand."*[40] Sein Menschenbild spiegelt sich in seinen Bildern wider: Es ist ihm nicht mehr möglich, den ideal-schönen Menschen zu zeigen. Er hält fest, was er sieht. Dabei entwickelt er eine ausgesprochene Vorliebe für das Hässliche und Gemeine. Selbst in den Porträts der Königsfamilie („Die Familie Karls IV.", 1800) schreckt er nicht vor hartem **Realismus** zurück, der allerdings in Spanien Tradition besitzt (vgl. Velázquez, Vorbild für Goya). Stupide Gesichter und plumpe Körper stecken in Kostümen, deren Stofflichkeit in virtuoser Rokoko-Manier wiedergegeben wird.

In seinen Bildern „Nackte Maja" und „Bekleidete Maja" (1800) greift er den Bildtypus der „liegenden Venus" auf, zeigt jedoch keine Göttin, sondern ein ausgezogenes Modell ohne poetischen Zauber. MANET wird mit seiner „Olympia" hier anknüpfen.

Die Gemeinheiten und Grausamkeiten, zu denen Menschen fähig sind, demonstriert Goya in den grafischen Serien, vor allem in den „Schrecken des Krieges". Grauenhaftes steigert sich zum Wahnsinn, denn Krieg hat mit Vernunft nichts zu tun. Vernunftlosigkeit, Korruption, Dummheit und Aberglauben der Zeitgenossen klagt er in seinen Radierfolgen „Los Caprichos" und „Los Disparates" an. Diese sind u. a. auch vor dem Hintergrund des Hexenwahns zu sehen, der in Spanien noch weit verbreitet ist. Die selbstverfassten Bildtitel der grafischen Blätter verschleiern oft mehr, als dass sie erläutern. Es ist ungewiss, ob Goya damit aus Angst vor der Inquisition handelt oder zum Nachdenken anregen will.

In seinem Vortrag „Goya und die Krise der Kunst um 1800" legte der Kunsthistoriker Theodor Hetzer 1932 dar, wie Goya eine Bildtradition, die seit Giotto Bestand hatte, zerstörte. Seine Analyse hat bis heute Bestand. Die wichtigsten Schritte seien hier kurz zusammengefasst:

In Goyas Porträts wird vor allem deutlich, dass er die Einheit von Körper und Raum aufgibt. Figuren stehen mitunter isoliert vor einem Hintergrund, der ohne tiefenräumliche Wirkung als leere, unbestimmte Fläche angegeben wird. Die Komposition wird nicht mehr unbedingt zu den Bildrändern hin abgeschlossen. Rahmende Motive entfallen. Das Gemälde zeigt einen scheinbar zufälligen Ausschnitt, keine gleichsam in sich geschlossene Welt mehr. Es fehlen ordnende Kompositionslinien (z. B. Symmetrieachsen), welche die

Bildfläche gliedern und der Komposition Statik verleihen. Goya bevorzugt die Diagonale, die jäh in die Tiefe stößt, doch der angerissene Bildraum wird nicht mehr kontinuierlich weitergeführt. Starke Helldunkelkontraste sorgen für Unruhe. Sein Duktus, zunächst rokokohaft-locker, wird mit zunehmendem Alter flächig-plakativ.

Goya steht aus heutiger Sicht am Beginn der „modernen" Malerei, seine Bedeutung kann gar nicht überschätzt werden. Der enorme Zuspruch, den die letzte große Ausstellung seiner Werke in Berlin 2005 hatte, belegt, wie sehr uns seine Ausdrucksweise heute anspricht.

„Der Traum der Vernunft gebiert Ungeheuer"
(„El sueño de la razón produce monstruos", um 1799)

Es handelt sich um das berühmteste Blatt aus der Serie der Radierungen mit dem Titel „Los Caprichos" (1799 zum Verkauf angeboten).

Ein Mann sitzt über den Tisch gebeugt, den Kopf in den Armen vergraben. Den Federhalter hat er beiseitegelegt, er ist eingeschlafen. Ein Luchs, der die lauernden Augen auf den Betrachter gerichtet hält, liegt am Boden. Von „hinten" flattert nächtliches Getier heran, Eulen und riesige Fledermäuse. Die Szene ist gespenstisch. Der Bildgrund erscheint als graue **Fläche**, ist also nicht räumlich definiert. Der Arbeitstisch sieht eher wie ein Steinblock aus, in den der Titel der Grafik eingemeißelt zu sein scheint: „Der Traum der Vernunft gebiert Ungeheuer". Verschiedene Deutungen der rätselhaften Zeile sind denkbar. Wie kann die Vernunft im Traum Ungeheuer erzeugen? Ist vielleicht eher gemeint, dass Ungeheuer hervorkommen, wenn die Vernunft träumt, d.h. schläft und deshalb nicht vor ihnen (vor dem Aberglauben) warnen kann?

Wenn es sich jedoch um ein Selbstbildnis handelt, könnte die quälende Fantasie angesprochen sein, die dem Künstler Bilder suggeriert, die ihn bis zum Wahnsinn treiben können. Genie und Wahnsinn berühren sich oft.

Goya war bereits taub und von Angstzuständen gequält, als er diese Grafik schuf. Das Interesse an den Nachtseiten der menschlichen Psyche, am Unbewussten (auch wenn es diesen Ausdruck zu der Zeit noch nicht gibt) zeigt die **romantische** Seite in Goyas Schaffen.

„Der Koloss" („El Gigante", um 1815)

Goya wurde zu diesem Gemälde von einem Gedicht angeregt. In einer Talebene wimmelt es von winzigen Menschen, Tieren und Wagen. Von Panik ergriffen laufen sie in rasender Flucht auseinander. Riesig groß schreitet im Hintergrund der Koloss. Er ist dem Geschehen abgewandt, seine Beine verschwinden in der Erde, Wolken umhüllen den Unterleib; das wilde, bärtige

Gesicht gleicht dem eines Urmenschen und die erhobenen, geballten Fäuste sprengen ihre Fesseln. Fantastik und Reales begegnen sich.

Aber auch die „Realität" (Landschaft, Menschen) wird nicht mehr in illusionistischer Weise behandelt. Mensch und Tier werden durch Farbflecken nur angedeutet. Der Hügel rechts im Vordergrund ist eine bräunliche, fast bildparallele Scheibe und trägt kaum zur Erschließung eines imaginären Bildraumes bei. Ist der Koloss die Ursache der hastigen Flucht? Ob die Menschen ihn erblickt haben, ist ungewiss. Man könnte in ihm auch die personifizierte Angst sehen.

In ähnlicher Weise haben Surrealisten psychische Zustände bildhaft umgesetzt (vgl. „Komposition mit gekochten Bohnen", SALVADOR DALÍ).

Nach neuester Forschung stammt das Gemälde von einem Schüler Goyas, nicht von Goya selbst.

„Die Erschießung der Aufständischen" („El Tres de Mayo", 1814)

Goya bezieht sich auf ein Ereignis des Jahres 1808. Die Bevölkerung von Madrid hatte sich gegen die napoleonischen Truppen erhoben. Der Aufstand wurde blutig niedergeschlagen, die Rädelsführer im Morgengrauen des 14. Mai 1808 vor den Toren der Stadt erschossen. Nie war Vergleichbares gemalt worden.

Ein langer Zug von Verurteilten bewegt sich zur Hinrichtungsstätte, die vom fahlen Licht einer am Boden stehenden Laterne erhellt wird. Die Gewehrläufe der Soldaten sind auf die Aufständischen gerichtet, deren ausweglose Situation durch die Böschung hinter ihnen betont wird, ein Zurückweichen ist unmöglich. Der Hügel wie auch die Stadt im Hintergrund wirken flächig-silhouettenhaft. Zwei völlig gegensätzliche Gruppen stehen sich gegenüber: Auf der Seite der Verurteilten zeigt jedes der Opfer in anderer Weise Verzweiflung, Erstarrung oder Todesangst. Zentrale Figur ist ein sich aufbäumender Mann mit hochgereckten Armen. Wundmale in seinen Handflächen stellen den Bezug zum Opfertod Christi her. Das Exekutionskommando zur Rechten gleicht einer Tötungsmaschinerie. Die Soldaten stehen in Reih und Glied, eine dunkle, unbewegte, gesichtslose Masse.

Das Bild ist von hartem Realismus und kündet zugleich von der unsagbaren Empörung Goyas über das Geschehen. Auch der heutige Betrachter steht erschüttert vor der „Erschießung", ungeachtet seiner Gewöhnung an die Flut grauenhafter Bilder aus den Medien.

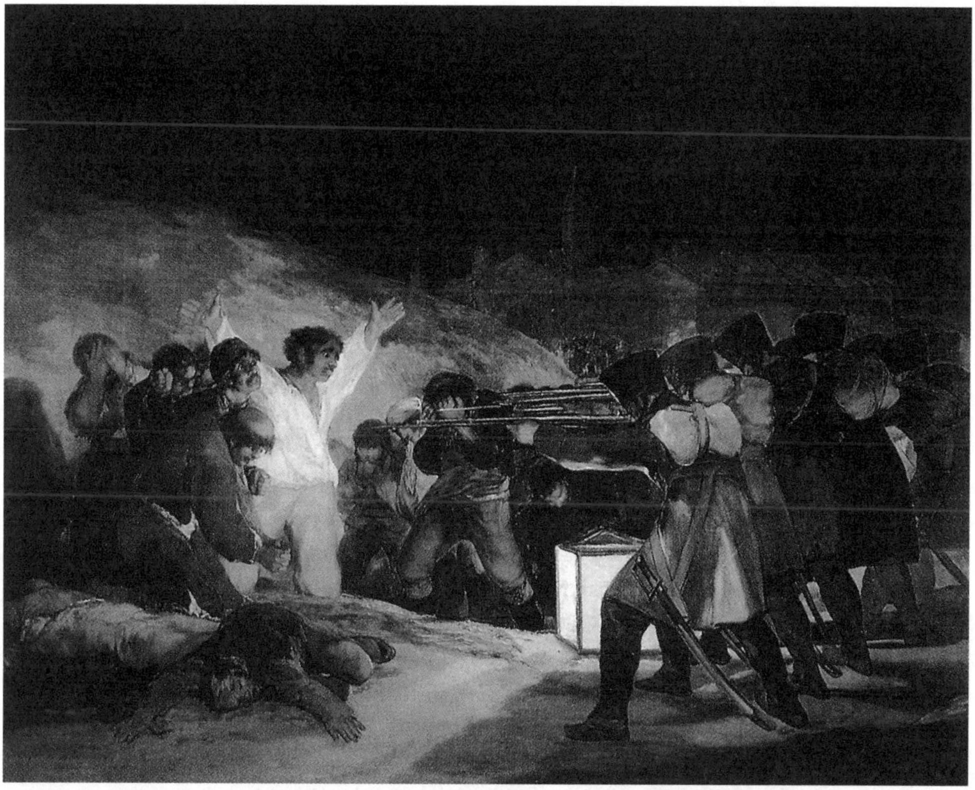

Francisco de Goya: „Die Erschießung der Aufständischen" (1814), Öl auf Leinwand, 255 × 345 cm. Prado, Madrid.

Klassizismus und Vorromantik

1 Geistige Grundlagen

Seit der Mitte des 18. Jahrhunderts setzen Gegenbewegungen auf das Rokoko ein, das weitgehend unberührt ist von der Vorbereitung eines gesellschaftspolitischen Wandels, von Kritik an Absolutismus, Verschwendungssucht und Unmoral am Hofe. Die Denker der **Aufklärung** fordern auch für die Kunst Logik, Klarheit, Einfachheit und moralische Glaubwürdigkeit. Kunst soll wieder im Dienst anerkannter Werte stehen und nicht mehr die luxuriöse Lebensführung einer kleinen Oberschicht als „l'art pour l'art“ widerspiegeln.

Heftig kritisiert Jean-Jacques Rousseau (1712–1778) die Sittenlosigkeit seiner Zeitgenossen und sieht in der Kunst ein Mittel der Erziehung. Einerseits gesteht er den freien Gefühlsausdruck zu, andererseits verlangt er die Demonstration ethischer Werte. Die Kunst soll *„Männer, die ihr Land verteidigt haben, oder die noch größeren, die es mit ihrem Genius bereicherten“* [27], verherrlichen. Zwei Forderungen bestimmen die Reaktion auf die Kultur des Rokoko:

- Kunst soll rational sein, moralische und ethische Werte beinhalten.
- Der Künstler soll Gefühle und Fantasie zeigen und ist daher nicht mehr an Kunstregeln gebunden.

Das rationale Element ist vor allem im **Klassizismus** ausgeprägt, das emotionale in der **Vorromantik**. Der Klassizismus, der aus der Begeisterung für die Antike hervorgeht, wird später die offizielle Kunst am französischen Hofe, flacht als Akademismus im 19. Jahrhundert immer mehr ab und geht in die sog. Salon-Kunst über. Die Vorromantik (Schwerpunkte in England und Deutschland) ist im Wesentlichen eine literarische Bewegung („Sturm und Drang“). Nur HEINRICH FÜßLI setzt die Geisteshaltung dieser Strömung ins Bildnerische um. Um 1800 wird sie von der **Romantik** abgelöst, die das erste Drittel des 19. Jahrhunderts bestimmt und von der künstlerischen „Avantgarde“ getragen wird.

Beide Richtungen orientieren sich an der Vergangenheit, der Klassizismus an der Antike, die Romantik am Mittelalter. Zeitgleich ist auch der Beginn des **Historismus** in der Architektur anzusiedeln, der die Herausbildung eines „historischen Bewusstseins“ in der Kunst besonders deutlich macht. Zu Beginn des 18. Jahrhunderts setzt die archäologische Forschung (Pompeji, Herculaneum) verstärkt ein. Ungeheure Wirkung rufen die Schriften von Johann Joachim Winckelmann (1717–1768) hervor, der in den Kunstwerken der Antike das Schöne und Wahre schlechthin sieht. Er fordert die Künstler auf, im Geist der „Alten" neue Werke hervorzubringen, die sich (wie in der Antike) durch „edle Einfalt und stille Größe" auszeichnen. Er stellt die ernsthafte Kunst des klassischen Altertums der seiner Auffassung nach leeren Virtuosität des Rokoko gegenüber. Die Begeisterung für die Antike ergreift auch die Dichter. So schreibt Johann Wolfgang von Goethe während seiner Italienreise an dem Schauspiel „Iphigenie", das den Geist der Antike wie kaum ein anderes literarisches Werk jener Zeit heraufbeschwört.

2 Architektur und Plastik des Klassizismus

2.1 Architektur

Die Blüte der klassizistischen Architektur liegt zwischen 1770 und 1830.

In der Klosterkirche Neresheim, einem Spätwerk von Balthasar Neumann (Mitte 18. Jh.), kann man an der Innenausstattung sehr gut den Übergang vom Rokoko zum Klassizismus beobachten. Die Überfülle an Formen und Farben in Stuck, Skulptur und Malerei ist verschwunden. Die Wände sind weiß, goldgelbe Ornamente, Rosetten, Vasen und Urnen weisen bereits auf den klassizistischen Geschmack hin. Im Deckengemälde der Vierungskuppel schwebt die gemalte Kuppel des Pantheons über Engeln und Heiligen, die auf Steinstufen sitzen. Die Wolken erscheinen fast als Fremdkörper in der gemalten Architektur. Auch in himmlischen Gefilden herrscht nun Klarheit und vernunftmäßige Ordnung.

Der Klassizismus setzt gleichzeitig mit dem wieder erwachenden Interesse an der Antike ein. Bemerkenswert ist, dass man jetzt nicht mehr – wie noch in der Renaissance – bei den Römern, sondern bei den Griechen anknüpft. Vor allem die **dorischen Tempel** sind wegen ihrer ruhigen Klarheit beliebt. Die Fassade vieler Bauten gleicht nun häufig einer Tempelstirnwand mit Säulenreihe und Tympanon (vgl. Königsplatz, München). Die Baukörper werden aus geometrischen Körpern wie Quader, Pyramide und Kugel zusammengesetzt, die als solche erkennbar bleiben.

Als prominentester Vertreter der klassizistischen Baukunst in Deutschland gilt FRIEDRICH SCHINKEL (1781–1841). Sein Lehrer ist FRIEDRICH GILLY, der als einer der ersten die Schönheit der griechischen Tempel entdeckt, die er allerdings nur von Abbildungen her kennt. Hinterlassen hat Gilly lediglich unausgeführte Baupläne, z. B. für ein Nationaldenkmal für Friedrich den Großen (1797), als dorischer Tempel konzipiert. Schinkels Bauten entstehen v. a. in Berlin. Zu seinen Hauptwerken gehören das Alte Museum, die Hauptwache Unter den Linden und das Schauspielhaus. Mit der Bauakademie (1835) entwirft er eine zukunftsweisende Architektur, an deren strenger konstruktiver Klarheit MIES VAN DER ROHE (20. Jh.) anknüpfen wird. Schinkel setzt sich auch mit dem Gotizismus auseinander, der parallel zum Antikenkult in Deutschland entsteht (Nachahmung des gotischen Baustils).

Im bayerischen Raum entwirft vor allem LEO VON KLENZE (1784–1864) Baudenkmäler in Anlehnung an die griechische Antike (z. B. Königsplatz in München, Walhalla bei Regensburg).

2.2 Plastik

Wie in der Renaissance existieren die Kunstgattungen wieder parallel zueinander und sind nicht mehr untrennbar im Gesamtkunstwerk „Schloss" oder „Kirche" verbunden. Statuen werden auf Sockeln an die Wand gestellt und sind meist auf Ein-Ansichtigkeit hin gearbeitet. Ein klarer Umriss begrenzt die ruhig im Kontrapost dastehende Figur, die häufig aus weißem Marmor besteht oder ein schwarzer Eisenguss ist. Bedeutende Bildhauer sind BERTEL THORVALDSEN (Dänemark), GOTTFRIED SCHADOW (Deutschland) und ANTONIO CANOVA (Italien). Ihre wichtigste Aufgabe ist das **Denkmal**, das nicht nur für Herrscher, sondern auch für Künstler und Wissenschaftler errichtet wird – äußeres Zeichen des wachsenden historischen Bewusstseins.

Als charakteristisches Beispiel für eine klassizistische Skulptur sei das Marmorbildnis der „Venus victrix" („Siegreiche Venus") von Canova (1757–1822) angeführt, das 1805 in Rom entsteht und sich heute in der Villa Borghese befindet. Es gehört zu den Meisterwerken jener Zeit.

Modell sitzt Paolina Borghese, die Schwester Napoleons, die mit entblößtem Oberkörper als Venus posiert. Sie ruht halb sitzend, halb liegend auf einer Empire-Liege, einem Möbelstück, auf dem die Römer beim Essen lagen und das um 1800 in Mode war. Die Polster und ihr Körper sind aus makellos weißem Marmor und spiegelglatt poliert. Geradezu illusionistisch wirkt u. a. der Faltenwurf des Tuches, das ihren Unterkörper umhüllt. Mit zierlicher Gebärde legt sie ihren rechten Arm abgewinkelt auf die beiden Kissen und stützt so ihren Kopf, den sie gerade hält. Ihre ebenmäßigen, idealisiert anmutenden Züge kommen durch die nach römischem Vorbild hochgesteckten Haare gut zur Geltung. Mit einem angedeuteten Lächeln blickt sie in die Ferne. Der linke Arm der Venus ruht auf dem linken Oberschenkel; mit den Fingerspitzen hält sie gut sichtbar den Apfel, den Paris ihr zuerkannt hat.

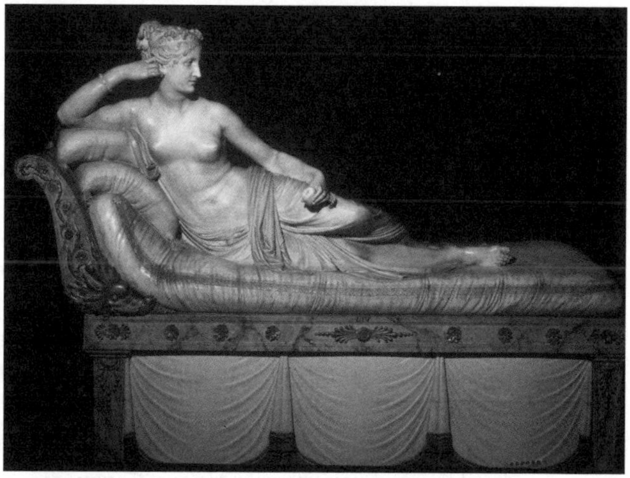

Antonio Canova: „Venus victrix" (1805), Marmor. Museo Villa Borghese, Rom.

Der griechischen Mythologie nach musste Paris ihn der schönsten der drei Göttinnen Aphrodite, Hera und Athene überreichen. Er entschied sich für Aphrodite, da sie ihm die schönste Frau der Welt (Helena) versprach. Aphrodite wird häufig der römischen Venus gleichgesetzt.

Obwohl alle Körperteile deutlich plastisch geformt sind, lebt die Skulptur von ihrem fließenden, eleganten Umriss. Die Silhouette macht den Reiz aus, nicht das plastische Volumen, das bei antiken Figuren wesentlich stärker zum Ausdruck kommt. Canova greift hier den Typus der liegenden Venus auf, der bei Tizian und Giorgione vorgeprägt ist. Am Ende des Jahrhunderts wird ihn Edouard Manet mit seiner skandalumwitterten „Olympia" umdeuten.

3 Klassizistische Malerei: Jacques-Louis David

Jacques-Louis David (1748–1825), Begründer des Klassizismus in der Malerei und dessen wichtigster Vertreter in Frankreich, lernt Johann Joachim Winckelmann in Rom kennen und begeistert sich für dessen Arbeit. Sein erstes monumentales Bild, gemalt in Rom im Auftrag des französischen Hofes, ist der „Schwur der Horatier" (1784), das bei seiner Präsentation im Pariser Salon als das schönste Gemälde des Jahrhunderts gepriesen wird. Man legt Blumen vor dem Bild nieder und kreiert bald darauf eine römische Mode danach. Die Damen hüllen sich in weich fließende, bequeme Gewänder, die den Körper nicht mehr einengen wie die aufwendigen Roben der Rokoko-Zeit.

„Der Schwur der Horatier" (1784)
Das Thema ist einem Schauspiel von Corneille entlehnt, das eine Episode aus der römischen Geschichte dramatisiert. Dargestellt wird der Augenblick, in dem die Söhne des alten Horatius dem Vater schwören, ihr Leben für das Vaterland einzusetzen. Schauplatz ist ein kahler, kastenartiger Innenhof, von Mauern umschlossen und von schräg einfallendem Morgenlicht erleuchtet. Die Arkadenarchitektur des Hintergrunds fasst die drei Gruppen zusammen und betont mit jeweils einem Bogen die zusammengehörenden Personen bzw. den Vater. Das Schwertbündel, vom Vater hochgehalten, bildet das Zentrum der Komposition. In ihm schneiden sich die Fluchtlinien des zentralperspektivisch konstruierten Bildraumes. Die drei Brüder auf der linken Seite demonstrieren Entschlossenheit; ihnen gegenübergestellt ist die Gruppe ihrer trauernden Frauen. Wie Gipsmodelle wirken die nach Helldunkel modellierten Körper, denen einfarbige, glatte, in ihrer Stofflichkeit nicht näher definierte Gewänder übergehängt sind.

Figur und Grund heben sich hart voneinander ab. Die Farben sind klar bestimmbar und nicht nuancenreich wie im Rokoko. Von großer Präzision ist die Malweise, die keine erkennbare Pinselspur hinterlässt. Patriotismus und Tapferkeit werden als moralische Qualitäten verherrlicht. David trifft so den Zeitgeist dieser vorrevolutionären Phase.

Sein neuer Stil ist Ausdruck einer **ethisch-politischen Gesinnung**, erfüllt vom Geist der Revolution und der Auflehnung gegen den Absolutismus. Als Ironie des Schicksals muss der Umstand gewertet werden, dass Ludwig XVI. das Bild kauft. Wenige Jahre später, als David dem radikalen Klub der Jakobiner angehört und im Nationalkonvent vertreten ist, stimmt er für die Hinrichtung des Königspaares.

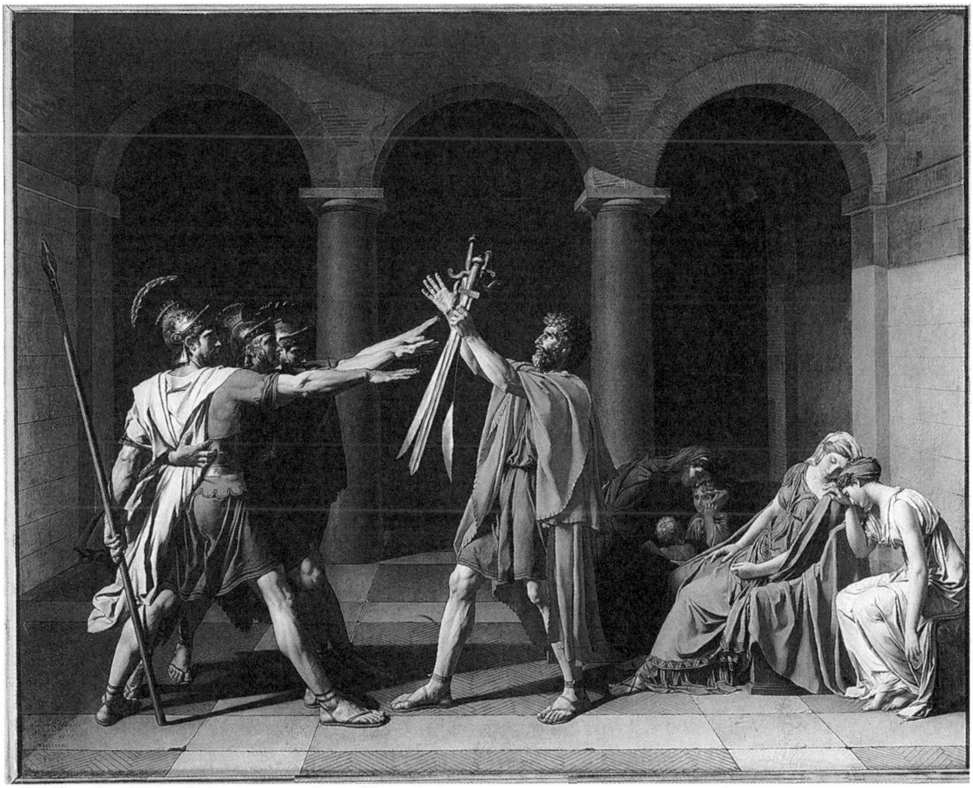

Jacques-Louis David: „Schwur der Horatier" (1784), Öl auf Leinwand, 330 × 427 cm. Louvre, Paris.

Im gleichen Stil, in dem er römische Tugenden preist, malt er auch die „Märtyrer" der Revolution. Hervorzuheben ist „Der ermordete Marat", sein bedeutendstes Werk. Mit Versatzstücken christlicher Ikonografie (Typus „Pietà") schafft er die erste weltliche glorifizierende Darstellung eines Toten.

Nach einem politischen Umschwung landet er für einige Zeit im Gefängnis und entkommt nur knapp dem Schafott. Unter Napoleon ist er wieder im Dienste des Hofes tätig und huldigt dem Kaiser mit Monumentalgemälden. Sein bedeutendster Schüler ist JEAN-AUGUSTE-DOMINIQUE INGRES.

4 Fortführung der klassizistischen Malerei zu Beginn des 19. Jahrhunderts: Jean-Auguste-Dominique Ingres

Zahlreiche Schüler von DAVID arbeiten zu Beginn des 19. Jahrhunderts im klassizistischen Stil (z. B. ANTOINE-JEAN GROS, FRANÇOIS GÉRARD). Seit den 20er-Jahren des 19. Jahrhunderts bildet die klassizistische Malerei den Gegenpol zur romantisierenden Strömung, dessen Hauptvertreter DELACROIX ist. Der bedeutendste Schüler von David, JEAN-AUGUSTE-DOMINIQUE INGRES, wird zu Delacroix‘ Gegenspieler.

Jean-Auguste-Dominique Ingres (1780–1867)
Ingres gehört – wie Delacroix – zu den bedeutendsten Malern des 19. Jahrhunderts und überragt seine klassizistischen Weggenossen bei Weitem. Die Auseinandersetzung zwischen den Neoklassizisten (Ingres) und den Romantikern (Delacroix) erinnert an den Streit zwischen „Rubinisten“ und „Poussinisten“ (Anhänger von RUBENS bzw. POUSSIN) im 17. Jahrhundert. Damals wie jetzt (zu Beginn des 19. Jahrhunderts) ging es um das Primat von Farbe bzw. Linie.

Ingres geht vom **Umriss** aus, was vor allem in seinen lebensvollen Porträtzeichnungen deutlich wird, die später noch Picasso beeinflussen werden. Plastizität deutet er mit nur wenigen Schraffuren an; auf diese Weise entsteht eine reliefartige Wirkung. Auch seine Ölgemälde sind von der Kontur bestimmt, die sich stellenweise nahezu verselbstständigt, d. h. die **Schönlinigkeit** des Umrisses ist dem Künstler wichtiger als die anatomische Richtigkeit (z. B. „Große Odaliske“, 1814, Louvre). Die Malweise ist altmeisterlich-lasierend. Durch fein vertriebene Pinselstriche und dünnen Farbauftrag erzielt er eine glatte Oberfläche. Die französischen Romantiker dagegen tragen die Farbe, „ihr“ Ausdrucksmittel, dick auf (à la prima) und hinterlassen deutliche Spuren des Arbeitsprozesses. Wichtigstes Motiv für Ingres ist der Mensch, vor allem der weibliche Akt. Vorbilder sind RAFFAEL, TIZIAN und GIORGIONE. Trotz glatt-klassizistischer Malweise und demzufolge distanzierender Darstellung drücken seine Porträts und Frauengestalten seelische Empfindungen aus. Ingres versteht es, Naturnachahmung und Verwirklichung von Idealvorstellungen zu verbinden. Er steht also zwischen Romantik und Klassizismus. Die Bilder seiner Schüler dagegen (z. B. THOMAS COUTURE) wirken häufig kalt und in klassizistischen Formeln erstarrt. Sie werden als sog. „Salonkünstler“ berühmt. Ihr Metier ist die Historienmalerei.

5 Vorromantik

Die Romantik wird im 18. Jahrhundert vorbereitet. Einer ihrer geistigen Väter ist Jean-Jacques Rousseau, dem zufolge die Kultur aus dem „natürlichen“ Menschen ein verkünsteltes Wesen macht, das nicht mehr aus seinem Gefühl heraus leben kann. Seine berühmte Forderung „retour à la nature“ zeigt die romantische Sehnsucht nach dem Urzustand des Menschen, der einst im Einklang mit der Natur lebte. Aus dem idealen „Naturmenschen“ Rousseaus wird das „Kraft- und Originalgenie“, das von großen Gefühlen und ungeheurem Lebensdrang beseelt ist. Die Verherrlichung des eigenen Genies, das sich keine Regeln mehr vorschreiben lässt, steht an oberster Stelle. Es ist erfüllt von Leidenschaftlichkeit, Freiheitsdrang (Auflehnung gegen den Absolutismus), Tyrannenhass, Freundschaftskult, Rührseligkeit und religiösem „Empfinden“. (Sturm-und-Drang-Dichtungen sind beispielsweise Goethes „Werther“, sein „Götz von Berlichingen“ und Schillers „Räuber“.) Die literarische Bewegung des **Sturm und Drang** bestimmt im letzten Drittel des 18. Jahrhunderts das geistige Klima unter den jungen Intellektuellen in Deutschland. Als Reaktion sowohl auf die Rokoko-Kultur als auch auf den Rationalismus der Aufklärung ist der Sturm und Drang Ausgangsbasis für die Entstehung der **Romantik** um 1800. In dieser Zeit gilt die Verehrung nicht der Antike, sondern dem Mittelalter, denn hier wähnt man eine „heile“, christliche Welt, den unverdorbenen, gläubigen Menschen. Typisch für die oft sentimentale und unkritische Verehrung der Kunst des Mittelalters ist die kleine Schrift von W. H. Wackenroder mit dem Titel „Herzensergießungen eines kunstliebenden Klosterbruders“. Über Albrecht Dürer ist darin zum Beispiel zu lesen:

> *Aber jetzt wandert mein trauernder Geist auf der geweiheten Stätte vor deinen Mauern, Nürnberg; auf dem Gottesacker, wo die Gebeine Albrecht Dürers, der einst die Zierde von Deutschland, ja von Europa war [. . .] um dessentwillen es mir lieb ist, dass ich ein Deutscher bin [. . .].*[71]

Albrecht Dürer dient im 19. Jahrhundert als Aushängeschild für große deutsche Kunst der Vergangenheit. Der zu dieser Zeit aufkeimende Nationalismus breitet sich über Deutschland während der Napoleonischen Kriege aus. Starken Einfluss auf die junge Literaturszene üben der Dichter Klopstock, der ein befreites Gefühlsleben vorführt, und Rousseau aus, dessen Grundsatz *„le sentiment est plus que la raison“* übernommen wird. Seit der Mitte des Jahrhunderts entsinnt man sich auch der gotischen Baukunst und beginnt, sie im nationalen Stil wiederzubeleben. Die ersten Bauten in gotischem Stil entspringen jedoch mehr dem Verlangen nach absonderlichen, fremden Formen. Die gotischen Verzierungen sieht man zunächst als etwas ebenso Exotisches an wie etwa die chinesischen, die im 18. Jahrhundert beliebt waren. Vielfältige Nachfolge findet das Landhaus in Strawberry Hill, das von Horace Walpole um die Mitte des Jahrhunderts im gotischen Stil errichtet wird. Die darauffolgende Zeit der neugotischen Bauweise nennt man in England **„Gothic Revival"**. Gleichzeitig entsteht als wichtigster britischer Beitrag zur Kunst des 18. Jahrhunderts der **Englische Landschaftspark**. Im Gegensatz zum streng geometrisch angelegten französischen Park, der, dem Absolutismus vergleichbar, die Natur reglementiert, wird der Englische Garten als Symbol der Freiheit verstanden.

Das Werk der beiden Künstler Füßli und Blake entsteht zum Teil noch im letzten Drittel des 18. Jahrhunderts. Füßli formuliert als einziger bildender Künstler den Geist des Sturm und Drang. Die mystischen Visionen von Blake sind keiner Stilströmung eindeutig zuzurechnen, entsprechen jedoch in mancher Beziehung dem Lebensgefühl der Romantik.

Romantik

1 Die Romantik als geistige Strömung

Der Begriff „Romantik" wird abgeleitet von „Roman", womit seit dem 12. Jahrhundert längere Erzählungen bezeichnet werden, die Ritterliches, Außergewöhnliches und Zauberhaftes zum Inhalt haben. Die Romantik ist weniger ein Stilbegriff als eine **Weltanschauung**, die sich in Europa zu Beginn des 19. Jahrhunderts in der Krisenzeit zwischen Revolution und Restauration ausbreitet.

Gemeinsam ist den Vertretern romantischer Geisteshaltung die Betonung des **Emotionalen** als Reaktion auf die Betonung des Verstandes durch die Aufklärung im 18. Jahrhundert. Ausgeprägter Subjektivismus, eine innige Beziehung zur Natur (besonders ausgeprägt in Deutschland), das Interesse an geschichtlichen, literarischen und exotischen Stoffen und vielerorts eine erneute Hinwendung zur Religion kennzeichnen die kulturelle Epoche.

Nach 1800 folgt, als eine Folge der Resignation der Intellektuellen aufgrund der verfahrenen politischen Situation, eine Wendung „nach innen". Die Revolution bewirkt nicht, was sie verheißen hat, die Restauration hält Einzug und beschränkt den Einzelnen wiederum in seiner Freiheit. Auf der Flucht vor der ungeliebten Realität ziehen sich viele in sich selbst zurück, träumen von Welten, die in der Vergangenheit liegen, räumlich weit entfernt und daher unerreichbar sind („Italiensehnsucht") oder nur im Reich der Fantasie existieren. Die „heile" Welt des Mittelalters erscheint in verklärtem Licht.

Der Klassizismus dagegen hatte seine Traumwelt in der Antike gefunden. In der „Rückwendung" sowohl des Klassizismus als auch der Romantik wird deutlich, dass sich ein **historisches Bewusstsein** herausgebildet hat. Der Mensch sieht sich selbst nunmehr in der Abfolge der Entwicklung als Bestandteil der Geschichte. Es ist ihm bewusst, dass etwas vor ihm war und etwas nach ihm sein wird. Die fortwährende Beschäftigung mit dem eigenen „Ich" führt zur Berührung mit dem Unbewussten, Irrationalen, Geheimnisvollen, mit Traum, Spuk und psychischen Anomalien. In dieser Hinsicht ist auch der Spanier FRANCISCO DE GOYA als Romantiker zu bezeichnen.

Die relativierende Phase der Aufklärung hat zum Wegfall allgemeingültiger Wertmaßstäbe beigetragen. Nach einer Zeit der Konsolidierung während des Barock stellt sich erneut die Frage nach dem Wesen der Kunst, die schon im Manierismus aufgeflammt war. Wenn feste Regeln entfallen, kann Kunst nicht mehr „lehrbar" sein. Jeder Künstler ist auf sich selbst gestellt und häufig verunsichert. Dafür bietet sich ihm die Chance, **individuelle** und völlig neue Wege zu beschreiten. Hierbei spielt die Diskussion um die Frage, inwieweit ein Kunstwerk überhaupt „fertiggestellt" werden kann, eine wesentliche Rolle. Als Folge haben Kunstwerke der Romantik – sei es Literatur, Musik oder bildende Kunst – häufig **fragmentarischen Charakter**. Ästhetisches Ideal ist nicht mehr das Harmonisch-Vollendete der klassischen Kunst, die Goethe als das „Gesunde" bezeichnet (die Romantik nennt er „krank"), sondern das Offene und Vieldeutige. Im Grunde geht es nicht mehr um das Artefakt als „Endprodukt", sondern um den Entstehungsprozess und die Wirkung auf den Betrachter, der zum Denken und Einfühlen angeregt werden soll. Die Nähe zu unserer zeitgenössischen Kunst zeigt sich hier in frappierender Weise.

Vorbereitet wird die Romantik im ausgehenden 18. Jahrhundert von der sogenannten Vorromantik. Als Gipfelpunkte englischer Romantik gelten die Landschaften von TURNER und CONSTABLE. Das Werk von FRIEDRICH und RUNGE, Hauptvertreter der Norddeutschen Frühromantik (ca. 1800–1820), bildet den künstlerischen Höhepunkt der deutschen Romantik. Parallel dazu verläuft das Schaffen der sogenannten Nazarener (ca. 1810–1830). Die deutsche Romantik klingt in der Spätromantik (ca. 1820–1850) aus, zu deren Hauptvertretern RICHTER und SCHWIND gehören. Eine Abgrenzung zur Biedermeier-Zeit ist kaum mehr möglich. In Frankreich spricht man erst ab den 1820er-Jahren von einem „Romantizismus", wegen seiner inhaltlichen Dramatik oft auch „Schauerromantik" genannt. GÉRICAULT und DELACROIX sind als deren Protagonisten zu nennen.

Vergleicht man Bilder von CASPAR DAVID FRIEDRICH und EUGÈNE DELACROIX unter künstlerischen Aspekten, so zeigt sich die Unterschiedlichkeit in der Malweise der beiden Künstler. Dennoch werden beide unter dem Begriff „Romantik" zusammengefasst. So wird die Vielseitigkeit dieser Epoche deutlich.

2 Romantik in England

Heinrich Füßli (1741–1825) und William Blake (1757–1827)

Der Schweizer Dichter und Maler HEINRICH FÜSSLI studiert zuerst Theologie, emigriert dann aus politischen Gründen nach England, wo er seit 1799 eine Professur für Malerei innehat. Die Engländer nennen ihn HENRY FUSELI. Berühmt wird er in England aufgrund seiner Vorliebe für Schreckensszenen und seines exzentrischen Lebenswandels, der ihm den Beinamen „The wild Swiss" einträgt. Füßlis Interesse an den „Schattenseiten" der Psyche, am Okkulten, Hexenwahn usw. schlägt sich in seinen Illustrationen zu Shakespeare, Milton und dem Nibelungenlied nieder. Sie sind aber auch künstlerischer Ausdruck eines um 1800 in mondänen Zirkeln kursierenden Phänomens: des Okkultismus. Alchemie, Hexerei sowie Teufelskult werden diskutiert, aber auch Jenseitsspekulationen und Seelenwanderungslehren machen die Runde. Als Reaktion auf die kühl-rationalistische Phase der Aufklärung blüht der Aberglaube.

Barocke, klassizistische und romantische Elemente gehen in Füßlis Werk ineinander über: Lichtführung und Theatralik des Ausdrucks wirken barock; bühnenhaft inszenierte Figurenkompositionen sind im Vordergrund aufgebaut und von grellem Licht erhellt, während der Bühnenhintergrund in Dunkelheit getaucht erscheint. Nie öffnet sich der Ausblick in die Ferne. In klassizistischer Manier – das Vorbild MICHELANGELO wird vor allem in seinen Zeichnungen deutlich spürbar – greift er romantische Themen auf: psychische Ausnahmezustände wie Traum, Nacht, Rausch und Rache. Sein Gemälde „Nachtmahr" (1781) hing als Reproduktion über Sigmund Freuds Arbeitstisch in Wien. Auf der Rückseite des Bildes ist ein stehendes Mädchen zu sehen, in das Füßli sich verliebt hatte, das ihn jedoch zurückwies. Auf der Vorderseite liegt dasselbe Mädchen schlafend, seltsam verrenkt und deformiert auf dem Bett. Ein hässlicher Gnom sitzt auf ihrem Bauch. Die Nachtmähre, die den Kopf mit weit aufgerissenen Augen und gebleckten Zähnen durch die Vorhänge reckt, ist das Reittier des Monsters. Eine Deutung ist einfach: Der Alb ist die Verkörperung böser Wünsche. In seiner Fantasie rächt Füßli sich lustvoll an dem Mädchen. Tiefenschichten seiner Psyche treten offen zutage. In seinen Fantasien lebt er sich aus, vergleichbar den Erzählungen des Zeitgenossen Marquis de Sade.

Das „Gesamtkunstwerk" des englischen Grafikers und Dichters WILLIAM BLAKE trägt esoterische Züge. Grundlage seines Schaffens ist eine **antirationalistische, private Philosophie** (als deren Prophet er sich fühlte), in welcher Gut und Böse eine Umdeutung erfahren. Satan vertritt darin das Prinzip der alles bewegenden Energie und wird zum Bruder des Menschen. Wie sein

Freund Füßli fordert Blake die unumschränkte Herrschaft der Einbildungskraft des Genies, die bei ihm jedoch oft abstruse Formen annimmt. Er wendet sich gegen jede Form von Naturalismus und verhöhnt zeitgenössische Künstler. Nur die Gotik lässt er gelten, die auch in seinen schlanken, in die Länge gezogenen Leibern spürbar wird. Weitere Vorbilder sind MICHELANGELO, RAFFAEL und DÜRER. In den Zeichnungen verzichtet Blake jedoch im Wesentlichen auf Plastizität und Raum. Sie leben ganz aus der Linie und dem Ornament. Sein grafisches Werk wird von den Präraffaeliten, Symbolisten und Jugendstil-Künstlern bewundert. Hervorzuheben sind die Illustrationen zur „Göttlichen Komödie", welche der Dichtung Dantes in kongenialer Weise gerecht werden.

John Constable (1776–1837)

Unter den Vorbildern des in England sehr beliebten Künstlers JOHN CONSTABLE sind Landschaftsmaler des 17. Jahrhunderts und sein Landsmann GAINSBOROUGH, der Rokokomaler. Seit 1802 orientiert er sich unmittelbar an der **sichtbaren Natur**. Sein Pinselduktus ist bewegt und die von ihm eingeführte Spachteltechnik bedingt den stark pastosen Farbauftrag. Die Spontaneität seiner Malweise und die Frische der Beobachtung von Naturphänomenen hat großen Einfluss auf die weitere Entwicklung der europäischen Landschaftsmalerei. Sowohl DELACROIX als auch Vertreter der Schule von Barbizon und MENZEL bewundern ihn.

Constable gilt als ein Wegbereiter des Impressionismus, auch aufgrund seiner Motivwahl, bei der er das Unscheinbare besonders schätzt. *„Kunst ist unter jeder Hecke"* lautet ein berühmter Ausspruch des Malers. Sein Verhältnis zur Natur ist von der englischen Naturphilosophie der Romantik geprägt. In der atmosphärischen Darstellung seiner heimatlichen Landschaft ist die romantische Sehnsucht nach dem Einswerden mit der Natur zu spüren. In gleicher Weise ist jedoch sein wissenschaftliches Interesse an der Erforschung der sichtbaren Realität durch genaueste Beobachtung festzustellen. In dieser Hinsicht nimmt er den Realismus der Jahrhundertmitte vorweg.

William Turner (1775–1851)

Für WILLIAM TURNER ist die **Farbe** wichtigstes künstlerisches Medium. Im Grunde sind Licht und Farbe seine eigentlichen „Themen". In späteren Bildern verselbstständigt sich die Farbe zunehmend. Sie verliert an darstellender Funktion und gewinnt an Eigenwert. Gegenständliches tritt zurück, man hat den Eindruck **abstrakter Farbkompositionen**. Bei zunehmender Skizzenhaftigkeit lösen sich die Konturen auf. Das Ineinander der Erscheinungen, von Licht durchwebt, vermittelt ein Gefühl der Grenzenlosigkeit, das dem Lebensgefühl der Romantik entspricht. Von seinem neuartigen Umgang mit der Farbe sind später die Impressionisten begeistert; er selbst orientiert sich an LORRAIN, TIZIAN, WATTEAU und REMBRANDT. Reisen führen ihn u. a. in die Schweiz, wo ihn die Bergwelt fasziniert (z. B. „Die Lawine“, 1810) und nach Italien.

3 Romantik in Deutschland

3.1 Philosophie und Lebensgefühl

Die geistige Strömung der Romantik entwickelt sich in Deutschland vor dem Hintergrund der napoleonischen Kriege und der anschließenden Befreiungskriege. In ihrem Hass auf den französischen Usurpator hatten sich die verschiedenen deutschen Staaten auf gemeinsame Wurzeln besonnen und diese in der Zeit des Mittelalters gefunden, das in verklärtem Licht erscheint. Als äußeres Zeichen der politischen Gesinnung trägt man die „altdeutsche Tracht“, ein Nationalbewusstsein wächst heran, das zur Gründung des deutschen Staates führen sollte. Führende Köpfe im Dritten Reich fühlen sich später zu dieser Zeit hingezogen.

Aus den Schriften tonangebender Philosophen und Literaten sprechen eine hochsensible Auseinandersetzung mit der **menschlichen Psyche**, eine tiefe **Liebe zur Natur** und häufig eine neue **Religiosität**, wenn auch nicht im kirchlich-dogmatischen Sinn. Der deutsche Philosoph FICHTE geht davon aus, dass nur das Ich real ist und alles andere in der Vorstellung existiert, das Subjekt steht also im Mittelpunkt des Denkens. Sein Kollege Schelling spricht von zwei Wirkungsformen Gottes in „Geist“ und „Natur“. Daraus folgt das beseelte Verhältnis zur Natur, die als Erscheinungsform Gottes interpretiert wird **(Pantheismus)**. In der mystischen Versenkung in die Natur versucht das Subjekt den ursprünglichen Zustand zu erreichen, in dem Natur (Gott, Welt, All) und Ich (Subjekt) eins waren. Die meditative Versenkung ins eigene Ich, vor allem in der einsamen Natur, wird als möglicher Weg „zurück“ gesehen. In dieser Hinsicht gibt es Berührungspunkte zwischen dem unumstrittenen literarischen Genie jener Zeit, Goethe, und dem romantischen Denken: Faust beantwortet die berühmte „Gretchenfrage“ als Pantheist. Hatte Goethe in seiner frühen Zeit den Erbauer des gotischen Straßburger Münsters als „Heiligen“

verehrt, so hat er auch im Alter Verständnis für die Vollendung des Kölner Doms in gotischem Baustil, der als „urdeutsch" empfunden wird.

Dass während der Romantik die geistigen Grundlagen für die Entwicklung der modernen Kunst gelegt werden, zeigt sich auch in der unablässigen Beschäftigung mit dem Unbewussten. In den Erzählungen E. T. A. Hoffmanns verschmelzen die Grenzen zwischen Wachsein und Traum, in den Dramen Kleists wird der Somnambulismus thematisiert. Die Kinderbildnisse von Runge belegen das Interesse an der Psyche des Kindes. Künstler der ersten Hälfte des 20. Jahrhunderts werden hier anknüpfen.

Wenn auch Musik (Schubert, Schumann, Chopin) und Literatur eher dazu geschaffen sind, Gefühl und Fantasie anzuregen, so zählt doch CASPAR DAVID FRIEDRICH zu den großen Vertretern jener Epoche, da er inneren Bildwelten sichtbare Gestalt verleiht. Es gibt keine Bildhauer oder Architekten, die als „Romantiker" zu bezeichnen wären. Nur Maler und Zeichner haben Wege gefunden, den Geist der Romantik zu visualisieren.

3.2 Norddeutsche Frühromantik: Caspar David Friedrich und Philipp Otto Runge

Caspar David Friedrich (1774–1840)

Friedrich wird 1774 in Greifswald (Ostsee) als Sohn eines Seifensieders geboren. Als Kind verliert er Mutter und Geschwister. Mit 20 Jahren beginnt er ein Kunststudium in Kopenhagen. Vier Jahre später siedelt er nach Dresden um, wo er bis zu seinem Tod wohnt. Er steht unter anderem in Verbindung mit PHILIPP OTTO RUNGE. Zahlreiche Reisen führen Friedrich nach Nordböhmen, in den Harz, ins Riesengebirge und nach Rügen. 1824 wird er „außerplanmäßiger" Professor. Bildankäufe durch den russischen Zaren und den preußischen König bessern sein bescheidenes Einkommen auf. Nach einem Schlaganfall kann er in den letzten, von depressiven Phasen durchzogenen fünf Lebensjahren nur noch an Aquarellen arbeiten.

Friedrichs Schaffen ist ausschließlich der **Landschaftsmalerei** gewidmet. Das intensive Naturerleben, welches die beginnende Romantik auszeichnet, führt zunächst noch nicht zu einer Aufwertung der Landschaft als Gegenstand der Malerei. Traditionsgemäß ist Landschaft „Hintergrund", Hauptmotiv ist der Mensch. Landschaftsmalerei ist also weit weniger angesehen als etwa das Porträt oder die Historienmalerei. Bei Friedrich verselbstständigt sich die Landschaft. Wo Menschen überhaupt in Erscheinung treten, handelt es sich meist um Rückenfiguren. Versunken in den Anblick der Natur, sind sie Identifikationsbasis für den Betrachter des Bildes.

Von Caspar David Friedrichs Landschaften geht eine hoheitsvolle, fremdartige, oft auch sakrale und melancholische Wirkung aus. Sie entziehen sich dem „Zugriff" des Betrachters, d. h. unser Blick wird nicht, wie bisher üblich, in die scheinbar unendliche Bildtiefe geführt. In unerreichbarer Ferne liegen die Gipfel der Berge. Ihre Farbe hat etwas Durchscheinendes, womit der Übergang zu einer anderen Welt angedeutet ist.

Der Bildraum setzt sich aus bildparallelen, einander überschneidenden Schichten zusammen. Friedrich verlässt bewusst die barocke Tradition und baut die Landschaft nicht mehr wie in einem Bühnenkasten auf, mit schräg in die Tiefe führenden Linien und rahmendem Vordergrund. Da die innere Rahmung entfällt, ist das Bild zu den Seiten hin „offen". In Form und Inhalt entfernt sich Friedrich von traditionellen Regeln. *„Des Künstlers Gefühl ist sein Gesetz"*, äußert er in einem Brief.

Mit seiner neuen Bildform ist Friedrich der europäischen Entwicklung weit voraus. Erst seit Cézanne wird die Beibehaltung der Bildfläche Grundsatz in der Malerei. Dass es sich bei Friedrichs Landschaftsbildern nicht um die Wiedergabe des sichtbaren Erfahrungsraumes handelt, sondern um innere, „psychische" Landschaften, wird von den Zeitgenossen zumeist verkannt. Aus folgenden Zitaten des Malers geht seine Kunstauffassung hervor, die den meisten Zeitgenossen unverständlich ist:

Schließe dein leibliches Auge, damit du mit dem geistigen zuerst siehest dein Bild. Dann fördere zutage, was du im Dunkeln gesehen, dass es zurückwirke auf andere von außen nach innen.
Der Maler soll nicht bloß malen, was er vor sich sieht, sondern auch, was er in sich sieht. Sieht er aber nichts in sich, so unterlasse er auch zu malen, was er vor sich sieht.[37]

Friedrichs nordische Naturmystik, basierend auf tiefreligiöser, christlicher Überzeugung, äußert sich in gemalten „Hieroglyphen". Er entwickelt eine neue, individuelle Symbolsprache, deren Lesart jedoch nicht klar festgelegt ist wie bei allgemein bekannten Symbolen. In den „Lebenserinnerungen eines deutschen Malers" von A. L. Richter heißt es dazu (1825):

Mir scheint die Auffassungsweise Friedrichs auf einen Abweg zu führen, [...] seine Bilder atmen jene kranke Schwermut, welche jeden gefühlvollen Betrachter mächtig ergreift, aber immer ein untröstliches Gefühl hervorbringt. Friedrich fesselt uns an einen abstrakten Gedanken, gebraucht die Naturfor-

men allegorisch, als Zeichen und Hieroglyphen, sie sollen das und das bedeuten [...].[47]

Die Bewunderer Friedrichs loben wiederum gerade den unerschöpflichen Sinn seiner Bilder, der nur mit dem Gemüt erfasst werden könne. Friedrichs Landschaften als Ganzes sind Symbole für das Wirken Gottes im Diesseits. Einzelne, immer wiederkehrende Motive können zusätzlich symbolisch gedeutet werden, z. B. der Berg als Gottessymbol, Küste, Meer, Hafen oder Schiff als Symbol für die Fahrt durch das Leben, Friedhöfe stehen für Vergänglichkeit und eine gewisse Todessehnsucht, Eiche und Hünengräber sind nationale Symbole.

Entrüstung löst sein Bild „Das Kreuz im Gebirge" (1808, sog. Tetschener Altar) aus. Ein Kritiker spricht von einer *„wahren Anmaßung"*, dass *„sich nun die Landschaftsmalerei in die Kirchen schleichen und auf die Altäre kriechen"*[34] wolle. Anstoß erregt nicht nur die **individuelle religiöse Symbolik** Friedrichs, sondern auch dessen Darstellungsweise. Da seine Landschaften nicht sichtbaren Gegebenheiten entsprechen, wirken sie nicht „natürlich".

Auf völliges Unverständnis stößt Friedrichs „modernstes" Bild, „Der Mönch am Meer" (um 1809), auf dem eine Strandlandschaft gänzlich unidyllisch erfasst ist und das Gefühl tödlicher Verlassenheit aufkommen lässt. Einziges Lebewesen am Strand ist ein Eremit, winzig klein vor der unendlichen Weite von Meer und Himmel. Die „Leere" des Bildes irritiert und wirkt erschreckend. Der Betrachter wird mit einer fremdartigen Welt konfrontiert, die nichts „Anheimelndes" hat.

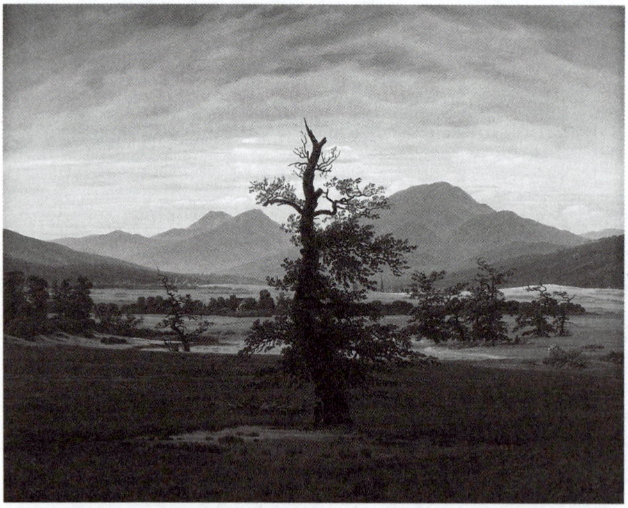

Caspar David Friedrich: „Der einsame Baum", (1822), Öl auf Leinwand, 55 × 71 cm. Nationalgalerie, Berlin.

Zwar bricht Friedrich mit den traditionellen Bildformen, aber seine Malweise bleibt doch konventionell-klassizistisch, wenngleich er sich auch gegen Akademismus und die von ihm als „Schönmaler" bezeichneten Klassizisten wendet. Die Farbe trägt er mit feinen Pinseln auf, Spuren des Malprozesses bleiben kaum sichtbar.

Vorstudien zu seinen Bildern macht er in der Natur. Diese Zeichnungen werden jedoch nicht einfach vergrößert als Bildvorlage übernommen. Die Bildidee formt sich aus der Kombination verschiedener Studien. Ergebnis ist eine „künstliche" Landschaft, die „in Klausur" entsteht. Er arbeitet in einem kargen, peinlich sauberen und aufgeräumten Atelier, abgeschirmt von der Außenwelt, in völliger Ruhe. Die Strenge seines Bildaufbaus resultiert auch aus dem Umgang mit Zirkel und Lineal. In meditativer Weise konzentriert er sich auf sein inneres Bild, das als **„Seelenspiegel"** auf der Leinwand sichtbar wird.

Philipp Otto Runge (1777–1810)

Der Maler, Zeichner und Kunsttheoretiker vertritt zusammen mit Friedrich die Norddeutsche Frühromantik. Als Kunsttheoretiker äußert er für die damalige Zeit revolutionäre Gedanken. So erhebt er die Forderung nach **radikaler Erneuerung der Kunst**, erklärt die Natur zum Ausgangspunkt der Malerei und widmet sich wissenschaftlichen Forschungen auf dem Gebiet der Farbe.

Runge zufolge ist ein Neuanfang in der Kunst unumgänglich. Er ist der Auffassung, dass eine Wiederbelebung der Antike und der christlichen Kunst des Mittelalters unmöglich ist und eine Nachahmung derselben rein äußerlich bleiben muss, weil die Mythen, aus denen diese Kunst lebte, verloren gegangen sind. Allein über die „Landschaft" ist der Ansatz zu einer neuen Kunst möglich. Damit ist nicht die Nachahmung des Sichtbaren gemeint, sondern im Sinne Friedrichs die Überformung der Landschaft mit **subjektiven Empfindungen**. Landschaft erhält damit Sinn und Bedeutung. Künstlerisch vorgebrachte Naturformen können sichtbar machen, was eigentlich unsichtbar ist. „Subjektive Empfindungen" werden durch intensives Naturerleben hervorgerufen. Runge schreibt:

> *Wenn der Himmel über mir von unzähligen Sternen wimmelt, der Wind saust durch den weiten Raum, die Woge bricht sich brausend in der weiten Nacht, über dem Walde rötet sich der Äther, und die Sonne erleuchtet die Welt. Das Tal dampft und ich werfe mich im Grase unter funkelnden Tautropfen hin, jedes Blatt und jeder Grashalm wimmelt von Leben, die Erde lebt und regt sich unter mir, alles tönet in einem Akkord zusammen … ich höre und fühle den lebendigen Odem Gottes, der die Welt hält und trägt, in dem alles lebt und wirkt: Hier ist das Höchste, was wir ahnen – Gott.*[34]

Exkurs
Geschichte der Landschaftsmalerei

Die Art und Weise, wie Landschaft dargestellt wird, macht das Verhältnis des Menschen zu seiner Umwelt bzw. zur Natur deutlich. Landschaftsmalerei als autonome Bildgattung entwickelt sich seit dem späten Mittelalter und geht aus der Stadtkultur hervor. In der Kunst der Naturvölker tritt Landschaft als Motiv nicht auf. Es fehlt die Distanz zur gewohnten Umgebung.

Spätantike
Römische Wandmalereien zeigen idyllische Garten- bzw. Schäferszenen, die den lyrischen Naturschilderungen eines Vergil entsprechen (Begriff „Arkadien“). Die Natur wird nachgeahmt u. a. durch die Luftperspektive. Ein illusionistischer Tiefenraum wird auf der Bildfläche durch Unschärfe und Aufhellung des Hintergrunds erzeugt. Das Weltbild ist diesseitsorientiert.

Frühchristliche Zeit
Stark vereinfachte und schematisierte Darstellungen von Pflanze und Tier gibt es in ravennatischen Mosaiken. Das Abbild irdischer Natur dient als Symbol für die Natur im Paradies. Zu dieser Zeit entsteht der **Goldgrund** (Zeichen für das Jenseits), der eine dem Erfahrungsraum nachgeahmte Tiefenwirkung verhindert.

Frühes und Hohes Mittelalter
Es findet eine stärkere Reduktion von Naturformen auf wesentliche Merkmale statt. Die Andeutung von Natur verweist auf das Paradies oder dient als Hintergrund für eine biblische Geschichte. Schilderung einer irdischen Natur findet sich erstmals in den „Carmina Burana“ (Buchmalerei, ca. 1230). Religiöse Symbolik fehlt, „Landschaft“ besteht aus Fantasieformen vor blauem Grund. Schönheit der Natur (als Schöpfung Gottes) wird allmählich zentrales Thema. Wurzeln der Renaissance reichen diesbezüglich bis in die Hochgotik.

Spätmittelalter
Im Rathaus von Siena (Wandmalerei „Gutes Regiment“ von AMBROGIO LORENZETTI) wird um 1340 erstmals die heimische (toskanische) Landschaft mit ihren typischen Merkmalen – ohne religiösen Bezug – wiedergegeben.

In **Frührenaissance** und **Spätgotik** werden Luft- und Farbperspektive zur Nachahmung des sichtbaren Naturraumes entwickelt: Abnahme von Farbintensität und Schärfe der Konturen in der Tiefe, Abstufung von warmen zu kalten Farbtönen („Verblauen"). Die Landschaft bildet meist den Hintergrund religiöser Szenen oder von Bildnissen. 1444 entsteht das erste **Landschaftsporträt:** KONRAD WITZ' „Fischzug Petri" (Hintergrund: Montblanc-Massiv vom Genfer See aus gesehen). Die früheste von LEONARDO DA VINCI erhaltene Landschaftszeichnung (1473) gibt das Arnotal bei Florenz wieder – ohne Staffage (menschliche Figuren) bzw. religiösen Zusammenhang. Kurz vor 1500 aquarelliert ALBRECHT DÜRER auf seiner Reise nach Italien die Landschaft allein aus persönlichem Interesse an der Natur.

Neuzeit

Das erste autonome Landschaftsgemälde ohne Staffage entsteht in der **Renaissance:** „Donaulandschaft bei Regensburg" (ALBRECHT ALTDORFER, 1520). Landschaft ist in besonderer Weise geeignet, als Stimmungsträger zu fungieren. So kann das Heroische einer Schlacht durch die Naturschilderung unterstrichen werden (vgl. ALTDORFER „Alexanderschlacht") oder der Gemütszustand von Trauernden bildliche Form annehmen (vgl. Isenheimer Altar, GRÜNEWALD, 1515). Scheinbar unendliche Tiefenräume zeigen Landschaften im **Barock** (Holland). In Frankreich bevorzugt man die „ideale" Landschaft (CLAUDE LORRAIN). Hierfür wird der Begriff „Arkadien" verwendet.

19. Jahrhundert

Im Laufe des 19. Jahrhunderts setzt sich die Landschaftsmalerei als führende Gattung durch. Die Romantik fördert durch ihre Naturverbundenheit Verbreitung und Anerkennung der reinen Landschaftsmalerei. Im Realismus und vor allem im Impressionismus ist sie fast ausschließliches Thema.

20. Jahrhundert

Hier beschränken sich einige Künstler wie z. B. CHRISTO oder RICHARD LONG in ihrer Auseinandersetzung mit der Landschaft nicht mehr auf die Malerei, sondern machen die Natur selbst zu ihrem Arbeitsmaterial: Naturraum wird verfremdet, verändert, verhüllt usw. **(Land-Art)**. In der Tradition stehen z. B. gemalte Landschaften von GERHARD RICHTER.

Wie Novalis (1772–1801) sieht Runge den Menschen als Teil der universalen Natur, mit der er verschmelzen möchte. Das Utopische solch mystischer Ideen ist den Künstlern bewusst.

Das **Kind** spielt in Runges Werk eine bedeutende Rolle. Parallel zum Beginn der wissenschaftlichen Pädagogik mit Pestalozzi respektiert Runge die individuelle, kindliche Persönlichkeit in seinen Kinderbildnissen. Runges pantheistische Auffassung gipfelt in den Entwürfen zu den „Vier Tageszeiten" (seit 1802), bei denen er weit über die bloße Darstellung eines Tagesablaufes hinausgeht. Es arbeitet an einem Gleichnis für die Rolle des Menschen im unbegrenzten Kosmos. Der Zyklus ist als Raumdekoration in sehr großem Format geplant, wird jedoch nie realisiert.

Die höchste Stufe der Kunst stellt für Runge der Umgang mit der Farbe dar. Als Ergebnis wissenschaftlicher Studien erscheint 1810 eine Schrift mit dem Titel „**Farbenkugel** oder Construktion des Verhältnisses aller Mischungen der Farben zueinander". Diese Farbkugel kann man sich so vorstellen: Auf dem „Äquator" der Kugel liegen die Spektralfarben, zum „Nordpol" hin werden die Farben aufgehellt, bis sie sich in einem weißen Punkt treffen, zum „Südpol" hin verdunkeln sich die reinen Farben und treffen sich in einem schwarzen Punkt. Im Innern befinden sich die getrübten Farben, die durch Mischungen komplementärer Farben entstehen. Den Mittelpunkt bildet das reine Grau.

In seiner kurzen Lebenszeit kann Runge nur wenige Projekte verwirklichen, viele Bilder bleiben unvollendet.

3.3 Die Nazarener und Joseph Anton Koch

Die neue Religiosität der Romantiker kann als Reaktion auf den von französischen Revolutionären propagierten Atheismus oder auf den Rationalismus der Aufklärung gesehen werden. In jedem Fall zieht man den katholischen Ritus dem nüchternen Protestantismus vor. Schwärmerisch-gefühlvoll wenden sich zum Beispiel die sog. Nazarener der Marien- und Heiligenverehrung zu. 1809 gründen sie nach dem Vorbild einer mittelalterlichen Künstlergilde im Kloster S. Isidoro bei Rom die **Lukasbruderschaft**. Zu ihr gehören FRIEDRICH OVERBECK (1789–1869) und FRANZ PFORR (1788–1812), zwei Kunststudenten aus Wien, die fortan ihr Leben der Kunst weihen, deren Ausübung sie dem Gottesdienst gleichsetzen. Wegen ihrer Haartracht (langes, in der Mitte gescheiteltes Haar, wilde Bärte) erhält die Gruppe den Spitznamen „Nazarener". In schwärmerischer Weise verehren sie die altdeutschen Meister, insbesondere ALBRECHT DÜRER. Ihre naiv-religiösen Bilder von hellbunter Farbigkeit lehnen sich an RAFFAEL und dessen Lehrer PERUGINO an. Figürliche Szenen wirken steif und wie Fremdkörper in einem Landschaftsraum, der als eine Art Gefühlskulisse dient: *„Ihre Gemälde mit religiösen Themen suggerierten einen derart ungetrübten Glauben, daß sie nur zu leicht in den volkstümlich sentimentalen Bildern der Jahrhundertmitte und später trivialisiert wurden.“*[27]

Zutiefst romantisch ist ihr Verhältnis zur Natur. Allerdings bleibt die Landschaft auf den Hintergrund beschränkt. Ihre größten Leistungen liegen auf dem Gebiet der Handzeichnungen (Porträts, Landschaften), die sehr viel frischer als die Ölgemälde wirken und in unmittelbarer Naturbeobachtung (zumeist im Hinterland von Rom) entstehen. Zu den Lukasbrüdern gehören neben Pforr und Overbeck auch CARL PHILIPP FOHR, JULIUS SCHNORR VON CAROLSFELD, PETER CORNELIUS (später in Deutschland gefragter Freskenmaler), FERDINAND OLIVIER und JOSEPH ANTON KOCH.

Joseph Anton Koch (1768–1839)

Nach abenteuerlichen Jugendjahren lässt Koch sich in Rom nieder und gehört zum Umkreis der Lukasbrüder. Bestimmend ist für den Tiroler das Landschaftserlebnis in den Alpen. Ihm genügt jedoch nicht die Landschaft als solche, sie dient ihm vielmehr als Schauplatz figürlicher Szenen, wenn diese auch meist im Verhältnis zur grandiosen, idealisierten Natur nur sehr klein sind. Hirten, Tiere, mythische Gestalten und antike Kulissen beleben seine „malerischen Dichtungen“.

Sein berühmtestes Werk, „Der Schmadribachfall“ (1822, Neue Pinakothek, München), zeigt eine majestätische Bergwelt mit einem gewaltigen Wasserfall, der aus der Region der Gletscher herabstürzt und dessen Nässe und Kühle realistisch spürbar werden. In seiner Geisteshaltung antiakademisch, ist er stilistisch doch weitgehend dem Klassizismus zuzuordnen. Die religiöse Grundstimmung in seinen Naturschilderungen ist zwar der Romantik nahe, aber das *„Unbestimmte, Verschwimmende, Halbe und Empfindelnde“*[43] vermeidet er.

3.4 Spätromantik in Deutschland

Nach der Französischen Revolution hatten sich ein starker **Subjektivismus** und ein heftiges **Freiheitsverlangen** herausgebildet, die Realität kommt diesem Verlangen jedoch nicht entgegen. Restauration und industrielle Fertigungsmethoden zwingen dem Menschen neue Bindungen auf. Selbstbestimmung gelingt ihm nur im letzten ihm verbliebenen Freiraum, der Natur, in die er sich flüchtet. Die Kunst schildert auf vielfältige Weise die Idylle Arkadiens

(Vorliebe für südliche Gefilde) als „heile", unberührte Welt fern des Alltags. Hier herrschen Ruhe und Beschaulichkeit. Die Spätromantik (seit etwa 1820) bringt eine **stille, verinnerlichte Kunst** hervor und führt die romantische Malerei bis in die Biedermeierzeit und über die Jahrhundertmitte hinaus (romantische Züge finden sich noch bei FEUERBACH, BÖCKLIN, HANS THOMA u. a.).

ADRIAN LUDWIG RICHTER (1803–1884) gestaltet idyllische Motive aus dem sächsisch-böhmischen Grenzland. In der „Abendlichen Überfahrt am Schreckenstein" (1837), seinem populärsten Bild, werden die Lebensalter symbolisch dargestellt. Als Zeichner und Illustrator deutscher Märchen vertritt er die romantische Volksbewegung, die sich der Volkspoesie und dem Volkslied zugewandt hatte.

Diese volksliedhaft-deutsche Stimmung durchzieht auch das Lebenswerk von MORITZ VON SCHWIND (1804–1871), der den Wiener und Münchener Kunstkreis vertritt. Auch er tritt als Illustrator von Kinderliedern, Märchen und Sagen hervor. Am berühmtesten wird sein „Rübezahl" (1851).

Der frühere Apotheker KARL SPITZWEG (1808–1885) schildert die „gute alte Zeit" bereits aus einer gewissen Distanz. Mit Humor und leichter Ironie fängt er die Atmosphäre der Kleinfürstentümer, des Spießbürgertums, der Eremiten in der „Waldeinsamkeit" (Wortschöpfung der Romantik) und der Sonderlinge (z. B. „Der arme Poet", 1839, sein bekanntestes Bild) ein.

4 Romantik in Frankreich: Théodore Géricault und Eugène Delacroix

Die romantische Bewegung in Frankreich entsteht etwa 20 Jahre später als in Deutschland und England. Ihre Hauptvertreter sind THÉODORE GÉRICAULT und EUGÈNE DELACROIX. Im Mittelpunkt ihres Schaffens steht die Historienmalerei, d. h. die Inhalte sind im Wesentlichen traditionell, die Form ist jedoch neuartig. Die Schilderung landschaftlicher Idylle im Sinne deutscher Naturmystik liegt ihnen fern. Sie bevorzugen spektakuläre Sujets nach Vorlagen aus Literatur, Geschichte oder Zeitgeschehen. Katastrophen oder Schlachten bieten sich als dramatische Stoffe an. Im französischen **Romantizismus** berühren sich häufig Naturalismus und Fantastik (vgl. „Die Freiheit führt das Volk an" von DELACROIX). Noch über die Jahrhundertmitte hinaus verklären romantisierende Züge das Werk von COROT und den Angehörigen der Schule von BARBIZON.

Théodore Géricault (1791–1824)
Géricault wird nur 32 Jahre alt. Er stirbt an den Folgen eines Sturzes vom Pferd. Sein Werk ist von einer Vorliebe für äußerst makabre Motive durchzogen. Er studiert beispielsweise die Leichenteile Hingerichteter, um sie realistisch abbilden zu können, und setzt sich intensiv mit der Physiognomie von Geisteskranken auseinander.

Sein Name ist untrennbar mit dem Monumentalgemälde „Das Floß der Medusa" verbunden, in dem er klassische **Kompositionsregeln durchbricht**. Das Bild ist von einer Diagonalen bestimmt, die von links unten nach rechts oben führt, wo am Horizont das rettende Schiff auftaucht. Das Schauerliche des Bildes wird durch diesen Hoffnungsschimmer jedoch kaum gemildert. Während die klassizistische Ingres-Schule den lichten Ton bevorzugt, herrscht hier Düsternis vor, das Hell-Dunkel dramatisiert die Szene.

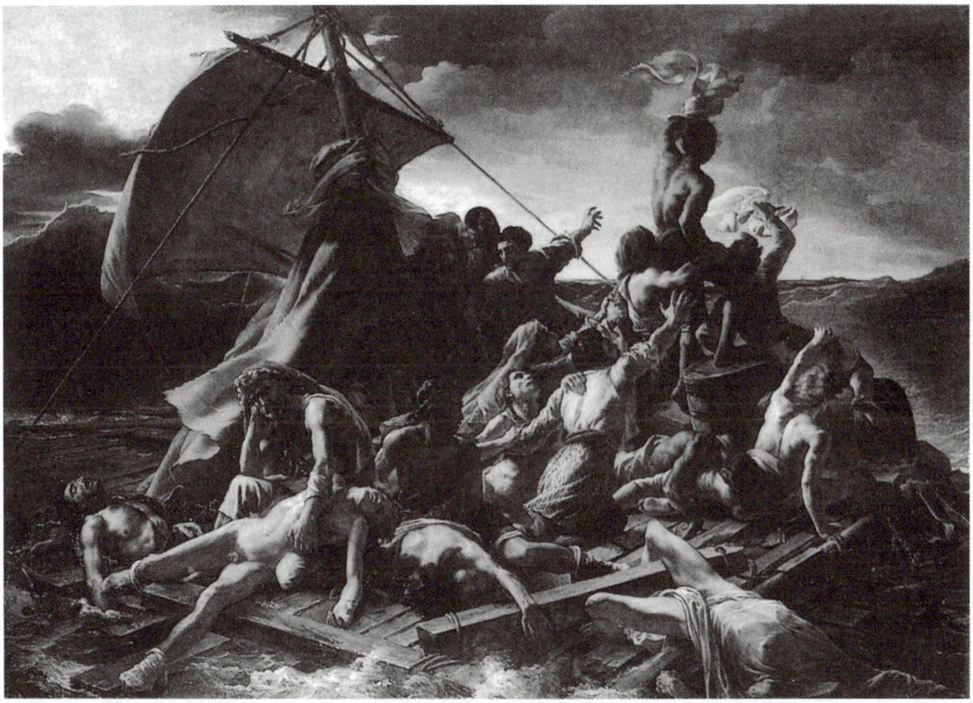

Théodore Géricault: „Das Floß der Medusa" (1818/19), Öl auf Leinwand, 491 cm × 716 cm. Louvre, Paris.

Das „Floß" entsteht während der Zeit der Restauration unter der Regierung des Bourbonen-Königs Ludwigs XVIII. und ist als politischer Protest zu verstehen. Der Kapitän, der das Schiff auf eine Sandbank steuert, steht im Dienste des Königs. Die Mannschaft besteigt die Rettungsboote, die Passagiere überlässt man ihrem Schicksal. Nur 10 überleben die Katastrophe. Die Tragik dieser menschlichen Schicksale entspricht dem Zeitgefühl. Das Thema „Schiffsuntergang" (vgl. Caspar David Friedrichs „Eismeer") symbolisiert das Scheitern der Hoffnung auf eine Verwirklichung der Revolutionsideale.

Eugène Delacroix (1798–1863)

Delacroix gilt als das **Haupt der Romantischen Schule** in Frankreich, die sich gegen Ingres' Akademismus und Klassizismus stellt. Die großen Vorbilder sind RUBENS und VERONESE. Mit 24 Jahren erringt Delacroix seinen ersten großen Erfolg mit dem Bild „Die Dantebarke". Er wird zu einem der produktivsten und bedeutendsten Künstler des 19. Jahrhunderts.

Die Leidenschaft, die aus seinen Bildern spricht, ist jedoch kein Charakterzug des Malers. Seine Person tritt hinter dem Werk völlig zurück. Delacroix verleiht dieser Leidenschaft Ausdruck durch die **Farbe**, sein wichtigstes Gestaltungsmittel. Auch theoretisch befasst er sich mit Farbe und schreibt über das Problem der farbigen (komplementären) Schatten. Farbe erlangt somit zunehmend auch Eigengesetzlichkeit und dient nicht mehr nur der Darstellung des Gegenstandes. Als einer der großen Koloristen ist Delacroix Vorläufer des Impressionismus und wird von Wegbereitern der Moderne (z. B. VAN GOGH, CÉZANNE) verehrt. Während INGRES der Verfechter der Linie (Kontur) ist, kämpft Delacroix für das Primat der Farbe. Charakteristisch für ihn sind der wild bewegte Duktus, der deutliche Arbeitsspuren hinterlässt, und die neue deckende („pastose") Malweise, „a la prima" genannt, die Korrekturen leichter zulässt und damit eine spontane Arbeitsweise ermöglicht. Sie steht im Gegensatz zur altmeisterlichen **Lasurmalerei**, bei der äußerst behutsam transparente Schichten übereinandergelegt werden. Delacroix liebt diagonale Bildachsen und kreisende Bewegungen (Vorbild: Barock), mit denen er Schwung und Dramatik seiner Kompositionen erzeugt. Bei der Wahl seiner Themen greift er gern auf spannende Szenen aus der Literatur (Illustrationen zu „Hamlet", „Faust", „Göttliche Komödie" u. a.) und aus der Geschichte zurück. Auch verarbeitet er bildnerisch seine Reiseerlebnisse: Er ist beeindruckt von der orientalischen Sinnlichkeit und dem Reichtum an Farbe (vgl. Tunisreise von Klee, 1914); Skizzen und Aquarelle, die in Marokko entstehen, dienen ihm ein Leben lang als Vorlagen für Kompositionen. Politisches Engagement spricht aus den Gemälden, die er dem Freiheitskampf der Griechen oder den Barrikadenkämpfen von 1830 widmet. Zu Delacroix' berühmtesten Werken zählen:

„Der Tod des Sardanapal" (1828)

Inhaltlich inspiriert von einem Werk Lord Byrons zeigt das Monumentalgemälde ein Chaos von Kampf, Mord und Blut. Ruhig blickt Sardanapal, König von Ninive, umgeben von seinen Schätzen, von seinem Prunkbett aus dem Untergang entgegen. Eine Dienerin reicht ihm den letzten Trunk, während Leibwächter seine Sklavinnen und sein Ross in einer wahren Schlachtorgie töten. Ob die Opfer Verzückung oder Schmerz empfinden, ist kaum zu sagen.

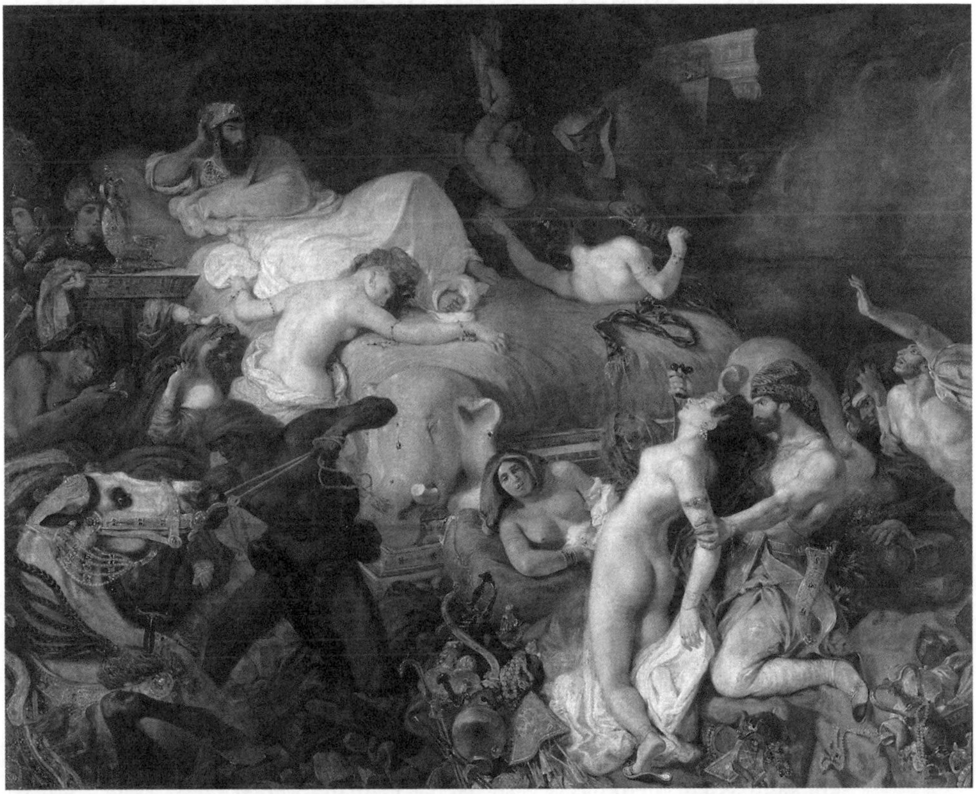

Eugène Delacroix: „Der Tod des Sardanapal" (um 1827), Öl auf Leinwand, 392 cm × 496 cm. Musée du Louvre, Paris.

„Die Freiheit führt das Volk an" (1832)

In seinem populärsten Bild befasst sich Delacroix mit einem Ereignis, das er (aus der Ferne) selbst miterlebt hat: der Julirevolution 1830. Mit realistischen Details schildert er den Schauplatz. Die „Freiheit" ist eine allegorische Gestalt; mit nacktem Oberkörper vorwärtsstürmend schwenkt sie die Trikolore, neben ihr ein Gassenjunge mit Pistolen. Der Herr mit Zylinder und Karabiner trägt die Züge des Malers: ein bürgerlicher Intellektueller inmitten des Volkes.

Realismus und Ideenmalerei

1 Entstehung des Realismus – Spiegelbild eines neuen Verhältnisses zur Wirklichkeit

Seit den 30er-Jahren des 19. Jahrhunderts spricht man vom Zeitalter der Industrialisierung. Das Wirtschaftssystem wird bald als „Kapitalismus" bezeichnet. Um möglichst hohe Gewinne zu erzielen, werden Arbeiter, um mit Marx zu sprechen, vielerorts gewissenlos „ausgebeutet". Der daraus resultierende soziale Konflikt spitzt sich immer mehr zu. Der Philosoph KARL MARX (1818–1883) analysiert in seiner Schrift „Das Kapital" das kapitalistische System und ergreift die Partei der Arbeiterklasse, deren beklagenswerte Situation vom Bürgertum weitgehend verdrängt wird. Vor dem Hintergrund sozialer Spannungen ist die für das 19. Jahrhundert typische Rückwendung in die Vergangenheit zu sehen, die auch als Flucht aus der Realität zu interpretieren ist.

Die meisten Künstler befriedigen die Bedürfnisse der Bourgeoisie nach historischen, spektakulär dargebotenen Stoffen. Nur wenige der „avantgardistischen" Künstler greifen neue, brisante Themen auf, wie z. B. das Thema „Arbeit". Ein neues Kapitel in der Kunstgeschichte beginnt mit dem **Realismus** (seit etwa 1830), der sich nicht auf Vergangenes besinnt, sondern die lebendige Wirklichkeit objektiv, d. h. ohne Idealisierung bzw. symbolische Überhöhung, wiedergibt. Der Künstler hält fest, was ist, und nicht, was sein könnte. Auch das Gewöhnliche, Alltägliche wird thematisiert. Einen Schwerpunkt bildet die Landschaftsmalerei. *„Kunst ist unter jeder Hecke"* schreibt JOHN CONSTABLE und meint damit, dass auch das Unscheinbarste Anlass zur Gestaltung sein kann. Nicht mehr das „Was?" ist das Primäre, sondern das „Wie?". Formprobleme werden zum Bildanlass. Die bildnerischen Elemente (Form, Farbe) verselbstständigen sich in zunehmendem Maße.

Die Avantgarde – antibürgerlich, antiakademisch und liberal denkende Künstler – lässt nur ihr künstlerisches Gewissen gelten. Ihr geht es um den Ausdruck der eigenen Persönlichkeit, die sich nicht mehr Kunstregeln unterwerfen kann. Dabei erleiden viele dieser Künstler – zum ersten Mal in der Kunstgeschichte – das Schicksal des Verkanntseins. Seit der Romantik bestimmt der Subjektivismus die Kunstauffassung der Avantgarde („*Des Künstlers Gefühl ist sein Gesetz*“, Caspar David Friedrich).

Auffallend viele Künstlervereinigungen werden gegründet, der geistige Austausch mit Gleichgesinnten mildert das Gefühl, auf sich allein gestellt zu sein. Subjektiv geprägte Kunst vertieft in zunehmendem Maße die Kluft zwischen Künstler und Publikum. Die Folge ist, dass der Künstler zum „Außenseiter“ der Gesellschaft wird. Der Begriff „Bohemien“ (ursprünglich für „fahrendes Volk“) bürgert sich ein. Ungeregelte Arbeitszeiten und vielfach auffallendes Äußeres lassen den Künstler der bürgerlichen Gesellschaft (auch moralisch) suspekt erscheinen.

Die Funktion der Kunst hat sich grundlegend gewandelt. Im Mittelalter entstanden „Kunstwerke“ auf einen Auftrag hin und dienten einem bestimmten Zweck. Seit der Renaissance entstehen immer mehr Kunstwerke allein aus dem inneren Antrieb des Künstlers. Ob das Werk einen Käufer finden wird, ist zunächst offen. Wenn es ins Museum (das im 19. Jahrhundert entsteht) gelangt ist, führt es in diesem „Elfenbeinturm“ ein Dasein außerhalb des eigentlichen Lebens; der „Musentempel“ verhindert die lebendige Auseinandersetzung mit der Kunst.

Die neue **„Regellosigkeit“** bedingt einen neuartigen „Kunstbegriff“ und erfordert zugleich eine neue Form des Kunsturteils.

> *Wenn das kritische Urteil über keine allgemeingültigen Normen verfügt, wenn es sich an die Einmaligkeit und innere Folgerichtigkeit des Werkes halten muß, dann drängt sich ihm eine wichtige Unterscheidung auf: es muß die Grenzlinie zwischen echter und unechter Kunst ziehen.*[23]

Die „echte“ Kunst ist laut Werner Hofmann, Kunsthistoriker, innerer Notwendigkeit verpflichtet, während sich die „unechte“ mit entlehnten Formeln begnügt. Den Ausschlag gibt, dass die subjektive Wahrhaftigkeit das „Idealbild eines allgemein Wahren“ verdrängt. Neu ist der rein subjektive Gradmesser künstlerischer Intensität.

> *Erst wenn die Form wahlfrei wird, wenn der Zusammenhang mit der lebendigen Tradition abreißt und der Künstler zwischen der Patenschaft einer wegweisenden Vergangenheit und dem Gesetz in der eigenen Brust zu wählen hat, kommt ein unnaives Moment in das künstlerische Verhalten. Dem Gestalt gebenden Akt wird eine ethische Gewissenhaftigkeit abgefordert.*[26]

Die Trennungslinie zu ziehen zwischen lebendigem Ausdruck und abgegriffener Formel setzt allerdings das geschulte Auge des „Kenners“ voraus. Nicht jedem ist es gegeben, Form zu sehen. Das Publikum interessiert sich im Allgemeinen hauptsächlich für den Inhalt.

Während die künstlerische Avantgarde (Realismus) die Entwicklung zur Moderne vorantreibt, verharren die Künstler des „juste milieu“ (des „goldenen Mittelwegs“) in traditionell-akademischen Anschauungen, die auf den Klassizismus zurückgehen. Ihre „offizielle“ Kunst bietet dem Publikum die beliebten historischen und exotisch anmutenden Themen, die alljährlich im Pariser Salon ausgestellt und gern gekauft werden – im Gegensatz zu Werken aus den Reihen der avantgardistischen Künstler, die sich nur sehr langsam etablieren bzw. auf Gönner angewiesen sind.

Kunst ist abhängig von der jeweiligen **Wirklichkeitskonzeption**, denn sie soll erfassen und anschaulich machen, was wahre Wirklichkeit ist. Damit setzt sie sich mit einem philosophischen Grundproblem auseinander. Wird die sichtbare Wirklichkeit als Schöpfung Gottes aufgefasst, hat jedes Ding seine Bedeutung nicht in sich, sondern weist über sich selbst hinaus auf seinen Ursprung (Gott), wie es in der mittelalterlichen Kunst der Fall war.

Im 15. Jahrhundert beginnt die Renaissance mit der „Entdeckung der Welt und des Menschen“ (J. BURCKHARDT). Das Denken konzentriert sich zunehmend auf die irdische Realität. Das christozentrische, spiritualistische Weltbild wird durch das anthropozentrische, zunehmend materialistische Weltbild abgelöst.

Nach Aufklärung und Revolution geht am Ende des 18. Jahrhunderts das Mittelalter endgültig zu Ende und die religiöse Dimension unwiederbringlich verloren. Nach dem neuen Wirklichkeitsverständnis wird akzeptiert, was sichtbar, mit unseren Sinnen erfahrbar und mit dem Verstand begreifbar ist.

GOYA kann als einer der Ersten nicht mehr schönfärben. Er gibt wieder, was er sieht, und bereitet so den radikalen Realismus der Jahrhundertmitte vor, dessen herausragende Gestalt COURBET ist.

Am Anfang des 19. Jahrhunderts herrscht noch eine idealistische Kunstauffassung vor. Hegel schreibt in der Einleitung zu seiner „Ästhetik“ (1835): *„Der Gedanke und die Reflexion haben die schöne Kunst überflügelt.“* Kunst ist für ihn immer an die Materie gebunden und kann daher die Idee nicht in reiner Form veranschaulichen. Dem steht die Auffassung COURBETS entgegen, dass ein abstraktes, nicht sichtbares, nicht wirklich existierendes Objekt nicht zum Gebiet der Malerei gehört. Zugrunde liegt hier die Philosophie der Jahrhundertmitte: Der Positivismus des Auguste Comte, der sich mit der Feststellung des Gegebenen begnügt und alle Metaphysik ablehnt, und der Historische Materialismus von Karl Marx (Marxismus), demzufolge es keine andere Wirklichkeit als die Materie gibt.

2 Realismus in Frankreich

2.1 Die Schule von Barbizon und Jean-François Millet

Die Künstler, die sich gegen Mitte des 19. Jahrhunderts in Barbizon am Rande des Waldes von Fontainebleau bei Paris zusammenfinden, entdecken das **unscheinbar Schöne der heimatlichen Natur**. Ihre Bilder setzen sich aus fein abgestuften Farbtonwerten zusammen, die in der Natur beobachtet (sie arbeiten zum Teil im Freien) und aufeinander abgestimmt sind. So entsteht eine malerische Gesamtwirkung, die das Nachwirken der Romantik erkennen lässt, die mit ihrer Naturverbundenheit den Boden für den Realismus bereitet hatte. Hervorzuheben sind JEAN-FRANÇOIS MILLET (1814–1875) und JEAN-BAPTISTE CAMILLE COROT (1796–1875). Letzterer steht nur zeitweise in Verbindung mit dem Kern der Schule. Seine stimmungsvollen Landschaftsbilder sind Zeugnisse einer intensiven Auseinandersetzung mit Lichtwirkungen. THÉODORE ROUSSEAU (1812–1867) und CHARLES-FRANÇOIS DAUBIGNY (1817–1878) gehören zu den wichtigen Malern dieser lockeren Künstlervereinigung.

Jean-François Millet (1814–1875)

Millet ist eine Hauptstütze der Malerkolonie. In ärmlichen Verhältnissen lebt er bei den Bauern und erhebt die „Arbeit auf dem Lande" zu seinem großen Thema. Er zeigt die Würde der Arbeit, die den Menschen in engste Berührung mit der Natur bringt, ihn also in den ewigen Kreislauf von Wachsen und Vergehen einschließt. Monumentale, anonyme Bauerngestalten malt er meist in gedämpftem Gegenlicht. Begeistert notiert er:

> *Siehe die Bewegung dieser Männer, wenn sie die Garben mit den Forken aufladen. Es ist wundervoll, wie groß die Gestalten gegen den Abendhimmel stehen! [...] sind sie nicht aus der Ferne herrlich? Die Frau, wie sie die Last auf ihrer Schulter im Zwielicht balanciert! Das ist großartig, – geheimnisvoll.*[17]

Millet wendet sich gegen eine gesellschaftskritische Interpretation seiner Werke. Nach anfänglichen Misserfolgen – das Motiv „Arbeit" findet zunächst keinen Anklang – erlangt er noch zu Lebzeiten große Beliebtheit in Frankreich. Van Gogh und die Impressionisten verehren ihn.

2.2 Hauptvertreter des Realismus in Frankreich: Gustave Courbet und Honoré Daumier

Gustave Courbet (1819–1877)

Das Frühwerk Courbets trägt noch romantische Züge. Bald wendet er sich jedoch gegen gefühlsbetonte und akademische Darstellungsweisen. Der Sohn eines wohlhabenden Bauern aus Ornans ist finanziell unabhängig. Als Autodidakt arbeitet er einerseits im Louvre nach VELÁZQUEZ, REMBRANDT, FRANS HALS u. a., andererseits aber auch nach der Natur.

Auf besondere Kritik stoßen „Die Steinklopfer“ (1849) und „Das Begräbnis von Ornans“ (1849), die er zusammen mit dem „Atelier“ (1855) u. a. in seiner Protestausstellung vor den Toren der Pariser Weltausstellung (1855) zeigt, zu der seine Bilder nicht zugelassen worden waren. Seinen privaten Ausstellungspavillon überschreibt er mit „Le Réalisme de M. Courbet“.

Dunkle Farbigkeit, eine kraftvolle Handschrift und radikaler Realismus auch im Detail kennzeichnen seine Werke. Seine Kunstauffassung geht aus einem Brief hervor, den er 1861 an eine Gruppe von Kunststudenten richtet, die sich von ihm unterrichten lassen will:

> *Ich glaube daran, daß jeder Künstler sein eigener Lehrer sein muss [. . .] Ich bin auch der festen Überzeugung, daß die Malerei wesentlich eine konkrete Kunst ist und nur darin ihre Aufgabe haben kann, wirkliche und existierende Dinge darzustellen [. . .] Ein abstraktes, nicht sichtbares, nicht wirklich existierendes Objekt gehört nicht zum Gebiet der Malerei [. . .]. Das Schöne, das die Natur hervorbringt, ist höher zu bewerten als alle Konventionen des Künstlers [. . .]. Die Wiedergabe des Schönen ist direkt abhängig von der Wahrnehmungsintensität, die sich der Künstler erworben hat. Das ist die Basis meiner Kunstauffassung.*[67]

Seit 1866 setzt er sich im Salon durch. Allerdings geht er Kompromisse ein: Einerseits malt er für wohlhabende Mäzene mythologische Szenen und Porträts von Damen der Gesellschaft, andererseits bringt ihm sein politisches Engagement für den Sozialismus sogar einmal eine Gefängnisstrafe ein, weil er sich für die Zerstörung der Vendôme-Säule (Sinnbild des Chauvinismus) eingesetzt hatte. Als er für die Kosten der Wiedererrichtung verantwortlich gemacht werden soll, flieht er in die Schweiz, wo er bald darauf stirbt.

„Das Begräbnis von Ornans" (1849)

Das Monumentalgemälde steht in der Tradition des „Gruppenbildes". Zu sehen ist eine Trauergemeinde am offenen Grab, das als schwarze Grube vorne im Zentrum des lang gestreckten Bildes zu sehen ist. Von links wird der Sarg herangetragen, begleitet von Pfarrer und Kirchendienern. Die Träger wenden sich vom Sarg ab. Es schließen sich die Honoratioren der Stadt samt Bürgermeister an, gefolgt von schwarz gekleideten Frauen. Offensichtlich wird ein verdienter Bürger zu Grabe getragen. Die Mienen der Trauergäste drücken Trauer, Betroffenheit oder Langeweile aus.

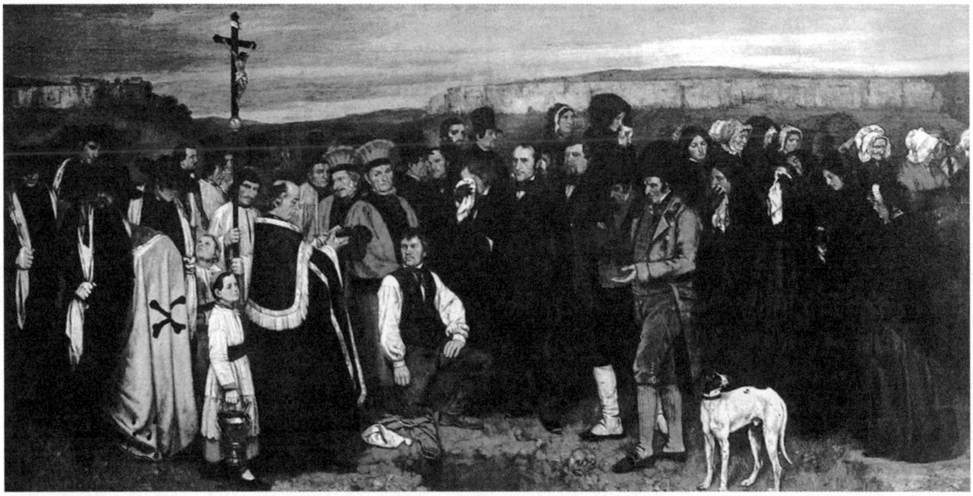

Gustave Courbet: „Begräbnis in Ornans" (1849/50), Öl auf Leinwand, 314 × 663 cm. Louvre, Paris.

Bewohner von Courbets Heimatort Ornans hatten für dieses Bild Modell gestanden. Sie alle stehen steif da, sind „aufgereiht" und nicht kunstvoll zu Gruppen zusammengefasst, was von der Presse kritisiert wird. Anstoß nimmt man weiterhin an der allzu profanen Darstellung einer kirchlichen Zeremonie (keine Glorifizierung des Entschlafenen, die Grube bildet den Mittelpunkt). Das Publikum erträgt den harten Realismus der Menschenzeichnung nicht, der entlarvend wirkt und allen herkömmlichen Vorstellungen von einem „schönen" Bild spottet. Das Pariser Publikum fasst die gemalten Köpfe als Karikaturen auf.

Exkurs
Fotografie im 19. Jahrhundert

Als zu Beginn des 19. Jahrhunderts die Fotografie erfunden wird, geht ein seit Jahrhunderten gehegter Wunsch in Erfüllung: Sichtbare Realität kann nun „objektiv" festgehalten werden. Ein Foto entspricht weitgehend dem Sehbild, d. h. die Kamera nimmt Eindrücke aus der Außenwelt in ähnlicher Weise wie unser Auge auf. Die Fototechnik ermöglicht die Herstellung dauerhafter Abbildungen durch die Einwirkung von Licht auf lichtempfindlichem Material. Der Objektivität des Fotos sind jedoch Grenzen gesetzt. Der Fotograf wählt einen Ausschnitt, bestimmt den Blickwinkel, wartet günstige Lichtverhältnisse ab usw. Darin ähnelt er dem Künstler, der zeichnend interpretiert. Das Lichtbild entsteht jedoch in Sekundenschnelle, während sich ein Zeichner bei wechselndem Licht über einen langen Zeitraum hinweg müht. Obwohl das Auge in Bezug auf das räumliche Sehen dem Fotoapparat überlegen ist, vermag es Lichtschwankungen längst nicht so differenziert wie die Kamera wahrzunehmen. Seitdem Fotos digital bearbeitet werden können, steht deren Objektivität verstärkt zur Diskussion.

Geschichte der Fotografie im Überblick

Die Fotografie beruht auf der seit dem 15. Jh. gebräuchlichen **Camera Obscura** und der Entdeckung der Lichtempfindlichkeit der Silbersalze. Die Camera Obscura wird schon im 11. Jh. von arabischen Gelehrten beschrieben. Ursprünglich besteht sie aus einem lichtdichten Raum mit einer kleinen Öffnung. Das einfallende Licht wird gebündelt und auf die gegenüberliegende Wand projiziert. Ein verkleinertes, seitenverkehrtes, auf dem Kopf stehendes Abbild der vor der Lochblende befindlichen Landschaft erscheint und kann nachgezeichnet werden. Die Bildqualität wird im 16. Jh. durch das Einsetzen einer Sammellinse gesteigert. Seit dem 17. Jh. gibt es die tragbare Camera Obscura, versehen mit Objektiv, Spiegel und Mattscheibe. Als die Väter der Fotografie gelten NIÉPCE, DAGUERRE und TALBOT. NIÉPCE gelingt 1826 die Fixierung eines fotografischen Bildes auf einer asphaltbeschichteten Metallplatte. Die Belichtungszeit beträgt ca. acht Stunden. Etwas später experimentiert L. J. DAGUERRE mit jodierten Silberplatten und braucht für ein Bild nur noch etwa 15 Minuten. Bereits im 18. Jh. hatte man entdeckt, dass Silbernitrate durch Lichteinwirkung schwarz werden. Mittels Quecksilberdampf und Kochsalz wird das durch Belichtung entstandene Bild haltbar gemacht. Das Ergebnis nennt man **Daguerreotypie** (seit 1839). Die belichteten Platten sind Unikate. H. F. Talbot entdeckt, dass Bromsilber weitaus lichtempfindlicher ist als das bisher übliche Chlorsilber und kann so die Belichtungszeit auf wenige Sekunden reduzieren. Weiterhin entwickelt er ein Positiv-Negativ-Verfahren, mit dessen Hilfe mehrere Abzüge von einer einzigen Fotografie gemacht werden können. Statt Silberplatten verwendet er nun lichtempfindliches Papier. Wenig später ersetzt er das Papiernegativ durch eine mit einer lichtempfindlichen Schicht versehene Glasplatte. 1884 kommt der erste Rollfilm in Gebrauch, bald danach die Rollfilmkamera. Seit Ende 19. Jh. ist die Farbfotografie bekannt. Farbfilme sind seit 1935 im Handel.

Maler und Fotografen als Konkurrenten

Nach Bekanntwerden der Erfindung der Fotografie bejubelt der Maler PAUL DELAROCHE 1839 die neue Technik und prophezeit den Tod der Malerei. Zahlreiche Fotografen versuchen zunächst noch, mit ihren Fotos der Malerei möglichst nahezukommen. Im Allgemeinen wird aber in der Pionierzeit der Fotografie deren Überlegenheit gegenüber der Malerei gefeiert.
Die Erfindung der Fotografie fällt in eine Zeit, in der Realismus in Kunst und Literatur gefragt ist. Wenig später verwenden bereits z. B. GUSTAVE COURBET und E. DELACROIX Fotografien als Vorlagen zu manchen Gemälden. Sehr schnell wird die neue Technik weiterentwickelt und Fotografen ersetzen bald die meisten Porträtmaler. Nach Lenbachs Tod wird bekannt, dass viele seiner zahllosen Porträts weitgehend nach Fotovorlagen entstanden waren. Eine bemerkenswerte gegenseitige Annäherung von Malerei und Fotografie ist gegen Ende des 19. Jahrhunderts zu beobachten. Während sich die inzwischen anerkannten Impressionisten in ihrer Malweise entschieden von der Präzision des Fotos abheben, ahmen sie doch in gewisser Weise fotografisches Sehen nach. So ist ihre Ausschnittwahl zufällig, die Wiedergabe von Lichteffekten soll dem Betrachter vermitteln, der Künstler habe den Eindruck sehr schnell „eingefangen". Der Eindruck täuscht, gerade Monet arbeitet oft über Monate an seinen Bildern. Impressionistische Malerei wird in umgekehrter Weise für eine Gruppe von Fotografen zum Ausgangspunkt für die Entwicklung der **„Kunstfotografie" (Pictorialism)**. Bildschärfe und Detailgenauigkeit sind verpönt, man bevorzugt die „malerische" Unschärfe. Parallel dazu entsteht zu Beginn des 20. Jh. die „reine" Fotografie **(Straight Photography)**, die auf den technischen Abbildungscharakter der Kamera vertraut. Die meist sentimentalen Naturstimmungen der „Kunstfotografen" werden durch sachliche Bilder ersetzt. Bald spricht man vom fotografischen Blick, der registriert, was *ist,* und nicht, was sein könnte.
Heute ist die Fotografie zu einem selbstverständlichen und anerkannten Hilfs- und Ausdrucksmittel für viele Künstler geworden.

Honoré Daumier (1808 –1879)

Der Maler, Zeichner, Lithograf und Bildhauer wird vor allem durch seine Arbeit für die satirischen Blätter „La Caricature“ und „Le Charivari“, die in Paris erscheinen, bekannt. Der bedeutendste Meister der politischen Karikatur des 19. Jahrhunderts schafft über 4 000 Blätter in der Technik der Lithografie, die er weiterentwickelt und in der er ein Mittel zur Demokratisierung der Kunst sieht.

Basis seines künstlerischen Schaffens ist das Interesse an seiner **Umwelt** und der **Gesellschaft**, die er genauestens beobachtet und deren Missstände er in seinen Grafiken mit beißendem Spott aufzeigt.

Besonders populär wird die Lithografie „La Rue Transnonain, 15. April 1834“, in der er das Blutbad anprangert, das Regierungstruppen wegen eines Arbeiteraufstandes angerichtet hatten. Eine satirische Darstellung des Kaisers bringt ihm eine Gefängnisstrafe wegen „Majestätsbeleidigung“ ein.

Seine Gemälde bleiben zu seinen Lebzeiten unbekannt, können daher auch keinen Anstoß erregen. Als Erster malt Daumier die „Masse Mensch“, die in der Großstadt freudlos „dahinvegetiert“, z. B. „Eisenbahnabteil 3. Klasse“, (1862), „Die Wäscherin“ (1863). Ohne zu karikieren legt er das deprimierende soziale Elend in der Großstadt offen. Die Figuren werden auf große, einfache Formen reduziert und mit kräftigen Linien umrissen. Sie wirken wuchtig-schwer und zugleich fast silhouettenhaft. Auch in der Malerei arbeitet er nie direkt nach der Natur. Baudelaire sagt über ihn: „*Er war mit einer göttlich zu nennenden Erinnerung ausgestattet.*“[42]

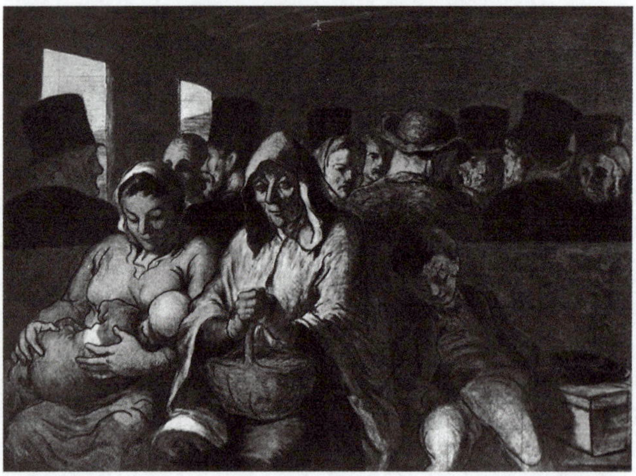

Honoré Daumier: „Eisenbahnabteil 3. Klasse“ (1862), Öl auf Leinwand, 65 × 90 cm. National Gallery of Canada.

3 Realismus in Deutschland

Ebenso wie in Frankreich arbeiten in Deutschland neben den tonangebenden historisch ausgerichteten Künstlern diejenigen Maler und Literaten, die sich in Bild und Wort mit dem tatsächlichen Leben von Arbeitern und Bürgern auseinandersetzen. Jedoch ist keiner unter ihnen, der sein Publikum in ähnlicher Weise bewusst vor den Kopf stößt wie Courbet. Einer der wichtigsten Maler der zweiten Hälfte des 19. Jh. ist ADOLPH VON MENZEL (1815–1905). Während er in seinen Zeichnungen und malerischen Skizzen äußerste Nähe zur Natur sucht und kaum einen Bereich des menschlichen Lebens dabei ausspart, geht er als angesehenster Maler der Wilhelminischen Ära durchaus auf die Wünsche seines kaiserlichen Auftraggebers ein und widmet sich großformatigen Darstellungen zur preußischen Geschichte. Die hohe Anerkennung, die er zu Lebzeiten genießt, verdankt er vor allem seiner **Historienmalerei:** Das Bild, das wir uns heute von Friedrich II. und seiner Zeit machen, wird von Menzels unpathetischer, dabei malerisch virtuoser Schilderung mitgeprägt.

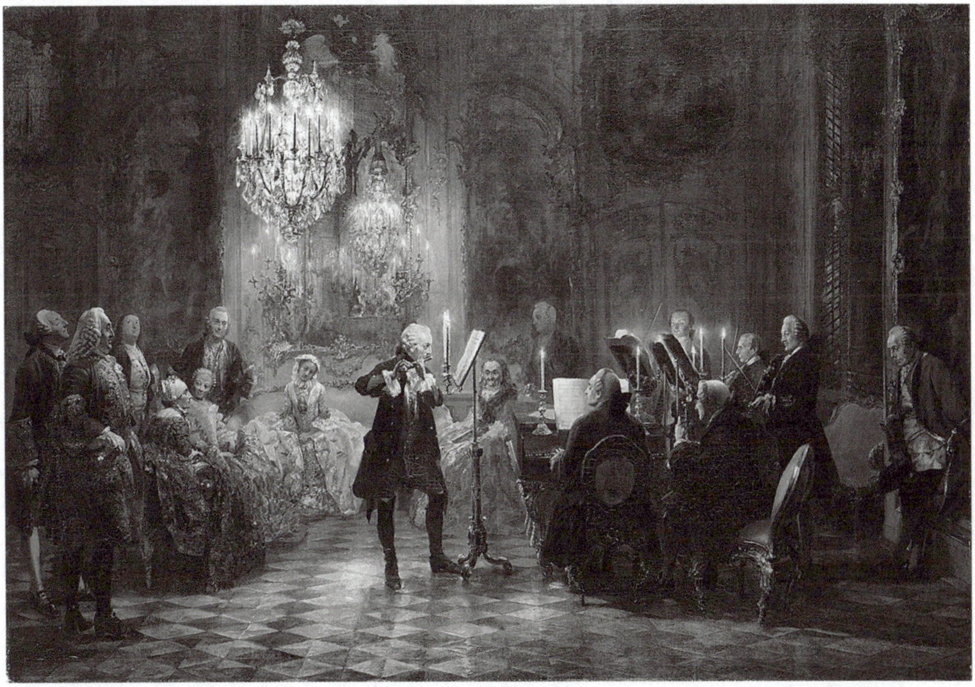

Adolph von Menzel: „Flötenkonzert" (1850–1852), Öl auf Leinwand, 142 × 205 cm. Alte Nationalgalerie, Berlin.

Am bekanntesten ist das „Flötenkonzert von Sanssouci“ (1852), das heute mit vielen anderen seiner Werke in der neu restaurierten Alten Nationalgalerie in Berlin eine würdige Bleibe gefunden hat.

Hier findet sich auch „Das Balkonzimmer“, das eine andere Seite des Malers zeigt. Allein durch einen ins Zimmer wehenden transparenten Vorhang, durch den das Sonnenlicht strömt, erhält das kleine Bild unglaubliche Frische. Die lockere Malweise weist auf den Impressionismus hin.

Mit dem „Eisenwalzwerk“ (1875, ebenfalls Berlin) erschließt Menzel ein völlig neues Sujet für die deutsche Malerei. Wir können allerdings davon ausgehen, dass es ihm bei der dramatischen Schilderung der Stahlarbeiter nicht um soziale Anklage geht. Ihn fasziniert vielmehr das „Malerische“ der Szene.

Im Münchner Raum leben zur gleichen Zeit einige weitere Realisten, die Kontakt zu Frankreich, vor allem zu Courbet haben. Hervorzuheben sind WILHELM LEIBL (1844–1900), CARL SCHUCH, HANS THOMA und WILHELM TRÜBNER. Leibls radikaler Realismus wird von den sog. Ideenmalern verachtet. ARNOLD BÖCKLIN tituliert Leibl als *„langweiligen, denkfaulen Kerl“*, weil er jegliche gedankliche Überhöhung in dessen Bildern vermisst. Leibl dagegen ist der Auffassung, dass etwas, das in Wirklichkeit stört, auch im Bild stören muss. Eines seiner berühmtesten Bilder, „Die drei Frauen in der Kirche“ (1881), zeigt seine Vorliebe für die nahezu „fotorealistische“ Schilderung verschiedenster Oberflächen. Trotz herber Kritik – man wirft ihm vor allem Mangel an Komposition vor – erlangt er Anerkennung.

4 Ideen- und Historienmalerei

Die Auseinandersetzung mit der Geschichte beherrscht nicht nur die Architektur („Historismus"), sondern das Denken schlechthin. Damit nimmt die Geschichte nahezu den Rang ein, den die Vernunft im 18. Jahrhundert (Aufklärung) innehatte.

Historische Romane feiern große Erfolge (z. B. Walter Scott, „Ivanhoe"), Komponisten vertonen historische Stoffe zu Opern (z. B. Verdi), selbst die Naturwissenschaften betreiben historische Forschungen. Das Bedürfnis, sich in das Leben der Vergangenheit hineinzuversetzen, ist weit verbreitet. Künstler des „juste milieu" kommen diesem Ausdruck „historischen" Empfindens entgegen und liefern verlockende Darstellungen mit „stilechten" Details, die genaueste Recherchen voraussetzen. Der Beliebtheit derartiger Bilder beim Publikum tut die im Allgemeinen negative Kritik von Kunstkennern keinen Abbruch.

4.1 Frankreich: Salonmalerei

Als Historienmaler tritt PAUL DELAROCHE (1797–1856) hervor, der sich auf rührselige Schilderungen aus dem Leben berühmter Persönlichkeiten verlegt hat (z. B. „Die Kinder Eduards IV. im Tower").

THOMAS COUTURE (1815–1879) ragt über das Durchschnittsniveau der Historienmaler hinaus und gewinnt vor allem als Lehrer Bedeutung. Zu seinen berühmtesten Schülern zählen ANSELM FEUERBACH und EDOUARD MANET. Im Musée d'Orsay (Paris) ist er heute mit seinem Hauptwerk „Die Römer der Verfallszeit" (466 × 775 cm) vertreten, einem Salonbild par excellence (1847). Der schaulustige Betrachter sieht eine Orgie aus dem letzten Stadium der dekadenten römischen Aristokratie vor sich. Stilistisch orientiert Couture sich an Veronese und Tiepolo, erreicht aber bei Weitem nicht deren Ausdruckskraft. Seine „Akteure" posieren in antike Kostüme gehüllt, das Arrangement wirkt wie ein Bühnenbild oder eine Szene aus einem Hollywoodfilm der 60er-Jahre im Stil von Ben Hur: pittoresk und langweilig zugleich.

THÉODORE CHASSÉRIAU, Schüler von INGRES, nimmt sich sowohl seinen Lehrer als auch den von ihm ebenfalls bewunderten Delacroix zum Vorbild. Wie Couture ist er den meisten Historienmalern seiner Zeit überlegen.

Heute fast vergessen sind die Modemaler JEAN-LÉON GÉROME, der sich auf antike Themen spezialisiert hatte, und CABANEL, den Manet um seinen Erfolg im Pariser Salon beneidete. Ebenso wie seine Kollegen ist auch BOUGUEREAU im Musée d'Orsay (Paris) vertreten, in dem man sich um eine historisch-neutrale Präsentation von Bildern des 19. Jahrhunderts bemühte, die bis dahin als Kitsch galten.

4.2 Deutschland: Historienmalerei und die sogenannten „Deutschrömer"

Aus dem Heer der Historienmaler im deutschsprachigen Raum sollen zwei besonders erfolgreiche Exponenten herausgegriffen werden: KARL THEODOR VON PILOTY (1824–1886) und dessen Schüler HANS MAKART (1840–1884).

Das berühmteste Bild Pilotys, „Seni vor der Leiche Wallensteins" (1855), hängt heute in der Neuen Pinakothek, München. Das für die Gründerzeit charakteristische Monumentalgemälde zielt auf emotionale Identifikation mit der Bildidee. Zeitgenossen nennen die Bilder Pilotys „literarische Pinselei".

Schauerlich-schöne Riesengemälde in düster glühender Farbenpracht schafft der Wiener „Malerfürst" der Belle Epoque, Hans Makart. Sein Atelier steht zu bestimmten Zeiten dem Publikum offen. Den „Einzug Karls V. in Antwerpen" sehen in wenigen Tagen 34 000 Besucher. „Die Pest in Florenz" (1868), ein Breitwandschauerdrama (drei Bilder, je 103 × 204 cm) ist ebenso malerische „Sensation" wie der „Tod der Kleopatra" und zum raschen Verbrauch in einer Saison bestimmt.

Makart kann mit großen Formaten umgehen. Er beweist Ideenreichtum und setzt virtuos die Farbe ein, was auf eine Auseinandersetzung mit Tizian und Veronese schließen lässt. Mangelnde Ausdruckskraft lässt sein Werk jedoch weitgehend in Vergessenheit geraten. Seine schwülstigen, opernhaften Bildwelten können später nur noch Hitler begeistern. Makart gehörte zu seinen Lieblingsmalern.

Aus der deutschen idealistischen Malerei der zweiten Hälfte des 19. Jahrhunderts ragen einzelne Maler heraus, die zwar untereinander sehr verschieden sind, aber dennoch durch ihre nach Monumentalität strebende Form und oft strenge Stilisierung verbunden sind. Eine Vorliebe für **antike Mythologie** und südländische Schauplätze haben sie ebenfalls miteinander gemein. Die meiste Zeit ihres Lebens verbringen sie in Italien, daher werden sie „Deutschrömer" genannt.

Der Schweizer Maler ARNOLD BÖCKLIN (1827–1901) erlangt zu Lebzeiten große Popularität; sein künstlerischer Rang steht heute wie vor 100 Jahren zur Diskussion. Er übt bedeutende Wirkung auf DE CHIRICO und den Surrealismus aus. Böcklin geht grundsätzlich vom Inhalt aus; Malerei ist für ihn ein Mittel, den Gedanken sichtbare Form zu verleihen. Seine Ideen sind in eine materialistisch geprägte Naturphilosophie eingebettet. Gestalten aus der antiken Sagenwelt, die seine südländischen Landschaften bevölkern, symbolisieren die Verbindung von Mensch und Natur (z. B. „Pan im Schilf", 1859, „Spiel der Wellen", 1883; beide Neue Pinakothek, München). Die Fabelwesen charakterisiert er vital, auch brutal. Dennoch mangelt es ihnen an überzeugendem Ausdruck. „Die Toteninsel" (1880) avanciert zu einem Kultbild der Jahrhundertwende, der Komponist Rachmaninoff setzt sie sogar in Töne um.

Auch die künstlerische Bedeutung ANSELM FEUERBACHS (1829–1880) ist umstritten, nicht jedoch seine handwerkliche Meisterschaft. Als Sohn eines Archäologen ist er noch stärker als Böcklin vom Geist der Antike beeinflusst. Die Sehnsucht nach der Verwirklichung seiner idealistischen Formvorstellung führt jedoch nur zu künstlich erdachten, oft steif und kühl wirkenden Szenen, *„wie ein Theaterkostüm geschneidert, das den die Antike darstellenden Schauspielern übergeworfen wird"*[61]. Das „Gastmahl des Plato" (1869) kann als Gegenstück zu den „Römern der Verfallszeit" seines Lehrers Couture angesehen werden: Im Gegensatz dazu zeigt Feuerbach nicht Ausschweifendes bzw. Sensationelles, sondern ein Diner in disziplinierter, klassizistischer Kühle. Die nuancierte, zurückhaltende Farbgebung wirkt neben dem sinnlich-leuchtenden Kolorismus von PILOTY, MAKART u. a. befremdend und wird allgemein abgelehnt. Zu seinen gelungensten Werken zählen „Medea" (Neue Pinakothek, München) und „Iphigenie auf Tauris" (Staatsgalerie Stuttgart).

HANS VON MAREÉS (1837–1887) überragt die übrigen sog. Deutschrömer bei Weitem und wird heute als einer der Wegbereiter der Moderne anerkannt. Zu Lebzeiten bleibt er unverstanden. Freunde wie Graf Schack und der Kunsthistoriker Konrad Fiedler, dessen Marées-Sammlung heute in der Neuen Pinakothek hängt, unterstützen ihn. Dem Bildhauer ADOLF VON HILDEBRAND hat er seinen einzigen großen Auftrag zu verdanken, die Ausmalung des Zoologischen Institutes in Neapel. Seine Fresken zählen zu den wenigen gelungenen monumentalen Wandmalereien des 19. Jh. Nur zögernd erschließt sich dem Betrachter seine Bildwelt, nichts Dekoratives, Emotionales oder Farbenfrohes erleichtert den Zugang. Wie CÉZANNE geht er von der sichtbaren Realität aus und verleiht ihr im Bild eine neue Gestalt, die jedoch von der klassizistischen Schönheitsnorm abweicht. Die Zeichnung der Figuren ist nicht mehr „naturalistisch", mitunter wirken sie sogar „verzeichnet", d. h. die Form gehorcht einer bildimmanenten Gesetzlichkeit und hat sich von der bloßen Nachahmung des Sichtbaren entfernt. Er schreibt einmal, man dürfe nie ein Detail für sich beobachten, sondern müsse immer auf den Zusammenhang der sichtbaren Dinge untereinander achten. Vergängliche Wirklichkeit verwandelt sich in seinen Kompositionen in zeitlose Wirklichkeit. Die figürlichen Szenen beziehen sich auf antike Stoffe (z. B. „Die Äpfel der Hesperiden"), „erzählen" jedoch nichts. Literarische Bezüge sind ihm im Grunde gleichgültig und dienen als „Vorwand" für Experimente mit der Form.

Im Hesperiden-Triptychon zeigt er seine „Sehnsuchtslandschaft": Aus diffusem Dämmerlicht leuchten nur die drei Frauenakte auf. Er malt ein *„Arkadien, in dem Poesie und Traum sich auf dieser Erde ereignen"*[36]. Das Traumhaft-Visionäre seiner Bilder unterscheidet ihn von CÉZANNE, der Umgang mit Farbe, Raum und Plastizität verbindet beide. Im Gespräch mit einem Schüler sagt Marées über die Farbe: *„Farbe ist Licht [...]. Töne bringen in der malerischen Darstellung die plastische Form, die Illusion des Raumes zustande. – In der Natur ist alles farbig. Auch die tiefsten Schatten sind koloriert [...]."*[56] In der Farbgebung neigt er zum Dunklen. Starke Helldunkel-Kontraste beleben die Bildatmosphäre. Durch maltechnische Experimente – er legt bis zu 80 Schichten mit verschiedenen Bindemitteln übereinander – haben sich die Farben leider stark verändert. Form entsteht nach seiner Überzeugung aus farbigen Flächen und nicht durch Modellierung nach Helldunkel. Den Bildraum entwickelt er aus bildparallel gestaffelten Schichten, ohne Zuhilfenahme der Zentralperspektive. Der Bildaufbau ist streng, bestimmt von einem tektonischen Gerüst, dem sich völlig unbewegte Figuren wie Architektur einfügen.

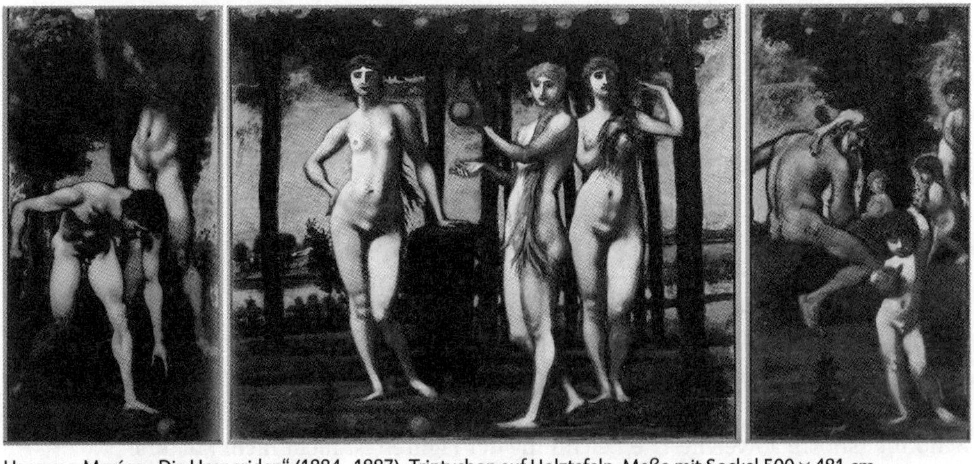

Hans von Marées: „Die Hesperiden" (1884–1887), Triptychon auf Holztafeln. Maße mit Sockel 500 × 481 cm. Neue Pinakothek, München.

4.3 England: Die Präraffaeliten

Die „Präraffaelitische Bruderschaft" knüpft an die Lukasbrüder (Nazarener) an. Die vergleichbar schwärmerisch-sentimentale Mittelalterverehrung basiert bei den Engländern jedoch nicht ausschließlich auf religiöser Überzeugung. Thematisch sind sie breiter angelegt. In der Bibel, der mittelalterlichen Sagenwelt und der Literatur suchen sie nach Stoffen für ihre „Umdichtungen" in Bilder, nehmen sich aber auch kritisch-moralisierende Projekte vor, mit denen sie auf **gesellschaftliche Missstände** hinweisen wollen (Elend der Auswanderer, Dirnen, Arbeiter usw.). Ihre Vorbilder sind (offiziell) die Maler vor Raffael. Es ist ihnen jedoch weniger an der ernsthaften Auseinandersetzung mit Spätgotik oder Quattrocento gelegen als an der unbedingten „Rückkehr zur Natur", verbunden mit der Ablehnung akademischer Malweise. Sie huldigen einem **peniblen Realismus**, den sie nahezu exzessiv betreiben. WILLIAM HOLMAN HUNT soll, als er sich das religiöse Nachtstück „Das Licht der Welt" vornimmt, drei Monate lang während der Vollmondzeit nachts im Freien gearbeitet haben. Auch für JOHN EVERETT MILLAIS ist das Modellstudium unabdinglich: Als Vorbild für die im Wasser treibende Leiche der „Ophelia" (1852) muss sich seine Freundin bekleidet in eine mit Wasser gefüllte Wanne legen. Die Bruderschaft, 1848 gegründet, hält nur wenige Jahre. Weitere bekannte Namen sind FORD MADOX BROWN und DANTE GABRIEL ROSSETTI.

Der Frauentypus, den Rossetti in seinem Bild „Astarte Syriaca" (1877) zeigt, wird zum weiblichen Ideal des Jugendstils, ebenso wie seine ornamentale Linearität. Zwischen Präraffaeliten und Jugendstil vermittelt in erster Linie das kunsthandwerkliche Schaffen von WILLIAM MORRIS. EDWARD BURNE-JONES arbeitet häufig in seinem Auftrag. Sein gefeiertes Bild „Die Goldene Treppe", in der er sich formal an Rossetti und BOTTICELLI (Ende 15. Jh.) orientiert, ist Ausdruck einer dem *„reinen Ästhetizismus ergebenen Phantasie"*[16] und damit typisch für den Symbolismus (geistige Strömung gegen Ende des 19. Jahrhunderts).

5 Architektur im 19. Jh.: Historismus und Ingenieur-Baukunst

5.1 Stile der Vergangenheit als Richtschnur

Kennzeichnend für die Architektur des 19. Jahrhunderts ist die Orientierung an historischen Vorbildern („Historismus"). Als Gegenbewegung zu Barock und Rokoko entsteht bereits gegen Ende des 18. Jahrhunderts die klassizistische Architektur, die in der Antike ihre Vorbilder sucht. Bis etwa 1830 hält die Vorliebe für den klassizistischen Stil an. Zum Ende des Jahrhunderts hin flammt sie noch einmal auf, sodass man von einem **Neoklassizismus** spricht. Auch im 20. Jahrhundert lebt diese Stilform weiter. Vor allem bei den Monumentalprojekten der deutschen Nationalsozialisten werden antike Bauformen nachgeahmt. Man übersetzt sie jedoch ins Gigantische und errichtet letztlich hohl-pathetische Bauten zu Propagandazwecken. Der italienische Neoklassizismus während der Mussolini-Ära gerät nicht so aufdringlich wie in Deutschland (z. B. Mussolini-Forum in Rom, 1937). Die einfachen, kubischen Baukörper mit glatten Wandflächen aus poliertem Marmor zeigen den Bezug zur modernen Architektur.

Nicht nur die griechische Architektur hat Vorbildcharakter. Seit dem 18. Jh. besteht auch ein Interesse an der gotischen Baukunst. Vor allem in England, wo die gotische Tradition nie ganz abgebrochen war, erlebt die Gotik eine Renaissance, man spricht von „Gothic Revival". Während man insbesondere den italienischen Architekten PALLADIO verehrt und nachahmt, beginnt man gleichzeitig Gefallen zu finden an künstlich errichteten Ruinen und Landhäusern im gotischen Stil. Der **Ruinenkult** greift auf Deutschland über und wird charakteristisch für die Romantik zu Beginn des 19. Jahrhunderts, die in England ihren Ursprung hat. Das Ambiente für klassizistische Villen und von der Gotik inspirierte Gebäude bildet der „Englische Garten", der den streng geometrisch reglementierten französischen Garten (vgl. Versailles) ablöst.

In England lehnt man die zu Kugeln und Ornamenten zurechtgeschnittene Natur ab und gesteht den Pflanzen ein freies Wachstum zu, auch aus politischer Überzeugung. Die abgezirkelte Natur wird als Symbol für den Absolutismus aufgefasst. Allerdings werden auch englische Gärten genauestens geplant, ihr Erscheinungsbild soll absichtlich „unordentlich" und damit „natürlich" sein.

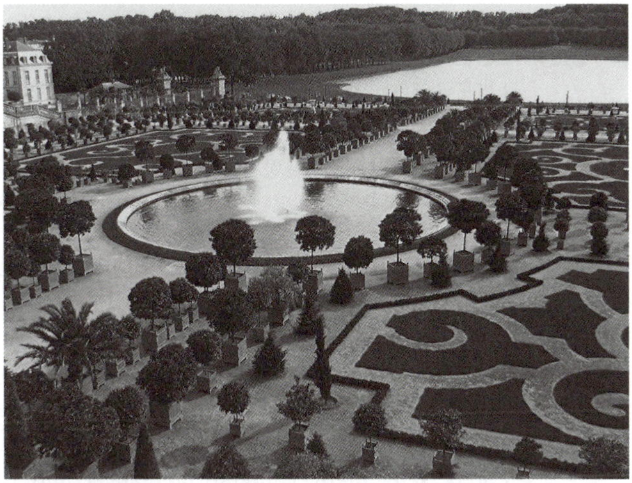

Das Orangerieparterre im Schlosspark von Versailles/Frankreich.

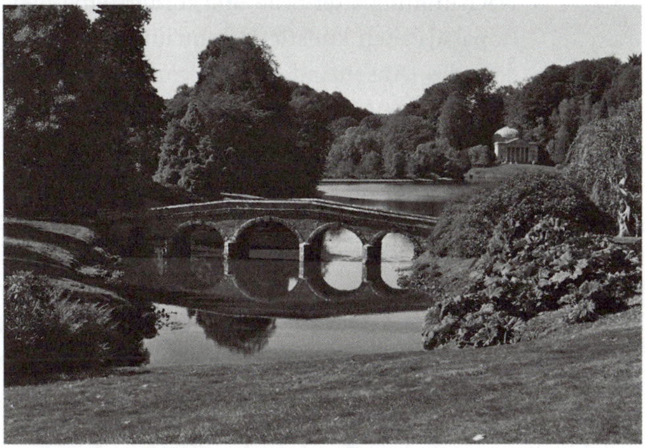

Stourhead Gardens in Wiltshire/England, entworfen von Henry Hoare II.

Als einer der Schöpfer des englischen Gartens gilt der Architekt WILLIAM KENT, der einen Landsitz in Chiswick (um 1720) in enger Anlehnung an die Villa Rotonda (Palladio, Vicenza) errichtet und ihn mit einem „modernen" Garten umgibt, d. h. den Kontrast von streng klassizistischen Bauformen zu einer frei sich entfaltenden Natur sucht. 30 Jahre später begründet HORACE WALPOLE den neugotischen Herrenhausstil mit der Renovierung des Landsitzes Strawberry Hill, bei der er sich eng an historische Vorbilder hält.

In Deutschland beginnt die exakte Nachahmung historischer Stile mit der Fertigstellung des **Kölner Domes** nach wieder aufgefundenen Originalplänen. 1560 war das Bauvorhaben aus finanziellen Gründen gestoppt worden. Die Türme waren erst halb vollendet, das Mittelschiff gerade erst begonnen und der hölzerne Baukran auf dem rechten Turm wurde für fast drei Jahrhunderte zum Wahrzeichen der Stadt. König Friedrich Wilhelm von Preußen erklärt den Dom-Weiterbau 1842 zur nationalen Aufgabe. Die Initiative zum Weiterbau war von dem vermögenden Kunstliebhaber Boisserée ausgegangen, der sogar noch Goethe für das Vorhaben hatte begeistern können.

Seit den Befreiungskriegen identifiziert man sich in „deutschen Landen" sehr stark mit dem gotischen Stil, in dem man eine gemeinsame Wurzel aller deutschen Staaten sieht. 1880 wird der Dombau unter Kaiser Wilhelm I. offiziell beendet. Seit der Mitte des Jahrhunderts bevorzugt man für Kirchenbauten den ernsten und strengen romanischen Stil **(Neoromanik)**.

Gleichzeitig kommt die **Neorenaissance** in Mode. Bedeutendster Vertreter dieses historisierenden Stils ist GOTTFRIED SEMPER (1803–1879), der sich auch als Architekturtheoretiker hervortut und modern anmutende Thesen vertritt, die in seltsamem Widerspruch zu seinen Bauten stehen. Er kritisiert die Nachahmung alter Stile und fordert eine neue Architektur, die sowohl funktional als auch künstlerisch qualitätvoll sein soll. Deutlich wendet er sich gegen das Auseinanderleben von „Kunst-Architektur" und „Ingenieurbaukunst", die neue Materialien wie z. B. Gusseisen einsetzt. Sempers Ablehnung des Neogotizismus, der mit nationalem Pathos besetzt ist, resultiert aus seiner freiheitlich-demokratischen Gesinnung.

Sein Opernhaus in Dresden (Mitte 19. Jh.) zeigt den Neorenaissance-Stil in exemplarischer Weise. Das prachtvolle Äußere ist geprägt von deutlich aus der Fläche tretenden Reliefs, Halbsäulen, Lisenen und antikisierenden Ornamenten. An den Bühnenkubus fügt er den Zuschauerraum als Halbzylinder an, der an das antike Theater, in dem das Volk saß, erinnert. Ränge und Logen behält er allerdings bei, eine Reminiszenz an die Bedürfnisse der höfischen Gesellschaft, deren Gepflogenheiten das wohlhabende Bürgertum übernimmt. Das Opernhaus wird im Zweiten Weltkrieg weitgehend zerstört. Noch während der SED-Regierung baut man es wieder auf, entfernt allerdings die Logen. Die gefeierte Wiedereröffnung findet 1985 statt.

Eine immer stärkere Neigung zu effektvollen Fassaden und überbordendem Dekor führt schließlich zu einer **neubarocken** Architektur, die in der Pariser Oper von CHARLES GARNIER (1861–74) ihren vollendeten Ausdruck findet. In Deutschland wird der Neobarock als Wilhelminischer Stil bezeichnet. Als Beispiel für die Architektur unter Kaiser Wilhelm I. sei das wuchtige Reichstagsgebäude in Berlin genannt (1884–94). Nach dem immer noch nicht aufgeklärten Reichstagsbrand von 1933 wird es nicht mehr benützt. Als Berlin 1991 Bundeshauptstadt wird, soll das gesamte Innere erneuert werden. Vor Beginn der Bauarbeiten macht der bulgarisch-amerikanische Künstler CHRISTO den Reichstag für vierzehn Tage zu einer Touristenattraktion (1995). Zusammen mit seiner Frau Jean-Claude überzieht er das gesamte Gebäude mit silbrig glänzenden Stoffbahnen, die festgezurrt den Baukörper umspannen. Damit verwandeln sie das düstere Bauwerk in einen strahlenden Kubus. Aus heutiger Sicht wirkt dies wie ein Symbol für die endgültige Überwindung einer düsteren Vergangenheit. Christo hatte sich 20 Jahre darum bemüht, die Genehmigung zu erhalten.

Der britische Architekt NORMAN FOSTER entwirft danach innerhalb der alten Außenmauern ein hochmodernes Parlamentsgebäude, das von einer gläsernen Kuppel bekrönt wird, die mittlerweile zu einem Wahrzeichen von Berlin geworden ist.

Zu den vornehmsten Bauaufgaben des 19. Jahrhunderts gehört das **Museum**, das in den verschiedensten historischen Stilen gebaut wird. Meist kündet eine Tempelfassade vom erhabenen Inhalt des Gebäudes. Der „Musentempel" soll ein weihevolles und nahezu sakrales Ambiente für die Kunst schaffen und selbst Kunst sein. Die moderne Idee, dass die Architektur – zumindest in den Ausstellungsräumen – hinter den Exponaten zurücktreten soll, um diese zur Geltung kommen zu lassen, wäre in dieser Zeit auf Unverständnis gestoßen.

5.2 Einsatz neuer Konstruktionsmethoden

Die Architekten betrachten sich als Künstler. Ihre oft veralteten ästhetischen Vorstellungen haben Vorrang vor der jeweiligen Funktion des Bauwerks, nicht nur beim Museum. Blind für technische Neuerungen beharren die historistisch ausgerichteten Architekten auf herkömmlichen Materialien wie Bruch- und Haustein, Ziegel und Holz. Anstatt mit den Ingenieuren an neuen architektonischen Lösungen zu arbeiten, achten sie eifersüchtig auf die strenge Trennung von den „Technikern", die „nur" an Technischen Hochschulen ausgebildet werden und somit kein künstlerisches Studium aufweisen können. Die Ingenieur-Architekten sollen sich mit dem „Nützlichen" befassen, die „Künstler" behalten es sich vor, das „Schöne" zu schaffen.

Eine Reaktion auf die selbstherrliche Praxis der „Künstler-Architekten" hatte schon im ersten Drittel des 19. Jahrhunderts eingesetzt. Die Ingenieure sind meist frei von herkömmlichen Formvorstellungen, sozusagen nicht „vorbelastet", und können so eine neue Ästhetik entwickeln, die sich aus neuen Materialien und Fertigungsmethoden ergibt.

Neben Bahnhof, Fabrikhalle und Brücke ist der Ausstellungspalast Hauptaufgabe für den Ingenieur.

Der Kristallpalast von JOSEPH PAXTON, eine riesige Hallenanlage, die in London für die erste **Weltausstellung** 1851 erbaut wurde, steht am Anfang einer langen Reihe zunehmend größerer Bauten. Paxton ist eigentlich Landschaftsgärtner. Ausgehend von dem ihm vertrauten Gewächshaus entwirft er eine monumentale **Glas- und Eisenkonstruktion**. Die Bauelemente (z. B. Träger, Pfeiler, Rippen) werden in der Fabrik vorfabriziert und auf der Baustelle mit großer Präzision zusammengefügt. Aufgrund der auf Eisenträgern beruhenden Konstruktion konnten anstelle des üblichen Mauerwerks große Glasfenster eingesetzt werden.

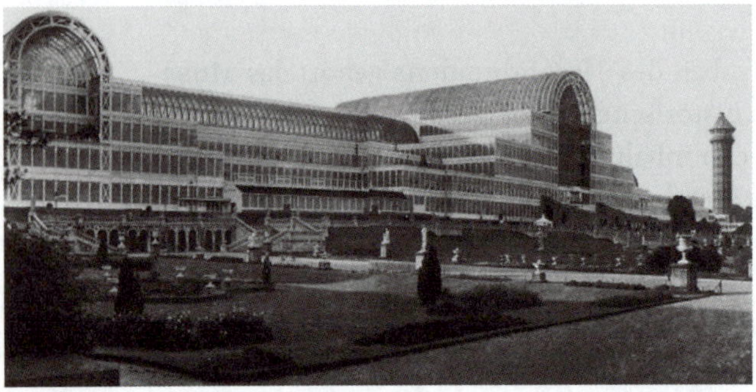

Kristallpalast von Joseph Paxton (Foto von 1933). Photo by Central Press/Getty Images.

Der Bau hat die enorme Länge von 568 m, ist 124 m breit und 33 m hoch. Diese Höhe entspricht den Gewölben der großen gotischen Kathedralen und tatsächlich wird der Bau als „neue Kathedrale" gefeiert, in die das Sonnenlicht von allen Seiten, auch durch die gläserne Decke, flutet. 1936 wird das Gebäude bei einem Brand völlig zerstört. Paxton hatte mit seinem Kristallpalast jedoch einen neuen Gebäudetypus geschaffen, der bald Nachahmer fand. Auch in München entstand 1854 ein Glaspalast, der im Jahre 1931 abbrannte.

Charakteristisch für das Zeitalter der Industriellen Revolution ist das Zurückdrängen des Handwerks und das Entwickeln neuer Produktionstechniken und Materialien, die innovative Verarbeitungsmethoden erfordern. Aus heutiger Sicht leuchtet es ein, dass Gusseisen, Stahl, Eisenbeton und Glas neue ästhetische Formvorstellungen hervorbringen.

Manche Künstler-Architekten, die nun dazu übergehen, neuartige Materialien und Fertigungsmethoden einzusetzen, sehen diese allerdings lediglich als technische Hilfsmittel und setzen sie rein konstruktiv und aus statischen Erwägungen ein. Oftmals werden sie verschämt hinter Fassaden und herkömmlichen Materialien versteckt. Dies geht soweit, dass mitunter moderne Bauteile aus Gusseisen als traditioneller Baudekor „verkleidet" werden; so gibt man ihnen zum Beispiel die Form von korinthischen Kapitellen.

In engem Zusammenhang stehen der Brückenbau und die Ausweitung des Verkehrsnetzes. Die vollkommensten Leistungen aus der Frühzeit der Eisenarchitektur, die Hängebrücken, wie etwa die von BRUNEL um 1830 entworfene Clifton-Brücke bei Bristol, stellen wahre Pionierleistungen in der Eisen- und Stahlkonstruktion dar.

Während der Künstler-Architekt bei der Planung eines Gebäudes von der äußeren Form ausgeht, setzt sich der Ingenieur primär mit der Funktion des Bauwerks auseinander, der sich die äußere Form anzupassen hat.

LOUIS H. SULLIVAN (1856–1924), der Pionier des Hochhausbaues aus den USA, wendet sich ausdrücklich gegen den Historismus und nimmt mit seinen Notizen von 1896 den Funktionalismus des 20. Jahrhunderts vorweg: Jedes Ding in der Natur, so äußerte er, habe eine Form, an der wir es erkennen. Man könne an den fliegenden Adler, ziehende Wolken oder an die strahlende Sonne denken, immer folge die Form der Funktion. Dies sei ein Gesetz, das allen menschlichen und übermenschlichen Dingen innewohne.

Impressionismus

1 Anfänge des Impressionismus: Edouard Manet

Der große französische Maler EDOUARD MANET wird als Initiator des Impressionismus gesehen. Auch wenn er unter der Überschrift „Impressionismus" besprochen wird, ist klar, dass er eine Sonderstellung einnimmt und sich sein Schaffen deutlich von den Werken der Freunde aus dem Kreis der Impressionisten unterscheidet. Seine Vorreiterrolle kommt sehr gut in einem Gruppenporträt zum Ausdruck, das der jüngere Kollege HENRI FANTIN-LATOUR 1870 erschafft. Es zeigt Manet, sitzend an der Staffelei, umringt von Malern und Literaten, die dem Meister bewundernd über die Schulter blicken. Unter ihnen sind MONET, RENOIR und ZOLA. Das Bild hängt heute im Musée d'Orsay in Paris.

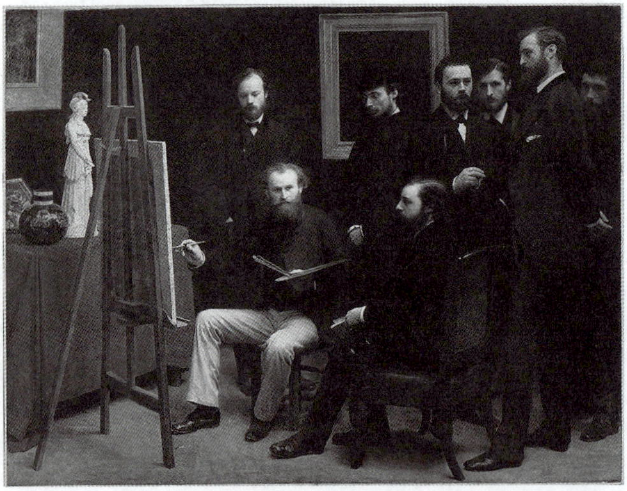

Henri Fantin-Latour: „Das Atelier in Batignolles" (1870), Öl auf Leinwand, 174 × 210 cm. Musée d'Orsay, Paris. Von links nach rechts: Scholderer, Manet, Renoir, Astruc (sitzend), Zola, Maître, Bazille, Monet

Manet ist kein Realist mehr und noch kein Impressionist. COURBET, der Realist par excellence, wirft ihm vor, er male die Menschen flach wie Spielkartengesichter. Die Presse moniert, er sehe die Welt in Flecken und Stückchen, als ob seine Augen geblendet seien. So trifft ihn die Kritik vonseiten der Realisten ebenso wie von Gegnern des aufkeimenden Impressionismus. Anfeindungen und Ablehnung begleiten ihn Zeit seines Lebens.

Manet wird als Sohn eines wohlhabenden Beamten in Paris geboren. Er bricht eine Offiziersausbildung ab, um Maler zu werden. Nach der Studienzeit bei THOMAS COUTURE bezieht er 1856 ein eigenes Atelier. Seine erste, aufsehenerregende Ausstellung findet 1863 im „Salon des Refusés" statt („Das Frühstück im Grünen"). Im selben Jahr löst seine „Olympia" einen weiteren Skandal im „Salon" aus. Seit 1872 hat Manet zunehmenden Erfolg. Von jüngeren Impressionisten wird er als „Vater" des Impressionismus verehrt. Die Teilnahme an ihrer ersten Gruppenausstellung 1874 lehnt er aber ab, weil er „keine gemeinsame Sache mit Cézanne" machen will, der zu den Ausstellenden gehört. Hinzu kommt, dass dem ehrgeizigen Maler an öffentlicher Anerkennung gelegen ist, die er nur im Salon erringen kann. Allerdings bemüht er sich keineswegs um eine dem Publikum gefällige Malerei. Am Ende seines Lebens resigniert Manet wegen des nur mäßigen Erfolges. Das Kreuz der Ehrenlegion, mit dem er ein Jahr vor seinem Tod (er stirbt an den Folgen einer Beinamputation) ausgezeichnet wird, bedeutet ihm nach langen Jahren der Missachtung durch die Öffentlichkeit nichts mehr. In einer Grabrede heißt es:

> *Aber wenn die Rolle eines Vorläufers auch ihren Glanz hat, wenn es auch ruhmvoll ist, die Kunst zu einer ehrlicheren und das zeitgenössische Leben mehr respektierenden Beobachtung geführt zu haben [...] und dem vorübergehenden Geschmack keinerlei Zugeständnisse zu machen, so kommt ein Tag, an dem die Anstrengungen und die Bitterkeiten eines Daseins, das unablässig gegen Ungerechtigkeit und Anfeindungen zu kämpfen hat, die Lebenskraft zum Verlöschen bringt.*[15]

Die öffentliche Meinung ändert sich erst grundlegend anlässlich einer Ausstellung seines Lebenswerkes ein Jahr nach seinem Tod. Emile Zola schreibt damals: *„Alle, die noch am Tage zuvor gehöhnt und gewitzelt hatten, kamen jetzt, um dem siegreichen Meister eine öffentliche Huldigung zu bringen."*[49]

Im Unterschied zu den Impressionisten, die fast ausschließlich Landschaft malen, befasst sich Manet mit dem Menschen. Als erster Maler setzt er das neue Lebensgefühl des Menschen in der Großstadt um, gekennzeichnet durch **Entfremdung** und **Vereinsamung** inmitten der Masse. Am eindrucksvollsten formuliert er die Tragik des modernen Menschen in den beiden Bildern „Frühstück im Atelier" (1863) und „Bar in den Folies Bergères" (1882). Sein Wahlspruch lautet: *„Il faut être de son temps et faire ce qu'on voit."* Er beobachtet und gibt wieder, was er gesehen hat, und idealisiert nicht; er erfindet keine historischen Kostümszenen, die sich damals so großer Beliebtheit erfreuen.

Dem „modernen Leben" steht er kritisch gegenüber, wenn er auch selbst daran teilhat. Er klagt die doppelte Moral der Bourgeoisie an und provoziert das spießige Bürgertum. Politisch steht er links, der Kaiser ist ihm verhasst.

Manet ringt um seine Bildthemen und leidet unter dem selbst auferlegten Zwang, malen zu müssen. Intensiv setzt er sich mit alten Meistern auseinander. Vorbilder sind für ihn die großen spanischen Realisten VELAZQUEZ und GOYA sowie TIZIAN, RUBENS und COURBET. Ihre Bilder sind häufig Ausgangspunkt für seine Kompositionen. So bezieht er sich in der „Erschießung von Kaiser Maximilian" (1867) auf die „Erschießung der Aufständischen" von GOYA. Ebenfalls an GOYA angelehnt sind seine „Olympia" (vgl. „Nackte Maja", 1800) und „Der Balkon". Das „Frühstück im Grünen" geht auf eine Komposition von RAFFAEL zurück, die er „modernisiert". Aus unmittelbarer Naturbeobachtung sind Stillleben und Porträts hervorgegangen. Allen Bildern ist die ausgewogene und gewissermaßen „künstliche" Komposition zu eigen. Die „Requisiten", Blumen ebenso wie Menschen, werden sorgfältig arrangiert, sodass in jedem Fall ein „Stillleben" entsteht.

„Frühstück im Atelier" (1863)

Der erste Eindruck wird von der zurückhaltenden Farbigkeit und der Virtuosität der Malerei bestimmt. Fein abgestufte Grautöne, Schwarz und wenige reine Farben fügen sich harmonisch in das Gesamtbild ein. Das Gruppenbild wirkt auf den Betrachter wie ein **monumentales Stillleben**. Die drei Personen, die auf dem Bild zu sehen sind, scheinen einander nicht wahrzunehmen. Der junge Mann im Zentrum der Komposition ist Léon, der Sohn des Malers. In lässiger Haltung steht er am gedeckten Tisch. Die Knie sind vom unteren Bildrand abgeschnitten. Er blickt am Betrachter vorbei in die Ferne. Der Tisch trennt ihn von dem rauchenden Herrn mit Zylinder, vom Bildrahmen angeschnitten, und dem Hausmädchen, das links hinter Léon steht und eine Kaffeekanne hält. Der Hintergrund gleicht einer dunklen Folie. Dunst verhindert eine exakte Bestimmung der Ausdehnung des gemalten Raumes. Zwischen den Personen sind wie in einem Stillleben verschiedene „Requisiten" angeordnet. Dem Bild liegt eine klare Struktur zugrunde. Senkrechte und waagerechte Linien bestimmen den Aufbau und sind für die Ausgewogenheit der Komposition verantwortlich. „Impressionistisch" mutet an, dass der Herr rechts und die Beine des Léon vom Bildrand abgeschnitten werden. In nahezu illusionistischer Manier spürt Manet der Stofflichkeit verschiedenster Oberflächen nach. Glänzendes Porzellan, schimmerndes Glas, weicher Samt usw. scheinen tastbar zu sein, trotz der deutlichen Pinselstriche, an denen Kritiker und Publikum Anstoß nehmen.

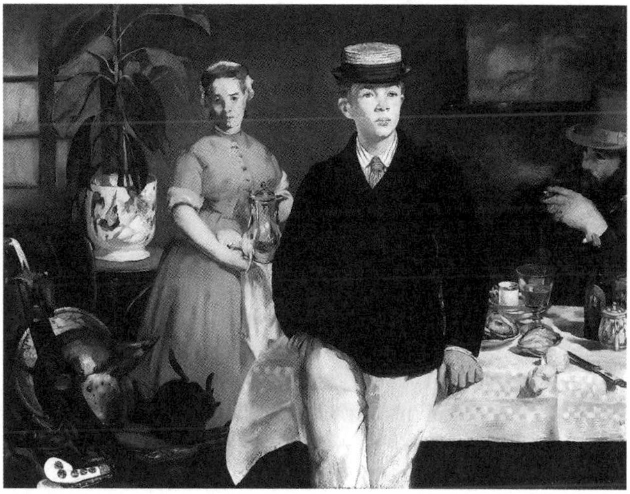

Edouard Manet: „Frühstück im Atelier" (1869), Öl auf Leinwand, 120 × 153 cm. Neue Pinakothek, München.

Interpreten des Bildes setzen an der Figur des jungen Mannes an, der ohne Kontakt mit den beiden Personen in Gedanken versunken dasteht. Eine Erklärung für dieses Verhalten geht aus dem anschaulichen Bestand nicht hervor. Werner Hofmann sieht die berühmte Kunstfigur des „Gilles" von Watteau (ganzfiguriges Porträt von 1720, heute im Louvre, das vermutlich einen ehemaligen Schauspieler, verkleidet als Pierrot, zeigt) als Ahnen sowohl für Léon als auch für das Barmädchen aus dem Bild „Bar in den Folies Bergères" an:

> *Hinter der Maske der Kunstfigur (Gilles) entdeckt man die Verzweiflung des Dulders – demütig, den Kopf gesenkt, hat der arme Pierrot für einen Augenblick den Saal vergessen; mitten in der Menge träumt er und ist wie zerstört. Er steht da wie eine Puppe [. . .] der die Kraft zur Selbstbestimmung fehlt.*[26]

Dieses „fragile Selbstbewusstsein" klingt bei Manet wieder an. Reglos stehen Léon bzw. das Barmädchen vor dem eigentlichen Bildraum, allein, obwohl von Menschen umgeben. Der Esstisch bzw. die Theke bilden die Barriere zur „Welt der anderen".

Manets überragende künstlerische Qualität zeigt sich vor allem in der Virtuosität seiner Malerei, d. h. im Umgang mit der Farbe. Sein von Zeitgenossen als vulgär empfundener Pinselduktus formt scheinbar leichthin die Bildmotive. Dabei arbeitet er mit differenziert ausgemischten, oft im zurückhaltenden Graubereich sich bewegenden Farbnuancen, aus denen einzelne reinbunte Farbelemente herausleuchten. Dabei erreicht er eine vollendete Farbharmonie. Seine Bilder sind in erster Linie ein Genuss für das Auge und lassen als ästhetische Ereignisse das „Künstliche" seiner Arrangements vergessen.

Exkurs
Geschichte der Stilllebenmalerei

Begriff
Aus dem holländischen „stilleven“ abgeleitet, gebräuchlich seit dem 17. Jahrhundert für eine Komposition aus „toten“, d. h. leblosen, unbeweglichen Dingen (auch Pflanzen, Tiere), die vom Künstler unter ästhetischen Gesichtspunkten angeordnet werden und als Vorlage für das Bild dienen (engl. „still life“, ital. „natura morta“, frz. „nature morte“).

Antike
Römische Wandmalereien zeigen stilllebenartige Arrangements aus Blumen, Früchten, Vasen usw. mit illusionistischer Nachahmung von Oberflächen, wie z. B. Glanz von Früchten, Transparenz; Bilder erfüllen eine dekorative Funktion.

Frühes und Hohes Mittelalter
Reine Sakralkunst, auf Verbildlichung theologischer Inhalte ausgerichtet. Keine Stilllebenmalerei.

Spätmittelalter (Spätgotik/Frührenaissance)
Grundlage künstlerischer Ausbildung wird das **Naturstudium**. Naturalistisches Können wird innerhalb von Bildern sakralen Inhalts bei der Schilderung von Details demonstriert, z. B. bei den zwei Blumenvasen im Vordergrund der „Anbetung der Hirten“, sog. Portinari-Altar (HUGO VAN DER GOES), um 1480.

Neuzeit
Im Laufe des 16. Jahrhunderts löst sich das Stillleben aus dem sakralen Zusammenhang und wird autonom, d. h. einfache Dinge werden für würdig erachtet, einziger Bildgegenstand zu sein. Neben der Landschafts- und Porträtmalerei behauptet sich die Stilllebenmalerei als selbstständige (profane) Bildgattung. Frühestes erhaltenes Stillleben: JACOPO DE BARBARI, „Jagd-Stillleben“ (1504, Alte Pinakothek, München).
Ihre Blütezeit erlebt die Stilllebenmalerei im 17. Jahrhundert **(Barock)** in Holland: Die Maler spezialisieren sich auf bestimmte Arten innerhalb des Stilllebens, z. B. „Blumenstück“ oder „Küchenstück“. Es erfolgt eine täuschend ähnliche Wiedergabe des optischen Erscheinungsbildes, z. B. durch Lichtreflexe auf Gläsern, Tautropfen und Blütenblättern und krabbelnde Insekten (z. T. Lupenarbeit).

Illusionistisch gemalte Dinge haben immer auch symbolische Funktion, besonders häufig sind **Vanitasmotive** verschiedenster Art. Eine Sonderform der Stilllebenmalerei ist das sog. **Trompe-l'oeil** (Augentäuschungsbild).
Der bedeutendste französische Stilllebenmaler des 18. Jahrhunderts **(Rokoko)** ist JEAN-BAPTISTE-SIMÉON CHARDIN (1699–1779). Seine Stillleben zeichnen sich durch besonders feines Kolorit aus. Er gilt als Vorbereiter der modernen Malerei (von Cézanne bewundert): Farbe wird als „Materie" spürbar und dient nicht mehr ausschließlich der virtuosen Oberflächenschilderung. Die Komposition aus Form und Farbe existiert als autonomes Kunstwerk. Symbolische Bezüge sind von untergeordneter Bedeutung.

19. Jahrhundert

Als Stilllebenmaler ist am Ende des 19. Jahrhunderts EDOUARD MANET hervorzuheben. Mit malerischer Virtuosität schildert er z. B. Blumen, deren Duft geradezu spürbar wird. Selbst eine Spargelstange gerät ihm zu einem malerischen Ereignis. Eine neue Dimension erlangen die „Dinge" bei den Wegbereitern der Moderne PAUL CÉZANNE und VINCENT VAN GOGH.
Meditative Versenkung in die real existierenden Dinge führt zur Umsetzung des Gesehenen. Cézanne sucht nach der gültigen Form unter der Oberfläche, van Gogh hingegen ist davon überzeugt, dass Dinge „etwas ausdrücken" und durch subjektive Form- und Farbgebung eine neue „symbolische" Funktion erhalten.

20. Jahrhundert

Das Stillleben ist Hauptthema der **Kubisten**. Ein entscheidender Impuls zur Entwicklung der modernen Kunst geht von den „Dingen" aus: In der Collage geraten zum ersten Mal die Dinge selbst ins Bild, d. h. sie werden nicht mehr dargestellt, sondern als Gestaltungselement in die Komposition integriert.
In der **„Pittura Metafisica"** könnte man jedes Bild als Stillleben bezeichnen. Die Stille ist Inhalt der Bilder („Dingmagie"). GIORGIO MORANDI (1890–1964), anfangs der Metaphysischen Malerei verbunden, malt fast ausschließlich Stillleben. Vorbilder sind ihm die alten italienischen Meister sowie CHARDIN und CÉZANNE. Seine Bilder entstehen im meditativen Zwiegespräch mit dem Gegenstand, dessen sichtbare Existenz unabdingbar für ihn ist.

2 Impressionistische Malerei

Ihre erste gemeinsame Ausstellung von 1874 überschreibt eine Gruppe junger Maler mit dem neuen Begriff „Impressionismus", der als Spottname von einem Kritiker verwendet worden war. Er bezog sich auf den Untertitel eines Bildes von CLAUDE MONET („Impression, soleil levant"), das in dieser ersten Ausstellung in den Räumen des Pariser Fotografen Nadar gezeigt wurde. Die heftigen Angriffe von Presse und Publikum sind heute kaum mehr nachvollziehbar, gehören doch die Impressionisten zu den populärsten Malern. Die wenigen Besucher der ersten Impressionisten-Ausstellung kommen vor allem, um sich über die „Farbkleckser" zu amüsieren. Diese unterscheiden sich deutlich von den damaligen Publikumslieblingen, den Salonkünstlern BOUGUEREAU, CABANEL u. a., deren Bilder von süßlicher Erotik sind und prächtige Kostümszenen bieten.

Die Impressionisten beschäftigen sich fast ausschließlich mit der **Landschaft**. Ihre Naturausschnitte zeigen eine sonntägliche Welt. Die Großstädter, zu denen auch die Künstler gehören, fahren am Wochenende „ins Grüne". Menschen in gelöster Freizeitlaune bevölkern die Natur und bieten reizvolle Motive. Auch die Maler der Schule von Barbizon hatten auf dem Lande gearbeitet, ihre Bilder zeigten jedoch eine ernste Natur und harte Arbeit:

> *Wollen wir die menschlichen Haltungen vergleichen, so wären die Maler von Barbizon die bedachtsamen, schwerfälligen Bauerngestalten, die Impressionisten aber die wendigen, unromantischen, temperamentvollen Großstädter, die die Natur als ihren Villengarten vor den Großstadttoren sehen.*[20]

Zu der Zeit, als MONET, RENOIR und ihre Malerfreunde dazu übergehen, ihre Staffeleien draußen in der Natur aufzustellen, um ihre Eindrücke vor Ort mit bislang ungewohnt leuchtenden und reinen Farben einzufangen, bricht 1870 der Deutsch-Französische Krieg aus. Um den Widerstand Frankreichs gegen ein allzu starkes Deutschland zu brechen, nimmt Bismarck eine gewaltsame Lösung in Kauf. Die legendäre Emser Depesche ist schließlich unmittelbarer Anlass des Krieges, der bei Sedan zugunsten Deutschlands entschieden wird. Nach der Niederlage Frankreichs fallen Elsass und Lothringen an Deutschland. 1871 wird im Spiegelsaal von Versailles das Deutsche Kaiserreich gegründet, eine Demütigung für Frankreich, die erst 1919 mit dem Versailler Vertrag „wettgemacht" werden wird.

Während des Krieges ziehen sich viele französische Intellektuelle, politisch weitgehend desinteressiert, aus der Öffentlichkeit zurück, gehen ins Ausland oder, wie Cézanne, in den vom Krieg unberührten Süden des Landes. Zum Interessenfeld der Impressionisten zählt nicht das Zeitgeschehen, sondern zum Beispiel Sport, Technik und Freizeitvergnügungen. Dieser Umstand wird ihnen ab den 80er-Jahren von den jüngeren Künstlern als „Oberflächlichkeit" ausgelegt.

So zeigt MONET 1877 bereits sieben Ansichten des Bahnhofs Saint-Lazare mit dampfenden Lokomotiven. Mehrmals malt er die moderne Eisenbahnbrücke von Argenteuil. Bei RENOIR und DEGAS steht der Mensch im Mittelpunkt, DEGAS legt zudem in zahlreichen Bildern Zeugnis von seiner Liebe zum Pferdesport ab. Dem von Optimismus getragenen Leben der 70er-Jahre verleihen die Impressionisten künstlerischen Ausdruck:

> *Man genoss das Flirren des Lichtes und die glitzernde Lebensfreude im Gewimmel der Segler und Ruderer im Seinebassin von Argenteuil. Monet hatte sich ein Wohnboot zugelegt und malte inmitten dieses freudigen Überschwanges die Sonnenstimmung, die über der Welt lag. Rudern war modern. Es kam gegen 1870 auf, zugleich mit der Erfindung der Strandbäder.*[20]

Im Grunde geht es den Impressionisten nicht um bestimmte Motive, sondern um die Farbigkeit des **Sichtbaren** in einem **Augenblick**.

> *Wenn du die Natur malst, versuche zu vergessen, welche Objekte du vor dir hast – einen Baum, ein Haus [...]. Stell dir besser vor, hier ist ein kleiner Fleck blauer Farbe, hier ein rotes Rechteck. Male dies genauso wie du es siehst, bis du den eigenen einfachen Eindruck der Szene vor dir hast.*[35]

Aus dieser Äußerung MONETS geht hervor, dass sich das Auge des Malers auf die Farben der Oberflächen konzentriert, die sich als farbige Pünktchen auf der Netzhaut des Auges abbilden. Diese Pünktchen werden vom Maler mittels Pinsel und Farbe gleichsam auf die Leinwand zurückprojiziert. Das Bild entsteht aus locker neben- und übereinandergesetzten Farbtupfen. Auf der Leinwand bleibt das tatsächliche Sehbild, das allein die farbige Erscheinung wiedergibt. Die Farbe als Element der Oberfläche des Sichtbaren wird „abgelöst" von der „darunterliegenden" Form und gewinnt an Eigenwert. Ihre darstellende Funktion, d. h. die illusionistische Schilderung von Stofflichkeit, tritt zurück.

Der Impressionismus kann als **letzte Stufe eines Profanisierungsprozesses** in der Kunst angesehen werden, der mit der Entstehung des Naturalismus in der Hochgotik einsetzte. Lösung der Kunst aus dem religiösen Zusammenhang, immer stärkere Konzentration auf die Wiedergabe der Erscheinungen, wissenschaftliche Erforschung der Natur, Suche nach den „Grundformen" der sichtbaren Erscheinungen (Renaissance) und die illusionistische Wiedergabe von Lichtreflexen und Oberflächenwerten (Barock) sind Stationen auf dem Weg zur äußersten Phase des Naturalismus, dem Impressionismus, dem es allein auf das für das menschliche Auge Sichtbare ankommt. Daraus folgt, dass der Inhalt immer unwichtiger wird.

Es geht letztlich nur noch um Farbe, losgelöst von der Form des Gegenstandes. Ein bildnerisches Mittel verselbstständigt sich. Die Voraussetzung für die gegenstandsfreie Malerei ist damit geschaffen. Bildräumlichkeit und plastische Modellierung treten zurück. Der Eindruck von (geringer) Bildtiefe entsteht durch Verkleinerung, Farb- oder Luftperspektive werden zurückhaltend gehandhabt. Das Bild ist „von unten nach oben“ (nicht mehr „von vorn nach hinten“) von einem Teppich aus Farbflecken von nahezu gleicher Farbintensität überzogen. Der Farbe als primärem Gestaltungsmittel sind grafische Elemente untergeordnet. Von Nahem sind nur Farbtupfer zu erkennen. Erst wenn man zurücktritt, verbinden sie sich zu erkennbaren Formen, die nie fest umrissen sind.

Die Palette der Impressionisten enthält vor allem helle Farben, Schwarz erscheint fast nie. Die Schatten enthalten die Komplementärfarben (vgl. DELACROIX). Die Leuchtkraft der Farbe wird gesteigert durch eine weiße Grundierung, die statt der traditionellen braunen Untermalung nunmehr vorgezogen wird. Man malt „à la prima“ (deckend) und fast ausnahmslos im Freien **(en plein-air)** – Voraussetzung für die Beobachtung sich verändernder Lichtverhältnisse und das Einfangen vergänglicher Stimmungsmomente.

Wie kann man während des Malens, eines Prozesses, der Zeit erfordert, den Augenblick festhalten? Die lockere Pinselhandschrift, die auf spontanes und relativ schnelles Arbeiten deutet, täuscht zum Teil über sehr lange Entstehungsprozesse hinweg. Es wird z. B. berichtet, dass Monet im Frühjahr 1889 eine Eiche entlauben lässt, weil er eine Winterlandschaft noch immer nicht fertiggestellt hat. Einzelne „Augenblicke“ festzuhalten, verlangt im Grunde, viele verschiedene Phasen eines Ablaufes darzustellen. Monet erkennt diese Notwendigkeit und geht dazu über, Reihen zu malen (z. B. die 50 Ansichten der Kathedrale von Rouen). Das Problem ist allerdings damit nicht gelöst.

Auch mit einem weiteren Hauptanliegen, dem Bemühen um objektive Wiedergabe des Sichtbaren, stoßen die Impressionisten an die Grenzen der Malerei: Das Leinwandbild gibt wieder, was ein Individuum in einer bestimmten Situation gesehen und gemalt, d. h. gestaltet hat. Dabei übernimmt der Künstler nicht nur, was er sieht, sondern steigert die Farben, stimmt sie aufeinander ab, sodass ein harmonisches Gefüge entsteht. Der Eindruck einer „Momentaufnahme“ soll auch durch scheinbar „zufällige“ Ausschnittwahl entstehen. Der Grad der Durcharbeitung impressionistischer Bilder ist jedoch ein so hoher, dass wir immer etwas in sich Abgeschlossenes und Vollendetes vor uns haben. Spuren von Bewegung und Veränderung können sich erst dann unmittelbar auswirken, wenn der Gegenstand wegfällt.

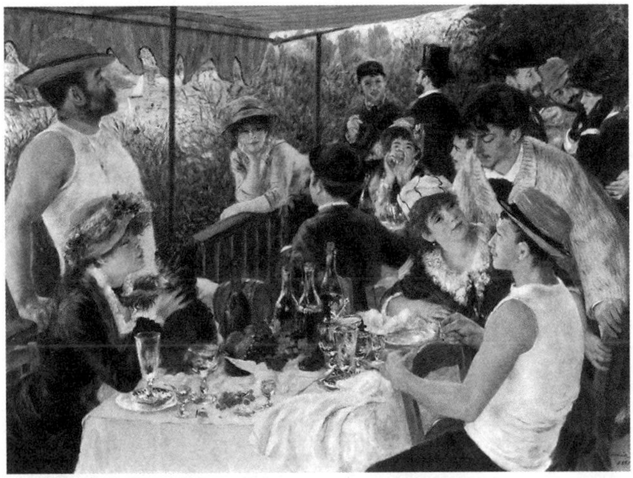

Auguste Renoir: „Frühstück der Ruderer" (1881), Öl auf Leinwand, 128 × 173 cm. Washington D. C., Phillips Collection.

Die Gruppe der Impressionisten zerstreut sich seit den 80er-Jahren. Ihre Prinzipien werden am reinsten von Monet vertreten, er geht jedoch im Spätwerk weit über sie hinaus. Seit den 90ern erringt der Impressionismus internationale Anerkennung. Gleichzeitig setzt die Kritik vonseiten jüngerer Künstler aus dem Kreis der Symbolisten ein. Man wirft den Impressionisten vor, kritiklos nur das Schöne wiederzugeben, sich ausschließlich mit der „Oberfläche" (auch im übertragenen Sinn) zu befassen und sich damit an den Schattenseiten der Realität (soziale und politische Fragen) vorbeizumogeln.

Die bekanntesten Vertreter des deutschen Impressionismus sind MAX LIEBERMANN (1847–1935), MAX SLEVOGT (1868–1932) und LOVIS CORINTH (1858–1925), der allerdings im Alter eher den Expressionisten zuzurechnen ist. Als der Impressionist schlechthin wird Claude Monet angesehen.

Claude Monet (1840–1926)

1840 wird Claude Monet als Sohn eines Kolonialwarenhändlers geboren. Seine Kindheit verbringt er in der Normandie, wo es ihn später immer wieder hinzieht. Während seines Studiums in der privaten Schule von Gleyre lernt er die späteren Weggenossen RENOIR und SISLEY kennen. Er beteiligt sich 1874 an der ersten Impressionisten-Ausstellung im Fotoatelier von NADAR. MANET unterstützt den meist mittellosen Künstler, der Frau und Kinder zu versorgen hat. Nach dem Tod seiner ersten Frau zieht Alice Hoschedé zu ihm, die sechs Kinder mitbringt und bis zu ihrem Tod an seiner Seite bleibt. Seit den 80er-Jahren erlangt sein Werk immer größere Anerkennung, er beschickt Ausstellungen u. a. in New York und Moskau. Die letzten 20 Jahre verbringt er vorwiegend in seinem Garten in Giverny, wo er 1926 stirbt.

Cézanne sagt über Monet, er sei *„nur ein Auge, aber was für eines"*. Um 1920 äußert Monet: *„Ich habe weiter nichts getan, als das anzusehen, was die Welt mir gezeigt hat, um mit meinem Pinsel davon Zeugnis abzulegen. Sicher, das ist etwas."*[49] Bei jedem Wetter und zu jeder Jahreszeit malt Monet im Freien. Ein Augenzeuge berichtet 1868: *„Zuerst sahen wir einen Fußwärmer, dann eine Staffelei, dann einen Mann, eingehüllt in drei Mäntel, die ganze Figur halb erfroren: das war Monet beim Studium von Schnee-Effekten."*[35]

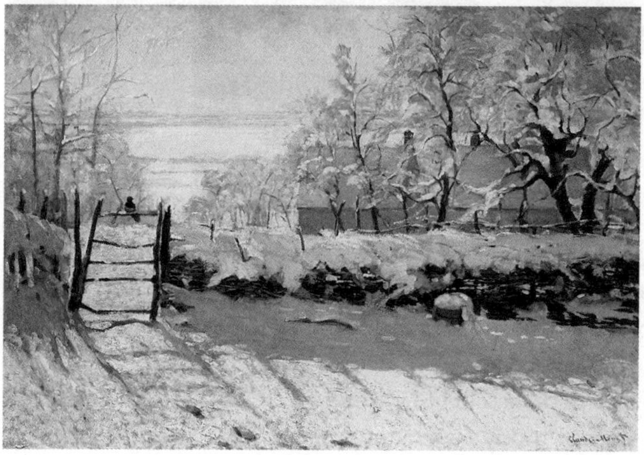

Claude Monet: „Die Elster" (1868/1869), Öl auf Leinwand, 134 × 91 cm. Musée d'Orsay, Paris.

In den 70er-Jahren arbeitet Monet im Sommer gern in seinem Atelierboot auf der Seine, später bevorzugt er die bretonische und normannische Küste, wo er beim Malen mit Sturm und Regen zu kämpfen hat. Seine Bilder sind voller Licht und vermitteln Lebensfreude. Man ahnt bei ihrem Anblick nicht, dass Monet zu Schwermut neigt und von Selbstzweifeln gequält wird.

Seit den 90er-Jahren malt er immer wieder Serien. 50 Ansichten der Fassade der Kathedrale von Rouen zeigen das Motiv zu verschiedenen Tageszeiten. Dabei wird das Objekt immer unwichtiger, dient letztlich als Vorwand zur Beobachtung von Lichteffekten. Dunstig-blau erscheint die Kirche am frühen Morgen, am Nachmittag ist sie von Sonnenlicht überflutet, abends taucht die untergehende Sonne das verwitterte Gebäude in orangefarbenes Licht. Betrachtet man die nebeneinanderhängenden Bilder, scheint sich das Licht tatsächlich zu verändern, d. h. die Bildfolge in der Gesamtschau vermittelt den Eindruck von Bewegung. Das einzelne Bild ist kein „Endprodukt" mehr, sondern Teil eines Prozesses. In seinen Serien nimmt Monet Problemstellungen der Mitte des 20. Jahrhunderts vorweg. Bewegung darzustellen ist wenig später Ziel der Futuristen. „Laufende Bilder" produziert der Film, der kurz vor 1900 erfunden wird.

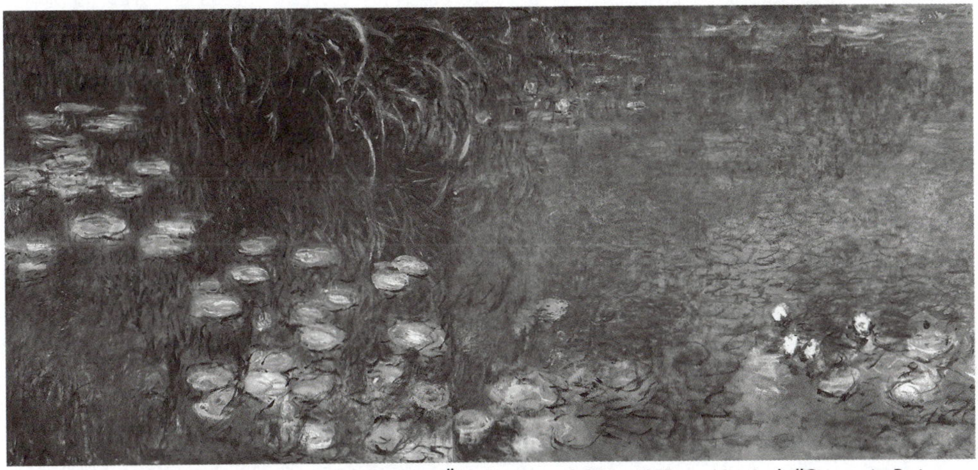

Claude Monet: „Les Nymphéas: Matin" (1914–1926), Öl auf Leinwand, 200 × 1275 cm. Musée de l'Orangerie, Paris.

In seinen späten Seerosenbildern („Nymphéas") löst sich Monet fast vollständig von der Nachahmung des Sichtbaren. Seine Malweise zeigt Beeinflussung durch den Jugendstil; schwingende, lineare Elemente treten auf. Die Farben nehmen an Leuchtkraft zu (auch bedingt durch den allmählichen Verlust des Augenlichtes), der illusionistische Bildraum wird fast gänzlich aufgegeben und damit die Grenze zur **abstrakten Malerei** geöffnet.

Die Seerosen-Bilder nehmen das „Allover" von Jackson Pollock vorweg. Mit dichten Pinselstrichen überzieht Monet monumentale Leinwände und erzeugt wunderbare Farbharmonien. Für den Betrachter schließen sich die Farbspuren erst in gewisser Distanz zu Seerosenblüten, Wasserpflanzen und spiegelnder Wasseroberfläche zusammen. Blickt man in den ovalen Räumen der Orangerie um sich, hat man fast den Eindruck, mitten in einem Teich zu stehen.

Symbolismus und Jugendstil

1 Der Symbolismus als geistige Strömung

Unter zeitgeschichtlichen Aspekten betrachtet fällt der Symbolismus in die Ära des Imperialismus. In Europa sind es vor allem England, Frankreich, Deutschland und Italien, die sich oftmals gewaltsam fremder Territorien in Übersee bemächtigen. Die aufstrebenden Industriestaaten streben nach neuen Absatzmärkten, kostengünstiger Ausbeutung von Rohstoffvorkommen und Erhöhung des nationalen Prestiges. Während Industrie und Wirtschaft politische und soziale Entwicklungen bestimmen, breitet sich in Europa eine geistige Strömung aus, die dem materialistischen Denken entgegengesetzt ist. Der Symbolismus (ca. 1880–1910) prägt in Literatur, Kunst und Musik den Ausgang des 19. Jahrhunderts **(„Fin de Siècle")** und erstreckt sich bis in die Zeit vor dem Ersten Weltkrieg. Nach dem letzten naturalistischen Stil (Impressionismus) setzt eine „Wendung nach innen" ein. In vergleichbarer Weise hatte zu Beginn des Jahrhunderts die Romantik auf den Verstandeskult der Aufklärung reagiert. Den stärksten Ausdruck findet der Symbolismus in Dichtung und Musik, die Parallele zur Romantik setzt sich fort. Dichter formulieren ihren Protest gegen den unbedingten Glauben an das Sichtbare und einen gedankenlosen Optimismus. Charles Baudelaire, E. A. Poe, Oscar Wilde und vor allem Stéphane Mallarmé werden verehrt. Ihr Hang zum Geheimnisvollen und zum Traum prädestiniert sie dazu, auch von den Surrealisten als „Ahnen" angesehen zu werden. Im Musikleben feiert Richard Wagners Symbolismus Triumphe. Claude Debussy setzt Gedichte (u. a. von Mallarmé) in Töne um, z. B. das „Prélude à l'après-midi d'un faune". Gleichzeitig suchen Maler nach „Farb-Klängen" (vgl. GAUGUIN). Das Musikalische tritt in allen Bereichen der Kunst in den Vordergrund. Die Idee vom Gesamtkunstwerk, das im Jugendstil die Kunstproduktion bestimmen wird, kursiert allenthalben.

In der bildenden Kunst verachtet man die Naturnachahmung. Ein Leitsatz der Symbolisten lautet: *„Die Kunst vollendet, was die Natur nur grob skizziert."* (Péladan, französischer Literat) Kunst muss schöner sein als Natur und dekorativen Charakter besitzen. Der Begriff **„l'art pour l'art"** bezeichnet präzise das Kunstverständnis des Symbolismus. Péladan, der Theoretiker der Symbolisten, schreibt, die Malerei kann nur dazu erfunden worden sein, um die banalen Wände in menschlichen Bauwerken mit Gedanken, Träumen und Ideen auszuschmücken. Zum „Ideenmaterial" der morbid-schönen Bilder gehören Vergänglichkeitsmotive, die die Weltuntergangsstimmung vor der Jahrhundertwende spiegeln. Beliebt ist besonders die sentimentale Kombination von **Tod und Eros:** Zarte Frauengestalten posieren in Traum- und Fantasiewelten, denen etwas unbestimmbar Mystisches anhaftet. Hauptvertreter symbolistischer Malerei in Frankreich sind MAURICE DENIS, GUSTAVE MOREAU, PIERRE PUVIS DE CHAVANNES und ODILON REDON. Ausgangspunkt ihrer Malerei ist stets die Dichtung, d. h. das Wort. „Schöne Gedanken" wollen sie in „schöne Formen" kleiden. Formal bewegen sie sich als Eklektizisten in der Tradition der klassizistischen Figurenmalerei.

Symbolistische Züge finden sich im Werk fast aller (formal ganz verschiedener) Künstler der Zeit vor 1900, besonders bei MUNCH, SEURAT, VAN GOGH, GAUGUIN und dem Belgier JAMES ENSOR. Sie bestimmen selbst noch das Frühwerk (Blaue Periode) von PICASSO.

2 Paul Gauguin und sein Kreis

Die Sehnsucht nach dem **ursprünglichen**, unverdorbenen Zustand des Menschen, als er noch im Paradies lebte, reicht zurück bis ins 18. Jahrhundert (vgl. Rousseau). PAUL GAUGUIN (1848–1903) setzt als Erster den Wunsch in die Tat um, wieder „wie am Anfang" zu leben, und kehrt Europa 1891 den Rücken, um sich in einem Eingeborenendorf in der Südsee niederzulassen. Er verachtet die dekadente Zivilisation und sehnt sich nach der reinen Ausdruckskraft der „Primitiven", die er noch eingebunden in einen lebendigen Mythos wähnt. Enttäuscht muss er feststellen, dass auch auf Tahiti schon Spuren der Zivilisation eingedrungen sind. Als er in die Südsee sticht, um exotische und primitive Kunstformen kennenzulernen, ist sein künstlerischer Stil bereits ausgereift. Er hatte sich an archaischen Vorbildern und am japanischen Holzschnitt orientiert. Unter dem Einfluss bäuerlich-bretonischer Volkskunst war in Pont-Aven in der Bretagne sein Frühwerk entstanden. Als er später nach Le Pouldu (Bretagne) übersiedelt, bildet sich um ihn ein Kreis von Bewunderern. Man spricht seitdem von der sog. Schule von Pont-Aven, zu der u. a. EMILE BERNARD und PAUL SÉRUSIER gehören.

Vor den Freunden legte er wiederholt seine Kunstauffassung dar. Sie lässt sich in drei Leitsätzen zusammenfassen:

1. Die Farbe muss gesteigert werden.
2. Man muss sich selbst mit Farbe ausdrücken.
3. Die Form muss vereinfacht werden.

Er vertritt also einen ausgesprochenen **Antinaturalismus**. An einen Schüler gewandt sagt er: *„Kopieren Sie nicht zu sehr nach der Natur, nehmen Sie aus der Natur, indem Sie von ihr träumen, [...], immer auf der Suche nach dem Absoluten! Man träumt und dann malt man ruhig."*[20]

Er rät seinen Freunden, „aus dem Herzen" zu malen, denn es ginge in erster Linie um den Selbstausdruck. Inhalte wie Träume, Gedanken und Religiöses müssten aus der Innenwelt des Menschen stammen, denn *„vor allem ist Kunst ein Mittel des Ausdrucks"*[4].

Inhaltlich ist er symbolistisch ausgerichtet; formal gesehen bereitet er den Expressionismus vor.

Durch vereinfachende, ausdrucksstarke Umrisslinien gelangt er zu einer monumentalen Form, die jedoch die Bildfläche nicht sprengt. Wegen der betonten, dunklen Konturen hat man seinen Stil auch „Cloisonnismus" genannt (frz. cloisonner: „durch Scheidewände trennen"). In besonderer Weise beschäftigt ihn der Bezug von Farben und Klängen. Er ist der Auffassung, dass die Malerei nun in eine „musikalische Phase" getreten ist. Er sieht in ihr eine Kunst, die *„wie die Musik auf dem Umweg über die Sinne auf die Seele wirkt, deren harmonische Farbtöne den Harmonien der Klänge entsprechen."*[2] Reine, leuchtende, vom Darstellungswert befreite Farben verbinden sich in seinen Bildern zu „Farbsinfonien".

MAURICE DENIS, ein Hauptvertreter des Symbolismus, betrachtet CÉZANNE und GAUGUIN als seine Lehrer. Er gelangt zu der Einsicht, dass ein Bild, bevor es *„ein Schlachtross, eine nackte Frau oder irgendeine Anekdote ist, wesentlich eine plane, von Farben in einer bestimmten Anordnung bedeckte Oberfläche"*[20] ist. Aus dem Atelier von MAURICE DENIS gehen PIERRE BONNARD und EDOUARD VUILLARD hervor. Sie arbeiten in der Tradition des Impressionismus und nehmen zugleich Neuerungen der Nabis (hebr. Nabis: „Propheten"), der Künstlergruppe von M. Denis auf; ihre Bilder zeigen eine starke Annäherung an die Fläche und große Freiheit im Umgang mit bildnerischen Elementen. Bonnard (1867–1947) liebt dekorative Elemente und orientiert sich an den Japanern. Ebenso wie seinem Freund Vuillard (1868–1940) gerät ihm das Bild zum „Fest für die Augen". Beide gehen nicht vom Literarischen bzw. Religiösen aus, wie es Gauguin häufig tut.

3 Der Jugendstil als europäische Bewegung

Um die Jahrhundertwende verschärft sich die globale Konkurrenz der Großmächte. Obwohl es Chancen zu einer friedlichen Lösung aufgebrochener Konflikte gegeben hätte, tragen verschiedene Krisenherde (z. B. die Marokkokrise) dazu bei, dass ein Krieg in Europa bald unabwendbar scheint. Als Konsequenz beginnt ein Wettrüsten der führenden Staaten, an der die Schwerindustrie lebhaft interessiert ist. In Deutschland bestimmen militaristische Wertvorstellungen die Innen- und Außenpolitik, breite Bevölkerungskreise machen sie sich zu eigen. Dies führt dazu, dass ein kommender Krieg als „Reinigung" angesehen und daher geradezu herbeigesehnt wird. Nationalistisches Denken geht bereits mit antisemitischer Hetze einher – die Weichen für die Entwicklungen der ersten Hälfte des 20. Jahrhunderts sind gestellt.

Der Kapitalismus hatte die industrielle Entwicklung forciert, die beklagenswerte soziale Lage der Arbeiter hatte sich trotz verschiedener Erlasse nicht wesentlich gebessert, sodass auch hier ein Zündstoff liegt. Neben all diesen tiefgreifenden Problemen muten die Bestrebungen der Protagonisten des Jugendstils zunächst harmlos an.

Doch mit ihrer neuen Ästhetik äußern sie einen vehementen Protest gegen herkömmliche, von der Wilhelminischen Ära geprägten, den „Mief" der Gründerzeit ausströmenden Formvorstellungen.

In England, von wo der Jugendstil um 1900 ausgeht, opponiert man gegen die viktorianischen Formideale. Moderne Produktionsmethoden (massenhafte, serielle Herstellung in der Fabrik) lassen künstlerische Aspekte weitgehend außer Acht. Kunst und Handwerk sollen wieder vereint, eine Trennung zwischen „Kunsthandwerk" und „hoher Kunst" aufgehoben werden. Damit beruft sich WILLIAM MORRIS (1834–1896), der englische Reformer des Handwerks, allerdings auch auf mittelalterliche Traditionen. Einst hatte man zwischen guten Handwerkern und Künstlern keinen Unterschied gemacht. In der Theorie lehnt Morris die Nachahmung alter Stile zwar ab, doch der mittelalterlich-gotische Einfluss ist in der von ihm gegründeten Werkstatt so ausgeprägt, dass noch keine von Grund auf neue Form entstehen kann. Auch das Ineinandergreifen der Kunstgattungen ist Programm. Die Idee von der Einheit der Künste („Gesamtkunstwerk") unter Führung der Baukunst erinnert an die gotische Bauhütte. WALTER GROPIUS wird 1919 mit der Gründung des Bauhauses hier anknüpfen.

Tapeten, Teppiche und weitere Einrichtungsgegenstände, die Morris entwerfen und in Handarbeit fertigen lässt, dienen der Ausstattung von Innenräumen, die vom schwülstigen Dekor der Viktorianischen Zeit befreit sind. Formal beeinflusst ist Morris vor allem von seinem Lehrmeister ROSSETTI und von BURNE-JONES, führenden Mitgliedern der Präraffaeliten, die zum einen spätmittelalterliche Kunst (die Kunst „vor Raffael") verehren und zum anderen Stilelemente des Jugendstils vorwegnehmen.

Aus Morris' Werkstatt entwickelt sich die **Arts-and-Crafts-Bewegung**, die für die Entwicklung des Designs im 20. Jahrhundert eine Rolle spielen wird.

Der Jugendstil ist ein Aufbruch der Jugend, getragen von ethischer Motivation: Nicht nur Gebrauchsgegenstände leiden unter der industriellen, massenhaften Herstellung; man sieht die Gefahr der Vermassung durch Technik und Industrie ebenso für den Menschen, dessen Individualität auf dem Spiel steht. Handgefertigte Gegenstände besitzen individuellen Wert, sind nicht mehr „Massenware" und dienen in ihrer Besonderheit formbewussten Menschen. Wie später das **Bauhaus** fordert man die gute und zweckmäßige Form. Ein völlig neuer Stil soll entwickelt werden (franz. Bezeichnung: Art Nouveau), von dem alle Bereiche des Lebens durchdrungen werden: Gebrauchsgegenstände ebenso wie Mode, Gebrauchsgrafik (Typografie), Innenarchitektur, Architektur und alle Künste. Ziel ist also das Gesamtkunstwerk, d. h. der Bau, der innen und außen gleichermaßen durchgestaltet ist.

Wenngleich Eklektizismus (Kombination ausgewählter Stilelemente) verpönt ist, bezieht man sich dennoch auf verschiedene Vorbilder. In der Ornamentik ist der Einfluss von Rokoko und keltischem Flechtband spürbar. Die verfeinerte Ästhetik des Jugendstils drückt sich im Wesentlichen im Ornament aus. Formbestimmend ist die sensible, weich-geschwungene **Linie**. Meist entwickelt man aus stark stilisierten Pflanzen Ornamentmotive (floraler Stil), daneben gibt es den abstrakten Stil, der KANDINSKYS erste, in München entstandene Arbeiten deutlich beeinflusst. Der Übergang zur abstrakten Darstellungsweise wird vorbereitet. Besonders beliebte Motive – um ihrer Schönlinigkeit und Geschmeidigkeit willen – sind gewelltes Frauenhaar, Wasserflächen, Schwan und Pfau, Schwertlilie und Seerose (vgl. Spätwerk von MONET).

Wortführer des abstrakten Linienornaments ist der Belgier HENRY VAN DE VELDE, Mitbegründer des Jugendstils, der von der Malerei zur Innenarchitektur gewechselt war. In Wien, einem Zentrum der Bewegung, wird 1897 die „Sezession" gegründet, der bedeutende Architekten angehören, z. B. OTTO WAGNER (1841–1918), JOSEPH HOFFMANN und JOSEPH MARIA OLBRICH. Namhafte Jugendstilarchitekten sind ferner der Schotte CHARLES R. MACKINTOSH und der Spanier ANTONI GAUDÍ (Barcelona). Vom Jugendstil geprägt ist auch das Werk des österreichischen Malers Gustav Klimt (1862–1918). Der englische Grafiker Aubrey Beardsley (1872–1898) gilt als der Zeichner des Jugendstils schlechthin, obwohl er bereits stirbt, als der Jugendstil einsetzt. Franz von Stuck (1863–1928) ist der bekannteste Münchener Jugendstilmaler. Er gehört der 1892 gegründeten **Münchener Sezession** an, die bis heute fortbesteht. Auch zahlreiche Werke weiterer Maler weisen um 1900 jugendstilhafte Züge auf. Zu ihnen gehören der Schweizer Ferdinand Hodler (1853–1918), der Norweger Edvard Munch (1863–1944) und der Franzose Henri de Toulouse-Lautrec (1864–1901).

4 Im Umkreis von Jugendstil und Symbolismus: Munch, Toulouse-Lautrec und Klimt

Edvard Munch (1863–1944)

Der Norweger Edvard Munch geht in den 90er-Jahren des 19. Jahrhunderts nach Paris und gerät in den Kreis der Symbolisten. Später hält er sich häufig in Berlin auf. Er ist wie die großen Dichter Strindberg und Ibsen Pessimist, ist empfänglich für alles Zwielichtige und wird gequält von neurotischen Obsessionen. Die Überempfindlichkeit seiner Nerven mag auf tragische Kindheitserlebnisse zurückgeführt werden. Er hatte wiederholt den Tod von geliebten Verwandten miterleben müssen. Typische Themen seines Frühwerkes sind „Das Sterbezimmer" oder „Das Totenbett".

Beim Malen verarbeitet er eigene psychische Probleme. Es entstehen daher äußerst subjektive Bilder. Elemente aus der sichtbaren Wirklichkeit werden als Metaphern für seelische Zustände ins Bild übernommen. Diese Zustände sind jedoch von allgemeiner, übergeordneter Bedeutung: „Angst" oder „Eifersucht" werden im Bild sichtbar. Es geht ihm um Gleichnisse des Lebens. Die „Fin de Siècle-Stimmung" fängt er im „Fries des Lebens" ein, auf dem er Enttäuschung, Liebesleid, Eifersucht, Verzweiflung usw. schildert.

Der wichtigste Beitrag Munchs zur Entwicklung der modernen Malerei ist die Einbringung des psychischen Elements. Das, was hinter dem Sichtbaren liegt, verwandelt er in Malerei. Primäre Gestaltungsmittel sind für ihn der *„Klang der Farbe und die Melodie der Arabeske"*[4]. Sein Umgang mit der Linie verbindet ihn mit dem Jugendstil. Die Farbgebung weist auf den Expressionismus hin.

> *„Der Schrei" ist eine einzige Arabeske, ein Ornament aus Schallwellen, das aus dem gebrechlichen Schalltrichter eines verborgenen schmalen Leibes bricht, die ganze Landschaft in die kreischende Arabeske biegt, die Diagonalen einer Straße herbeistürzen macht und den Eindruck gibt, als schreie die Landschaft selbst.*[20]

Munch visualisiert damit „Angst". Ähnlich wie Goya findet er eindringliche Metaphern für psychische Zustände.

Henri de Toulouse-Lautrec (1864–1901)

Der Angehörige eines alten Adelsgeschlechtes lebt als Außenseiter auf dem Montmartre in Paris. Unfälle während seiner Kindheit haben ihn zum verkrüppelten Zwerg werden lassen. Er malt und zeichnet die Gesellschaft seiner Zeit, jedoch nicht bei der täglichen Arbeit, sondern bei ihrer Flucht vor der Realität in den Vergnügungsetablissements. Er liebt das Milieu, in dem Artistik, Tanz und Erotik geboten werden. Hier findet er seine Modelle: Tänzerinnen, Sängerinnen, grell geschminkte Halbweltdamen und das gaffende Publikum.

Seine Art der Darstellung hat keine Vorbilder. In erster Linie ist er „Realist". Immer geht er, wie VAN GOGH und CÉZANNE, vom Sichtbaren aus. Die Zeichnungen entstehen „vor Ort", in Kneipen, Ballsälen und Bordellen. Seine „Porträts" sind Charakterstudien, die das Unverwechselbare eines Menschen einfangen. Von großer Ausdruckskraft ist in den Gemälden die Farbe, mit der er das Grelle künstlicher Beleuchtung und damit das Typische der nächtlichen Scheinwelt zeigt.

Wichtigstes künstlerisches Mittel ist für ihn die bewegte Linie, die sich in seinen Plakaten (Farblithografien) nahezu verselbstständigt und die Fläche gliedert. 1891 zeichnet er das erste moderne Plakat. Die Reduktion der Mittel (Verzicht auf Tiefenraum, flächig-vereinfachte Darstellung des Motivs, Einsatz starker Farbkontraste und die klare, künstlerisch gestaltete Schrift) hat Auswirkung nicht nur auf die weitere Entwicklung des Plakates, sondern darüber hinaus auch auf die moderne Kunst allgemein. Die Holzschnitte der Japaner und die neue englische Buchillustration hatten ihn beeinflusst.

Gustav Klimt (1862–1918)

Im Juni 2006 erzielte ein Gemälde von Klimt den Preis von 135 Millionen Dollar: Das „Porträt Adele Bloch-Bauer I", eine Ikone des Wiener Jugendstils, ging an den milliardenschweren Erben einer Kosmetikfirma. Als Klimt noch lebte, hielten sich hingerissene Bewunderer und scharfe Gegner seiner Kunst die Waage. Heute erkennt man seine herausragende Stellung innerhalb von Jugendstil und Symbolismus, seine **Vorreiterrolle** für die Kunst des 20. Jh. an.

1862 als Sohn eines Goldschmieds bei Wien geboren, erlernt Klimt zunächst den Beruf des Vaters. Die Liebe zum Gold spiegelt sich später in seiner „Goldenen Periode“, der auch das oben erwähnte Bild zuzurechnen ist. In Ravenna begeistert er sich für die frühchristlichen Mosaiken, die häufig mit einem Goldgrund versehen sind, der jegliche Räumlichkeit verhindert und das Dargestellte glorifiziert. Nach einer Ausbildung an der Kunstgewerbeschule gründet er zusammen mit seinem Bruder eine „Künstlerkompanie“, die bald äußerst erfolgreich tätig ist. Als sich seine individuelle Ausdrucksform durchsetzt, zerbricht die Gemeinschaft und Klimt entwickelt sich zum gefragtesten Porträtisten des Wiener Geldadels und zu einer schillernden Persönlichkeit, umschwärmt von der Damenwelt und als „enfant terrible“ in Wien berühmt-berüchtigt. 1897, als er Präsident der neu gegründeten Wiener Sezession wird, beginnt seine Lebensgemeinschaft mit Emilie Flöge, einer selbstbewussten Mode-Designerin. Dies hindert ihn jedoch nicht daran, zahllose Liaisons mit seinen Modellen einzugehen. Wegen allzu freizügiger Darstellungen erhält er keine Professur und wird von der akademischen Welt gemieden. In über 4 000 Zeichnungen, die zu Lebzeiten nicht veröffentlicht werden, thematisiert er die Frau in all ihren erotischen Facetten. „Der Kuss“ (1907/08) ist wohl sein berühmtestes Bild. Typisch für seinen Stil ist, dass er das Inkarnat plastisch ausarbeitet, die Körper (als Flächen) mit abstrakten Ornamenten überzieht und den Hintergrund häufig golden gestaltet. Mann und Frau sind zu einer Form verschmolzen, beide umgibt eine gemusterte goldene Aureole, welche der Liebe eine sakrale Aura verleiht.

Eines seiner berühmten Frauenporträts ist das Bildnis der Margarete Stonborough-Wittgenstein von 1905 (180 × 90,5 cm, Öl auf Leinwand, Neue Pinakothek, München). Klimt malt eine blasse, dunkelhaarige Schönheit in einem ungewöhnlichen steilen Hochformat. In Lebensgröße steht sie ganz aufrecht in der senkrechten Mittelachse des Bildes. Ihre Füße sind vom unteren Bildrand abgeschnitten. Das schwarze, im Nacken zusammengesteckte, lockige Haar betont ihr helles Gesicht. Dunkle, von kräftigen Brauen gerahmte Augen blicken wie erstaunt in die Ferne, ihr Mund ist leicht geöffnet, die Wangen zart gerötet. Ihre hochgewachsene, schlanke Gestalt hat etwas Majestätisches. Eine breite Schärpe betont ihre Taille, ebenso weiß und perlmuttschimmernd wie das lange, plissierte Kleid, das Hals und Schultern freigibt und in feinen Fältchen wie ein Wasserfall bis zum Boden strömt. Eine bestickte, durchscheinende Stola liegt über ihren Armen, die Hände sind ineinander verklammert. Das Inkarnat ist wieder dezent plastisch ausgearbeitet. Der Hintergrund besteht aus geometrischen, zum Teil antikisierenden Mustern und ist absolut flächig gehalten, d. h. die Gestalt steht zwar vor einer dekorierten Fläche, nicht aber in einem Raum. Am reichsten geschmückt ist der Bereich um den Kopf herum. Eine geschwungene Linie betont das Gesicht und verbindet die seitlichen Motive, die nicht ganz symmetrisch angeordnet und in ungewöhnlichen Farben (Mintgrün, Taubenblau, Silber, Gold) gehalten sind. Der Typus der blassen Schönheit taucht bereits bei Rossetti auf. Klimts Modell ähnelt diesem Wesen, es scheint nicht von dieser Welt zu sein. Gold und Silber entrücken die Gestalt in eine Sphäre des Schönen. Als Kunstobjekt entspricht das Bild dem Ästhetizismus des Symbolismus.

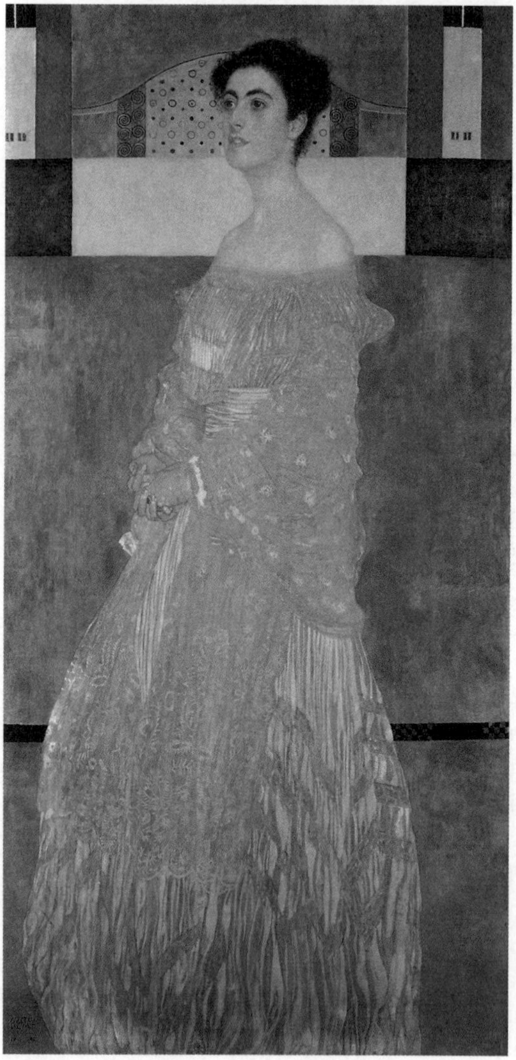

Gustav Klimt: „Bildnis der Margarete Stonborough-Wittgenstein" (1905), 180 × 90,5 cm, Öl auf Leinwand. Neue Pinakothek, München.

5 Auguste Rodin, führender Bildhauer des Fin de Siècle

Nach einem Studium an der École des Arts Décoratifs scheitern sämtliche Versuche von AUGUSTE RODIN (1840–1917), an der École des Beaux-Arts angenommen zu werden. Er kann also auf keine akademische Ausbildung zurückblicken. Seinen Lebensunterhalt verdient er sich zunächst als Dekorateur, Gießer und Ziselierer. Nach erfolgreichen Arbeiten in Belgien und ausgedehnten Reisen nach Italien, auf denen er mit der Kunst von Donatello und Michelangelo intensiv in Berührung kommt, stellt er 1876 seine erste lebensgroße Plastik vor, das „Eherne Zeitalter“. Dieser männliche Akt stößt zunächst auf vehemente Ablehnung. Man wirft ihm vor, zu realistisch zu arbeiten, d. h. den Körper lediglich nach der Natur abzuformen.

Einen ersten Erfolg erzielt Rodin mit der Figur des „Johannes des Täufers“, die 1880 im „Salon“ ausgestellt wird. Wenig später erhält er den Auftrag, für das Pariser Museum der Dekorativen Künste eine über 5 m hohe Bronzetür zu gestalten. Inhaltlich soll sich die Tür auf die „Göttliche Komödie“ von Dante beziehen. Rodin konzipiert sie als „Höllentor“. Dieses Projekt beschäftigt ihn über Jahrzehnte. Fertiggestellt werden allerdings nur Modelle und einzelne Figuren, z. B. „Der Denker“ (s. u.). Zahlreiche weitere Aufträge folgen, und wenn auch seine Skulpturen immer wieder auf Widerstand stoßen, setzt er sich doch allmählich durch und erlangt noch zu Lebzeiten Weltruhm. 1917, kurz vor seinem Tod, heiratet er Rose Beuret, seine fast lebenslange Gefährtin. Sein Begräbnis in Paris gleicht einem Staatsakt.

Charakteristisch für seine Arbeit ist die Expressivität. Immer wieder thematisiert er Schmerz und Verzweiflung, Hässliches zieht er oft dem Schönen vor:

> *Was in der Natur für hässlich gilt, zeigt oft mehr Charakter als das, was man für schön hält, weil in dem nervösen Spiel einer krankhaften Physiognomie, in jeglicher Missbildung die innere Wahrheit viel leichter aufblitzt, als in regelmäßigen und gesunden Zügen.*[6]

Eine herausragende Rolle spielen aber auch erotische Themen („Der Kuss“). Die inhaltliche Komponente ist meist von großer Bedeutung. Insbesondere bei den „Bürgern von Calais“, einer Figurengruppe, mit der er einem historischen Ereignis ein Denkmal setzt, ist der symbolistische Grundzug unverkennbar. Die unruhigen, oft zerklüfteten Oberflächen, die ein lebhaftes Spiel von Licht und Schatten erzeugen, erinnern an scheinbar bewegte Farbflächen der Maler, die bestrebt waren, Lichtmomente einzufangen, d. h. in der Formbehandlung nähert er sich dem Impressionismus. Rodin bezeichnet die Skulptur als *„Kunst der Buckel und Höhlungen, die Kunst, die Formen im Spiel von Licht und Schatten darzustellen."*[6]

Eine seiner bekanntesten Arbeiten ist der „Denker" (1880), der über dem geplanten Höllentor sitzen sollte. Die 70 cm hohe sitzende männliche Gestalt hat einen athletischen Körperbau. Vornübergebeugt, den Kopf auf die rechte Hand gestützt, sitzt sie scheinbar grübelnd auf einem Baumstumpf. Der Mund gräbt sich in die hervortretenden Knöchel der Hand. Die im Schatten liegenden Augen sind nach unten gerichtet. Mit den Füßen scheint sich der Mann in den Baumstumpf hineingegraben zu haben. Es sieht fast so aus, als hätte er ihn durch unaufhörliches Schaben ausgehöhlt. Rodin geht es nicht darum, Natur illusionistisch nachzuahmen; der nackte Körper ist jedoch detailliert ausgearbeitet und die Oberfläche geglättet. Schlaffe Muskeln, Falten und hervortretende Sehnen deuten auf einen älteren Mann hin. Kraftlos ruht der linke Arm auf dem Oberschenkel. Etwas Bedrohliches geht vom „Denker" aus; mit düsterem, drohendem Blicke soll er über dem Tor zur Hölle sitzen, Fürchterliches vorausahnend. Mit seinem Stiernacken, der niedrigen Stirn und den zu Krallen mutierten Zehen hat er etwas Animalisches. Man kann sich vorstellen, wie seine Muskeln vor innerer Ruhelosigkeit und geistiger Anspannung zittern.

Als erster Künstler schafft Rodin bewusst unfertige Werke. Der **Torso** stellt innerhalb seines Schaffens eine Besonderheit dar. Die Bronzeplastik „Der Schreitende" („L'homme qui marche"), die im Jahr 1900 auf der Weltausstellung gezeigt wird, begründet schließlich seinen Weltruhm. Die Gestalt besteht aus zwei Fragmenten, die beim Bronzeguss aneinandergefügt worden sind, die Nahtstellen bleiben allerdings deutlich sichtbar. Die muskulösen Beine schreiten energisch aus, der Oberkörper ist leicht gedreht. Obwohl Arme und Kopf fehlen, vermittelt der Torso enorme Vitalität. Rodin fragt: *„Man hat mir oft vorgeworfen, dass mein „Schreitender" keinen Kopf hat, ... aber braucht man denn zum Schreiten einen Kopf?"*[5]

Bei einem Torso wird die Aufmerksamkeit des Betrachters vom Inhaltlichen abgelenkt und auf die Form gerichtet. Zugleich wird die Vorstellungskraft aktiviert, die auf die „Vollendung" des unfertigen Körpers abzielt. Die Begeisterung für Michelangelo steht hinter Rodins Vorliebe für den Torso. In Michelangelo sieht man seit den 70er-Jahren des 19. Jahrhunderts (1875 feiert man seinen 400. Geburtstag) vor allem den ausdrucksstarken Bildhauer, der sich nicht an klassische Regeln hielt. Gerade die unvollendeten Partien seiner für das Juliusgrab bestimmten Sklaven begeistern den jungen Bildhauer Rodin, kann er daran doch die Arbeitsweise seines großen Vorbilds studieren.

6 Jugendstilarchitektur

Seit dem Aufkommen der Sezessionen in Wien und München werden die schwelenden Konflikte zwischen akademisch und avantgardistisch gesinnten Kunstschaffenden, auch unter den Architekten, offen ausgetragen. Insbesondere bei der Ausstattung von Wohnungen kommt man vom überladenen, sich an historischen Stilen orientierendem Dekor ab und bevorzugt „moderne", eher schlicht wirkende Einrichtungen in dezenter Farbigkeit und klarer Linienführung.

Malerei, Plastik und Design (damals spricht man von „Kunstgewerbe") werden sorgfältig aufeinander abgestimmt. Dabei orientiert man sich am **„Modern Style"** der Morris-Bewegung, die seit 1893 durch die Zeitschrift „The Studio" propagiert wird. Materialgerechtigkeit, Berücksichtigung des Funktionalen und qualitätvolle handwerkliche Ausarbeitung bestimmen nun die Herstellung von Möbeln, Teppichen, Lampen, Geschirr usw. Wenn auch vor allem die dekorativen, sich schlängelnden Linien und floralen Ornamente den Jugendstil charakterisieren und nur für einen begrenzten Zeitraum „modern" sind, so hat der neue Stil doch Folgen für die Entwicklung der Moderne.

Insbesondere die lebendige Gliederung der Fläche, die Betonung der Konturen und die asymmetrisch-schwingenden Linien beeinflussen zum Beispiel den frühen KANDINSKY und führen letztlich zur Entwicklung einer rein abstrakten Formensprache.

Die Jugendstilbewegung verbreitet sich europaweit. Ihren Namen verdankt sie der Wochenzeitschrift „Jugend", gegründet 1896. Die Redaktion steht in regem Kontakt mit dem Blatt „Juventud", das in Barcelona erscheint. Hier wirkt bereits der fantasievolle Architekt ANTONI GAUDÍ (1852–1926), dessen Park Güell und dessen Kathedrale („El Templo Expiatorio de la Sagrada Familia", seit 1882) unverwechselbare, originelle Architekturen darstellen, oft mit bunten Fayencen verkleidet, die an maurische Bauten in Südspanien (z. B. Granada) erinnern.

Einer der bedeutendsten Jugendstilarchitekten, HENRY VAN DE VELDE (1863–1957), arbeitet zunächst in Belgien. Ursprünglich Maler, wendet er sich zunächst der Innenarchitektur zu. Später entwirft er aufsehenerregende Wohnbauten, wie das Palais Stoclet (1909), bei dem er den historisierenden Stil endgültig überwindet und die streng geometrische, flächige Gliederung konsequent durchführt. Weil er auf enge und steile gotische Fenster Bezug nimmt, wird ihm Akademismus vorgeworfen. Er selbst sieht sich als Klassiker:

> *Verbinden uns nicht unsere Lokomotiven in ihrer vernunftmäßigen Schönheit, unsere Dampfschiffe, unsere Markthallen und eisernen Brücken mit dem Klassischen und sind nicht die unmittelbaren Nachkommen der großen Baumeister unsere Ingenieure?*[72]

Ein weiterer prominenter Jugendstilarchitekt ist AUGUST ENDELL, Erbauer des spektakulären Hauses „Elvira" in München, das leider abgerissen wurde. RICHARD RIEMERSCHMID macht sowohl durch seine Innendekorationen als auch durch seine Villenbauten Furore.

Auf der Mathildenhöhe bei Darmstadt finden sich moderne Architekten zusammen, die um 1900 eine Villenkolonie errichten, die stilbildend wirkt und weltberühmt wird. Unter idealen Bedingungen – der Großherzog stellt das Gelände zur Verfügung und unterstützt die Projekte finanziell – können junge Architekten neue Ideen verwirklichen. Sie bauen für sich Häuser, die zum Wohnen und Arbeiten geeignet sind und zugleich als Objekte ihrer ersten Ausstellung von 1901 dienen.

Überragt wird die Mustersiedlung vom Hochzeitsturm, den J. M. OLBRICH (1867–1908) anlässlich der Vermählung des Herzogs entwirft. Auch das Portal des Ernst-Ludwig-Hauses (Name des Herzogs), das von zwei monumentalen Statuen flankiert wird, geht auf ihn zurück. Über dem Eingang ist zu lesen: *„Seine Welt zeige der Künstler, die niemals war, noch jemals sein wird."* Hier wird zum Ausdruck gebracht, dass der Künstler seine eigene, fantastische Welt schafft, weit ab von der alltäglichen, banalen Realität.

Besonderes Lob erntet der junge PETER BEHRENS (1868–1940), der die Architektur zu Beginn des 20. Jahrhunderts maßgeblich mitbestimmen wird und zu den Vorbildern von MIES VAN DER ROHE gehört.

Internationale Anerkennung erfährt die Künstlerkolonie bei der Pariser Weltausstellung von 1900. 1906 findet in Dresden eine umjubelte Kunstgewerbeausstellung statt. In einer Mustervilla hat der prominente französische Symbolist Maurice Denis die Wandgemälde geschaffen; die rahmenden, linear-abstrakten Ornamente stammen von Henry van de Velde.

Große Aufmerksamkeit zieht auch das von HEINRICH TESSENOW gestaltete Tanzforum von Hellerau bei Dresden auf sich. Hier wird der moderne Ausdruckstanz kreiert, der in Kontrast zum klassischen Ballett steht, bei dem jede Figur einstudiert ist. Die flatternden Gewänder der LOIE FULLER kommen der Linienfreude der Zeit entgegen, ebenso wie die spontanen, kreisenden und ekstatischen Bewegungen der Tänzerinnen. Weltberühmt wird der Ausdruckstanz von MARY WIGMAN. Das Thema „Tanz" wird auch in der gleichzeitig einsetzenden expressionistischen Malerei aufgegriffen, etwa von HENRI MATISSE („Der Tanz", 1910).

Frank Lloyd Wright (1869–1956)

Der bedeutendste amerikanische Architekt der ersten Hälfte des 20. Jahrhunderts, Schüler von Sullivan, steht zwischen Jugendstil und Moderne. Seine großen Verdienste liegen fast ausschließlich auf dem Gebiet des Privathauses. Berühmt werden z. B. das Haus Kaufmann von 1937 („Fallingwater", über einem Wasserfall gelegen) in Bear Run, Pennsylvania, oder das Robie-House in Chicago (1910).

Der Architekt äußert sich immer wieder zu seinen Arbeiten und hebt dabei hervor, dass es ihm in erster Linie darum gehe, ein „Gehäuse" für den Menschen zu schaffen, in dem er sich wohlfühlen solle. Menschliches Wohlbefinden kann nach Frank Lloyd Wright nur entstehen, wenn der Bau mit natürlichen Materialien errichtet wird, wie etwa Holz oder Ziegeln. Auch lässt er Steine aus der Umgebung des Hauses ausgraben und errichtet daraus Bruchsteinmauern. Im Inneren werden dieselben natürlichen Materialien verwendet wie beim Außenbau.

In seinem Bemühen, das Haus in die Natur einzufügen, geht er sogar so weit, auf Hügelkuppen oder in Erdspalten zu bauen. Wright nennt seine oft mitten in der freien Natur liegenden Häuser „Prärie-Architektur". Die Einbindung in die Natur führt dazu, dass der Bau als „organisches Wesen" empfunden werden kann, der ganz auf die Bedürfnisse des menschlichen Lebens abgestimmt ist.

Deutlich ablesbar sind aber auch Einflüsse historisierender Bauten des 19. Jahrhunderts, des Jugendstils und der japanischen Wohnhaus-Architektur. Kurvige Umrisse deuten gar auf abgerundete Häuser des minoischen Kreta hin.

In besonderer Weise konnte Frank Lloyd Wright seine Vorstellungen beim „Robie-House" verwirklichen, einem langgestreckten Bau mit weit überstehenden Dächern, unter denen Terrassen den Übergang in die umgebende Natur ermöglichen. Im Inneren gehen die Zimmer ineinander über, es gibt keine trennenden Türen mehr. Die Raumbereiche des einzigen Innenraumes liegen auf unterschiedlichem Niveau und sind durch Treppen miteinander verbunden. Die Öffnung der Raumgrenzen wird als „Interpenetration" bezeichnet. Beim Entwurf meidet Wright die bisher übliche Schachtelform des Hauses. Er entwickelt den sog. **„offenen" Grundriss**, bei dem die Raumgliederung in den einzelnen Etagen flexibel gehandhabt wird. Mies van der Rohe wird später hier anknüpfen.

Im Sinne des Jugendstils kümmert Wright sich mit großer Sorgfalt um die Ausgestaltung des Inneren und ist dabei um ein Gesamtkunstwerk bemüht.

Auch die Möblierung muss, auf den Bau und natürlich auch auf den Menschen abgestimmt, funktional und schön zugleich sein. Im Zentrum eines Landhauses sieht er häufig ein Patio vor, das dem römischen Atrium entspricht. Pflanzen und Wasserbecken sorgen für ein gesundes Wohnklima. Entschieden wendet er sich gegen „nichtssagende, spiegelnde Flächen" und den „Stahlrahmenschachtelbau", womit er u. a. Mies van der Rohe kritisiert. Seine berühmtestes öffentliches Gebäude ist das Guggenheim-Museum in New York, geplant 1949, gebaut 1958, in dem auszustellen für jeden Künstler bis heute eine besondere Ehre bedeutet.

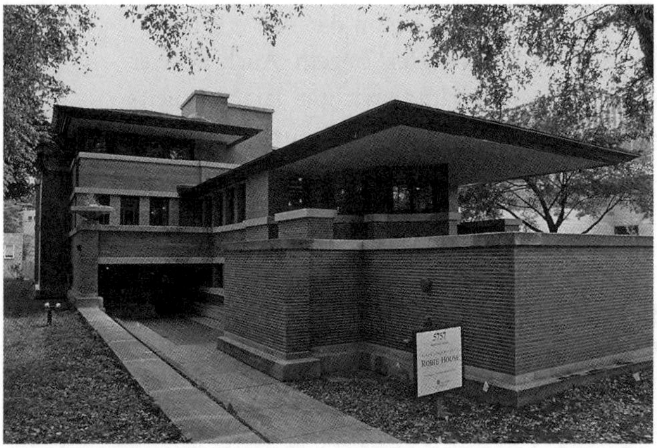

Frank Lloyd Wright: „Robie House" (1910), Chicago.

Wegbereiter der Moderne

1 Autonomie der bildnerischen Mittel: Paul Cézanne

Im Jahr 2006 erinnerte die südfranzösische Stadt Aix-en-Provence mit einer umfassenden Ausstellung an den 100. Todestag ihres bedeutendsten Sohnes PAUL CÉZANNE. Wichtige Bilder aus der ganzen Welt wurden dafür in die Stadt zurückgeholt. Zum Zeitpunkt seines Todes war Cézanne jedoch nur wenigen Kunstkennern ein Begriff.

Cézanne (1839–1906), nimmt auf Betreiben seines Vaters, eines wohlhabenden Bankiers, zunächst widerwillig ein Jurastudium auf, das er bald abbricht, um Maler zu werden. Als Autodidakt erarbeitet er sich vor der Natur und im Louvre seine künstlerischen Grundlagen. 1874 beteiligt er sich an der ersten Ausstellung der Impressionisten und gehört zu den am meisten Verlachten. Selbstverständlich wird er vom „Salon" regelmäßig abgelehnt. Noch 1880 wird er von der Kritik als „Verrückter" abgetan, der „im Delirium" male und Farben „wie mit der Pistole" auf die Leinwand schieße. Enttäuscht von der Kunstszene in Paris zieht Cézanne sich in den 80er-Jahren endgültig nach Aix zurück und lebt hier in der Abgeschiedenheit seiner geliebten provenzalischen Heimat. 1895 zeigt der Kunsthändler Vollard eine erste Einzelausstellung in seiner Pariser Galerie. Künstlerkollegen wie Monet oder Renoir kaufen die Bilder. Von nun an gewinnt sein Werk in steigendem Maße an Anerkennung. Doch erst 1907, ein Jahr nach seinem Tod, bringt eine Retrospektive den Durchbruch. Heute zählt Cézanne zu den von Sammlern und Museen begehrtesten und auch teuersten Künstlern der Welt. Zahlreiche bedeutende Künstler des 20. Jahrhunderts berufen sich auf ihn. Picasso nannte ihn seinen „Vater"; seitdem gilt Cézanne als „Vater der Moderne".

„Die Kunst ist eine Harmonie, die parallel zur Natur verläuft. Was soll man von den Dummköpfen halten, die behaupten, dass der Künstler immer der Natur unterlegen ist."[37] Mit diesem berühmt gewordenen Ausspruch berührt Cézanne den Kern seiner Kunstauffassung. Das Bild ist nicht mehr der Natur untergeordnet, d. h. von dem Vorbild „Natur" abhängig. Es steht vielmehr neben der Natur – es ist autonom geworden. Die Bildsprache des 20. Jahrhunderts

entwickelt ihre eigenen Gesetzmäßigkeiten. Form und Farbe sind Ausgangspunkt für den Maler, nicht mehr die Natur. Damit bricht eine Tradition ab, die bis auf Giotto zurückgeführt werden kann (vgl. Exkurs: Raumdarstellung auf der Bildfläche seit Giotto). Um 1300 hatten die Maler (zunächst in Italien) begonnen, die Bildfläche durch perspektivische Mittel aufzulösen. Allmählich wird der Raum im Bild erobert, Körper erscheinen durch Modellierung (Abstufung nach Helldunkel) plastisch.

Am Ende dieser naturalistischen Phase in der Geschichte der Kunst steht der Impressionismus. Cézanne stellt dem „lockeren Farbteppich“ der Impressionisten eine streng in sich gefestigte Bildform entgegen. Nicht den flüchtigen Schein will er einfangen, sondern den in der Natur beobachteten Gegenstand in seinem **absoluten Sein**. Er malt eine zeitlose, nicht der Vergänglichkeit unterworfene Welt. Sein Ausgangspunkt ist in jedem Fall die Natur. Er arbeitet vor seinem Motiv, der Landschaft, dem Stillleben, dem Menschen. Dabei ist er der Überzeugung, dass im Kontakt mit der Natur das Auge „erzogen“ werde.

Im Arbeitsprozess wird nach Cézannes Worten das Motiv **„realisiert“**, d. h. in eine bildnerische Sprachform umgesetzt. Anschauung und Denken in bildnerischen Kategorien sind eng verflochten:

Beim Malen gibt es zwei Dinge, das Auge und das Gehirn. Beide müssen sich gegenseitig unterstützen. Man muss an ihrer wechselseitigen Entwicklung arbeiten – am Auge mittels des Studiums der Natur, am Gehirn mittels der logischen Entwicklung und Ordnung der künstlerischen Erlebnisse.[37]

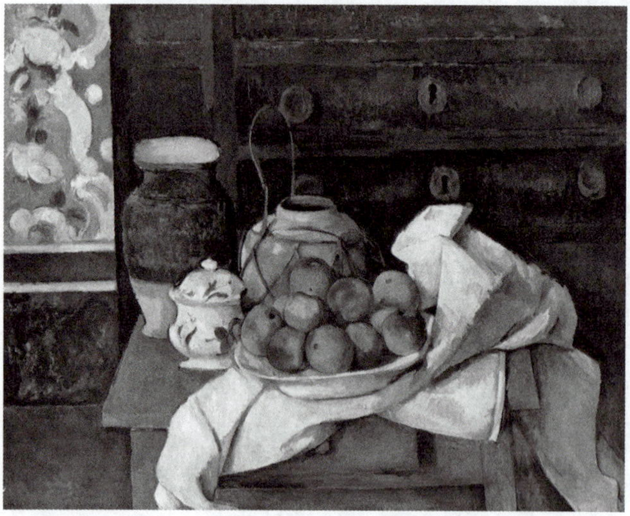

Paul Cézanne: „Stillleben“, (um 1885), Öl auf Leinwand, 71 × 90 cm. Neue Pinakothek, München.

Mit außerordentlicher Intensität beobachtet er die Farben an der Oberfläche der Dinge. Seiner Auffassung nach spiegeln die Farben die Form unterhalb der äußeren Erscheinungen. Hier stößt man auf einen mystischen Zug in seinem künstlerischen Denken: *„Die Natur ist nicht an der Oberfläche, sie ist in der Tiefe. Die Farben sind Ausdruck dieser Tiefe an der Oberfläche. Sie steigen aus den Wurzeln der Welt auf. Sie sind ihr Leben, das Leben der Ideen."*[37]

Farben sind für Cézanne „leibhaftige Ideen", mit denen der Mensch in Beziehung treten kann. Unter der Oberfläche sieht Cézanne die Grundformen der Erscheinungen. Er wendet „nach außen", was nur für ihn sichtbar ist, was nur er denkt und empfindet. Eine neue Wirklichkeit wird im Bild sichtbar, sein Bild von der Welt, seine „Weltordnung", in der die sichtbare Wirklichkeit auf einfache Grundformen zurückgeführt wird: *„Man behandle die Natur gemäß Kugel, Kegel und Zylinder."*[37]

Cézanne „moduliert" mit Farbe, wie er sagt. Das heißt, er „modelliert" nicht mehr nach Helldunkel, um eine plastische Wirkung zu erzielen, sondern erzielt Plastizität allein durch die Farbe. Er ordnet in der Natur beobachtete und dann abstrahierte Formen innerhalb der Bildfläche. Sie stehen in engem Bezug zueinander, eingespannt in ein dichtes Farbfleckengewebe, verflochten mit dem Bildgrund. Figur und Grund (Motiv und Hintergrund) sind also nicht mehr klar voneinander getrennt. Ein (gedankliches) „Herauslösen" einer Einzelform würde die Bildstruktur zerstören, sie geriete aus dem Gleichgewicht und verlöre ihre Spannung:

> *„Mein Motiv, das ist so" [...] Cézanne spreizt die Hände, nähert sie langsam einander, drückt sie krampfhaft zusammen – „das muß man erreichen. Es darf keine einzige lockere Masche geben, kein Loch, durch das die Wahrheit entschlüpft [...] Wenn die Farbwerte auf der Leinwand den Plänen entsprechen, die vor unseren Augen sind, – gut: meine Leinwand verschränkt die Finger, sie schwankt nicht, sie ist wahr, dicht, voll".*[37]
> (Cézanne im Gespräch mit Dr. Gasquet)

Die „Wahrheit" ist für Cézanne nicht die möglichst realistische Wiedergabe des optischen Scheins, sondern die in sich geordnete Bildfläche. Dem Bildgefüge haben sich Naturformen unterzuordnen, sie müssen verändert, verzerrt, verrückt werden, damit sie sich in das Bildganze einfügen.

Das Prinzip „Zentralperspektive" hat Cézanne aufgegeben. Den Gegenstand sieht er nicht mehr von einem Punkt aus. Vielmehr zeigt er verschiedene Ansichten ein und desselben Gegenstandes, wenn es der „Bildplan" erfordert. Mit der analysierenden Darstellungsweise und der Verschränkung von Figur und Grund wird sich wenig später der Kubismus auseinandersetzen.

Exkurs
Raumdarstellung auf der Bildfläche seit Giotto

Mittelalter

Seit ca. **1300** werden verschiedene Methoden entwickelt, um den Eindruck räumlicher Tiefe auf der Fläche hervorzurufen. Die **Sakralkunst** des Mittelalters hingegen abstrahiert von der mit dem Auge wahrnehmbaren Wirklichkeit. Formen im Bild sind Zeichen, die auf die eigentliche Realität (Transzendenz) verweisen. Der „Bildraum" zeigt nicht in täuschender Weise den irdischen Raum, sondern deutet auf das Jenseits. Der Hintergrund ist **Goldgrund**, der eine „Vertiefung" des Bildraumes verhindert. Architekturelemente werden oft in **umgekehrter Perspektive** gemalt: Fluchtlinien führen auf den Betrachter zu, statt von ihm weg. Ein angenommener Fluchtpunkt liegt im Auge des Betrachters vor dem Bild. Der Betrachter wird somit nicht in das Bildgeschehen miteinbezogen.

Seit der **Hochgotik** wächst das Interesse des Menschen an der sichtbaren Realität. Hier liegen die Wurzeln der Renaissance. Im Gesamtkunstwerk „Kathedrale", in den großen Freskenzyklen des Trecento (Italien, 14. Jh.) und in der Dichtung ist die zunehmende Hinwendung zum Irdischen zu spüren.

GIOTTO DI BONDONE (1266–1337) begründete mit seinen Freskenzyklen in Assisi, Padua und Florenz den neuzeitlichen **Naturalismus**. Die Szenen seiner Wandbilder spielen in sog. Kastenräumen. Auf den Boden dieser „Bühnen" stellt Giotto seine Figuren, deren Proportionen in der Natur beobachtet sind und deren Körper Volumen und Schwere besitzen. Den Goldgrund ersetzt Giotto bereits in den Wandmalereien durch blauen Himmel.

Am Anfang des 15. Jahrhunderts **(Frührenaissance)** entwickelt BRUNELLESCHI in Florenz die **Zentralperspektive**, mit deren Hilfe unser Sehbild relativ genau auf der Bildfläche wiedergegeben werden kann. Brunelleschi nimmt an, dass Linien, die sich in der Ferne einander zu nähern scheinen, aber in Wirklichkeit parallel zueinander verlaufen, sich in einem Punkt schneiden. Diesen Fluchtpunkt haben wir uns im Unendlichen auf dem Horizont liegend vorzustellen. LEON BATTISTA ALBERTI (Architekt und Mathematiker) definiert die Zentralperspektive als den „Schnitt durch die Sehpyramide". Als das erste korrekt zentralperspektivisch konstruierte Bild in der Geschichte der Malerei gilt das **Trinitätsfresko** in der Kirche Sta. Maria Novella (Florenz) von MASACCIO (um 1425). Nördlich der Alpen gelingt erst ALBRECHT DÜRER zu Beginn des 16. Jahrhunderts die korrekte zentralperspektivische Bildkonstruktion. Zur räumlichen Darstellung einer Landschaft werden im 15. Jahrhundert die **Luft-** und **Farbperspektive** entwickelt. Bei der Farbperspektive entsteht der

Eindruck von Tiefenräumlichkeit durch die Abstufung von warmen Farben im Vordergrund zu kalten Farben im Hintergrund („Verblauen"). Bei der Luftperspektive nimmt die Farbintensität kontinuierlich im Bildraum ab, Formen werden unscharf.

Neuzeit

Ein Meister der Luftperspektive ist LEONARDO DA VINCI (1452–1519), der scheinbar hintereinander liegende Bildschichten unmerklich ineinander übergehen lässt. Die Anwendung der Perspektive seit dem 15. Jahrhundert macht den Bildraum rational nachvollziehbar. Der Goldgrund verliert nun immer mehr an Bedeutung und verschwindet zu Beginn des 16. Jahrhunderts. In der **Hochrenaissance** ist die Kenntnis der Perspektive eine Selbstverständlichkeit für Künstler geworden. Sie wird freier gehandhabt, da man eine zu korrekte Perspektive als Störung innerhalb der Bildharmonie empfindet. Die Zentralperspektive wird einer ausgewogenen Komposition innerhalb der Bildfläche untergeordnet. Man nimmt dafür perspektivische „Fehler" in Kauf. Besondere Bedeutung erlangen Luft- und Farbperspektive im **Barock**. Die illusionistische Darstellungsweise gipfelt in den Deckenmalereien (zuerst bei ANDREA MANTEGNA, „Camera degli sposi", 1475, Mantua). Eine größtmögliche Tiefenräumlichkeit auf der Bildfläche zeigt eine neue Weltsicht: Entdeckungen neuer Erdteile und astronomische Erkenntnisse (Kopernikus, Galilei) haben den Horizont des Menschen erweitert. Das heliozentrische (dynamische) Weltbild ersetzt das statische des Mittelalters. (Man stellte sich die Erde als Scheibe vor, überwölbt vom „Himmelszelt".)

In der zweiten Hälfte des 18. Jahrhunderts werden von den Klassizisten wieder die klare Form und der mathematisch konstruierte Raum („Schwur der Horatier" von J.-L. DAVID) bevorzugt. In der **Romantik** werden Tendenzen zur Auflösung des illusionistischen Bildraumes spürbar.

Die **Realisten** der Mitte des 19. Jahrhunderts malen ausschließlich Motive aus der sichtbaren und greifbaren Wirklichkeit. Die neue Malweise, bei der der Pinselstrich sichtbar bleibt, verhindert Illusionismus.

Die möglichst objektive Wiedergabe des Sehbildes ist Ziel der **Impressionisten**. Die Oberfläche der Dinge, ihre farbige Erscheinung in einem bestimmten Moment, unter bestimmten Lichtverhältnissen, wird festgehalten. Der Raumeindruck wird jedoch reduziert.

Die „Wegbereiter der Moderne" (VAN GOGH, CÉZANNE, GAUGUIN, SEURAT) verzichten auf die mathematische Perspektive, lösen sich vom Vorbild „Natur" und leiten damit eine neue Phase in der europäischen Malerei ein, die auf die aperspektivische Darstellungsform vor GIOTTO zurückgreift.

Die Kunst von Cézanne kennt nichts Literarisches. Seine Themen sind Form und Farbe, verkürzt könnte man sagen: Die Form ist der Inhalt. Die Entwicklung einer eigenständigen bildnerischen Sprache durch Cézanne und andere Wegbereiter der Moderne ist Voraussetzung für das autonome, von der Natur nicht mehr abhängige Bild des 20. Jahrhunderts.

2 Vincent van Gogh

VINCENT VAN GOGH wird 1853 in Groot-Zundert (Holland) als Sohn eines evangelischen Pfarrers geboren. Verschiedene Versuche, beruflich Fuß zu fassen scheitern: Weder als Angestellter in einer Kunsthandlung noch als Hilfslehrer oder Hilfsprediger ist er erfolgreich. Mit 27 Jahren beginnt er, ermutigt von seinem Bruder Theo (Kunsthändler in Paris), künstlerisch zu arbeiten. Japanische Holzschnitte und ein kurzer Parisaufenthalt, bei dem er Künstler der Avantgarde kennenlernt (verschiedene Impressionisten, Toulouse-Lautrec, Emile Bernard u. a.), die starken Einfluss auf ihn ausüben. 1888 geht er nach Arles (Provence). Dort erlebt er den Höhepunkt seines Schaffens. In wahrer Arbeitswut entstehen Landschaften, Blumenstillleben und zahlreiche Selbstporträts. Sein Bruder unterstützt ihn finanziell, er selbst verkauft kein einziges Bild. Wegen eines Nervenleidens begibt er sich schließlich in die psychiatrische Klinik von St. Rémy. Auslöser dafür ist ein Streit mit seinem Freund GAUGUIN, in dessen Verlauf er sich einen Teil der Ohrmuschel abschneidet. Im Mai 1890 wird er entlassen und geht nach Auvers-sur-Oise. Zwei Monate später erliegt er den Folgen eines gegen sich selbst abgegebenen Schusses.

Die Tragik seines kurzen Lebens und seine ungemeine Popularität, die schon vor dem Ersten Weltkrieg einsetzt und in seinem 100. Todesjahr 1990 kulminiert, stehen in seltsamem Kontrast. Kaum eine Künstlerbiografie ist so bekannt wie die van Goghs. Sein Leben ist durchzogen von einem fortwährenden Scheitern in der bürgerlichen Welt. Erst mit 27 Jahren beginnt er, bildnerisch zu arbeiten, weil er sich dazu berufen fühlt. Im Wesentlichen ist er Autodidakt. Seine ersten Versuche sind unbeholfen; er zeichnet nach MILLET u. a. und im engsten Kontakt mit der Natur. Virtuoses Könnertum liegt ihm fern, er führt einen zähen Kampf gegen seine „Talentlosigkeit". In Paris entwickelt er unter dem Einfluss der Impressionisten, der Künstler SEURAT, BERNARD, GAUGUIN und des **Japonismus** seinen Stil. Bis 1890 entstehen ca. 800 Gemälde, außerdem Zeichnungen. Unterbrochen werden die Schaffensphasen von Schüben seiner Geisteskrankheit.

Eines der bekanntesten Bilder von Vincent van Gogh ist die „Sternennacht“. Sie entsteht vom vergitterten Fenster seines Anstaltszimmers aus. Der Bildausschnitt ist heute noch bestimmbar, im Hintergrund erheben sich „Les Alpilles.“ Der Maler nimmt also eine reale Situation zum Ausgangspunkt: *„Man denkt klarer und gesünder, wenn das Denken aus dem unmittelbaren Kontakt mit den Dingen entsteht, als wenn man sich vornimmt, dieses oder jenes in ihnen zu finden.“*[24] Der Ausdruck des Bildes ist jedoch so stark, dass es sich nicht „nur“ um die Abbildung eines Landschaftsausschnittes handeln kann: Der Nachthimmel ist übersät mit sich scheinbar drehenden, weiß und gelb funkelnden Gestirnen und durchzogen von einer wellenartigen Bewegung. Ein weiß-blaues Spiralband kreist parallel zum Horizont, die Kontur der Bergkuppen wiederholt diese geschwungene Linie. Am hellsten strahlt der abnehmende Mond in seiner gelben Aureole. Ein kleines Dorf ist im Mittelgrund zu erkennen, umgeben von Anpflanzungen. Ein paar Lichter in den Häusern zeigen an, dass die Bewohner noch wach sind.

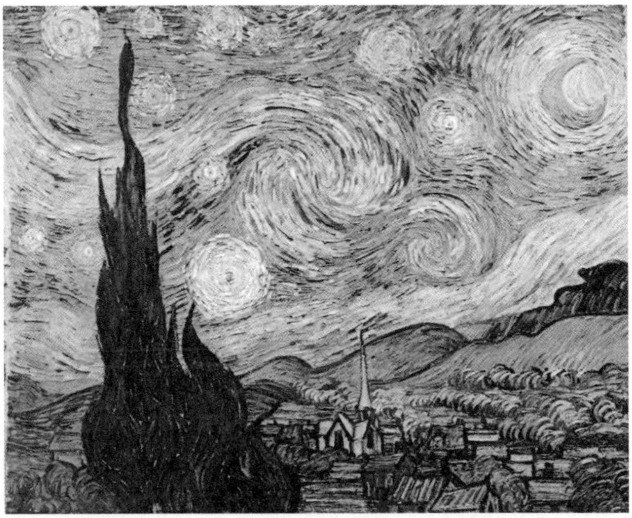

Vincent van Gogh: „Sternennacht“ (1889), Öl auf Leinwand, 73 × 92 cm. Museum of Modern Art, New York.

Die dunkle Zypresse im Vordergrund links, die sich bis in den Himmel schlängelt, bestimmt den Bildeindruck. Das dominierende, tiefe Blau, die leuchtenden Gestirne und die Bewegung in allen Dingen deuten auf einen erregten Gemütszustand des Künstlers hin. Kräftige Farben und ein bewegter Pinselduktus kennzeichnen seine Arbeiten. Psychische Regungen fließen in die Bewegung der Hand beim Malen mit ein und werden auf diese Weise für den Betrachter spürbar.

Exkurs
Geschichte des Selbstporträts

Voraussetzung zur Schaffung eines Selbstbildnisses ist die Distanz des Künstlers zu sich selbst: Der Spiegel zeigt die eigene Person (Subjekt) als Gegenüber (Objekt). Selbstporträts können Aufschluss geben über das Verhältnis des Künstlers zu sich selbst, zu seiner Funktion als Künstler und zur Gesellschaft, in der er lebt. Wie Landschaft, Stillleben und Porträt entsteht das Selbstbildnis als **profane Bildgattung** in der **Renaissance**, als sich Kunstbegriff und Selbstverständnis des Künstlers wandeln.

Antike

Plinius d. J. erwähnt eine Marcia, die ein Selbstporträt angefertigt haben soll. Künstler gelten jedoch in der Antike als Handwerker und nicht als geistige Arbeiter. Namen sind nur in Ausnahmefällen überliefert.

Frühchristliche Zeit

Kunst entsteht nur noch im kirchlichen Rahmen. Natur und Mensch werden formelhaft dargestellt; Bilder sind stets symbolhaft zu verstehen. Das Abbild eines noch Lebenden würde der Glaubenshaltung widersprechen.

Frühes und Hohes Mittelalter

Künstler sind entweder Mönche oder Handwerker und treten hinter die von ihnen geschaffenen Werke zurück. Diese dienen nicht ihrem Ruhm oder der Erbauung der Menschen, sondern ausschließlich gottesdienstlichen Zwecken. Vorform des Selbstbildnisses: In Buchmalereien erscheint in seltenen Fällen der Illustrator als kleine Randfigur ohne individuelle Gesichtszüge.

Spätmittelalter (Frührenaissance/Spätgotik)

Zu dieser Zeit beginnt die Entwicklung des Selbstbildnisses: Die Paradiestür am Baptisterium in Florenz von LORENZO GHIBERTI (vollendet 1452) enthält sein Selbstbildnis als vollplastisch durchgearbeiteten kleinen Kopf innerhalb der Schmuckleiste. In seinem Fresko „Zug der heiligen drei Könige“ (1460) im Palazzo Medici-Ricardi (Florenz) zeigt sich BENOZZO GOZZOLI im Gefolge der Könige und hebt sich nur durch die Signatur auf der Mütze und individuelle Gesichtszüge hervor („Verkleidetes Selbstbildnis“).
Die Fresken von LUCA SIGNORELLI im Dom zu Orvieto (bis 1504) zeigen ein ganzfiguriges, lebensgroßes Selbstbildnis Signorellis (und Fra Angelicos). Der schwarz gekleidete Künstler steht in selbstbewusster Haltung vor dem eigent-

lichen Bildthema, der „Predigt des Antichrist".
Die Zunahme von Selbstbildnissen und Signaturen zeigt die Entstehung eines neuen Künstlertyps. Der Künstler wird sich seiner schöpferischen Kraft bewusst, das Geistige seiner Tätigkeit wird allmählich anerkannt und die bildende Kunst unter die sog. freien Künste aufgenommen, zu denen bisher nur Musik und Dichtung zählten.

Neuzeit

ALBRECHT DÜRER (1471–1528) malt als erster **autonome Selbstbildnisse**. Das „Selbstbildnis im Pelzrock" (entstanden 1500) versieht er mit der Inschrift: *„So malte ich, Albrecht Dürer aus Nürnberg, mich selbst mit unvergänglichen Farben im Alter von 28 Jahren."* Von den bedeutendsten Künstlern der **Hochrenaissance** gibt es keine autonomen Selbstbildnisse. Nie zuvor steht jedoch der Künstler in so hohem Ansehen. Die Person des Künstlers tritt vor das Werk. Seine Hand bringt etwas Unverwechselbares, Einmaliges hervor. Die schöpferische Tätigkeit lässt sich nicht mehr einengen, etwa durch Verträge, die Bezahlung und Arbeitszeit festlegen. Eine starke Ich-Bezogenheit der Künstler ist im **Manierismus** Anlass zu Selbstbildnissen (z. B. PARMIGIANNINO). Im **Barock** gehört das Selbstbildnis zu den üblichen Gattungen der Malerei. Als berühmtester Maler von Selbstbildnissen gilt Rembrandt, der mit seinen über 150 Selbstbildnissen eine „Autobiografie in Bildern" hinterlässt.

19./20. Jahrhundert

Die meisten Künstler haben nur eins oder wenige Selbstbildnisse angefertigt. Häufig drückt sich im Selbstbildnis dieser Zeit der Konflikt mit der Gesellschaft aus. Der Künstler fühlt sich als „Märtyrer" oder als „Heiliger", ist „verkannt".
Eine Reihe eindrucksvoller Selbstbildnisse hinterlässt CÉZANNE. Vor allem VINCENT VAN GOGH und MAX BECKMANN befassen sich kontinuierlich mit der eigenen Physiognomie. In der zweiten Hälfte des 20. Jahrhunderts steht die Auseinandersetzung mit der eigenen Person im Zentrum des Schaffens vieler Künstler. Das traditionelle Selbstbildnis ist jedoch die Ausnahme. Spontane Äußerungen, als Spuren des Unbewussten auf die Leinwand projiziert, haben Selbstbildnis-Charakter (vgl. WOLS). Aktionskünstler führen verschiedene Formen der Selbst-„Darstellung" vor. Eine Trennung zwischen Kunstwerk und Autor ist oft nicht mehr möglich. Beispiele dafür: die „Selbstausstellung" von TIMM ULRICHS (1961) und die „Selbstinszenierung" von JOSEPH BEUYS, dessen äußere Erscheinung (Filzhut, Fliegerweste) zum „Markenzeichen" seiner Kunst wird. Monumentale Selbstbildnisse stammen von dem Fotorealisten CHUCK CLOSE.

Van Gogh unterscheidet nicht mehr zwischen „Malen“ und „Zeichnen“: „Zeichnung und Farbe als eins betrachten, das tun viele nicht, sie zeichnen mit allem, ausgenommen mit der Farbe. Ich fange an, dies so zu handhaben, wie man schreibt, mit derselben Leichtigkeit.“[24]

Seine impressionistischen Versuche lässt er bald hinter sich und bedient sich der *„Farbe eigenmächtiger“*, um *„sich stark auszudrücken“*. Der Farbe wegen geht er in den Süden, sie ist sein primäres Gestaltungsmittel.

> *Ich verfechte das Recht des Künstlers, nicht Lokalkolorit [...] zu geben, sondern etwas Leidenschaftliches und Ewiges, die reiche Farbe und die reiche Sonne des gloriosen Südens [...].*
> *In den Farben sind verborgene Dinge von Harmonie oder Kontrast, Dinge, die durch sich selber wirken und die man durch kein anderes Medium ausdrücken kann [...]. Farbe drückt an sich selbst etwas aus.*[24]

Ähnlich wie Delacroix, den er bewundert, beschäftigt sich van Gogh kontinuierlich mit farbtheoretischen Studien. Ausdruckskraft der Farbe und bewegter Duktus bedingen den Rückgang von Bildräumlichkeit und plastischer Modellierung. Die intensive Auseinandersetzung mit der Natur, das Verlangen, mit ihr eins zu werden, zu ihr „zurückzufinden“, und die Umsetzung des Gesehenen in eine neue Bildsprache weisen ihn als Künstler der Moderne aus. Die Vertreter der emotional-expressiven Strömung zu Beginn des 20. Jahrhunderts berufen sich auf ihn: *„Sage ihm, dass in meinen Augen die wahren Maler die sind, welche die Dinge nicht so malen, wie sie sind, sondern wie sie sie fühlen. Kurz [...] auf alle Fälle keine optisch-illusionistische Täuschung!“*[24] (Die Zitate sind Briefen Vincents an seinen Bruder Theo van Gogh entnommen.)

3 Der Pointillist Georges Seurat

Die jungen französischen Künstler in der Mitte der 80er-Jahre, die von der umfassenden Bewegung des Symbolismus erfasst werden, verehren die Impressionisten und Cézanne. Zu ihnen gehören Georges Seurat, Paul Signac, Henri de Toulouse-Lautrec, Paul Gauguin und Emile Bernard. Einerseits streben sie eine Fortführung des Impressionismus an, andererseits üben sie Kritik an ihren Vorbildern: In der Wahl zufälliger Naturausschnitte, der ausschließlichen Konzentration auf die farbige Oberfläche „schöner“ Dinge sehen sie die Gefahr der Form- und Inhaltslosigkeit. Sie vertreten die Auffassung, dass sich Kunst nicht im Abbilden des Sichtbaren erschöpfen kann, sondern im Geist des Künstlers entsteht, der die Außenwelt im Gleichnis farbiger Formen wiedererschaffen muss, *„in deren Symbolcharakter zugleich die Antwort aus der Innenwelt des Menschen – das Ganze aus Ich und Welt – sichtbar gemacht werden kann"*[20].

Ausgesprochen methodisch veranlagt, erkennt Georges Seurat (1859–1891) früh POUSSIN (17. Jh.) als seinen wichtigsten Lehrmeister. Von ihm übernimmt er die systematische Bildkonstruktion und die Vorliebe für das Figurenbild. Das Rationale als Grundzug französischer Kunst (vgl. GEORGES DE LA TOUR, CHARDIN, INGRES usw.) tritt nie in so reiner Form auf wie bei Seurat. Sein Ziel ist es, die Farbe zu betonen wie die Impressionisten, dabei aber die Form nicht zu vernachlässigen. Seurat durchdenkt also seine Komposition konsequent; seine Werke erwecken nicht den Anschein der „zufälligen" Momentaufnahme. Die Bildfläche „baut" er aus Horizontalen, Senkrechten und Diagonalen auf. Menschliche Körper, Baumstämme und andere dingliche Elemente werden reduziert auf klar erkennbare, kubische, nach Helldunkel modellierte Grundformen. Der Bildraum fügt sich aus (scheinbar) hintereinanderliegenden, bildparallelen Schichten zusammen. In mühevoller, geduldiger Arbeit setzt er die Bildoberfläche aus reinfarbigen Punkten zusammen **(Pointillismus)**, die ein optisches Vibrieren der Oberfläche des Bildes bewirken. Zwischentöne werden durch sog. **optische Mischung** erzielt. Seurat vermeidet die Farbmischung auf der Palette, um ein Schmutzigwerden der Farben zu verhindern. Violett z. B. setzt sich bei ihm aus roten und blauen Pünktchen zusammen (Zerlegung in die Grundfarben: Divisionismus), die sich in gewisser Entfernung von der Leinwand im Auge des Betrachters mischen. Intensiv beschäftigt sich Seurat mit den farbtheoretischen Forschungen bedeutender Physiker. Auf wissenschaftlichem Wege gelangt er zu einer Theorie, was Farbe, Form und Komposition betrifft. Zum ersten Mal wendet er sie konsequent in der großen Komposition „Sonntagnachmittag auf der Ile de la Grande Jatte" (1885; 206 × 306 cm, Chicago) an. Vorstudien, sowohl Zeichnungen als auch kleinformatige Ölskizzen, werden oftmals „en plein air" angefertigt und sind von lebendiger Frische, die endgültigen Fassungen seiner Kompositionen entstehen jedoch im Atelier. Seine künstlerischen Bestrebungen gelten sämtlich dem einen Ziel: Harmonie zu erzeugen. *„Kunst ist Harmonie"* (Seurat), nicht *„Kopie der Natur, die der Zufall bietet"* (Signac). Seinem Biografen diktiert Seurat:

> *Harmonie wiederum ist Einheit von Kontrasten und Einheit von Ähnlichem, im TON, in der FARBE, in der LINIE. Ton, d. h. Hell und Dunkel; Farbe, d. h. Rot und seine Komplementärfarbe Grün, Orange und Blau, Violett und Gelb. Linie, das ist die Richtung im Verhältnis zur Waagerechten. Alle diese Harmo-*

> *nien scheiden sich in solche der Ruhe, der Heiterkeit und der Trauer. Heiterkeit entsteht im Ton bei Vorherrschaft des Hellen, in der Farbe bei Vorherrschaft des Warmen, in der Linie bei Bewegung, die über die Horizontale aufsteigt. Ruhe stellt sich ein im Ton bei Gleichgewicht des Dunklen und Hellen, in den Farben bei Gleichgewicht des Warmen und Kalten, in der Linie bei Ausrichtung auf die Horizontale. Der Ton stimmt sich auf Trauer bei Vorherrschaft der Dunkelheit, die Farbe bei jener der Kälte, die Linie bei absteigender Bewegung.*[24]

Die theoretische Auseinandersetzung mit den bildnerischen Mitteln lässt Seurat deren eigenständige Aussagekraft erkennen. Sichtbare Realität ist (noch) Ausgangspunkt. Form und Farbe verselbstständigen sich in zunehmendem Maße. Das autonome, von der äußeren Realität unabhängige Bild, wird vorbereitet.

Die Kunst von Seurat wird *„zu einem Eckpfeiler der symbolistischen Ästhetik, die das ganze Jahrzehnt ab 1890 beherrschen sollte"*[4]. In seinem „Spätwerk" (Seurat stirbt mit nur 32 Jahren an Diphtherie) setzt sich der Maler mit Zirkusartisten, Varietékünstlern u. a., also mit Randgruppen der Gesellschaft, auseinander. Um 1900 sind Pointillismus und Symbolismus „modern". Seurat ist zusammen mit Cézanne einer der Wegbereiter der rational-konstruktiven Richtung in der Moderne. Sein Altersgenosse VINCENT VAN GOGH bereitet die emotional-expressive Linie vor.

Klassische Moderne

1 Expressionismus

1.1 Aufbruch in ein neues Jahrhundert

„Kunst ist metaphysisch, wird es sein."[24] Dieser Ausspruch von FRANZ MARC bezeichnet die Grundhaltung breiter Kreise von Intellektuellen zu Beginn des 20. Jahrhunderts. In der Wendung zum Geistigen äußert sich die Reaktion auf ein materialistisches Weltbild; die Bilder der „modernen" Künstler reproduzieren nicht mehr die Außenwelt, sondern evozieren Bilder aus dem Inneren. Die allgemeine Aufbruchsstimmung wird zunächst durch den spürbar nahenden Krieg nicht getrübt. Die verschiedenen Gruppierungen junger Künstler verkünden voller Elan, mit der Tradition brechen zu wollen und neue Wege einzuschlagen. Ein Krieg wird als Chance begriffen, verhärtete Gesellschaftsstrukturen aufzubrechen und die Abwendung von materialistischem Denken einzuleiten. Die Ausmaße des heraufziehenden Krieges, der mit modernen Vernichtungswaffen geführt werden sollte, ahnt man nicht. Freiwillige melden sich scharenweise zum Kriegsdienst, unter ihnen auch junge Künstler wie Franz Marc. Erst die brutale Realität reißt sie aus ihrem Traum.

Die Grundlagen für die Kunst des 20. Jahrhunderts sind schon vor dem Ersten Weltkrieg gelegt worden. Was PAUL KLEE proklamiert, könnte über der gesamten Kunst der Moderne stehen: *„Kunst gibt nicht das Sichtbare wieder, sondern macht sichtbar."*[24] Der Glaube an das Sichtbare und Greifbare ist um die Jahrhundertwende bereits erschüttert. Wissenschaftliche Entdeckungen verändern das Welt- und Menschenbild: Max Plancks mathematische Theorie des physikalischen Wirkungsquantums eröffnet im Jahre 1900 das Atomzeitalter, Minkowski formuliert ebenfalls um 1900 die „raum-zeitliche Dimension" und 1905 und 1913 folgen die Spezielle und die Allgemeine Relativitätstheorie Einsteins. Die Wiederentdeckung der Mendelschen Gesetze und ihre Verbindung mit der Biochemie ermöglichen die moderne Genforschung. Die Entwicklungen in diesen Bereichen ziehen einen Wandel des Menschen- und Weltbildes nach sich, der in der Kunst sichtbaren Niederschlag findet.

Auch Freuds Lehre von der Eigengesetzlichkeit des Unbewussten, besonders der des Trieblebens, und der Einsatz der Psychoanalyse als Therapiemittel liegen bereits vor. 1900 veröffentlicht er „Die Traumdeutung“. Die Psychoanalyse entwirft ein differenziertes Bild vom Menschen, indem sie seinen „Innenraum“ in verschiedene Schichten aufteilt, von denen sich das Bewusstsein nur als die oberste Schicht erweist und somit relativiert wird.

Das Interesse am **Unbewussten** zeigt sich auch in der Kunst deutlich: Die neuen Bilder haben ihren Ursprung im Inneren des Menschen und werden nicht von der äußeren Natur abgeleitet. Während der Verstand den Zugang zum Unbewussten verbaut, bringt die Fantasie Unbewusstes an den Tag. Man wird aufmerksam auf die Kinderzeichnung, auf die Kunst der psychisch Kranken und v. a. der **„Primitiven“**. In dieser Begeisterung drückt sich die Sehnsucht nach der ursprünglichen Einheit „Mensch-Natur“, „Ich-Welt“, „Subjekt-Objekt“ (vgl. Romantik) aus. Die künstlerischen Äußerungen der Naiven und Primitiven gelten als rein und von Verstandeseinflüssen unverfälscht. Eine „vierte Dimension“ ist durch den neuen Raum-Zeit-Begriff hinzugekommen. Völlig neu auf dem Gebiet der Kunst ist, dass die Zeit in die Gestaltung miteinbezogen wird, im Futurismus als Abfolge von Bewegungsphasen, im Kubismus als simultane Ansichten eines von verschiedenen Standpunkten gesehenen Gegenstandes. Vorbereitet wurde dieser Aspekt durch Monets „Reihen“.

Überholt sind auch die messbaren Perspektiven der euklidischen Geometrie. Die Konstruktion eines rational nachvollziehbaren, mathematisch definierten Raumes auf der Bildfläche erscheint nach der Zerstörung des statischen, in sich gefestigten Weltbildes sinnlos. Die Kunst muss neue Wege der Gestaltung finden, die dem Wandel gerecht werden: Das Bild ist v. a. Fläche. Diese „Fläche“ war vom illusionistischen Bildraum verdrängt worden. Erscheint nun Raum auf der Bildfläche, so handelt es sich um Bildraum und nicht mehr um die Wiedergabe des Sehbilds, das mittels der Zentralperspektive nachgeahmt wird. **Linie, Farbe** und **Form** sind **selbstständige Sprachmittel**, können psychische Regungen sichtbar machen und sie auch im Betrachter hervorrufen.

Das **Ende des Naturalismus**, besiegelt v. a. durch CÉZANNE, bedeutet den Abbruch einer Tradition, die bis auf GIOTTO zurückzuführen ist. Die Verbindung zur Natur bleibt aber, wird sogar in oft meditativer Weise – ähnlich wie in der Romantik – intensiviert. Was mit den Sinnen wahrnehmbar ist, wird jedoch nicht mehr unmittelbar auf die Leinwand projiziert. Kunst macht sichtbar, was der Künstler unter der Oberfläche der sichtbaren Welt erkennt (Reduktion auf Grundformen) und was er empfindet (seelische Zustände, Selbstausdruck). Von CÉZANNE und VAN GOGH gehen zwei Richtungen aus, welche die Moderne zunächst prägen.

Paul Cézanne war es vor allem um die Reduktion des Sichtbaren auf die jeweilige Grundform gegangen. Durch rationale Form- und Farbanalyse dessen, was er vor sich sah, gelangte er immer mehr zur Abstraktion. Hier knüpft der Kubismus an, der die Grenze zur ungegenständlichen Kunst erreicht. Während sich Cézanne um die Natur als ein objektiv Gegebenes bemühte, suchte Vincent van Gogh in der Natur sein eigenes Ich und schuf „Gleichnisse" in leuchtenden, seinen Empfindungen entsprechenden Farben. Damit wurde er zum Ahnherrn des Expressionismus.

Seit der Renaissance galt Naturtreue als Maßstab für die Beurteilung von Werken der bildenden Kunst. Im Manierismus lösten sich Künstler zum ersten Mal von dieser Norm. Sie deformierten den menschlichen Körper und arbeiteten in subjektiver „Manier". Subjektivismus kennzeichnete auch die Romantik: *„Des Künstlers Gefühl ist sein Gesetz"*, hieß es bei Caspar David Friedrich. Der Materialismus der zweiten Hälfte des 19. Jahrhunderts drückte sich in den letzten naturalistischen Strömungen aus, dem Realismus und dem Impressionismus, die zugleich in die Moderne überleiten.

1.2 Les Fauves und Henri Matisse

Im Pariser Herbstsalon des Jahres 1905 präsentiert sich zum ersten Mal eine Gruppe von jungen Malern, deren Bilder wegen ihrer grellen Farbigkeit, heftigen Pinselführung und den stark verzerrten Naturformen einen Skandal hervorrufen. Die „Wildheit" ihrer Kunst trägt ihnen den Spottnamen „Les Fauves" ein. Sie werden mit den „Primitiven" verglichen, denen sie auch nahestehen.

Jede theoretische Festlegung vermeidend, wollen sie instinktiv, wie mit den Augen des Kindes, die Natur in sich aufnehmen und ganz ihrem Gefühl folgend auf der Leinwand wiedergeben. Sie protestieren mit ihrer neuen Malweise gegen die Manieriertheit und den Ästhetizismus des Symbolismus, der zum Teil zur „Salonkunst" herabgesunken ist.

Ihre Themen sind traditionell und einfach: Landschaften, Akte und Stillleben. Symbolistischer Tiefsinn liegt ihnen fern. An van Gogh und Gauguin bewundern sie die Kraft der Farbe, an Seurat die rationale Komposition. Nach drei Jahren löst sich die lockere Verbindung der Fauves bereits wieder auf. Die bedeutendsten Fauvisten sind HENRI MATISSE, ANDRÉ DERAIN und MAURICE VLAMINCK. DERAIN, der sich bald dem Kubismus nähert, äußert sich später folgendermaßen über den Beginn der fauvistischen Malerei: *„Die Farben wurden für uns Dynamitpatronen. Sie sollten das Licht entladen. Wir gingen direkt die Farbe an. Die Idee in ihrer Frische war wundervoll [...]."*[24] Farbe, durch stärkste Kontraste zu höchster Leuchtkraft gesteigert, erlangt Selbstständigkeit, d. h. sie ist von ihrer darstellenden Funktion befreit. In geradezu ekstatischer Weise arbeitet VLAMINCK, der belgische Autodidakt. Seine Vitalität entlädt sich mittels Farben und heftigen Pinselschlägen auf der Leinwand.

HENRI MATISSE (1869–1954), Haupt der Fauves und zugleich einer der wichtigsten Maler des 20. Jahrhunderts, verfasst die „Notizen eines Malers" (1908) als Reaktion auf die heftige Kritik an der fauvistischen Malweise. Darin heißt es, Ausgangspunkt sei für ihn das Motiv in der sichtbaren Natur; dieses Motiv steigere er, seiner Empfindung beim Malen entsprechend, durch Umsetzung in die Fläche und den Einsatz reiner Farben. Damit entferne er sich nicht völlig von der Natur, vielmehr kehre er dadurch das Schöne, Ideale der Erscheinungen hervor. Farbflächen und Linien seien im Spannungsfeld „Bildfläche" so organisiert, dass sie in harmonischem Gleichgewicht zueinander stünden und den Betrachter in einen Zustand der Freude und Ausgeglichenheit versetzten.

Da **Abstraktion** (Farbe und Form abgelöst vom Naturvorbild) und **Expression** (Übersteigerung von Farbe und Form um des Ausdrucks willen) bei Matisse in enger Wechselwirkung stehen, können seine Bilder nicht zur reinen Dekoration abgleiten. Seine Liebe zur Schönheit in der Natur und den einfachen und kunstvollen Dingen (er sammelt persische Kacheln, kostbare Teppiche, edles Glas usw.) drückt sich auch in den Bildtiteln aus: „Calme, luxe et volupté" aus dem Jahr 1905 zeigt noch pointillistischen Einfluss; 1906 entsteht mit „La joie de vivre" das Meisterwerk des Fauvismus, 1910 folgen „Der Tanz" und „Die Musik".

Matisse selbst sagt über seine Kunstauffassung, die Komposition sei die Kunst, die verschiedenen Elemente, über die ein Maler zum Ausdruck seiner Empfindungen verfügt, in dekorativer Weise anzuordnen.

Auf orientalischen Einfluss (er war mehrmals in Marokko) ist der Verzicht auf traditionelle Darstellungsformen wie Tiefenräumlichkeit, Modellierung nach Helldunkel und tonwertige Malerei zurückzuführen. Der tänzerische Schwung, das Schwebende, die Leichtigkeit und die heitere Farbigkeit, die seine Bilder ausstrahlen, sind das Ergebnis langwieriger, mühevoller Schaffensprozesse, die er selbst bezeugt. Seine „Ausdruckskunst" entsteht nicht aus einem leidenschaftlichen Ausbruch, aus Aggressionslust oder aus Seelenqualen heraus. Werner Haftmann, einer der profundesten Kenner moderner Malerei, sagt über Matisse: *„Matisse ist Franzose par excellence; Vernunft, Einfachheit und Klarheit sind ihm die höchsten Tugenden."*[20] Er ist imstande, *„seine Empfindungen methodisch zu ordnen"*[20]. Intelligenz und Intuition halten sich die Waage. Das Ergebnis ist seine *„Kunst des Gleichgewichts"*[20].

1.3 Norddeutscher Expressionismus – die „Brücke"

Der Expressionismus ist eine umfassende geistige Strömung am Anfang des 20. Jahrhunderts und bestimmt die Kunst in Deutschland bis in die 20er-Jahre hinein. Wirksam wird er im bildnerischen Bereich ebenso wie im musikalischen und literarischen. Auch Tanz, Film und Theater werden zu bedeutenden Medien des Expressionismus.

1905 wird in Dresden die **„Brücke"** gegründet. Zu diesem Künstlerbund gehören ERNST LUDWIG KIRCHNER, ERICH HECKEL, KARL SCHMIDT-ROTTLUFF, MAX PECHSTEIN und EMIL NOLDE (Letzterer nur kurzzeitig). Wichtige Anregung für die norddeutschen Expressionisten ist der Norweger EDVARD MUNCH mit seiner düsteren Farbigkeit, dem depressiven Grundton und der Auseinandersetzung mit dem Farbholzschnitt, aber auch VAN GOGH, GAUGUIN und die Kunst der „Primitiven" (Afrika, Ozeanien) dienen als Vorbilder. Die Härte in Ausdruck und Malweise sowie die Verwendung reiner, aber düsterer Farbtöne weisen ebenso auf die Genannten wie der spontane, oft auch ekstatische Duktus der Künstler.

Zentrales Thema der norddeutschen Expressionisten ist der Mensch, dessen beklagenswerte psychische Situation sichtbar gemacht werden soll. Das Individuum wird als Opfer der Technisierung und der bürgerlich-kapitalistischen Lebensform gesehen, das inmitten der neuen Massengesellschaft (v. a. in der Großstadt) innerlich vereinsamt und durch ein gewandeltes Weltbild, das eine Relativierung aller Werte mit sich bringt, immer mehr verängstigt und verunsichert wird. Was die Expressionisten innerlich bedrängt, das „laden" sie auf der Leinwand ab oder graben es in das Widerstand bietende Material Holz ein. Aus der Sehnsucht nach Natürlichkeit und Ursprünglichkeit heraus werden die **Naturvölker** zum Vorbild erkoren. Man meint, dass diese – vom Rationalismus noch „unverdorben" – in einer ursprünglichen, „heilen" Welt im Einklang mit der Natur „instinktiv" leben. Emil Nolde sagt:

> *Mit dem Material in der Hand, zwischen den Fingern, entstehen die Werke der Naturvölker. Das sich äußernde Wollen ist Lust und Liebe zum Bilden. Die absolute Ursprünglichkeit, der intensive, oft groteske Ausdruck von Kraft und Leben in allereinfachster Form, – das möge es sein, was uns die Freude gibt.*[9]

Der Ausbruch des Ersten Weltkrieges wird bejubelt, doch Ernüchterung und Entsetzen über die Realität des Krieges folgen schnell. Der schöpferische Impuls der Expressionisten erlahmt nach 1918.

Der Expressionismus entspricht dem mitteleuropäischen, insbesondere dem deutschen Wesen weit mehr als dem südeuropäischen. Auch im kunsthistorischen Rückblick wird ein Hang zur expressiven Formensprache deutlich. Drastische Schilderungen des Leidens Christi in spätgotischer Zeit, bis hin zu GRÜNEWALDS „Isenheimer Altar“ (1515), der im Übrigen von den Expressionisten „wiederentdeckt“ wird, wären in Südeuropa auf Ablehnung gestoßen. Den gemarterten Leib Christi modellierte z. B. Michelangelo in seiner „Pietá“ (1500) als idealschönen jugendlichen Körper. Während z. B. Matisse malt, um den Menschen zu erfreuen, sollen die Bilder der norddeutschen Expressionisten schockieren und keinesfalls mildernd oder beruhigend wirken. Ihre „Botschaft“ nimmt nicht den Umweg über eine ausgeklügelte Komposition, die die Härte des Ausdrucks und die intendierte Wirkung dämpfen würde: *„Der Maler braucht nicht viel zu wissen; schön ist es, wenn er unter instinktiver Führung so zielsicher malen kann, wie er atmet, wie er geht“*[2] (Emil Nolde).

In ähnlichem Sinne äußert sich ERNST LUDWIG KIRCHNER: *„Der Weg zur restlosen Umsetzung des Erlebnisses in die Arbeit ist frei, und frei entsteht das Kunstwerk durch den Willen des Schaffenden.“*[1] Rein und stark kann der Ausdruck nur sein, wenn er aus der Tiefe der Psyche direkt auf die Leinwand gelangt, ohne Zwischenschaltung des Verstandes. Ein Jahr vor seinem Tod (1937) schreibt er jedoch: *„Die Erregung ist sehr wichtig, unumgänglich nötig zum Schaffen, sie ist die Quelle, der Anfang, sie begleitet die Arbeit und vollendet sie, aber daneben steht als aufbauende Kraft, die den Pinsel dirigiert und die Farbe mischt, Form gibt, eben das Gehirn.“*[24]

Häufiges Symbol der Expressionisten ist die Welt des Zirkus oder der Schausteller und damit das Leben von Außenseitern der Gesellschaft. Die Zirkusmanege ist zugleich Metapher für den begrenzten Schauplatz des Lebens. Bemerkenswert ist die Hinwendung einiger Expressionisten zu religiösen Themen und zur heimatlichen Landschaft.

Der Expressionismus kann auch als Reaktion auf den Impressionismus, der den Augenblick einfing, gesehen werden. Das „Zerstückelte“ des Eindrucks-Bildes entspricht nicht dem großen, umspannenden Weltgefühl, das die Intellektuellen im Expressionismus erfasst hatte. Ein objektiv wiedergegebener Naturausschnitt vermag nicht Visionen, Gefühle und Erlebnisse des Künstlers zu zeigen. Die Reproduktion der ohnehin sichtbaren Welt erscheint sinnlos, im Malakt soll die Welt vielmehr neu erschaffen werden.

Seit 1905 werden avantgardistisch arbeitende Künstler in Paris, Dresden, Berlin und München auf Masken und Figuren aus Afrika und Ozeanien aufmerksam, die schon im 19. Jahrhundert im Zuge der Kolonialisierung in großer Zahl nach Europa gekommen und seitdem in Völkerkundemuseen zu besichtigen waren. Zum ersten Mal betrachtet man die Werke der Primitiven nicht als exotische Raritäten, sondern als ernst zu nehmende Kunstobjekte.

August Macke widmet den „Masken“ ein Kapitel in dem Almanach „Der Blaue Reiter“, der 1912 herauskommt und der berühmten Künstlervereinigung den Namen gibt. Aus der Abneigung gegen alles Akademische, alles systematisch Erlernte und alles, was auf klassizistischem Vorbild beruht, resultiert die Bewunderung der primitiven Kunstwerke aus Übersee. Da man das allzu Schöne (Überwindung des Symbolismus) ablehnt, künstlerische Virtuosität und handwerkliche Perfektion verachtet und sich von der naturabbildenden Kunst abwendet, kommen die Kunsterzeugnisse der „Primitiven“ dem eigenen Kunstwollen entgegen. Der Hang zum Ursprünglichen, Naiven hatte schon Paul Gauguin in die Südsee getrieben.

Auch Picasso z. B. streift 1906 seinen sensiblen Zeichenduktus ab, der die zarten Gestalten der Blauen und Rosa Periode geprägt hatte, und fängt an, den Stift geradezu ruppig und scheinbar ungelenk zu führen. Gleichzeitig beginnt er, Masken zu sammeln.

Die ersten Künstler, die sich bildnerisch den bewunderten Objekten annähern, sind von Haus aus Maler: Matisse, Picasso, Kirchner und Schmidt-Rottluff. In ihren nachempfundenen Arbeiten setzen sie sich intensiv mit den Wesensmerkmalen primitiver Kunst auseinander und wechseln dabei in das Fach des Bildhauers.

Kaum Beachtung findet allerdings, dass die **Masken** aus Übersee nicht als zweckfreie Kunstobjekte geschaffen worden waren, sondern bei kultischen Zeremonien besondere Funktionen zu erfüllen hatten. Man feiert die Afrikaner als die wahren Künstler, die noch „unverdorben“ bzw. „instinktiv“ Kunstwerke von höchster Ausdruckskraft schaffen.

1.4 Süddeutscher Expressionismus – der „Blaue Reiter“

1911 findet die erste Ausstellung des „Blauen Reiters“, eines lockeren Bundes von Malern, die kurz zuvor die „Neue Künstlervereinigung München“ verlassen hatten, in München statt. Diese Vereinigung war wegen einer Auseinandersetzung um ein stark abstrahierendes Bild von Wassily Kandinsky zerbrochen. Die Kerntruppe des „Blauen Reiters“ besteht aus eben jenem Kandinsky, aus Franz Marc, Alfred Kubin, Gabriele Münter, August Macke, Heinrich Campendonk und Alexej von Jawlensky. Paul Klee ist dem Kreis eng verbunden. Bereits nach etwa drei Jahren, zu Beginn des Ersten Weltkrieges, wird die Gruppe wieder zerfallen: Kandinsky geht nach Russland zurück, die langjährige Freundin und Mitstreiterin Gabriele Münter geht nach Norwegen. Franz Marc und August Macke fallen im Krieg.

„Der Blaue Reiter" ist auch Titel eines Almanachs, den Kandinsky und Marc 1912 herausgeben. Kandinsky berichtet rückblickend, man habe den Namen deswegen gewählt, weil Marc und er die Farbe Blau und Pferde lieben, eine wohl stark vereinfachende Erklärung. Ein „Reiter" erweckt die Vorstellung von einem Menschen edler Gesinnung. Berühmte Reiter wie der hl. Martin und der hl. Georg sind häufige Motive bayerischer Hinterglasbilder, mit denen sich die Autoren des Almanachs u. a. beschäftigen. Mit „Reiten" assoziiert man zudem eine heftige Bewegung, ein Vorwärtsstürmen, womit die **Aufbruchstimmung** zu Beginn des 20. Jh. symbolisiert wird. „Blau" ist eigentlich die Farbe der Romantik, die „Blaue Blume" das Symbol der deutschen Romantik schlechthin, auf das sich Marc und Kandinsky beziehen.

Im Jahrbuch „Der Blaue Reiter" werden auch in programmatischer Weise Ideen zu einer modernen Kunst niedergelegt. Die Grundlagen für eine neue geistige Kultur sehen die Autoren – an der Spitze Marc und Kandinsky – in naiv-bildnerischen Äußerungen, wie zum Beispiel in der Kunst der „Primitiven" oder der Volkskunst. Die „Wilden" (Les Fauves) und die „Brücke"-Künstler werden besprochen, Matisse gilt als Vorbild. Ein großer Teil des Bandes ist der Musik gewidmet. Auch hierin zeigt sich die geistige Verwandtschaft mit der deutschen Romantik am Beginn des 19. Jahrhunderts.

Wie um 1800 steht der Mensch auch jetzt an der Schwelle eines neuen Zeitalters. Die Romantik reagierte damals auf den Rationalismus der Aufklärung, die Kunst am Beginn des 20. Jahrhunderts reagiert auf den Materialismus des 19. Jahrhunderts. Auf die Überbetonung des Vernunftmäßigen folgen die Wiederbelebung des Gefühls und eine neue Hinwendung zu dem **Geistigen**. Der Künstler empfindet sich gleichsam als Therapeut, der Zerrissenes, nämlich die Kluft zwischen Verstand und Gefühl, wieder zusammenfügt. Damit wirkt er der Verunsicherung des Menschen entgegen und trägt zur Wiedererlangung seines inneren Gleichgewichtes bei.

Das Kunstwerk soll dem Betrachter einen Weg zeigen, der ihn zu einem Zustand „zurückführt", in dem die als schmerzlich empfundene Trennung von subjektivem Empfinden und Verstand, Fantasie und Wahrnehmung sichtbarer Realität aufgehoben ist und die ursprüngliche Einheit von Welt und Mensch (Gott – Mensch) wieder besteht. Eine gerade Linie führt von der Romantik über das Gedankengut des „Blauen Reiters" bis hin zu Joseph Beuys.

Die Sehnsucht nach dem unteilbaren Sein, nach Befreiung von den Sinnestäuschungen unseres ephemeren Lebens ist die Grundstimmung aller Kunst. Ihr großes Ziel ist, das ganze System unserer Teilempfindungen aufzulösen, ein unirdisches Sein zu zeigen, das hinter allem wohnt, den Spiegel des Lebens zu zerbrechen, dass wir in das Sein schauen.[69] (Franz Marc)

Ein mystischer Zug verbindet den „Blauen Reiter" mit den Romantikern. Der „Rückzug" ins eigene Ich führt weg von der Realität, die verunsichert und ängstigt: *„Nach innen geht der geheimnisvolle Weg. In uns oder nirgends ist die Ewigkeit mit ihren Welten, die Vergangenheit und Zukunft"*[34], heißt es bei Novalis. Die Innenschau bestimmt die Arbeitsweise der Künstler, ähnlich wie in der Romantik: *„Schließe dein leibliches Auge, damit du mit dem geistigen zuerst siehest dein Bild"*, formulierte Caspar David Friedrich.

Die Ideen von Kandinsky und seinen Freunden sind auch eingebettet in eine religiöse Überzeugung, allerdings nicht an eine bestimmte Konfession gebunden. Die Versenkung in die Natur sieht man als einen möglichen Weg zu Gott an. Die pantheistische Grundhaltung wird verbunden mit fernöstlicher Philosophie und Elementen der Anthroposophie (nach Rudolf Steiner). Die Künstler ersehnen, wie in der Romantik, die Einheit von Natur und Mensch, sie streben einen idealen, ursprünglichen Zustand an, dem sie sich durch meditative Versenkung in die Natur wieder nähern wollen. Im Unterschied zu den norddeutschen Expressionisten geht es ihnen nicht in erster Linie um das Entäußern seelischer Nöte: *„Es ist der Versuch, statt unsere vom Weltbild erregte Seele, die Welt selbst zum Reden zu bringen [...]"*[24], heißt es in einem Brief von F. Marc. Der Maler (Subjekt) versenkt sich beim Arbeiten in die Natur (Außenwelt, Objekt), Subjekt und Objekt verschmelzen und gehen so ineinander über. Er schildert nicht die äußere Erscheinungsweise, sondern die von ihm „erfühlte" innere Form der äußeren Dinge. Nicht den vergänglichen Schein der Objekte hält er fest, sondern ihr absolutes Wesen soll sichtbar werden.

Franz Marc (1880–1916)

Ein inniges Verhältnis zur Natur und dabei vor allem zu den Tieren bestimmt das Werk von Franz Marc. Der „Instinkt" habe ihn, so schreibt er, zu dem „Gefühl für das Animalische" hingeleitet: *„Der unfromme Mensch, der mich umgab (vor allem der männliche) erregte meine wahren Gefühle nicht, während das unberührte Lebensgefühl des Tieres alles Gute in mir erklingen ließ."*[20] Das Tier lebt im Einklang mit der Schöpfung. „Unverdorben" vom Verstand gerät es nicht in Konflikt mit der Welt wie der Mensch, der unter der Polarität von Subjekt und Objekt leidet. In der intensiven bildnerischen Auseinandersetzung mit dem Tier fühlt sich Marc in der Lage, ein Teil der Natur werden zu können.

Unter dem Einfluss der Fauves (er bewundert Matisse) löst er die Farbe von der Natur ab, d. h. Farbe gewinnt Eigenleben im Bild und ist unabhängig von optischen Erscheinungen. Gleichwohl bewegt er sich mit seinen Themen noch im Bereich des Gegenständlichen („Der Turm der blauen Pferde", 1913).

Die Begegnung mit dem Kubismus wirkt sich deutlich in seinen Bildern aus. Tierkörper – auf kubische Formen zurückgeführt – überschneiden und durchdringen sich. Landschaft und Tier sind in den Gemälden kurz vor dem Krieg nicht mehr voneinander abzugrenzen, d. h. Figur und Grund werden gleichwertig behandelt.

Marc ist der Überzeugung, man könne durch den **Klang farbiger Formen** die ursprüngliche Verwobenheit von Mensch, Tier und Natur zum Ausdruck bringen. Die Liebe zur reinen Farbe und zu kubischen Formen führt ihn notwendig zu DELAUNAY (vgl. Orphischer Kubismus), mit dem er freundschaftlich verbunden ist. Ebenso nimmt er futuristische Formvorstellungen in sein Werk auf. Die fortschreitende Abstrahierung von Naturformen kennzeichnet seine Entwicklung. Tierkörper geraten immer zeichenhafter und lösen sich allmählich in ungegenständlichen Flächen auf. Die Transparenz der sich überschneidenden Formen nimmt zu. Zu Beginn des Krieges entstehen erste abstrakte Bilder, die jedoch gegenständliche Assoziationen hervorrufen („Kämpfende Formen", 1914). Franz Marc fällt 1916 vor Verdun.

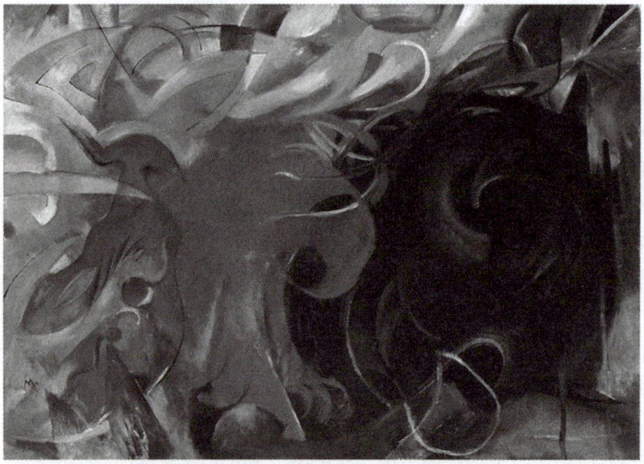

Franz Marc, „Kämpfende Formen" (1914), Öl auf Leinwand, 91 × 131,5 cm. Pinakothek der Moderne, München.

Wassily Kandinsky (1866–1944)

Der aus Moskau stammende Kandinsky schlägt zunächst eine wissenschaftliche Karriere als Nationalökonom und Jurist ein. Mit 30 entschließt er sich, Maler zu werden und siedelt nach München über, wo er bei dem Jugendstilmaler FRANZ VON STUCK studiert. GABRIELE MÜNTER (1877–1962), seine Lebensgefährtin bis 1914, begleitet ihn auf zahlreichen Auslandsreisen, die sich in seinem Werk niederschlagen. Seit 1908 leben beide im sog. Russenhaus in Murnau, wo sich die Künstlervereinigung **„Blauer Reiter"** trifft.

Kandinskys plötzlicher Entschluss, in München Malerei zu studieren, war durch verschiedene Erlebnisse in Russland vorbereitet worden. Schon in seiner Kindheit machte sich eine ausgeprägte synästhetische Veranlagung bemerkbar, d. h. Klänge lösten in seinem Inneren Empfindungen aus, so wie umgekehrt Farben Klangvorstellungen bewirkten. Die deutsche Großmutter weckte durch Märchenerzählungen seine bildhafte Fantasie, die durch spätere Berührung mit der russischen Volkskunst angereichert wurde und sich in seinen frühen, farbenprächtigen Münchener Ölstudien niederschlug. Er sei, schreibt Kandinsky später, tief vom *„mystischen, farbendurchglühten Dämmer der orthodoxen Kirchen und der buntfarbigen, abstrakten Ornamentik der russischen Volkskunst beeindruckt gewesen"*[30].

Als Beispiel für ein Bild, das von den intensiven Farberlebnissen in der russischen Heimat zeugt, sei das „Reitende Paar" (1907) genannt. Eine unwirkliche, märchenhafte und melancholische Stimmung geht davon aus. Die kleinen Farbflecken wirken wie die Edelsteine eines Mosaiks; glänzend tauchen sie aus dunklem Grund auf. Das „reitende Paar" ist ganz in sich versunken. Im Hintergrund leuchtet im Glanz der untergehenden Sonne eine Traumstadt (Moskau?) auf.

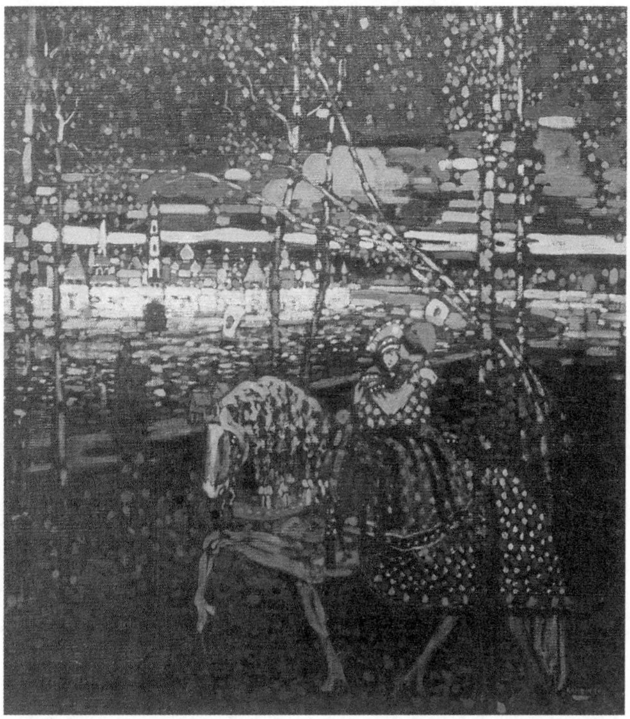

Wassily Kandinsky: „Das reitende Paar" (1907), Öl auf Leinwand, 55×50,5 cm. Lenbachhaus, München

Kandinsky schreibt später, er habe eine „Neigung zum Versteckten und Verborgenen". Die Farbenpracht eines Bildes müsse „den Beschauer gewaltig anziehen und zur selben Zeit den tiefliegenden Inhalt verbergen".[30]

Ein weiterer wichtiger Anstoß zum Abbruch seiner wissenschaftlichen Laufbahn ist der Besuch einer Impressionisten-Ausstellung in Moskau. Auf einem Bild von Monet kann er das Motiv (Heuhaufen) nicht erkennen. Ihn beeindruckt die selbstständige Kraft der Farbe, unabhängig vom Gegenstand:

> *Vorher kannte ich nur die realistische Kunst – und plötzlich zum ersten Mal sah ich ein Bild. Dass es ein Heuhaufen war, belehrte mich der Katalog. Erkennen konnte ich ihn nicht. Was mir dabei vollkommen klar wurde, das war die ungeahnte, früher verborgene Kraft der Palette, die über alle meine Träume hinausging.*[30]

Seine frühen Holzschnitte und Ölbilder zeigen deutliche Einflüsse des Jugendstils. Die Tendenz zur Abstraktion ist bereits im reinen Linienfluss der Jugendstilornamentik angelegt. Die Entfernung Kandinskys von der Wiedergabe der sichtbaren Natur vollzieht sich folgerichtig; gegenständliche Elemente treten immer mehr zurück. 1910 entsteht sein erstes rein abstraktes Bild, ein Aquarell. Wenig später vollziehen KUPKA und Delaunay in Paris den gleichen Schritt, unabhängig von Kandinsky. Ein Erlebnis veranlasste ihn, sich ganz vom gegenständlichen Malen zu entfernen:

> *In München wurde ich einmal durch einen unerwarteten Anblick in meinem Atelier bezaubert. Es war die Stunde der Dämmerung. Ich kam mit meinem Malkasten heim [...] als ich plötzlich ein unbeschreiblich schönes, von einem inneren Glühen durchtränktes Bild sah. Ich stutzte erst, dann ging ich schnell auf dieses rätselhafte Bild zu, auf dem ich nichts als Formen und Farben sah. Ich fand sofort den Schlüssel zu dem Rätsel: es war ein von mir gemaltes Bild, das an der Wand gelehnt auf der Seite stand. Ich wußte jetzt genau, daß der Gegenstand meinen Bildern schadet.*[30]

Voraussetzung für die abstrakte Malerei ist für ihn die **innige Beziehung zur Natur**, wenn auch die Seheindrücke nicht mehr unmittelbar auf die Bildfläche projiziert werden. Er meint, dass die äußere Natur tief in uns eindringt, ein Bild gleichsam den Widerklang der von außen nach innen gelangten Eindrücke darstellt. Das geistige Eindringen in die Natur, der Blick unter die Oberfläche der Dinge, ist Grundlage für den Erkenntnisprozess und seine bildnerische Arbeit. Farben und Formen der sichtbaren Natur erzeugen in uns *„mächtige seelische Resonanzen – ebenso geheimnisvoll wie die verborgene eigentliche Natur"*[30]. Farben spiegeln etwas vom wahren Wesen der sichtbaren Dinge.

In dem Buch „Über das Geistige in der Kunst" (1911), das Kandinsky berühmt macht, legt er seine Kunstauffassung dar: Es geht ihm darum, ein Konzept zu einer ungegenständlichen Kunst zu finden, eine „geistige" Kunstform zu definieren. Zunächst wendet er sich gegen Naturalismus, Atheismus und Positivismus und betont die Bedeutung des Seelischen nach einer langen materialistisch ausgerichteten Epoche. Im Hauptteil setzt er sich mit der Beziehung von Form und Farbe und insbesondere mit der Wirkung der Farbe in der Malerei auseinander. Farbe ist für ihn selbstständiges Element der Komposition, ebenso wie die Form, welche die Farbe „trägt". Eingehend beschreibt er, wie Farben auf ihn wirken: Mit seinem Tastsinn empfindet er sie z. B. als „unglatt", „stechend", „samtartig". Sein Hörsinn ist an Farbwahrnehmung ebenso beteiligt wie der Gesichtssinn (Synästhesie).

Farben können seiner Meinung nach durch bestimmte Formen gesteigert werden und umgekehrt. „Spitze" Farben klingen stärker in spitzer Form: Gelb klingt am intensivsten im Dreieck, Blau, seine liebste Farbe, tönt am reinsten im Kreis (Symbolfarbe der Romantik). Schwarz ist für ihn ein „totes Nichts": die klangloseste Farbe. *„Ein Bild betrachten sollte dasselbe wie Musikhören sein."*[9] Den farbintensiven, abstrakten Bildern, die zwischen 1912 und 1914 entstehen, können wir uns auf diese gefühlsmäßige Weise am ehesten nähern. Kandinsky teilt vor 1914 seine Bilder in drei Kategorien ein:

- **Impressionen** (Elemente der äußeren Natur sind erkennbar),
- **Improvisationen** (seine „innere" Natur wird sichtbar),
- **Kompositionen** (durchgearbeitete Gemälde, die nach gründlichen Vorstudien in langen Arbeitsprozessen entstehen).

Von diesen abstrakt-expressionistischen, glühend-farbigen Bildern geht eine fast mystische Wirkung aus. Zugleich wird der Eindruck heftiger Bewegung vermittelt. Das Miteinander und Gegeneinander der Farben und Linien wirkt dramatisch wie ein Kampf. Bildelemente werden so aufeinander bezogen, dass bei aller Dynamik doch auch Ausgleich und damit Harmonie möglich ist.

Bei Ausbruch des Ersten Weltkrieges geht Kandinsky zurück nach Moskau, wo er die junge Nina von Andreewsky heiratet. Seine in Murnau zurückgelassenen Bilder werden nach einem Rechtsstreit Gabriele Münter zugesprochen. Heute sind sie im Lenbachhaus, München, zu sehen.

Da Kandinskys Kunst im totalitären Regime der Sowjetunion jedoch nicht gefragt ist, nimmt er nach dem Krieg den Ruf an das „Bauhaus" an, wo ihn bald eine enge Freundschaft mit Paul Klee verbindet.

Als „entartet“ diffamiert, verlässt er Deutschland 1933 und lebt bis zu seinem Tod 1944 in Paris. In seiner späteren Schaffensphase (seit 1920) arbeitet er rational-konstruktiv.

Der „frühe“ Kandinsky wird zum Vorbild für Vertreter des Abstrakten Expressionismus nach dem Zweiten Weltkrieg in den USA, vor allem JACKSON POLLOCK beruft sich auf ihn.

2 Kubismus

2.1 Die Geburt des Kubismus: „Les Demoiselles d’Avignon“

Der Kubismus entsteht in Frankreich. Ein Kritiker, der zum ersten Mal frühkubistische Arbeiten von GEORGES BRAQUE in Südfrankreich sieht, spricht von „bizarreries cubiques“, womit er sich über die ungewohnten Formen lustig macht. Der Begriff „Kubismus“ bürgert sich bald ein, wenn er auch nicht ganz das Wesen kubistischer Kunst trifft, denn dieser geht es nicht so sehr um Kuben, d. h. um plastische Gebilde, als vielmehr um Experimente in der Fläche.

So wie der Expressionismus v. a. im deutschen Raum beheimatet ist, so „typisch“ französisch mutet der Kubismus an, der rationale Formanalyse betreibt und dem es auf sorgfältig aufgebaute Kompositionen in zurückhaltender Farbigkeit ankommt. Sein Zentrum ist Paris, seit dem 19. Jh. unumstrittene kulturelle Metropole Europas.

Als PABLO PICASSO um 1900 aus der spanischen Provinz in das Leben sprühende Flair der französischen Hauptstadt eintaucht, erlebt er eine zweite Geburt. Treffpunkt der Künstler und Bohemiens ist der Montmartre, wo auch das legendäre Bateau-Lavoir liegt, in dem sich Picasso und Braque ein Atelier einrichten. Hier „erfinden“ sie den Kubismus.

In den Straßencafés diskutieren Intellektuelle sensationelle wissenschaftliche Neuerungen, die in den Boulevards die Runde machen. Man kommt zu der Überzeugung, dass die bloße Wiedergabe des Sichtbaren keinen Erkenntnisgewinn bringen kann, existieren doch ungeahnte Welten im Mikro- und Makrokosmos, die mit den Sinnen nicht erfassbar sind. Eine **neue „Welt-Anschauung“** muss sich bilden, d. h. die Welt wird nicht mehr von einem Punkt aus gesehen, wie es die Zentralperspektive vorschreibt, sondern aus verschiedensten Blickwinkeln. „Welt“ und „Ich“ stehen sich nicht mehr nur gegenüber, sondern das Ich dringt gedanklich in das Gegenüber ein und analysiert,

d. h. „zerlegt" es. Dabei wird die Relativität des unmittelbar Sichtbaren bewusst. Die spätere systematische Zerlegung von Form und deren neue Organisation auf der Bildfläche durch die Kubisten mag hierin begründet sein.

Der Glamour der Großstadt und die vitale kulturelle Szene täuschen jedoch aufmerksame Beobachter nicht darüber hinweg, dass man sich auch in Frankreich auf eine kriegerische Auseinandersetzung vorbereitet. Ebenso wie in den USA und Japan wird v. a. die Flottenhochrüstung betrieben. Frankreichs Eingreifen in den Ersten Weltkrieg führt schließlich zur Niederlage Deutschlands und damit des von den Franzosen gehassten preußischen Kaisers.

Picassos erste Arbeiten, die er in Paris schafft, stehen unter dem Einfluss von TOULOUSE-LAUTREC. In seiner **Blauen Periode** findet er nach kurzer Zeit zu einer unverwechselbaren eigenen Ausdrucksform. Die melancholischen Themen dieser frühen Schaffensphase und die lyrischen der darauffolgenden **Rosa Periode** brechen jäh ab mit dem für den Kubismus bahnbrechenden Bild, das auch als erstes Gemälde des 20. Jh. gilt: „Les Demoiselles d'Avignon".

„Les Demoiselles d'Avignon" (1907)

Es entsteht unter dem Eindruck der ersten großen Retrospektive zu Ehren von CÉZANNE, den Picasso von da an seinen „Vater" nennt. Auch heute noch wirkt es auf den Betrachter schockierend. Zu sehen sind fünf überlebensgroße, Aggressivität ausströmende Frauenakte. Die Augen angstvoll aufgerissen – zwei Köpfe sehen aus wie afrikanische Masken – starren sie den Betrachter an.

Das Bild ist zusammengesetzt aus splitterigen Flächen. Es wirkt zerklüftet und zerrissen. Picasso hat mit den Dirnen, die ihren Körper als Ware anbieten, ein Motiv aus dem Außenseitermilieu gewählt. Die ersten Entwürfe zeigen noch einen Matrosen als Rückenfigur, der jedoch in der Endfassung fehlt, womit dem Betrachter allein die Rolle des „Begutachters" zukommt.

Die beiden auf einem Betttuch liegenden mittleren Gestalten werden von links durch eine im Profil dargestellte stehende Figur gerahmt, die an eine archaische Plastik erinnert. In der rechten oberen Bildhälfte zieht eine der Frauen einen Vorhang auseinander, betrachtet also die Szene von „hinten". Nach rechts unten wird die Komposition durch eine mit gespreizten Beinen dahockende Gestalt und einigen zu einem Stillleben arrangierten Früchten abgeschlossen. Die Körperformen der Akte heben sich zwar noch vom Untergrund ab, haben jedoch keine geschlossenen Umrisse mehr. Ebenso wie der Bildgrund werden sie in scharfkantige, zumeist dreieckige, hart anmutende Einzelformen zerlegt. Dem entgegen steht das von der Natur entworfene Bild des weiblichen Körpers, dem eher das Runde, Weiche entspricht.

Exkurs
Aktmalerei

Frühes und Hohes Mittelalter

Im Mittelalter ist die Darstellung des unbekleideten menschlichen Körpers nur im Rahmen festgelegter biblischer Themen (Paradies, Jüngstes Gericht) erlaubt. Die Akte wirken unbeholfen, formelhaft und sind nahezu geschlechtslos.

Spätmittelalter

In der **Frührenaissance** studiert man den menschlichen Körper wie in der Antike wieder nach der Natur. Das Aktstudium wird zur Grundlage der künstlerischen Ausbildung. Die frühesten Aktzeichnungen sind von PISANELLO (Anfang 15. Jh.) erhalten. ALBERTI fordert, man solle grundsätzlich den Menschen zuerst nackt, dann mit Gewand behängt zeichnen.

Proportionsstudien (Berechnung der idealen Verhältnisse der Teile zum Ganzen) und Anatomiestudien (LEONARDO DA VINCI) ergänzen das Zeichnen nach dem lebenden Modell. Mit wissenschaftlicher Akribie bemühen sich die Künstler, besonders Leonardo und DÜRER, die idealen Maßverhältnisse des menschlichen Körpers herauszufinden. Sie sind der Überzeugung, dem Aufbau des Kosmos lägen geometrische Formen zugrunde, die man auch im menschlichen Körper auffinden müsse, der so zum „Maß aller Dinge" wird.

Demonstriert werden die Ergebnisse langwieriger Proportionsstudien an religiösen, mythologischen und allegorischen Motiven. In der Begeisterung für die Antike wird die **Venus** wieder zum Sinnbild der schönen Frau erkoren.

Die Darstellung irdischer weiblicher Schönheit hatte sich seit der Hochgotik auf die Gottesmutter konzentriert. An der Entwicklung des Venus-Motivs ist die Veränderung des weiblichen Schönheitsideals abzulesen. Die „Geburt der Venus" von BOTTICELLI zeigt eine grazile Schönheit, TIZIAN und GIORGIONE lieben vollschlanke Göttinnen, im Barock bevorzugt man voluminöse, fleischige Körper. In jedem Fall verkörpert die Venus das (zeitgebundene) Ideal der schönen, begehrenswerten Frau.

19. Jahrhundert

Als GOYA die „Nackte Maja" (1800) malt, rückt er ab von der herkömmlichen Idealisierung. Er drapiert sie auf einem Bett wie eine Venus. Der relativ plumpe, dem Betrachter zugedrehte Körper und der frivole Ausdruck lassen jedoch nichts weiter als ein gewöhnliches Straßenmädchen erkennen.

Wenn das Bild öffentlich zugänglich gewesen wäre, hätte es Goya vor die Inquisition gebracht, denn Aktmalerei – noch dazu nach Modell – war zu dieser Zeit in Spanien verboten.
Ideale Schönheit führt noch einmal INGRES am Beginn des 19. Jahrhunderts vor: Die schönlinigen, makellosen Frauenakte sind dem Betrachter durch eine fremdartige, meist orientalische Umgebung „entrückt", anders als in Renaissance und Barock, wo es die „Göttin" war, die eine Distanz zum Betrachter aufbaute und zugleich die profane Darstellung der Nacktheit legitimierte. Sehnsüchte werden auf eine „Traumfrau" projiziert und bleiben dann auf den unverfänglichen Bereich der Fantasie beschränkt. Eine „Odaliske" (Ingres) entstammt nicht der Alltagswelt.
Im 19. Jahrhundert bildet sich eine doppelbödige Moral heraus. Das Bürgertum umgibt sich mit dem Deckmantel der Prüderie. Die „Olympia" von MANET löst im Salon von 1867 einen Eklat aus, da das Pariser Publikum eine stadtbekannte Prostituierte auf dem Bild erkennt, die Manets Modell war. Während man sich an schwülstigen Gemälden, wie z. B. den „Römern der Verfallszeit" (THOMAS COUTURE) ergötzt, wo Nacktheit antik verbrämt wird, läuft man Sturm gegen eine allzu irdische Venus. Die moralische Entrüstung ist auf die äußerst direkte Wirkung zurückzuführen, die von einem gemalten Körper ausgeht, der nicht zur Göttin stilisiert wird.

20. Jahrhundert

Wenn sich Manet auch in der Komposition an Tizian und Giorgione orientiert, weist doch seine Bildauffassung den Weg ins 20. Jahrhundert und führt – über Cézanne – hin zu den „Demoiselles d'Avignon". PICASSO zerstört endgültig menschliche Schönheit, um wahrhaftig sein zu können.
Der menschliche Körper ist seitdem *ein* Formelement unter vielen, mit dem – wie mit anderen Formen aus der Natur – experimentiert werden kann. Die Zertrümmerung des Schönheitsideals geht mit dem Zusammenbruch alter Wertvorstellungen und der Aufhebung eines überkommenen Menschenbildes einher. Seit der Renaissance war der Mensch das wichtigste Thema in der Kunst, wogegen seine Darstellung in der Malerei des 20. Jahrhunderts nur noch eine untergeordnete Rolle spielt. Anders in der Fotografie, die für eine massenhafte Verbreitung von Porträt- und Aktaufnahmen sorgt.

Es gibt keinen einheitlichen Hintergrund mehr. Jede Form auf dem Bild ist Element der Bildfläche. Wenige Überschneidungen und der Kontrast von warmen Farben (Fleischtöne der Körper, bräunliche Formelemente) und kalten Farben (weiß-bläuliche Tücher) vermitteln noch den Eindruck von „vorn" und „hinten". Die liegenden Gestalten werden nicht in den Bildraum hinein verkürzt, sondern in die Bildfläche „geklappt". Gemalte Schraffuren modellieren die Körper an wenigen Partien. Eine illusionistische Wirkung von Körper und Raum wird auch durch die sehr grobe Malweise verhindert.

Der Galerist Kahnweiler sah es als Erster in Picassos Atelier und schrieb später: „Das Bild, das er gemalt hatte, erschien allen irrsinnig und monströs. Braque sagte, es käme ihm vor, als ob jemand Petroleum getrunken hätte, um Feuer speien zu können."[7] Farblich ist das Bild noch der „Rosa Periode" zuzuordnen. Die Formbehandlung leitet bereits den Kubismus ein. Nie zuvor in der Geschichte der Malerei sind Frauenkörper in vergleichbarer Weise so abstoßend und aufregend zugleich dargestellt worden. Picasso zeigt sich hier als Expressionist.

2.2 Frühkubismus und Analytischer Kubismus

Seit 1908 arbeiten Picasso und Braque zusammen und entwickeln gemeinsam die neue Bildsprache des Kubismus. Die **frühkubistischen** Bilder zeigen noch eine gewisse Nähe zur Natur, auch werden die Umrisse noch nicht völlig aufgelöst, nur räumlich-plastischer Illusionismus ist bereits weggefallen. *„Als wir kubistisch zu malen begannen, hatten wir nicht die Absicht, den Kubismus zu erfinden, sondern auszudrücken, was uns bewegte, [...]."*[7] sagt Picasso später. In den Bildern des **Analytischen Kubismus** wird eine neue Sicht auf die Welt und den Menschen offenbar, die sich u. a. als Folge umstürzender Erkenntnisse auf naturwissenschaftlichem Gebiet zu Beginn des Jahrhunderts herausbildet, in Kunst und Philosophie mit der Abkehr vom Materialismus einhergeht und im Neukantianismus formuliert wird.

Der Neukantianismus ist eine philosophische Richtung in Deutschland, die sich in der zweiten Hälfte des 19. Jahrhunderts gegen den Materialismus wendet. Die Kombination aus Kritischem Idealismus Kants und Methoden bzw. Ergebnissen moderner Naturwissenschaften führen zu einer neukantischen Wert- und Kulturphilosophie.

Ausgangspunkt für ein kubistisches Bild sind einfache Gegenstände des Alltags. Den Dingen kommt keine symbolische Funktion zu, sondern sie existieren für den Maler als Form. Der Form-Gegenstand wird gedanklich-bildnerisch analysiert, d. h. „zerlegt". Es ist nun möglich, ein Ding von verschiedenen Seiten zugleich zu zeigen. Der Gegenstand wird dargestellt, wie er erlebt oder gedacht wird, nicht mehr so, wie er von einem bestimmten Punkt aus gesehen wird. Picasso versteht sich zu dieser Zeit in erster Linie als radikaler Realist. Die Simultandarstellung z. B. einer Dose führt den Zeit-Begriff ins Bild ein. Was nur im Nacheinander erlebbar ist, erscheint im Nebeneinander auf der Bildfläche – so, als ginge man um den Gegenstand herum und betastete ihn.

Der Begriff der „vierten Dimension" ist seit Minkowskis Auseinandersetzung mit dem Verhältnis von Raum und Zeit gebräuchlich und muss im Zusammenhang mit den Bestrebungen der Kubisten gesehen werden. In der Reduktion des Bildraumes geht der Kubismus noch wesentlich weiter als Cézanne. Dessen berühmter Ausspruch, *„man behandle die Natur gemäß Kugel, Kegel und Zylinder"* hat in der frühkubistischen Phase noch seine Berechtigung. Die Formreduktion des Analytischen Kubismus führt jedoch zur Fläche und nicht zum Kubus. Gemalte Schatten orientieren sich nicht mehr an einer gedachten Lichtquelle, sondern fungieren als Formabgrenzung. Ein „Vor" und „Zurück" von Formelementen ist zwar erkennbar, doch Bezugspunkt ist allein die Bildfläche. Die Umsetzung der räumlich-plastischen Natur der Gegenstände in die Fläche des Bildes ist grundlegendes Gestaltungsproblem. Nur wenige Farbtöne werden verwendet; vor allem Grau, Braun und Ocker, in sich vielfältig abgestuft, erzeugen eine zurückhaltende Farbharmonie.

Die Kubisten arbeiten nicht mehr nach der Natur. Sie gehen nicht von der Anschauung, sondern von der Vorstellung aus. Ihre Malerei ist „konzeptuell", d. h. im Denken begründet. Im Gegensatz zum Expressionismus wird der subjektive Ausdruck zurückgedrängt. Die Bilder von Braque und Picasso sind einander zeitweise zum Verwechseln ähnlich, nicht zuletzt deshalb, weil sie im Bateau-Lavoir, dem gemeinsamen Atelier am Montmartre, entstehen. Um 1912 gelangen Materialien aus der Alltagswelt ins Bild: Stoff, Papier, Zeitung, Schnur usw.; eine Vorstufe ist das Einfügen gemalter Buchstaben. Dadurch wird der „Objekt"-Charakter des Bildes noch deutlicher: Das Bild selbst ist Objekt geworden und stellt nicht mehr Objekte dar. Diese neue Bildgattung heißt **Collage**. Der Begriff „Collage" wird abgeleitet von „collager" (frz.: „kleben"). Man kann sie nicht mehr eindeutig einer der traditionellen Kunstgattungen (Architektur – Plastik – Malerei) zuordnen. Die Grenzen zwischen den Gattungen sind damit aufgebrochen und bleiben im 20. Jh. fließend.

Die Verwendung banaler Gegenstände in der Kunst hat Folgen bis heute (vgl. DADA, Pop-Art, Objekt-Kunst, Beuys). Das Kunstwerk ist damit endgültig „profanisiert" worden. Nach der Eliminierung des Sakralen entledigt es sich nun auch der musealen, verstaubten Aura des 19. Jh. Kunst tritt zum tatsächlichen Leben und damit zum Menschen in direkten Bezug. Ein neuer, für Experimente offener Kunstbegriff beginnt sich zu entwickeln. Das Spiel mit Realität und Illusion wird gerade von Picasso und Braque durch täuschende Nachahmung „echter" Materialien (z. B. Holzstruktur) mittels Farbe im Bild und durch den Einsatz konkreter Materialien exzessiv betrieben.

2.3 Synthetischer Kubismus

Der Synthetische Kubismus entsteht parallel zur Collage und verfolgt den umgekehrten Weg wie der Analytische Kubismus. Dieser Weg führt von der Abstraktion weg und zur Gegenständlichkeit hin. Ausgangspunkt sind abstrakte Formen, während es im Analytischen Kubismus konkrete Gegenstände waren. Im Miteinander der Formen und durch das Hinzufügen bestimmter Ähnlichkeitsmerkmale entsteht wieder etwas Konkretes. Abstraktes erlangt in der Synthese Dinglichkeit. Die Gestaltung vollzieht sich in der Bildfläche, jegliche Andeutung von illusionistischer Raumtiefe fehlt.

Der Spanier JUAN GRIS (1887–1927) hat wesentlichen Anteil an der Entwicklung des Synthetischen Kubismus. Er gehört zu den „Konstrukteuren" in der Malerei, ähnlich wie Cézanne oder Seurat. Um 1920 schreibt Juan Gris, Cézanne strebe der Bildarchitektur zu und auch er selbst gehe von ihr aus, weshalb er mit Abstraktionen (Farben) komponiere und sie zu Gegenständen werden lasse, indem er diese Farben ordne.

2.4 Orphischer Kubismus

ROBERT DELAUNAY (1885–1941) aus Frankreich ist der wichtigste Vertreter des Orphischen Kubismus. Im Unterschied zu Picasso und Braque spielt bei ihm die Farbe die führende Rolle, noch deutlicher als bei J. Gris, der die dezente kubistische Palette z. B. durch leuchtendes Blau und Gelb ergänzte. In farblicher Hinsicht erweisen sich Gauguin, die Neoimpressionisten und Fauvisten als Vorbilder von Delaunay. Im Formalen bezieht er sich auf die Kubisten. Wie die Futuristen ist auch er von der modernen Welt der Technik fasziniert. Durch Überschneidungen und Verwischen von Farbflächen möchte er das Tempo von Maschinen oder sich bewegenden Menschen optisch erlebbar machen.

Apollinaire, Dichter und Freund der avantgardistischen Maler, bringt für die Kunst Delaunays den Begriff „Orphismus“ auf. Dabei denkt er an Orpheus, den Sänger der griechischen Mythologie, dessen Stimme Menschen und Tiere bezauberte, und erinnert zugleich an die innere Verwandtschaft von Farbe und Musik, die für Gauguin bereits so wichtig war. Delaunay orientiert sich an dessen Forderung nach einer **„Farborchestrierung“**. Farbe ist für ihn eine Funktion des Lichtes, seine Farben sind daher die des Prismas. Licht löst die strengen (für Delaunay zu intellektuellen) Linien der Kubisten auf. Er malt Serien, wie z. B. die von der Kirche St. Séverin (1909): Das farbige Licht der gotischen Glasfenster wird auf Pfeilern und am Boden des Innenraums reflektiert und macht den Rhythmus der architektonischen Formen spürbar.

Nach der Eiffelturm-Serie wendet er sich 1912 den Fensterbildern zu und überschreitet die Grenze zur gegenstandsfreien Malerei. „Disques simultanés“ nennt er seine abstrakten Serien, mit denen er Ende 1912 beginnt: Kreisförmige Farbflächen durchdringen einander und scheinen sich zu drehen. Indem das Auge den Bewegungen der farbigen Kreise folgt, wird das Bild zeitlich erlebt.

Später kehrt er zur gegenständlichen Malerei zurück und widmet sich vor allem dem sonst seltenen Thema des Sports. Vor dem Krieg übt er bedeutenden Einfluss auf Franz Marc aus. In den 20er-Jahren korrespondiert er mit den wichtigsten Lehrern des „Bauhauses“.

3 Futurismus

Italienische Literaten rufen den Futurismus ins Leben. Initiator ist der Schriftsteller Marinetti, der ab 1908 mehrere futuristische Manifeste publiziert. Die Rebellion junger Intellektueller richtet sich gegen den kulturellen Provinzialismus, der in Italien seit dem 19. Jahrhundert herrscht. Sie suchen den Anschluss an die europäische Kunstszene. Mit der Vergangenheit wird radikal abgerechnet: Man fordert die Zerstörung der Museen und Bibliotheken sowie die Trockenlegung Venedigs.

Moderne Technologie stellte für die Futuristen alle bisherigen Errungenschaften menschlichen Geistes in den Schatten. Das Vertrauen in die **Zukunft** (lat.: futur) und vor allem in den technischen Fortschritt war unbegrenzt. Die Vehemenz, mit der sie ihre Ideen auf öffentlichen Veranstaltungen kundtun, verbindet sie mit den deutschen Expressionisten. Der Auftritt futuristischer Maler 1910 in Turin hat sogar eine Saalschlacht zur Folge. Philosophische Vorbilder finden die Futuristen in Nietzsche und Bergson. Als Anarchisten greifen sie Bourgeoisie und Aristokratie an, als Nationalisten werden einige unter ihnen später überzeugte Anhänger des italienischen Faschismus.

Anfang 1909 schließen sich Umberto Boccioni (1882–1916), Gino Severini (1883–1966), Carlo Carrà (1881–1966) und Giacomo Balla (1871–1958) zusammen. Boccioni und Severini verwirklichen in ihrer Malerei die Formvorstellungen des Futurismus am reinsten. Balla schafft mit dem Bild „Dynamismus eines Hundes an der Leine“ (1912) eines der bekanntesten futuristischen Bilder. Die für ihn typische feine Farbgebung geht auf den Einfluss des Divisionismus (Seurat) zurück. Carlo Carrà wendet sich bereits 1912 vom Futurismus ab und entwickelt einen die plastische Form betonenden Stil. Um 1916 zählt er zu den Hauptvertretern der Pittura Metafisica und seit den 20er-Jahren pflegt er eine völlig eigenständige bildnerische Ausdrucksweise. Die Formanalyse der französischen Kubisten wirkt von Anfang an stark auf die italienischen Futuristen. Hauptmerkmal der futuristischen Bilder ist jedoch die **Bewegung**, der von **Aktion** bestimmte Eindruck, der durch Vervielfachung des Objekts auf der Bildfläche für das Auge erzeugt werden kann (vereinfachte Nachahmung und Aneinanderreihung von Bewegungsphasen). Die kubistische Methode der Formzerlegung übernehmen sie nicht um der Formanalyse willen, sondern um Bewegung zu veranschaulichen. Innen- und Außenwelt, die Dinge und ihr Umfeld durchdringen sich auf den Bildern, wobei verschiedene Bewegungen ineinander übergehen und Unschärfen durch Überlagerungen und Verschränkungen von Formen entstehen (z. B. Boccioni: „Die Straße dringt ins Haus“, 1911). Die Bildkomposition der Futuristen hat ausschnitthaften Charakter, da fortlaufende Bewegungsabläufe nicht vollständig in einen statischen Aufbau gezwängt werden können. Zur gleichen Zeit entsteht der Film, der nun wirklich bewegte Bilder zeigt.

Moderne Tendenzen in der Plastik

1 Figürliche Plastik zwischen Tradition und Avantgarde: Maillol und Lehmbruck

„Moderne Skulptur" entsteht seit etwa 1905. Entscheidende Neuerungen für die Bildhauerei brachten erstaunlicherweise Künstler, die von Haus aus Maler waren, wie etwa PICASSO, MATISSE, KIRCHNER und BOCCIONI.

Der bekannteste Bildhauer ist zu jener Zeit AUGUSTE RODIN, der einerseits hoch geschätzt, andererseits aber auch zutiefst verachtet wird, zum Beispiel von CONSTANTIN BRANCUSI. Avantgardisten werfen ihm vor, seine Werke, vor allem die Denkmäler, seien letztlich akademisch geprägt und zu sehr auf den Geschmack des Publikums abgestimmt. Der literarische Charakter seiner Kunst und auch ein gewisses Pathos, das in vielen seiner Arbeiten zum Ausdruck kommt, verbinden ihn mit dem Symbolismus und dem Geschmack des Fin de Siècle, den man überwinden will. Dabei hatte Rodin wichtige Anstöße zur Entwicklung der modernen Skulptur gegeben. Er war der Erste, der den Torso bzw. das Fragment als in sich abgeschlossenes Kunstwerk ansah. Ihre Faszination bezieht eine solche „unfertige" Form aus der Spannung zwischen dem tatsächlich Sichtbaren und dem Imaginierten.

Diese neue Möglichkeit, einzelne Körperteile auszuarbeiten und damit die Fantasie des Betrachters in Gang zu setzen, greift ARISTIDE MAILLOL als Erster innerhalb der neuen Künstlergeneration auf. 1905/06 schafft Maillol einen kraftvollen, scheinbar nach vorn drängenden weiblichen Torso mit dem Titel „Die Revolution in Ketten". Maillol bezieht sich damit auf einen eingekerkerten Sozialrevolutionär, dem er mit dieser Figur ein Denkmal setzt. Arme und Ketten sieht der Betrachter aber nur vor seinem geistigen Auge, existent sind sie nicht.

Aristide Maillol (1861–1944)

Maillol stammt aus Südfrankreich und hat zeitlebens eine enge Beziehung zur mediterranen Kulturlandschaft. Zunächst studiert er bei den Malern GÉROME und CABANEL, die zu den gefeierten „Salonmalern" gehören. Beide sind in erster Linie Vertreter der Historienmalerei, die immer noch klassizistisch geprägt ist. Einen weitaus stärkeren Einfluss auf die künstlerische Entwicklung von Maillol übt das Schaffen Gauguins aus. Dekorative und flächige Elemente in der Kunst Gauguins bringen Maillol, der schon während seines Studiums auf die handwerklich solide Verarbeitung von schönen Materialien Wert legt, zur Teppichweberei. Eine schwere Augenerkrankung zwingt ihn jedoch, die Arbeit am Webstuhl aufzugeben. Seit Ende der 90er-Jahre widmet er sich intensiv der plastischen Kunst, wobei er zunächst zahlreiche Kleinplastiken schafft. Von etwa 1900 bis zu seinem Lebensende arbeitet er vor allem an lebensgroßen Figuren. Er stirbt im Alter von 83 Jahren an den Folgen eines Autounfalls. Bis zuletzt ist er schöpferisch tätig.

Zu seinen bekanntesten Arbeiten gehört „La Méditerranée" („Das Mittelmeer", 1902, Kalkstein, Höhe 116 cm. Winterthur, Sammlung Reinhardt), ein sitzender weiblicher Akt, den er selbst für seine beste Arbeit hält und dazu bestimmt, auf seinem Grab aufgestellt zu werden.

Der Eindruck von Monumentalität, Ruhe und Harmonie dieser Skulptur mag auf bestimmte Maßverhältnisse zurückgeführt werden, die man an der Gestalt feststellt. Untersucht man z. B. das Verhältnis vom linken Arm zum linken Unterschenkel, so kommt man auf den Goldenen Schnitt, ein Maßverhältnis, das sich allerdings nur in der Fläche richtig realisieren lässt. Dieser Umstand deutet auf die Herkunft Maillols als Maler und Zeichner hin, der in Linien und Flächen denkt. Vorbild für „La Méditerranée" waren Abbildungen von Metopen- und Giebelfiguren des Zeustempels von Olympia (ca. 460 v. Chr.). Insbesondere bezieht er sich auf eine Knabenfigur, die in einer Wettkampfgruppe des Ostgiebels zu sehen ist. Das in sich Ruhende seiner weiblichen Gestalt, ihr glatter, straffer und etwas gedrungen wirkender Körper zeigen den Einfluss jenes frühklassischen griechischen Hochreliefs. Man könnte seinen Stil daher als **neoklassizistisch** bezeichnen.

Die Figur hockt mit angewinkelten Beinen auf dem Boden. Den etwas vornübergeneigten Oberkörper stützt sie mit dem rechten, durchgestreckten Arm ab. Die rechte Hand umfängt die Kante der Basis, einer an den Seiten unbehauenen, auf der Oberfläche geglätteten Kalksteinplatte. Den leicht nach unten geneigten Kopf stützt sie auf den linken Arm, der angewinkelt auf dem linken Oberschenkel ruht. Das rechte Bein liegt angewinkelt flach auf der Basis, das linke ist angezogen und aufgestellt, der Fuß passt gerade noch auf die Basis. Die Frauengestalt scheint ganz in sich versunken, ihr Blick führt nach unten, nicht zum Betrachter. Ihre weich wirkenden, ebenmäßigen Gesichtszüge zeigen einen zufriedenen, sinnenden Ausdruck. Die Haare sitzen wie eine Haube auf dem Kopf, am Hinterkopf sind sie zu einem Knoten zusammengefasst.

Figur und Basis sind klar voneinander getrennt. Auf dem Steinblock erhebt sich eine „Architektur" aus lastenden und stützenden Elementen, die insgesamt etwas Pyramidales hat. Schräge Achsen führen hinauf zur „Spitze" (Kopf). Auf einen kompakten „Unterbau" (Beine, Rumpf, „Fundament") setzt Maillol den leichter wirkenden „Oberbau" (Arme, Oberkörper, Kopf).

Der Körper besteht aus plastisch modellierten Formen, die geometrischen Körpern sehr ähnlich sind. Ein Oberarm etwa nähert sich dem Zylinder stark an. Die Haare bilden eine Halbkugel, ebenso wie die Brüste, die seltsam weit oben angesetzt sind. Nur wenige naturalistisch ausgearbeitete Details unterbrechen die glatte, straffe Oberfläche. Deutliche Abstraktion weist auf die beginnende Moderne.

Maillol modelliert keine bestimmte Frau, sondern formt den für ihn idealen Typ des Weiblichen. Dabei betont er das Körperhafte und Sinnliche. Der Titel „La Méditerranée" verweist auf das Mittelmeer, das auch Griechenland umfließt, die Heimat jener Figuren des Zeusstempels, die ihn so stark beeinflussten. Das Meer ist zugleich Hinweis auf den Ursprung allen Lebens, das letztlich dem feuchten Element entstammt.

Wilhelm Lehmbruck (1881–1919)

Wilhelm Lehmbruck ist einer der wenigen Bildhauer der ersten Hälfte des 20. Jahrhunderts, die Weltruhm erlangen.

Geboren wird er 1881 als Sohn eines Bergmannes in Duisburg (auch Henry Moore entstammt einer Bergarbeiterfamilie). Nach dem Besuch einer Kunstgewerbeschule wechselt er an die Düsseldorfer Kunstakademie.

1910 siedelt er nach Paris über, wo seine berühmten großen Figuren entstehen, wie „Die Kniende", „Die Sinnende", „Der Gestürzte" oder „Der sitzende Jüngling". In Paris knüpft er enge Kontakte zu MAILLOL, BRANCUSI und MODIGLIANI (damals noch Bildhauer), in dessen Sensibilität und Melancholie er sich wiederfindet. Zwischen 1905 und 1912 unternimmt er zwei ausgedehnte Italienreisen. Während des Ersten Weltkrieges ist er in Berlin als Sanitäter eingesetzt und scheidet kurz nach Kriegsende freiwillig aus dem Leben.

Joseph Beuys erhielt kurz vor seinem Tod 1986 den renommierten Lehmbruck-Preis und stellte in seiner Rede heraus, dass er es Lehmbruck verdanke, Künstler geworden zu sein. An dessen Gestalten habe er begriffen, dass ein aus Stein geformter menschlicher Körper etwas Geistiges ausdrücken könne.

Lehmbrucks Arbeiten werden dem Expressionismus zugeordnet, wenngleich seine bildhauerischen Wurzeln nicht bei den Primitiven zu finden sind und seine Arbeitsweise sich deutlich von der rohen und heftigen Ausdruckskunst etwa eines Kirchners abhebt. Die ausgeprägte Innerlichkeit seiner Figuren – der Ausdruck ist grüblerisch, versonnen oder trauernd –, ein gewisses Pathos und der freie Umgang mit Proportionen zeigen seinen stark subjektiv geprägten, expressiven Ansatz. Vorbilder findet er bei der gotischen Kathedralskulptur, aber auch bei Statuen der Antike. Die überlangen Gliedmaßen weisen auf den Manierismus hin. 1937 ist Lehmbruck einer der Prominentesten der sog. „Schandausstellung". Seine „Kniende", zuvor in der Nationalgalerie Berlin, wird als „entartet" verhöhnt und billig ins Ausland verkauft.

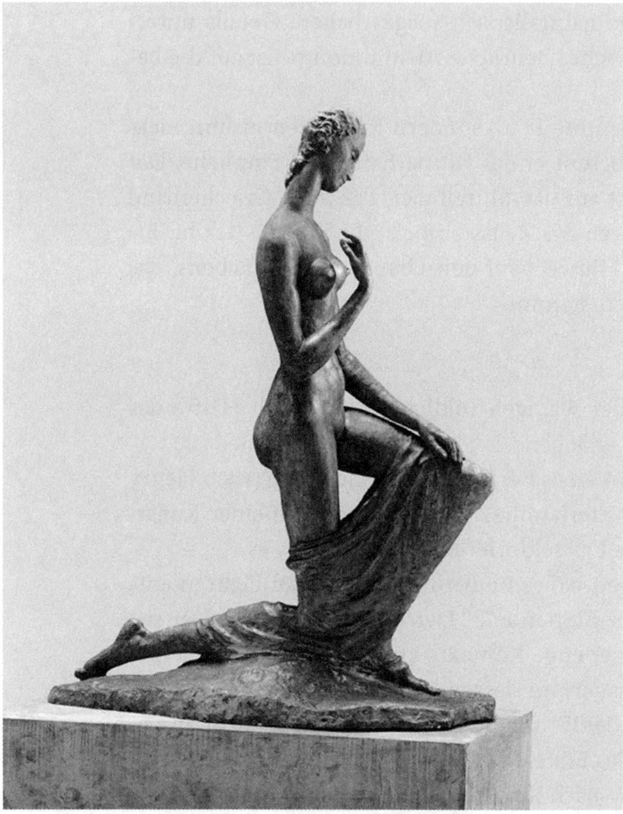

Wilhelm Lehmbruck: „Kniende" (1911), Gipsabguss. Lehmbruck-Museum, Duisburg. Foto: Tomas Riehle.

Vorbild für die „Kniende" (1911) ist eine Engelsgestalt an der Fassade des Doms zu Orvieto (Mittelitalien), die sich in 10 m Höhe befindet und sich ihm zumindest umrisshaft eingeprägt haben muss. Der weibliche Akt, gegossen in Bronze, ist 1,78 m hoch, also überlebensgroß ausgearbeitet. Heute befindet sie sich im Lehmbruck-Museum in Duisburg.

„Die Kniende" in ihrer Zartheit und Feingliedrigkeit hat ohne Zweifel etwas Geistiges an sich. Sie wirkt auf den ersten Blick ruhig, gefasst, in sich gekehrt, vielleicht auch demütig. Die junge, mädchenhaft anmutende Frau kniet auf einem länglichen Sockel von unregelmäßiger Form. Das linke Bein hat sie aufgestellt, das rechte berührt mit dem Knie den Boden. Der Unterschenkel liegt nicht ganz auf, sodass der Eindruck entsteht, sie würde sich soeben erheben oder niederlassen. Die Gewandfalten des Tuches, das über ihren Beinen liegt, vermitteln den Eindruck von leichter Bewegung. Es könnte sein, dass sich dieses Tuch von ihren Schultern gelöst hat und im Bereich der Beine hängen geblieben ist. Der rechte Oberschenkel, senkrecht wie der Oberkörper, stützt die Gestalt. Unterschenkel und Fuß sind nach hinten gestreckt, die Zehenspitzen berühren die zur Mitte hin etwas ansteigende Basis. Die rechte Hand weist mit einer graziösen und anrührenden Geste auf Brust und Gesicht. Der linke Arm ruht entspannt auf dem linken Oberschenkel.

Auf einem langen Hals sitzt der kleine, schmale Kopf, der nach links vorne geneigt ist. Die Augen blicken nach unten, ein Lächeln mag angedeutet sein. Die welligen Haare, die bis in den Nacken reichen, liegen dicht am Kopf.

Betrachtet man die Körperteile einzeln, wirken sie unnatürlich lang. Die Gestalt als Ganzes ist jedoch relativ naturalistisch ausgearbeitet.

Bestimmend für den Aufbau ist die Senkrechte, die sich durch den Körper zieht. Im rechten Winkel dazu steht die Basis als Horizontale. Von der Vertikalen ragen schräge Achsen nach vorn und hinten und sorgen für einen sicheren architektonischen Halt. Über einer breiten Basis verjüngt sich die Gestalt bis zur Spitze, dem kleinen Kopf. Eckige Winkel und gerade Körperachsen werden durch die Rundungen der Körperoberfläche und den unruhigen Faltenwurf gemildert. Die Falten betonen das Zylindrische der Beine. Am linken Unterschenkel bilden sich waagerechte Rillen statt senkrecht fallender Wülste. Zwischen den Beinen fällt der Stoff fließend und locker. Das Tuch verbindet die Beine miteinander und lässt die Figur mit der Basis „verwachsen".

Die Basis ist eben so groß, dass sie die Figur aufzunehmen vermag. Man hat den Eindruck, die Figur wachse aus ihr hervor. Eine gewisse Ähnlichkeit mit einer Pflanze, die aus dem Boden (Basis) hervorwächst und an dessen Stängel ganz oben die Blüte sitzt, ist nicht von der Hand zu weisen.

Der nach unten geneigte Kopf verleiht der Gestalt etwas Nachdenkliches. Sie blickt in sich hinein, ist in sich versunken, beobachtet nichts, was sich außerhalb ihrer selbst befindet. Ein leichtes Zögern beim Anheben der Hand und der ausgestreckte Fuß, der sich über den Boden spannt und ihn nicht berührt, weisen auf eine innere Anspannung, die in der Körperhaltung sichtbar wird.

Lehmbruck gestaltet einen sensiblen, nachdenklichen Menschentypus, der nicht – wie etwa „La Méditerranée“ (Maillol) – in sich ruht, sondern schmal und zeichenhaft in den umgebenden Raum aufragt.

2 Kubistische Plastik und Beginn der Objektkunst

Als PICASSO 1912 seine „Gitarre“ schafft, revolutioniert er damit den bisher üblichen Begriff von Skulptur bzw. Plastik. Die „Gitarre“ ist ähnlich innovativ für die Bildhauerei wie das Gemälde „Les Demoiselles d’Avignon“ für die Malerei, mit dem er die Tür zur Malerei des 20. Jahrhunderts aufstieß.

Bis zum Ende des 19. Jahrhunderts hatte man eine fest umrissene Vorstellung von Bildhauerei. Die vornehmste Aufgabe des Bildhauers war es von jeher, die menschliche Gestalt zu formen und neu zu deuten. Bei den bildhauerischen Techniken unterschied man zwischen Skulptur und Plastik. Während bei der „Skulptur“ ein hartes Material (Stein, Holz) durch Wegschlagen geformt wird, entsteht bei der „Plastik“ die Form aus weichem Material (Ton, Wachs) durch Hinzufügen. Meist erfolgt danach ein Guss in Bronze. Die „Gitarre“ jedoch ist weder skulptiert noch modelliert. Blech und Draht sind Materialien, die bisher nichts mit Kunst zu tun hatten. Man begegnet ihnen im Umgang mit Gebrauchsgegenständen im Alltag, materiell betrachtet sind sie von äußerst geringem Wert.

Die Gitarre besteht aus scheinbar unbeholfen ausgeschnittenen Blechplatten und Drähten. Was Picasso aus diesen Materialien zusammengefügt hat, erinnert an eine Gitarre, stellt aber keine dar. Seine „Konstruktion“ ist ein funktionsloses Objekt, das in seiner „Kunstlosigkeit“ etwas von der Naivität einer kindlichen Bastelarbeit hat. Ohne den sonst üblichen Sockel, auf den man eine Plastik oder Skulptur stellt, muss man sie an die Wand hängen, um sie zu betrachten. Sie ist nicht rundplastisch ausgeführt, sondern auf Vorderansicht konzipiert. Die vormals geschlossene Form des (gedachten) Instruments ist nach vorn geöffnet, eine Blechplatte bildet den Rücken. Blechstreifen umschreiben den Klangkörper, der durch diese Formelemente vorstellbar wird. Das Schall-Loch der Gitarre hat Picasso durch einen Zylinder ersetzt, den er senkrecht auf der Grundfläche montiert hat. Hier ist der Einfluss afrikanischer Masken spürbar, bei denen häufig die Augen in ähnlicher Weise aufgesetzt sind. Auch die Maskenkünstler wollen damit nicht Augen darstellen, sondern magische Blicke evozieren. So könnte der Blechzylinder in Picassos Konstruktion nicht einfach nur „Schall-Loch“ bedeuten, sondern als mystischer Ursprung des Klangs aufgefasst werden. Die Drähte, die Picasso am zentralen Zylinder befestigt hat, stellen wiederum einen nahezu illusionistischen Bezug zur realen Gitarre her, bei der an dieser Stelle die Saiten gespannt sind. Weder Material noch handwerkliche Virtuosität nobilitiert die „Gitarre“ von Picasso. Es ist die Idee, einen allseits bekannten Gegenstand (Instrument) in ein Kunstobjekt zu verwandeln, wobei der bisher übliche Begriff von Bildhauerei (und von Kunst allgemein) aufgebrochen wird. Bis heute profitieren bildende Künstler von Picassos revolutionärem Akt.

In der Folgezeit arbeitet Picasso an zahlreichen, aus verschiedenen Materialien zusammengesetzten Objekten. Mit seinem berühmten „Absinthglas“ (1914) kehrt er in Teilen zur Tradition des Modellierens zurück. Das Glas formt er nach kubistischen Stilprinzipien aus Gips. Einen ebenfalls aus Gips bestehenden Zuckerwürfel befestigt er jedoch auf einem echten versilberten Sieblöffel, den er auf das „Absinthglas“ legt. Dieses Objekt lässt Picasso sechsmal in Bronze gießen und bemalt es anschließend unterschiedlich, anstatt die Oberfläche zu ziselieren und zu polieren. So entsteht wiederum ein Objekt, das an einen Gebrauchsgegenstand erinnert, an sich funktionslos ist und zugleich völlig andere Assoziationen auszulösen vermag. Je nach Blickwinkel könnte man in dem Objekt auch einen skurrilen Kopf mit Kappe sehen.

Dadaismus: Schwitters, Duchamp

Mitten im Ersten Weltkrieg finden sich in Zürich, auf neutralem Boden, junge Intellektuelle zusammen, die antimilitaristisch und antibürgerlich eingestellt sind. 1916 gründen sie hier das Cabaret Voltaire. Der Name „DADA“ der Künstlergruppe, bestehend aus Literaten und bildenden Künstlern, soll rein zufällig beim Blättern in einem Wörterbuch gefunden worden sein. Ähnlich wie die Futuristen protestieren sie in öffentlichen Veranstaltungen im Grunde gegen alles. Ihre eigene Kunst nennen sie **„Anti-Kunst“**, damit meinen sie eine **neue Ästhetik**, die auch Hässliches und Banales zulässt. Einzig das Prinzip „Verneinung“ besitzt für die Dadaisten Gültigkeit.

Das „Dadaistische Manifest“ (Berlin 1918) endet mit den Worten: *„Gegen dies Manifest sein, heißt Dadaist sein!“*Zentren der Bewegung sind Zürich (HUGO BALL, HANS ARP und HANS RICHTER), New York (MARCEL DUCHAMP, FRANCIS PICABIA und MAN RAY), Berlin (RAOUL HAUSMANN, HANNAH HOECH, GEORGE GROSZ), Köln (MAX ERNST) und Hannover (KURT SCHWITTERS). Um 1920 sind fast alle in Paris. Nach 1922 gehen aus den Reihen der Dadaisten die Surrealisten hervor.

Trotz vehementer Anti-Haltung können sie nicht als Nihilisten bezeichnet werden, denn sie verfolgen ausdrücklich ein Ziel: Rückkehr zur Kindheit bzw. zum Instinkt, Abstreifen des verstandesmäßigen, logischen Denkens und Handelns, Neubeginn am Nullpunkt vor aller Kultur. Die Grundhaltung könnte als existentialistisch bezeichnet werden. Sartre sagt nach dem 2. Weltkrieg von sich: *„Moi, je suis le nouveau Dada“* (Ich bin der neue Dada). Die „neue“ Kunst experimentiert mit neuen Techniken und Materialien. Aus spontanen Eingebungen, nicht aus langwierigen bildnerischen Prozessen, gehen Kunstwerke hervor. Die Grenzen zwischen den Kunstgattungen entfallen, Mischformen und völlig neue Ausdrucksformen entstehen (Collage und Frottage von Max Ernst, Ready-made von Duchamp, Assemblage von Kurt Schwitters). Film und Typografie profitieren enorm von DADA. Die Aktionskunst (z. B. Happening, seit den 60er-Jahren) hat ihre Vorläufer in den dadaistischen Kabaretts in Form von absurden Bühnenspektakeln, die das Publikum in erster Linie schockieren sollen.

Das Hauptaugenmerk richtet sich auf die Person des Künstlers und nicht auf ein künstlerisches „Endprodukt“. Die Parallelen zur aktuellen Kunstszene sind offensichtlich und die Folgen von DADA noch immer nicht abzusehen.

Als einziges „gestalterisches“ Mittel ist der **Zufall** erlaubt, der die Inspiration ersetzen soll. Ein immer wiederkehrendes Thema ist die Maschine, die nicht wie bei den Futuristen angebetet, sondern als zynischer, gefühlloser Automat – Symbol der modernen Zeit – angeprangert wird. Absurde Kombinationen von technischen Teilen sind Vorbild für die Nonsens-Maschinen von JEAN TINGUELY (1915–1991) geworden, die er seit den 70er-Jahren konstruiert hat.

Kurt Schwitters (1887–1948)

Der deutsche Künstler KURT SCHWITTERS fühlt sich der Dada-Bewegung zugehörig, stellt jedoch zugleich deutlich seine unterschiedliche Kunstauffassung heraus: *„Während Dadaismus Gegensätze nur zeigt, gleicht MERZ Gegensätze durch Wertung innerhalb eines Kunstwerks aus. Der reine MERZ ist Kunst, der reine Dadaismus Nichtkunst; beides mit Bewusstsein.“*[44] In einer abstrakten Komposition von 1919, bestehend aus Fäden, Drähten, Holz, Papier, Maschendraht u. a., die er auf eine Holzplatte montiert, sind auf dem Fragment einer eingeklebten Zeitungsanzeige vier Buchstaben zu lesen: MERZ. Das Wort MERZ bestimmt fortan all seine künstlerischen Arbeiten, seine Denk- und Lebensweise. MERZ-Bilder stellen nichts dar und drücken nichts aus. Sie bestehen aus verschiedensten Materialien, auch aus Maschinenteilen und Abfällen. Zerstörtes wird bevorzugt, Schwitters will aus „Scherben Neues“ bauen. Aus allen möglichen Materialien entsteht auch sein MERZ-Bau, der seit 1923 immer weiter anwächst und den Durchbruch ins darüberliegende Stockwerk notwendig macht. Alle „Dinge“, die ins Bild eingehen, verlieren ihre ursprüngliche Funktion und werden zum Bestandteil einer Komposition im traditionellen Sinn. Schwitters besteht auf einer „klar geordneten“ Komposition.

Materialien verschiedenster Herkunft werden, so Schwitters, im Verlauf der Arbeit „entmaterialisiert“, d. h. ihnen wird eine neue Bestimmung zugewiesen: Als Formelement in einem Kunstwerk erlangen sie eine ästhetische Dimension. Sie verlieren dabei jedoch nicht den Ding-Charakter, sind noch identifizierbar und rufen bestimmte Assoziationen hervor, die mit der ursprünglichen Funktion der Dinge zu tun haben. In irgendwelche Kunstkategorien sind Schwitters Arbeiten, die oft als „Assemblagen“ bezeichnet werden, nicht einzuordnen. Fragt man nach dem Sinn seiner Materialbilder, antwortet er: *„Ich werte Sinn gegen Unsinn. Den Unsinn bevorzuge ich, aber das ist eine rein persönliche Angelegenheit. Mir tut der Unsinn leid, dass er bislang so selten künstlerisch geformt wurde, deshalb liebe ich Unsinn.“*[44]

Exkurs
Dinge in der Kunst

Seit der Erfindung der **Collage** haben Dinge des alltäglichen Gebrauchs Einzug in die Kunst gehalten. Während zuvor im Allgemeinen „edle" Materialien zur Erzeugung von Kunst verwendet wurden (Marmor, Bronze, Ölfarben usw.), genügen jetzt billige, häufig auch gebrauchte Materialien. Picasso und Braque kleben z. B. Wellpappe, Tapetenreste und Zeitungsausschnitte in ihre Collagen. Diese Formelemente stellen nichts dar, sondern sind Teil einer nahezu abstrakten Komposition. Kurt Schwitters montiert in seine Assemblagen Holzlatten, verrostete Räder, Schnur oder Drahtgeflecht. Die Dinge selbst sind von nun an Bestandteil des Kunstwerks, nicht mehr deren Darstellung.

Gemalte Dinge waren schon immer Bestandteil von Stillleben. Ihre Blüte erlebte die **Stilllebenmalerei** im 17. Jh., als Dinge in hohem Maße illusionistisch dargestellt wurden (Trompe l'œil). Allerdings wurde ihnen auch eine symbolische Bedeutung beigemessen. Häufig waren v. a. Vanitassymbole (z. B. eine heruntergebrannte Kerze). Der religiöse Kontext war noch selbstverständlich.

Bei den Stillleben von Jean-Siméon Chardin (18. Jh.) entfällt die religiöse Symbolik schon weitgehend. Die gemalten Dinge stehen für sich selbst, sind Bestandteile einer farbigen Komposition. Alltägliche Requisiten, Früchte usw. werden jedoch durch malerische Virtuosität und exquisite Farbgebung nobilitiert. Auch ohne die religiöse Symbolik wirken sie durch die künstlerische Gestaltung ungemein kostbar.

In der zweiten Hälfte des 19. Jahrhunderts malt Gustave Courbet z. B. einen Teller mit Äpfeln. Das Fallobst, übersät mit Druckstellen, liegt auf einem Porzellanteller mit Scharten. Damit gibt er nüchtern und objektiv wieder, was er sieht. Aufgabe des Künstlers ist für ihn nicht mehr, etwas Ästhetisches zu erfinden, sondern **Realität zu registrieren**, die in jeder Erscheinungsform für ihn bildwürdig ist (*„Kunst ist unter jeder Hecke"*, John Constable).

In der Modernen Kunst des 20. Jahrhunderts geht es nicht mehr um die direkte Wiedergabe des Sichtbaren, sondern um das „Sichtbarmachen" (*„Kunst gibt nicht das Sichtbare wieder, sondern macht sichtbar"*, Paul Klee) von Gedanken, Ideen, Vorstellungen, Fantasien. Paul Cézanne (um 1900), einer der Wegbereiter der Moderne, sieht in den Dingen, die er malt, sowohl das Äußere als auch die zugrunde liegende geometrische Form (z. B. Apfel als kugeliges Element). Die allgemeine geometrische Form, die den Dingen innewohnt, begreift er als Baustein unserer Welt. Es geht ihm nicht um Symbolik (z. B. war im Mittelalter der Apfel Symbol für das Paradies), sondern um einen von der unmittelbaren Naturwiedergabe abgelösten Gestaltungsprozess.

Der Kubismus knüpft bei Cézanne an. Picasso sieht in den Dingen Formelemente, mit denen er experimentieren kann. Ziel ist die formal spannende Komposition, nicht mehr das Abbild von sichtbaren Dingen (**Trompe l'esprit** statt Trompe l'œil). In der Collage sind es noch flächige Elemente, bald werden aber auch aus alltäglichen Materialien plastische Gebilde konstruiert.

Eine Revolution bedeutet das Eindringen von Alltagsdingen in die Kunst, die nicht mehr repräsentiert (abgebildet) werden, sondern per se im Kunstwerk existieren. Im Kubismus dienten die alltäglichen Materialien noch als Kompositionselemente.

Das **Ready-made** von Marcel Duchamp ist die direkte Übernahme eines bereits existierenden Objektes aus dem Alltag. Vorgefertigte Produkte, die er im Warenhaus ersteht oder im Haushalt findet, erklärt er zur Kunst. Zahlreiche Künstler im Umfeld des Dadaismus experimentieren mit Dingen aus der Alltagswelt. Die Objektkunst der Nachkriegszeit wird hier anknüpfen.

Eine besondere Bedeutung erlangen die *abgebildeten* Dinge in der Pittura Metafisica (Giorgio de Chirico) und im Surrealismus. Hier kommt ihnen eine neue „magische" Bedeutung zu. Realistisch dargestellt stehen sie in einem unerklärlichen Zusammenhang, sind Sinnbilder für das Rätsel unseres Daseins.

Giorgio Morandi setzt sich Zeit seines Lebens fast ausschließlich und nahezu obsessiv mit Dingen des täglichen Gebrauchs auseinander (Kannen, Teller, Vasen, Flaschen). Über Cézanne, den Kubismus und die Pittura Metafisica gelangt er seit 1920 zu einer völlig eigenständigen Ausdrucksform. Seine Stillleben sind „Stillleben" im wahrsten Sinne des Wortes. Die Dinge in seinen Bildern „leben" ganz „still", scheinen unmerklich zu atmen. Morandis deutlich erkennbare Pinselschrift, seine sensibel aufeinander abgestimmten Farbtöne und ein „Von-innen-heraus-Leuchten" bewirken, dass seine an und für sich völlig unbeweglich dastehenden Dinge nicht tot erscheinen.

Gegen Ende des 20. Jahrhunderts spielen die „Dinge" im Werk vieler bedeutender Künstler eine dominante Rolle. Arbeiten von Edward Kienholz oder Duane Hanson zeigen in geradezu schockierendem Realismus erschütternde Szenen oder stellen soziale Missstände bloß **(Environment)**.

Im Werk von Joseph Beuys erlangen die Dinge erneut eine symbolische Dimension. Zum einen sind biografische Bezüge von Bedeutung, zum anderen verweisen seine Dinge auf das Spannungsfeld von Geist und Materie, Natur und Technik, Verstand und Sinne. In Vitrinen oder Räumen konfrontiert er divergente Dinge bzw. Materialien **(Installationen)**.

Die Arbeit mit realen Dingen und unterschiedlichsten Materialien aus dem alltäglichen Umfeld ist heute aus der Kunst nicht mehr wegzudenken.

Marcel Duchamp (1887–1968)

Bis heute gilt das Werk von MARCEL DUCHAMP als revolutionär. Es stellt sozusagen eine Initialzündung für völlig neue Möglichkeiten dar, sich künstlerisch auszudrücken. Sein erklärtes Ziel ist es, dass Kunst eine **selbstverständliche Position** im alltäglichen Leben einnehmen und nicht nur im „Elfenbeinturm" des Museums dahindämmern soll. Seine Mittel und Wege wirken bis heute für viele provokativ und auch unverständlich.

Seine künstlerische Laufbahn gliedert sich in drei Abschnitte. Zunächst steht er als Maler unter kubistischem Einfluss („Akt, die Treppe herabsteigend", 1912). Noch vor der Zeit des Dadaismus erfindet er das Ready-made (1913). 1923 zieht er sich vom Kunstbetrieb zurück und lebt als Schachlehrer in New York.

Wenige künstlerische „Taten" haben ihn weltberühmt gemacht: Das „Fahrradrad" von 1913, der „Flaschentrockner" von 1914 und die „Fontäne" (ein Pissoirbecken) aus dem Jahr 1917 gehören zu seinen bekanntesten Ready-mades. In radikaler Form vollzieht Duchamp, was in den Collagen der Kubisten bereits anklingt: Dinge aus der Alltagswelt werden zum Kunstwerk erklärt. Sie sind nicht „Rohmaterial", sondern „Endprodukt".

Bis zu Duchamp stellten Kunstwerke etwas dar, waren „Bilder" der Außenwelt oder (in der abstrakten Malerei) der Innenwelt. Ausgangsmaterialien waren Farbe und Leinwand bzw. Ton, Stein usw. Die Hand des Künstlers gestaltete mit diesen Materialien, in der Absicht, etwas auszudrücken. Das Kunstwerk „sprach" zum Betrachter durch seine Form. Die geistige Aneignung erfolgte über das Auge. Ein Kunstwerk war dem traditionellen Kunstverständnis nach in jedem Fall Repräsentant einer Idee und nicht selbst „Wirklichkeit". Umgeben von der Aura des Einmaligen und im „Musentempel" aufbewahrt, kam es der Erwartungshaltung bürgerlicher Gesellschaft entgegen: Künstler des 19. Jahrhunderts entwarfen eine ideale Gegenwelt, stellten dem Gewöhnlichen des Alltags die Schönheit der Natur oder bewunderungswürdige Menschen gegenüber – als „Augenweide". Selbst die Darstellung von Verbrechen, die Verrichtung gewöhnlicher Arbeit usw. wurde durch die Form „geadelt", die das Schaurige oder Alltägliche ästhetisch genießbar machte.

Duchamp geht mit der traditionellen Kunst respektlos um. Eine Reproduktion der Mona Lisa z. B. „verziert" er mit einem Schnurrbart, wodurch die geheimnisumwitterte Schönheit der Lächerlichkeit anheimfällt.

Mit dem „Fahrradrad", einem auf einem Hocker befestigten Rad eines Fahrrads, wird zum ersten Mal in der Geschichte der Kunst ein real existierender Gegenstand als Kunstwerk präsentiert. Der Begriff **„Ready-made"** wird dafür geprägt.

Das Ready-made ist die (banale) Realität selbst. Der Gestaltungsakt entfällt. Die Form des Objekts ist beliebig und fungiert nicht als Ausdrucksträger. Duchamp beschreibt es als ein *„durch Auswahl isoliertes und als selbstständiges Wesen erklärtes, vorfabriziertes Ding"*. Es ist industriell, also massenhaft gefertigt. Bevor es durch die Person Duchamp **zum Kunstwerk erklärt** wurde, hatte das „Ding" eine bestimmte Funktion. Durch seine Isolation – es wird dem gewohnten Zusammenhang entrissen und ins Museum gestellt – steht es wie verloren da, wirkt fremdartig und schockiert und verunsichert den Betrachter. Mitunter betont Duchamp durch bestimmte „Zutaten" das Rätselhafte des zum Ready-made erklärten Objektes. So verleiht er beispielsweise dem Gegenstand einen (sachlich) falschen Namen. Ein am Boden liegendes Brett mit Garderobenhaken heißt „Falle". Sein Ready-made „In advance of a broken arm" ist eine galvanisierte Schneeschaufel, d. h. er hat die Oberfläche geringfügig verändert. Das Ready-made als „Museumsinventar" war ursprünglich Objekt täglichen Gebrauchs. Die Grenze zwischen Kunst (verbannt ins Museum) und Wirklichkeit des Lebens wird damit verwischt, Alltags- und Kunstsphäre gehen ineinander über.

Duchamp weist einmal ausdrücklich darauf hin, dass es nicht seine Absicht gewesen sei, ein „Bild für die Augen" zu machen. Er will vielmehr erreichen, dass der Schock die geistige Lethargie beendet. Wer beginnt, Fragen zu stellen, beginnt zu denken. Der Betrachter wird zur Aktivität gezwungen. Duchamp veranlasst uns, die Frage nach dem Verhältnis von Kunst und Leben wieder neu zu stellen, die in die Frage nach der wahren Wirklichkeit mündet. Seine Ideen sind frisch geblieben und haben dazu geführt, dass Kunst seitdem in ganz neuem, erweitertem Sinn verstanden wird. Das traditionelle „Kunst-Werk" ist nur eine Möglichkeit unter vielen, wenn es darum geht, Denkprozesse in Gang zu bringen.

Die Frage nach der Kunst bleibt offen, sie kann nicht abgeheftet und damit „sichergestellt" werden. Wer fragt, bleibt wach und kann kreativ und aktiv werden. Wie JOSEPH BEUYS versteht auch Duchamp Kunst als „Therapie".

Pittura Metafisica

Während vor dem Ersten Weltkrieg der Weg zur Abstraktion, d. h. zur gegenstandsfreien Malerei freigemacht worden war, entdecken einige Künstler in Italien um 1916 von Neuem den Gegenstand. Das „Ding“ wird zum wichtigsten Darstellungsobjekt in der „Pittura Metafisica“, der metaphysischen Malerei von GIORGIO DE CHIRICO, CARLO CARRÀ und GIORGIO MORANDI.

Die naturalistische Schilderung des Sichtbaren endet mit dem Impressionismus. Auch wenn z. B. de Chirico Dinge aus der sichtbaren Welt relativ naturalistisch malt, erscheinen sie doch in einem ganz neuen Licht. In ungewohnter und rätselhafter Kombination verleiht er ihnen eine beunruhigende Existenz, ihre Wirkung ist geradezu magisch. De Chirico schreibt über seine Art, die Dinge zu sehen:

Ich befand mich an einem klaren Wintertag im Schlosshof von Versailles. Alles war still und schweigsam. Alles sah mich an mit einem fremden, fragenden Blick. Da sah ich, daß jeder Schlosswinkel, jedes Fenster, jede Säule eine Seele hatte, die ein Rätsel war [...] [24]

Ähnlich hat der Philosoph Ernst Bloch (1885–1977) die **„Magie der Dinge“** empfunden: *„Was tun die Dinge, wenn wir nicht dabei sind? Wir kommen wieder, und sie haben sich nicht geändert. Aber wissen wir, was sie inzwischen gemacht haben?“* [59] Der Verlust der Transzendenz wird mit der Mystifizierung der gewöhnlichen Dinge, die zum magischen Gegenüber geworden sind, kompensiert, z. B. in de Chiricos Gemälde „Die beunruhigenden Musen“:

Auf einem verlassenen Platz, dessen Boden aus Brettern zu bestehen scheint, erblickt man im Licht der Nachmittagssonne drei seltsam anmutende Figuren, die lange, scharf umrissene schwarze Schatten werfen. Die linke der drei „Musen“ steht auf einem Postament, uns abgewandt. Ihr steinerner Körper ist bis zur Taille hinauf wie eine kannelierte Säule gebildet. Leicht nach links geneigt steckt anstelle des Kopfes ein Punching-Ball in einem schwarzglänzenden Aufsatz, der an eine Schneiderpuppe denken lässt. Die mittlere Figur sitzt schwer auf einer türkis-blauen Schachtel. Ihr Körper ist prall, wie aufgeblasen, und von Steppnähten überzogen. Sie hat ein Loch in der Brust und auf dem gedrechselten Hals ersetzt ein schwarzer Knauf den Kopf.

Im Schatten des Gebäudes, das den Platz nach rechts abschließt, steht etwas weiter hinten eine Steinfigur, einer antiken Statue ähnlich. Zwischen den Figuren sind bunt bemalte Schachteln verteilt. Im Hintergrund erkennt man den Palast von Ferrara, der in der Renaissance Schauplatz glanzvoller Theateraufführungen war. An den Palast schließen sich links Fabrikgebäude an. Die Bildgegenstände sind deutlich konturiert, Binnenformen nach Helldunkel abgestuft. Stilistische Vorbilder sind Giotto, Masaccio, Piero della Francesca und andere große italienische Maler des Trecento und Quattrocento. Der Bildraum scheint luftleer zu sein, denn auch entfernte Gegenstände sind glasklar zu erkennen. Die Bodenlinien laufen auf einen Punkt zu, der Platz scheint jedoch anzusteigen und die Hintergrundgebäude haben andere Fluchtpunkte. Die Raumkonstruktion entbehrt der Logik. Trotz des Abendlichtes geht von dem Bild ein Gefühl der Kälte und Fremdheit aus, dabei herrscht absolute Stille. In stärkstem Farbkontrast steht der dunkelgrüne Himmel zum roten Palast.

Was haben die „Musen" auf diesem Platz zu suchen? Hat man sie vergessen, sind sie Requisiten einer längst zu Ende gegangenen Theatervorstellung? Jeder Gegenstand im Bild ist klar zu erkennen, doch bleibt der Zusammenhang zwischen den Dingen unerklärlich. Die Atmosphäre auf dem Bild erinnert an einen traumhaften Zustand. Rationale Fragen führen nicht zur Entschlüsselung des Inhalts.

De Chirico hat nicht die sichtbare Realität gemalt. Er zeigt vielmehr eine andere, eine **metaphysische** (nicht sichtbare) **Wirklichkeit**, die wir im Traum oder in halluzinatorischen Momenten wahrnehmen, wenn das Unterbewusstsein nicht von der Kontrolle des Verstandes überlagert wird. Dazu meint de Chirico: *„Das Kunstwerk, wenn es wirklich unsterblich sein soll, darf weder Vernunft noch Logik haben. Auf diese Weise kommt es dem Traum und dem Geist des Kindes nahe."*[24] Die Dinge bleiben stumm, werden nicht erklärt und stehen in alogischem Zusammenhang. Ein Sinn ist nicht zu „ersehen" und damit eine Deutung nicht möglich. Bei Schopenhauer und Nietzsche findet de Chirico die Idee von der tiefen Bedeutung des Nicht-Sinns des Lebens und wie dieser Nicht-Sinn in Kunst verwandelt werden kann.

De Chirico wird von den Surrealisten in Paris gefeiert, wendet sich jedoch seit 1920 einem akademischen Malstil zu und kämpft gegen die moderne Kunst. Auch CARLO CARRÀ, der ehemalige Futurist, und GIORGIO MORANDI verfolgen die metaphysische Malerei nicht länger.

Exkurs
Das „Fantastische“ in Malerei und Grafik

Das „Fantastische“ in der Malerei, unter dem Eindruck der Freud'schen Psychoanalyse von Surrealisten zum ersten Mal formuliert, taucht in der Kunst aller Völker immer wieder auf. Bilder, die aus dem Unbewussten hervortreten, zeigen Unheimliches und Bedrohliches, machen Träume, Utopien, das Wunderbare und Übersinnliche optisch erfahrbar. Nicht das unmittelbar Sichtbare ist Gegenstand der Malerei, sondern eine „innere Welt“ wird hervorgekehrt. Diese andere Wirklichkeit, die in der menschlichen Psyche beheimatet ist, wird als „Überwirklichkeit“ bezeichnet („Surrealität“, Surrealismus).
Jenes „Überwirkliche“, das im Surrealismus meist mit Angst, Ekel, Schock, Albtraum, Rausch oder Perversion verbunden ist, tritt auch in Werken alter Meister auf, die eine andere als die sichtbare Welt gestalteten. **Mittelalterliche Künstler** gaben Vorstellungen von einer höheren (geglaubten) Wirklichkeit wieder.
Zahlreiche Künstler vergangener Stilepochen, in deren Werk das Fantastische hervortritt, sind Vorbilder für die Surrealisten gewesen. MAX ERNST hat sich mit der „Versuchung des hl. Antonius“ von MATTHIAS GRÜNEWALD (Isenheimer Altar, 1515) auseinandergesetzt. Die Niederländer PIETER BRUEGHEL D. Ä. (1525/30–1569) und vor allem HIERONYMUS BOSCH (um 1450–1516) wurden von den Surrealisten bewundert.
Bosch schuf ein unglaublich fantastisches „Repertoire“ des Absurden in völliger Eigenständigkeit. Zu seinen bekanntesten Werken gehört ein Triptychon, in dessen Zentrum sich der „Garten der Lüste“ befindet (Prado, Madrid). Kein Gemälde der Zeit um 1500 steht weiter vom Geist der italienischen Renaissance entfernt. Nicht die Schönheit, das ideale Bild des Menschen interessiert Bosch, sondern seine Laster. In der Darstellung der Hölle (auf einem der Flügel) bedient er sich nicht herkömmlicher Symbolik, sondern entwirft eine individuelle Höllenversion. In einem sich weit in die Bildtiefe erstreckenden Raum wimmelt es von dämonisch-skurrilen Mischwesen und Folterszenen. Die unheimlich-beängstigende Wirkung wird durch die Präzision in der Darstellung des Absurden hervorgerufen.
Seit der Religionskrise im **16. Jahrhundert** verselbstständigt sich das Fantastische. Der **Manierismus** entwirft Schreckensbilder ohne religiösen Hintergrund. Das Surreale wird Ersatz für das Transzendente, das etwas später wieder in den barocken Deckengemälden höchst effektvoll „inszeniert“ wird.

Nicht mehr die Natur ist Ausgangspunkt für den Manieristen, sondern seine subjektive Sicht der Welt, die er in einer (möglichst ungewöhnlichen) „Manier" vorträgt. Vexierbilder von S. Dalí beziehen sich auf die surrealen Köpfe des Giuseppe Arcimboldi.
Verfremdung, Deformierung, übersteigerte Raumtiefe, ungewohnte Farbigkeit und Lichtführung sind Stilmittel, die Surrealisten und Manieristen gemeinsam haben. Unter den Vertretern beider Richtungen sind Exzentriker und Egozentriker. Auch das Interesse am **Wahnsinn** erwacht bei den Manieristen. Ein Zusammenhang von Geisteskrankheit und Genie wird entdeckt *(„Göttlich ist der schöne Wahnsinn der Inspiration", Pietro Aretino, 16. Jh.).*
Surreale Elemente kennzeichnen Werke von HEINRICH FÜSSLI und FRANCISCO DE GOYA. Der Traum spielt bei beiden eine besondere Rolle. Goya betont das Grausame, Dämonische und Absurde besonders in seinen Radierzyklen. Füßli setzt sich für die Freiheit von Fantasie und Gefühl ein und wendet sich damit gegen die Verstandeskultur der Aufklärung im 18. Jahrhundert.
Die deutsche **Romantik** bezieht das Surreale im dichterischen Bereich (z. B. E. T. A. Hoffmann) in ihre Vorstellungen mit ein, kommt jedoch in der bildenden Kunst zu keiner entsprechenden Formulierung.
ODILON REDON, JAMES ENSOR und ARNOLD BÖCKLIN sind Vorbilder für die Surrealisten gewesen (vgl. **Symbolismus**). ALFRED KUBIN (1877–1959) kann man als einen „Vorläufer" bezeichnen: Als Einzelgänger lebt der Grafiker auf Schloss Zwickledt in Oberösterreich. Er ist übersensibel veranlagt und neigt zu Depressionen. Als 10-Jähriger erlebt er den Tod der Mutter mit, 1903 kommt seine Braut bei einem Unfall ums Leben. Noch vor dem Ersten Weltkrieg nimmt er Verbindung zu ODILON REDON auf und ist mit Marc und Klee befreundet. Wichtige Anregungen liefern Klinger, Goya, Munch und Ensor für ihn. Seine frühen Werke sind erfüllt von fantastischen Kreaturen, vom Geruch des Todes, von Mischwesen, überdimensionalen bedrohlichen Insekten und ekelerregenden Todes- und Folterszenen. Später illustriert er fast ausschließlich Bücher. Zu seinen Lieblingsautoren zählen Oscar Wilde, E. T. A. Hoffmann, Edgar Allan Poe und Gérard de Nerval.
In der zweiten Hälfte des 20. Jahrhunderts knüpfen Künstler der **Wiener Schule** an den Surrealismus an und entwerfen fantastische Szenerien in schillernden Farben (z. B. ERNST FUCHS, RUDOLF HAUSNER). Die Bilder von RICHARD OELZE (1900–1980), ebenfalls beeinflusst von den Surrealisten, vermitteln eine bedrückende, traumähnliche Atmosphäre. KONRAD KLAPHECK (geb. 1935) schildert an und für sich nüchterne Objekte (z. B. „Schreibmaschine", 1955) mit äußerster Intensität, sodass sie ein Gefühl der Beklemmung auslösen und einen nahezu magischen Charakter gewinnen.

Surrealismus

Der Surrealismus (der Begriff wurde 1917 durch den Dichter Apollinaire geprägt) ist wie der Dadaismus kein einheitlicher „Stil“, sondern eine geistige Haltung. Er äußert sich in der Literatur, in der bildenden Kunst und auch im Film. Die meisten Vertreter der DADA-Bewegung schlossen sich ihm an. Eine erste Ausstellung fand 1925 in Paris statt: ARP, ERNST und MIRÓ beteiligten sich. DALÍ und MAGRITTE kamen erst später dazu.

Individuell höchst verschieden, verbindet die Surrealisten die Überzeugung, die Grenze zwischen Außenwelt (Erfahrungen des Alltags unter Kontrolle der Vernunft, den Gesetzen der Logik gehorchend) und Innenwelt (psychische Erfahrungen: Traum, Fantasie, Vorstellungen) sei nur künstlich gezogen und könne aufgeweicht werden. So entstünde eine neue, **übergeordnete Realität**, eine **„Surrealität“**, in der Traum und Wirklichkeit ineinander übergingen.

Schon die Romantik am Beginn des 19. Jahrhunderts ersehnte die Auflösung des Konflikts zwischen Verstand und Gefühl, Subjekt und Objekt, Ich und Welt in einem umfassenden „Grund“. Die Idee vom ursprünglichen Einssein des Menschen mit dem Universum taucht bei den Surrealisten wieder auf: *„Diese Ahnung eines einheitlichen Wurzelbodens kräftigte sich, als die Psychoanalyse die verifizierbare Tatsächlichkeit eines kollektiven Unbewussten nachwies“*[20], das noch unter dem persönlichen Unbewussten lagert. ANDRÉ BRETON (1896–1966), Dichter und Wortführer der Surrealisten, formuliert im 2. Surrealistischen Manifest: *„Alles veranlasst uns zu glauben, dass es auf geistigem Gebiet einen Punkt gibt, wo Leben und Tod, Wirklichkeit und Einbildung […] aufhören, als Widersprüche gesehen zu werden.“*[24] In der Betonung des Irrationalen, in dem Verlangen, außerhalb des Verstandesmäßigen schöpferisch tätig zu sein, Bilder aus dem Unbewussten auftauchen zu lassen, sind Vertreter der Romantik, des Symbolismus und des Blauen Reiters einander geistesverwandt. Neu ist bei den Surrealisten die Orientierung an Sigmund Freuds psychoanalytischer Forschung. Seine Methoden wurden zum Modell für künstlerische Experimente mit dem Unbewussten. Die künstlerische Arbeit müsse automatisch in einem *„Diktat des Denkens unter Ausschaltung jeglicher von der Vernunft ausgearbeiteter Kontrolle, außerhalb ästhetischer oder moralischer Bedenken“* vor sich gehen, d. h. in einem **psychischen Automatismus**, schreibt Breton im 1. Manifest des Surrealismus 1924.

Dem „Auftauchen“ eines Werkes wohnt der Künstler dann nur noch als „Beobachter“ bei, der sich nicht einmischt oder manipuliert. Weil die Ausschaltung des Verstandes im Wachzustand kaum möglich ist, erfinden die Surrealisten (vor allem Max Ernst) bestimmte bildnerische Methoden, bei denen der künstlerische Prozess weitgehend dem Zufall überlassen ist.

1 Surrealistische Malerei: Ernst, Dalí, Magritte

Max Ernst (1891–1976)
Der Maler, Grafiker und Bildhauer MAX ERNST gehört zu den großen bildenden Künstlern des 20. Jahrhunderts und zeichnet sich besonders durch seine Vielseitigkeit aus. Immer wieder wechselt er seine Techniken, Themen und Stilmittel. *„Ein Maler ist verloren, wenn er sich findet“*, sagt er einmal. Sich nicht gefunden zu haben, sieht Max Ernst als sein „einziges“ Verdienst an.

Der Autodidakt beginnt seine künstlerische Laufbahn mit der Herstellung von Collagen. Das Abbildungsmaterial entnimmt er „spießigen“ Holzstichillustrationen der Gründerzeit. Aus trivialen Bildelementen, dem Zusammenhang entrissen und neu nach dem „Prinzip“ des Zufalls kombiniert, entstehen sonderbar fantastische oder dämonische Szenen von albtraumhafter Wirkung. Auf seine „Collagen-Romane“ (z. B. „La femme 100 têtes“, 1929) lassen sich herkömmliche ästhetische Kategorien nicht anwenden. Sie sind „schön“ im Sinne des Ausspruchs von LAUTRÉAMONT, des von den Surrealisten verehrten Dichters, der lautet: *„Schön ist die zufällige Begegnung einer Nähmaschine und eines Regenschirms auf einem Operationstisch.“*[9]

1991 wird anlässlich von Max Ernsts 100. Geburtstags eine Gesamtschau seines umfangreichen, divergenten und buchstäblich unerklärlichen Werkes in der Staatsgalerie Stuttgart verwirklicht. Der nicht selten irritierte Betrachter des Œuvres von Max Ernst wird *„auf der sinnlichen Ebene mit etwas konfrontiert, was es sonst eigentlich nur in der Philosophie gibt: mit Erkenntniskritik“*, so der profunde Ernst-Kenner Werner Spies. Das „Unerklärliche“ ist kein abgemalter Traum. Ernst setzt vielmehr Unbewusstes mit seiner Wahrnehmung der sichtbaren Realität in Bezug. *„Träume“*, so sagt er einmal in einem Interview, seien *„der ursprüngliche Atem der Wirklichkeit“*, und es komme darauf an, das auf sie gerichtete „innere Auge“ mit der äußeren Wahrnehmung zu einer Synthese zu bringen.[61] An der Analyse von Träumen, wie Freud sie betrieb, ist Ernst nichts gelegen. Einer seiner Bildtitel heißt: „Die Menschen sollen es nie verstehen". Herkömmliche Interpretationsversuche sind zum Scheitern verurteilt, die Annäherung gelingt allein auf der emotionalen Ebene.

Er entwickelt verschiedene bildnerische Methoden, um zufällige Ergebnisse zutage fördern zu können. Bei der **Frottage** legt er strukturiertes Material (z. B. Holz mit deutlicher Maserung) unter das Zeichenpapier und reibt es durch. Das entstandene Lineament ruft **Assoziationen** hervor und wird zeichnerisch überarbeitet. Traumähnliche, verzauberte Landschaften, gruselige und/oder komische Gebilde entstehen in intuitivem Schaffensprozess. Geht er nach dieser Methode in der Malerei vor, so spricht man von **Grattage**. Werden in Farbe getränkte Schwämme auf die Leinwand gedrückt, nennt man dies **Décalcomanie**. Unter der Hand des Künstlers verwandeln sich automatisch erzeugte Strukturen in Landschaften, die zu Schauplätzen seiner fantastischen Bilderfindungen werden. Dabei greift er allerdings auch bewusst ein und arbeitet auf traditionelle Weise mit dem Pinsel Details heraus.

Charakteristisch für die Arbeiten von Max Ernst zu Beginn der 20er-Jahre ist das kleine Bild mit dem Titel „La Femme Chancelante" („Die schwankende Frau") von 1923. Auf den ersten Blick empfindet man die Darstellung als grotesk bzw. beängstigend. Eine weibliche Person ist auf unerklärliche Weise mit einer seltsamen Apparatur verbunden, die zwischen zwei Säulen (oder sind es Schornsteine?) aus dem Dunkeln hervorragt. Die Figur scheint mit ausgestreckten Armen hin und her zu schwanken, die Haare stehen ihr zu Berge, als ob sie einen Elektroschock erlitten hätte. Aufgrund ihrer glatten Oberfläche könnte man die Figur auch für eine aus Holz geschnitzte Gliederpuppe halten. Unaufhörliches Schwanken, vielleicht begleitet vom Quietschen der Mechanik, scheint sie in Trance versetzt zu haben. Der Mund ist weit geöffnet, ihr starr blickendes rechtes Auge wird allerdings bei genauerer Betrachtung als das hohle Ende eines Schlauches identifiziert, der von einem dickeren Schlauch abzweigt. Dieser wächst weiter nach oben, parallel zu dem spitz zulaufenden Haarschopf. Graziös scheint die Figur die zarten Finger zu bewegen, während ihre Beine – die Füße stecken in Ballettschuhen – Tanzschritte andeuten. Sie ist mit einem enganliegenden ärmellosen Trikot bekleidet, in dem sich der Nabel deutlich abbildet. Ein weißes Röckchen bedeckt den Unterleib. Weit unterhalb liegt der Horizont, nur ein schmaler grünlicher Streifen Erde (oder Wasser?) ist zu sehen.

Die Figur durchzieht die Komposition, die links und rechts durch helle Säulen begrenzt wird, als Diagonale. Mit den ausgestreckten Armen zusammen ergibt sich ein schräg über der Bildfläche liegendes Kreuz. Die Beine werden beiderseits von parallel verlaufenden gebogenen Metallröhren gerahmt.

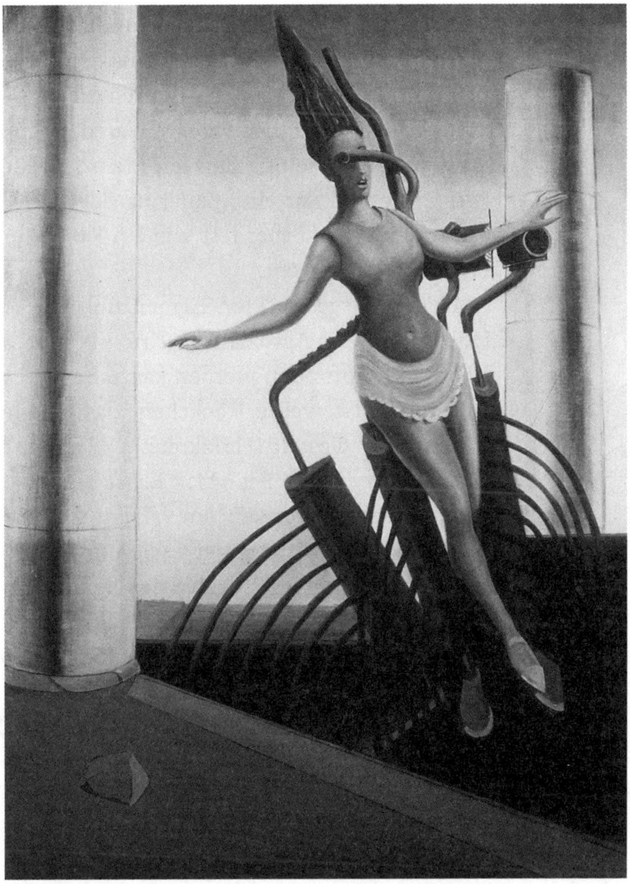

Max Ernst: „La Femme Chancelante" („Die schwankende Frau") (1926), 130,5 × 97,5 cm. Kunstsammlung Nordrhein-Westfalen, Düsseldorf.

Der Oberkörper hebt sich klar vor dem Himmel ab, der sich zum Horizont hin aufhellt. Schräg in den Bildraum verlaufende Linien deuten auf eine perspektivische Konstruktion, ein Fluchtpunkt ist jedoch nicht zu bestimmen. Da der Horizont sehr weit unten liegt, sehen wir die Gestalt ebenso wie die Säulen in Untersicht. Die plastische Ausformung von Figur und Gestänge mit Körper- und Schlagschatten und die präzisen Konturen lassen die gemalten Dinge konkret und greifbar erscheinen, ihre rätselhafte Existenz wird dadurch umso beunruhigender.

Nur wenige und getrübte Farben bestimmen das Bild. Die häufige Beimischung von Weiß verleiht ihnen eine cremige Wirkung, die zum Beispiel auch „Die heilige Cäcilie" (ebenfalls 1923) kennzeichnet. Pinselspuren sind erkennbar, der Farbauftrag ist meist streifig. Max Ernst bemüht sich nicht um altmeisterliche Präzision in der Malweise.

Durch genaueste Beobachtung und das Zulassen von Assoziationen können wir versuchen, uns dem Geheimnis der Darstellung zu nähern. Es könnte jedoch sein, dass uns Max Ernst durch die eine oder andere Anspielung auf eine falsche Fährte lockt. Die Figur, die an den Apparat im schwarzen Nichts angeheftet zu sein scheint, kann ein Mensch oder eine Puppe sein. Kleidung und Haltung deuten auf eine Ballerina oder eine Akrobatin hin. Das Trikot umspannt den Oberkörper fest wie ein Panzer und scheint, ebenso wie der Körper, aus Holz gemacht.

Mit den ausgestreckten Armen und der schmerzhaften Fixierung löst die „Holzpuppe" die Assoziation „Kruzifix" aus, auch wenn der Gedanke als blasphemisch empfunden werden kann. Betont wird diese gedankliche Verknüpfung durch das weiße Röckchen, das einem Lendenschurz ähnelt, und das Hölzerne der Gestalt (Holzkreuz?). Handelt es sich um eine Verballhornung des christlichen Themas? Max Ernst geht wiederholt respektlos und ironisch mit christlichen Motiven um („Die Jungfrau züchtigt das Jesuskind vor drei Zeugen", 1926). Aufgespießt wie ein totes Insekt bewahrt die Gestalt Haltung. Hände und Füße scheint sie wie im Traum ganz leicht zu bewegen. Seltsam doppeldeutig die Füße: Unterhalb der eigentlichen Füße sind zwei weitere zu sehen, die aus der Apparatur hervorragen, offenbar aus Holz sind und der Maschinerie etwas Menschliches verleihen. Andererseits könnte man auch die Gestalt als Teil der Maschine sehen. Malt Max Ernst eine mechanisch bewegte Puppe, also einen Automaten? Damit würde er auf die Romantik Bezug nehmen, die in der Literatur den künstlichen Menschen thematisiert. Berühmt ist die Puppe Olympia, die in der Erzählung „Der Sandmann" von E. T. A. Hoffmann tanzen und sprechen kann, wenn sie am Rücken aufgezogen wird.

Noch weiter zurück bis in die Zeit des Manierismus weisen die getrübten Farbtöne und die seitlichen Säulen, mit denen Max Ernst die „Madonna mit dem langen Hals" (1534–40) von Parmigiannino zitiert. Parmigiannino hatte seinerseits auf Michelangelos „Pietà" Bezug genommen und religiöse Andacht durch erotisch wirkende Körper und höfisch-elegantes Flair ersetzt. Diese Profanisierung setzt Max Ernst radikal und ohne Rücksicht auf die Verletzung religiöser Gefühle fort. Sowohl die „Madonna mit dem langen Hals" als auch die „Schwankende Frau" tragen ein Gewand, in dem sich der Nabel überdeutlich abdrückt. Noch eindeutiger wird seine intensive Auseinandersetzung mit dem Paradebeispiel manieristischer Malerei allerdings bei seiner das Christuskind schlagenden Madonna.

Trotz Offenlegung mancher Bezüge und einiger Deutungsansätze bleibt das Geheimnis der „Schwankenden Frau" jedoch unter Verschluss.

Salvador Dalí (1904–1989)

Salvador Dalí gehört nicht zuletzt wegen seiner exzentrischen Lebensweise zu den bekanntesten Surrealisten. Seine Stilmittel erschließen sich in der Betrachtung seines Bildes „Zerrinnende Zeit“ („La Persistance de la Mémoire“) oder „Weiche Uhren“ von 1931:

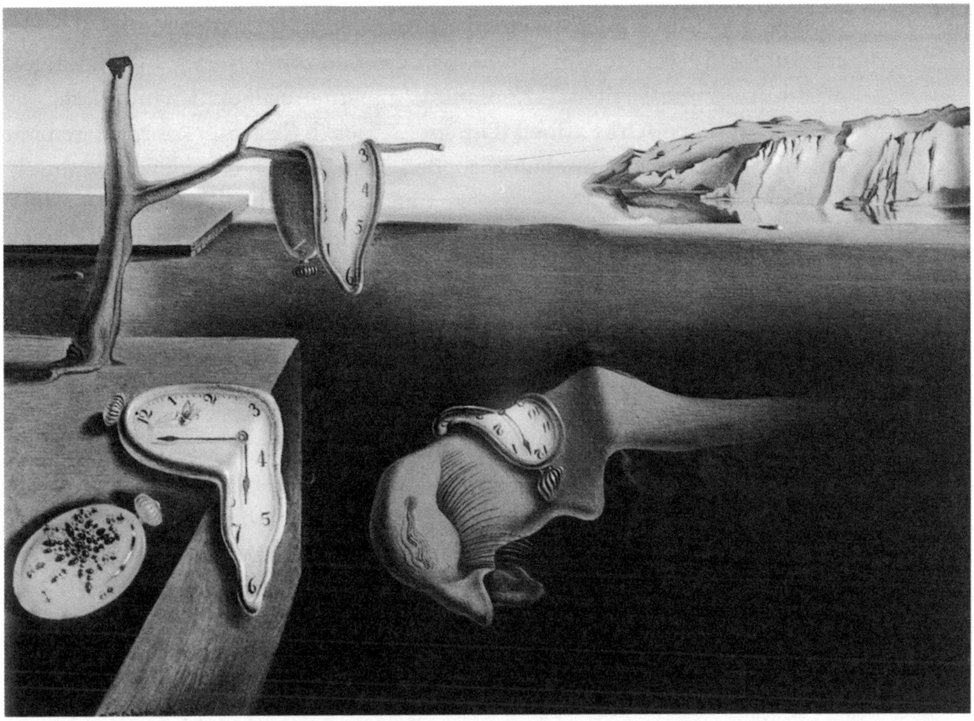

Salvador Dalí: „Zerrinnende Zeit“ (1931), Öl auf Leinwand, 24 × 33 cm. The Museum of Modern Art, New York.

Eine befremdende Wirkung geht von diesem Bild aus: Die Bonbonfarbigkeit der Objekte irritiert noch mehr als ihre Deformiertheit. Schauplatz ist eine Strandlandschaft mit hoch liegendem Horizont. Rechts im Hintergrund erhebt sich eine schroffe Steilküste aus dem Meer und spiegelt sich im unbewegten Wasser. Ein streifiger Himmel wölbt sich über dem Meer, das einer Eisfläche gleicht. Im Vordergrund ist links ein vom Bildrand beschnittener bräunlicher, scharfkantiger Kubus zu sehen, der den Blick schräg hinein in die Bildtiefe führt. Kein Dunst verschleiert entlegene Formen im anscheinend luftleeren Raum. Auf dem Quader steht eine baumartige Astgabel (wie eine Figur). An einem Zweig hängt schlaff eine weiche Uhr; aus ihrem Metall und Glas scheint Gummi geworden zu sein. Eine weitere deformierte Uhr liegt auf dem Kubus und hängt von ihm herab. Links vorne krabbeln Ameisen über das Ziffernblatt einer Taschenuhr. In ihrer Formation erinnern sie an die (verschwundenen) Zahlen. Ein Pendant zu dem Kubus im Vordergrund ist ein flacher, im Innern blauer Quader nahe am Ufer, der ein Bassin darstellen könnte. Am auffälligsten ist ein Gebilde mitten in der weiten Strandebene, das unangenehm weich, wie ein Lappen, über einige Felsbrocken hingebreitet ist. Es wirkt wie enthäutet und ist rosafarben. An seinen „Rücken" schmiegt sich wie ein Sattel eine weitere Uhr. Dreht man das Bild um 90 Grad, so identifiziert man das seltsame Gebilde als Kopf mit Wimpern, Augenbrauen und Nase.

Weiche, organische Formen (Uhren, Astgabel, „Gesicht") kontrastieren mit scharfkantigen, anorganischen Gebilden (den Kuben und der Felseninsel). Doppeldeutig sind das Wasser (flüssig und fest zugleich), die Astgabel (Aorta?) und das rosafarbene Gebilde (Gesicht?). Die Bildelemente sind der real existierenden Welt entlehnt, werden jedoch farblich und formal verfremdet. Das kopfähnliche Gebilde ist der Fantasie des Künstlers entsprungen. Er malt das „Unmögliche" mit äußerster Penibilität und steigert so den beunruhigenden Effekt. Eine rationale Deutung des Bildes ist nicht möglich. Die Uhren könnten ein Vanitasmotiv sein. Alle zeigen ungefähr 6 Uhr an, wobei die Bedeutung dieses Umstands offenbleibt.

In seinen „handgemalten Traumfotografien" deutet Dalí die Welt wie ein psychisch Kranker systematisch um, arbeitet also nicht in einem passiven Automatismus. Er malt nicht „wirklich" geträumte Träume, sondern er stellt die Realität der Außenwelt in den Dienst der Realität seines – absichtlich – verwirrten Geistes: *„Der einzige Unterschied zwischen einem Verrückten und mir ist, dass ich nicht verrückt bin"* (Dalí). Wie der Paranoiker will er überwach, schärfer und mehr sehen als der „Normale". Dies spiegelt sich in seiner technisch virtuosen, geradezu altmeisterlichen Malweise. Mit oft peinlicher Genauigkeit, zum Teil in aufdringlich wirkenden Farben, schildert er rätselhafte Gebilde, die beunruhigen, Angst und Ekel auslösen können. Seine Ich-Bezogenheit tritt v. a. in seinem Bild „Metamorphose des Narziss" (1937) zutage.

René Magritte (1898–1967)

Ähnlich wie sein Vorbild Giorgio de Chirico arbeitet Magritte großflächig und verzichtet auf Farbnuancen. Die malerische Virtuosität Dalís verachtet er. Magritte gilt als malender Philosoph. Ihm kommt es darauf an, **Gedanken** zu vermitteln: *„Malerei ist für mich lediglich ein Mittel. Dies erlaubt mir, einen Gedanken zu beschreiben, der einzig durch das gebildet wird, was die Welt an Sichtbarem bietet."*[21] Der denkerische Ansatz unterscheidet Magritte von den übrigen Surrealisten.

In einer ganzen Reihe von Bildern ist das Fenster ein Leitmotiv (z. B. „Der Schlüssel der Felder“, 1933). Es steht für die Verbindung von „Innen“ und „Außen“, vergleichbar mit dem menschlichen Auge, mit dem die Außenwelt wahrgenommen wird. Bei Magritte ist der Fensterausblick jedoch kein wirklicher Blick in die Ferne. Äußeres gelangt (hier in Form von Glasscherben) ins Innere. Nähe und Ferne werden austauschbar und können verwechselt werden. Zugrunde liegt die Frage nach der tatsächlichen Wirklichkeit: Ist die Außenwelt nur Einbildung unseres Geistes oder existiert sie wirklich? Hier wird die Zugehörigkeit zum Surrealismus klar: Innen- und Außenwelt werden als Antipoden infrage gestellt.

Das bekannteste seiner „Sprach-Bilder“ ist betitelt „Ceci n'est pas une pipe“ („Dies ist keine Pfeife“). Der einzige Bildgegenstand ist jedoch sehr wohl eine deutlich erkennbare Pfeife. Dieser „Bildwitz“ macht eine grundlegende Erfahrung der Kunst des 20. Jahrhunderts sichtbar: Das Verhältnis von Realität und Kunstwerk, Abgebildetem und Abbild wird reflektiert. Die Schrift zeigt, dass es sich nicht „wirklich“ um eine Pfeife handelt, sondern das Bild nur eine solche „darstellt“, repräsentiert. Es hat damit Zeichencharakter. Bild und Realität liegen auf zwei völlig verschiedenen Ebenen. Die Malerei stößt dabei an die Grenze ihrer Aussagekraft– hier müsste die Philosophie anknüpfen.

2 Surrealistische Plastik

Zwischen 1920 und 1930 schafft PABLO PICASSO „metaphorische Re-Konstruktionen der Wirklichkeit“, wie sie der mit ihm befreundete Dichter und Wortführer der Surrealisten APOLLINAIRE nennt.

1930 konstruiert er aus geschmiedetem Eisen die „Frau im Garten“ und bemalt sie weiß. Eiserne Flächen, verschweißt und verschraubt, lassen in ihrer Kombination die Assoziation „Nackte Frau mit wehendem Haar“ aufkommen. Einzelne Metallflächen meinen Kopf, Brust, Schulter; Profilstäbe deuten Arme und Beine an, es gibt keinen in sich geschlossenen Körper. Lange Metall-Stängel tragen Philodendronblätter, die als Hände angesehen werden könnten. Mit dieser und anderen Konstruktionen, die er oft mit Fundstücken anreichert, leitet Picasso die Epoche der Eisenskulpturen ein, in der zunächst JULIO GONZÁLEZ (1876–1942) den Ton angibt.

Eine Zeit lang arbeitet González in Picassos Atelier. Picasso profitiert vom handwerklichen Können des Kunstschmieds, González wiederum von Picassos Kreativität, die ihn zu eigenständigen künstlerischen Leistungen anregt.

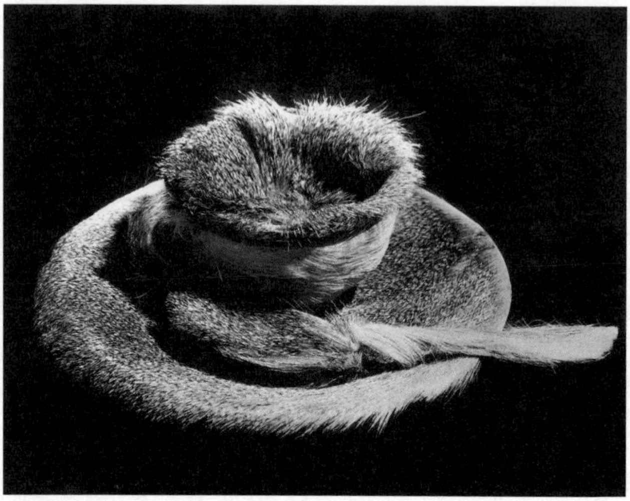

Meret Oppenheim, „Frühstück im Pelz“, (1936).The Museum of Modern Art, New York.

Der junge ALBERTO GIACOMETTI (1901–1966) stellt zahlreiche surreale Objekte her, welche die Imagination des Betrachters in besonderer Weise ansprechen. Seine „Frau mit durchgeschnittener Kehle“ (1933) ist ein Mischwesen aus Insekt und Mensch. Die Skulptur liegt ohne Sockel am Boden und das drastische Thema entfaltet erst im Kopf des Betrachters seine ganze Brutalität.

Ohne die Vorarbeit des Dadaismus wären Objekte von JOAN MIRÓ („Person mit Regenschirm“, 1931; Konstruktion aus verschiedenen Fundstücken), MAN RAY („Geschenk“; 1921; Bügeleisen mit 14 Nägeln) und das berühmte „Frühstück im Pelz“ (1936) von MERET OPPENHEIM (1913–1985) undenkbar.

Mit geringen Mitteln erzielt Oppenheim eine erstaunliche Wirkung. Sie bezieht eine Tasse und eine Untertasse samt Löffel mit Pelz und spielt dabei mit dem Doppelsinn des Titels „Frühstück im Pelz“. Das französische „Déjeuner en Fourrure“ ist ein spätes, exquisites Frühstück, bei dem man Austern schlürft und Champagner trinkt. Dazu erscheinen die Damen von Welt im Pelz.

Von den surrealistischen Konstruktionen eines Picasso oder Giacometti unterscheiden sich derartige Objekte durch das scheinbar Unkünstlerische in Herstellung und Material. Fundobjekte, die eigentlich nichts miteinander zu tun haben, werden kombiniert und/oder verfremdet. Gefühlsassoziationen, die eine solche seltsame Kombination hervorrufen, können tiefere, aus dem Unbewussten auftauchende Bedeutungen suggerieren. Banale Alltagsdinge transportieren so sinnliche und oft sexuelle Reize, die auf der surrealen Ebene zwischen Realität und Irrationalem stärker als rationale Impulse wirken.

Künstler außerhalb der Strömungen

1 Pablo Picasso

Im Jahr 1900 kommt der in Málaga geborene PABLO PICASSO (1881–1973) im Alter von 19 Jahren zum ersten Mal nach Paris. Der junge Maler hat bereits eine Blitzkarriere hinter sich und erlebt nun zunächst herbe Enttäuschungen, die sich während seiner **„Blauen Periode“** in melancholischen Bildmotiven widerspiegeln.

Seine dunkle Palette hellt sich auf, als er Fernande Olivier kennenlernt – die **„Rosa Periode“** bahnt sich an. Wesentlich jüngere Frauen geben Picasso zeitlebens künstlerischen Auftrieb und sind Anlass für ihn, mit neuen Ausdrucksformen zu experimentieren. Auf die Phase des **Kubismus** (1907–1914) folgt die Zusammenarbeit mit dem Choreografen Diaghilew und dem Komponisten Strawinsky, für die er Bühnenbilder entwirft. Picassos Arbeitsstil nach dem Ersten Weltkrieg bezeichnet man als **„Neoklassizismus“**. Um 1930 ist die Auseinandersetzung mit surrealistischen Stilelementen zu beobachten. Kurz vor dem Zweiten Weltkrieg beendet Picasso sein Monumentalgemälde „Guernica“; während der deutschen Besatzung kann er unbehelligt in seinem Pariser Atelier weiterarbeiten. Sein gewaltiges Spätwerk entsteht in der Provence, wo er sich Ende der 40er-Jahre niederlässt.

Als Picasso 1973 stirbt, wird er wunschgemäß im Garten seines Schlosses Vauvenargue beigesetzt, am Hang der Montagne Ste Victoire, dem Lieblingsberg seines geistigen Vaters Paul Cézanne.

Picasso hat fast acht Jahrzehnte lang die Kunstentwicklung entscheidend mitgeprägt. Zweifellos ist er der bekannteste Künstler des 20. Jahrhunderts. Sein Schaffen ist universal: Er vereint das klassische (apollinische) Formenideal mit dem romantischen bzw. expressiven (dionysischen). Die neoklassizistische Phase um 1920 (figürliche Szenen von großer Plastizität, streng gebaute Kompositionen, Remineszenzen an die Antike und Raffael) scheint im Widerspruch zu den lyrisch-zarten Bildern der Rosa Periode oder etwa den empfindsam gemalten Bildnissen seiner Frau Olga Koklowa (1917) und seines Erstgeborenen Paolo (1924) zu stehen. Innerhalb der neoklassizistischen Periode tauchen aber auch Körper mit monströsem Volumen und deformierten Gliedmaßen auf, die das Schönheitsempfinden bewusst stören.

Grundzug seines Wesens ist das Schöpferische. Abrupt verlässt er eingefahrene Geleise und sucht nach neuen Gestaltungsformen. Damit treibt er die Kunst des 20. Jahrhunderts voran und erweitert die traditionellen Gattungen der bildenden Kunst: Mit Braque zusammen kreiert er die **Collage;** seine „Gitarre“ (1912), eine **Montage** aus Blech und Draht, revolutioniert die Bildhauerei.

Sein Ziel ist nicht das „schöne Bild“, sondern die Gestaltung der Realität. Ausgangspunkt für ein neues Werk ist jeweils eine Anregung aus der Außenwelt, etwas, das er gesehen hat. Während des Arbeitsprozesses entsteht das „Bild“, in dem sich Inneres (Erleben, Empfinden) mit dem äußeren Eindruck vermischt: *„Ich verwende in meinen Bildern alle Dinge, die ich gern habe. Wie es den Dingen dabei ergeht, ist mir einerlei – sie müssen sich damit abfinden.“*[24] Die Dinge werden im Bild quasi auf einer anderen Ebene verarbeitet, indem sie einen zeichenhaften Charakter bekommen. Alltägliches erhält dadurch überzeitliche Gültigkeit. Hierin lässt sich Beckmann mit ihm vergleichen. Auf der Suche nach der gültigen Form zerstört er immer wieder, was er entwickelt hat:

> *Wenn man ein Bild beginnt, macht man oft hübsche Entdeckungen. Vor denen muss man sich in Acht nehmen. Man muss das Bild zerstören, es mehrere Male überarbeiten. Jedes Mal, wenn der Künstler eine schöne Entdeckung zerstört, unterdrückt er sie nicht eigentlich, sondern er wandelt sie vielmehr um, verdichtet sie, macht sie wesentlicher.*[24]

Picasso steht in der Tradition der großen Realisten Spaniens, zu denen auch Velázquez und Goya gehören. Hauptthema ist für ihn immer der Mensch. Die abstrakte, ungegenständliche Kunst lehnt er ab. 1935 sagt er in diesem Zusammenhang:

> *Abstrakte Kunst ist nichts als peinture. Wo aber bleibt das Drama? Es gibt keine abstrakte Kunst. Man muss immer mit irgendetwas beginnen. In der Folge kann man alle Erscheinungsformen der Wirklichkeit auflösen; darin liegt keine Gefahr mehr, denn die Idee des Gegenstandes hat ihren unverwischbaren Eindruck hinterlassen [...]. Ob es dem Menschen passt oder nicht, er ist das Werkzeug der Natur [...]. Man kann nicht gegen die Natur angehen, sie ist stärker als der stärkste Mann.*[24]

„Guernica“ (1937)

Das Monumentalgemälde „Guernica“ nimmt innerhalb Picassos Schaffen eine einzigartige Stellung ein. Picasso bezieht sich mit diesem Bild auf ein Ereignis aus dem Jahr 1937: Am 26. April hatten deutsche Bomber der Legion Condor die baskische Kleinstadt Guernica angegriffen und verwüstet. Zu diesem Zeitpunkt war Picasso gerade von der spanischen Regierung beauftragt worden, für den Pavillon Spaniens auf der Weltausstellung in Paris ein großes Wandbild anzufertigen. Nachdem der Inhalt freigestellt war, bestimmte Picassso „Guernica" zum Thema. Sein großes Gemälde ist den Opfern des Bombenterrors gewidmet.

Picasso fertigt zahlreiche Vorstudien an. Sie werden mit dem Gemälde zusammen auf verschiedenen Ausstellungen gezeigt, ebenso Fotografien der Leinwand während verschiedener Entwicklungsstadien, sodass der Entstehungsprozess eines der wichtigsten Werke des 20. Jahrhunderts lückenlos dokumentiert werden kann. Während des Krieges befindet sich das Gemälde in Picassos Atelier in Paris. Deutsche Offiziere, die Picasso besuchten, sollen ihn gefragt haben: „Haben Sie das gemacht?" Picasso soll geantwortet haben: „Nein, meine Herren, das haben Sie gemacht."

Auf den ersten Blick verwirrt die Vielfalt an splitterigen Formen, das Gemälde wirkt chaotisch: Zu sehen sind Köpfe von Tieren und Menschen, zum Teil mehransichtig (kubistisches Prinzip), deformierte Gliedmaßen, heftige Gebärden und angstvoll aufgerissene Augen und Münder bzw. Mäuler.

In der „Farbgebung" beschränkt Picasso sich auf Schwarz, Weiß und Grau. Die scharfkantig-flächigen Formen werden durch die Komposition zusammengehalten. Ein gedachtes großes Dreieck, dessen Spitze sich oben in der Bildmitte befindet, bestimmt den Aufbau. Es erinnert an das Tympanon des griechischen Tempels. Der Gedanke an die Antike wird auch durch das grell beleuchtete Profil eines Frauengesichtes wach, das klassisch anmutet. Mit einer heftigen Geste stößt die Gestalt von „außen" in den dunklen Kellerraum, eine Kerze in der Hand. Sie bringt Licht, hellt auf, was im Dunkeln geschehen ist und nicht verborgen bleiben darf.

Eine Mittelachse teilt das Bild in der Senkrechten. Zu beiden Seiten des die Komposition bestimmenden Dreiecks sind vor dunklem Grund Figuren angeordnet, welche die Vertikale betonen und das Bild seitlich rahmen, ähnlich wie die Flügel eines spätgotischen Altars. Zerklüftete Formelemente und ein durchgehender Bewegungszug von rechts nach links wirken jedoch stärker als die festigende Struktur und sind für den dramatischen Ausdruck verantwortlich.

Der Fußboden des Kellerraums ist gekachelt, Seitenwände führen schräg in die Tiefe, jedoch liegt keine mathematisch-perspektivische Konstruktion einer „Guckkastenbühne" vor. Der Stier und das Pferd muten in diesem Raum fremdartig an. Die Assoziation „Stierkampf" drängt sich als Symbol für die spanische Nation unwillkürlich auf.

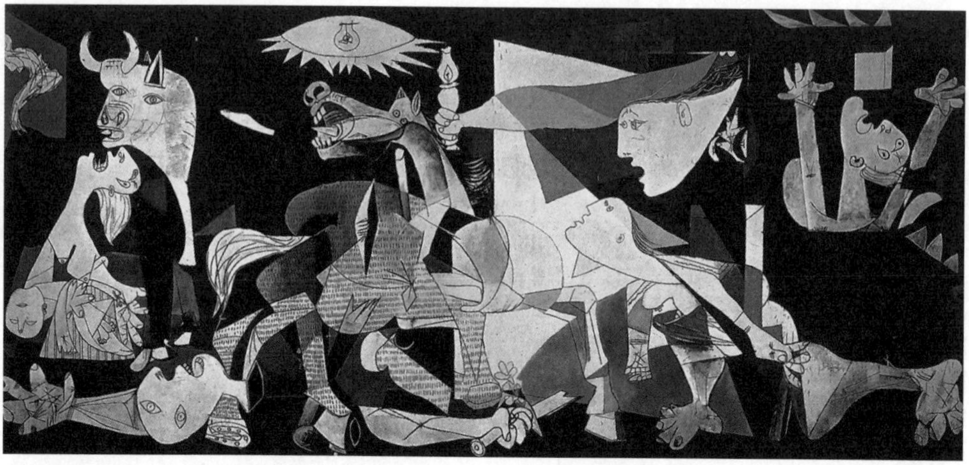

Pablo Picasso: „Guernica" (1937), Öl auf Leinwand, 351 × 782 cm. Museo Nacional Centro de Arte Reina Sofía, Madrid.

Das Pferd im Zentrum wird von der über seinem Kopf befindlichen elektrischen Birne angestrahlt. Den Hals nach links verrenkt, scheint es zu brüllen. Der Körper ist überzogen von kleinen schwarzen Strichen, die an Buchstabenzeilen (Zeitungsnotiz mit der Schreckensnachricht?) erinnern. Der Stier (ganz links) steht unbeweglich und kraftstrotzend da und erinnert an den Menschen verschlingenden Minotaurus der griechischen Mythologie. Eine verzweifelte Mutter streckt ihr Gesicht zum Kopf des Stieres empor. Sie bäumt sich auf und hält ein totes Kind in ihren Armen – ein Pietà-Motiv.

Auf dem Boden hingestreckt liegt ein Krieger, von Wunden übersät; das Schwert in seiner Rechten ist zersplittert, aus seiner Hand wächst eine Blume: ein zartes Zeichen der Hoffnung. Der Krieger könnte auch eine zerschmetterte Statue sein. Von rechts schleppt sich eine verletzte Frau herein, die Beine dick, schwer und unförmig. Im rechten „Seitenflügel" stürzt eine brennende Frau in den Kellerraum. Aus einem kleinen Fenster schlagen Flammen ins Innere. „Draußen" herrscht das Inferno.

Picasso war nicht Augenzeuge des Bombardements. Die Meldung von dem Geschehen entnahm er der Zeitung. Daher ist „Guernica" nicht als eine Bildreportage zu verstehen, sondern als ein Zeichen für das grauenhafte Geschehen, das sich noch tausendfach wiederholen sollte. Die Eindringlichkeit, mit der Picasso das Leid der Zivilbevölkerung zeigt, löst Erschütterung aus. Picasso hatte verfügt, dass „Guernica" erst nach der Wiederherstellung demokratischer Zustände nach Spanien gebracht werden sollte (zu seinen Lebzeiten hing es in New York). Lange fand sich jedoch keine Versicherungsgesellschaft dazu bereit, den Transport des wertvollen Bildes per Flugzeug zu versichern, weshalb es erst seit 1981 in Madrid ist.

2 Max Beckmann

MAX BECKMANN, geboren 1884 in Dresden, gehört zu den großen Expressionisten des 20. Jahrhunderts, schließt sich jedoch nie einer der expressionistischen Künstlervereinigungen an und bezeichnet sich selbst als **„Realist“**. Beckmann erringt schon in jungen Jahren spektakuläre Erfolge mit seinen „Katastrophenbildern“ (z. B. „Der Untergang der Titanic“), die er in naturalistisch-expressiver Manier malt.

1914 meldet er sich als Sanitätssoldat an die Front, von wo er zunächst noch begeistert nach Hause schreibt: *„Hier kriegt meine Kunst zu fressen.“* Weiter heißt es, er wolle die *„schaurig-großartige Musik der Schlacht bildnerisch einfangen.“* Ein Jahr später erlebt er bereits einen psychisch-physischen Zusammenbruch. Er wird entlassen und geht nach Frankfurt, wo er nach dem Krieg lehren wird. Als er 1937 in der Ausstellung „Entartete Kunst“ vertreten ist, verlässt er Deutschland für immer. Während des Krieges kann er sich unerkannt in Amsterdam aufhalten; 1947 bekommt er endlich die ersehnte Ausreisegenehmigung für die USA, wo er an verschiedenen Kunstschulen eine äußerst erfolgreiche Lehrtätigkeit aufnimmt. Mathilde Kaulbach, die er nach der Scheidung von seiner ersten Frau Minna Tube geheiratet hatte, ist ihm bis zu seinem Tod 1950 in New York eine unentbehrliche Stütze.

Beckmanns Werk ist von unablässiger Suche nach dem Grund menschlicher Existenz durchzogen. Eng damit verbunden ist die Befragung des eigenen Ichs, die in den vielen **Selbstbildnissen** zum Ausdruck kommt. Sie dienen der Selbstbehauptung vor allem in der Zeit der Diffamierung und Emigration. Das Erlebnis des Krieges und der Naziherrschaft bestimmt sein Bild von der Welt und vom Menschen. In verschlüsselten, gleichnishaften Bildern zeigt er das Ausgeliefertsein des Menschen an die rohen, zerstörerischen Mächte seiner Zeit. Die Energie und die zum Teil brutale Gewalt, die seine Bilder ausdrücken, beweisen jedoch zugleich seine Lebensbejahung, seine *„Liebe zu den Menschen“*, von der er selbst spricht.

Seine Bilder sind voll von **Symbolen** – teils persönlicher Prägung, teils den Mythen entnommen oder aus der Beschäftigung mit östlicher Philosophie hervorgegangen. Er entwickelt daraus Leitmotive, die sein gesamtes Werk durchziehen: Gefesselte, verstümmelte, versklavte Menschen, Käfig oder Gitter sind Metaphern für Unfreiheit, unter der Beckmann in besonderem Maße leidet. Häufig sind die Personen wie Gefangene in einen viel zu engen, verstellten Raum gepfercht, in dem kein Bewegungsspielraum bleibt. Von der Außenwelt abgetrennt, fristen sie ihr freudloses Dasein in einem kleinen Kastenraum in auswegloser Situation (z. B. Zirkuswagen, Dachkammer; vgl. „Die Nacht“, 1919). Das Verhältnis von Mann und Frau wird nie harmonisch dargestellt; auch dieser zerstörerische und zugleich lebensnotwendige Gegensatz zwischen den Geschlechtern ist Symbol für Unfreiheit. Maskierung bzw. Kostümierung weist auf die vorbestimmte Rolle des Menschen hin, die er im **Welttheater** zu spielen hat; damit greift Beckmann eine in der Zeit des Barock sehr beliebte Idee auf. Vanitasmotive wie Kerze und Totenschädel erinnern an die Begrenztheit irdischer Existenz. Dem Gefühl der Ausweglosigkeit und Enge stehen als Symbol für Freiheit die Landschaft und vor allem das Meer gegenüber (vgl. „Die Abfahrt“, Triptychon, 1933).

Sein Hauptproblem im Formalen ist der **Raum**. Er spricht von der „raumtiefen“ Kunst: *„Raum, Raum und nochmals Raum – die unendliche Gottheit, die uns umgibt und in der wir selber sind. Dies suche ich zu gestalten durch Malerei“* (Vortrag 1938 in London). Die klar umrissene, plastische Form und die „Raumtiefe“ sind für ihn jedoch nie Mittel, um die sichtbare Natur nachzuahmen. Plastizität und Bildraum setzt er ein, um auf Unsichtbares hinzudeuten:

> *Was ich in meiner Arbeit zeigen will, ist die Idee, die sich hinter der sogenannten Wirklichkeit verbirgt. Ich suche die Brücke, die vom Sichtbaren ins Unsichtbare führt, wie der berühmte Kabbalist, der einmal sagte: „Wenn man das Unsichtbare greifen will, muß man so tief wie möglich ins Sichtbare vordringen.“*[24]

Immer wieder hat er sich gegen die nichtfigurative und abstrakte Malerei ausgesprochen, ähnlich wie Picasso. Stilistische Vorbilder sind für ihn die Meister der Spätgotik und der florentinischen Renaissance, weiterhin Tintoretto, Veronese, Rubens und Rembrandt. Das Rätselhafte, Geheimnisvolle seiner Bilder wirft nicht zu beantwortende Fragen auf, da das **Mysterium der menschlichen Existenz** bleibt, auch wenn einer noch so bohrend fragt. Auf das Werk von Beckmann trifft in besonderem Maße zu, was Rainer Maria Rilke über den Sinn des Kunstwerks gesagt hat. Er ist der Auffassung, dass man sich einem Kunstwerk mit kritischen Worten nicht nähern könne. Nicht alles in der Welt sei fassbar und sagbar, insbesondere die Kunstwerke entstammten einem Raum, den nie ein Wort betreten habe. Kunstwerke seien geheimnisvolle Existenzen, deren Leben neben dem unseren, das vergeht, dauerten.

„Die Versuchung“ (1973)

Beckmanns Triptychon „Die Versuchung“ (München, Pinakothek der Moderne) gibt, ebenso wie seine anderen dreiteiligen Bilder (insgesamt malt er neun Triptychen, z. B. „Die Abfahrt“ oder „Perseus“), Rätsel auf.

Um 1500 war die „Versuchung des heiligen Antonius“ ein beliebtes Thema. Martin Schongauer sticht es in Kupfer, Matthias Grünewald (Isenheimer Altar) schildert mit überbordender Fantasie den Heiligen, der trotz aller Qualen durch abscheuliche Dämonen standhaft im Glauben bleibt.

Beckmann profanisiert das Thema. Kein heiliger, sondern ein gefesselter Jüngling wird hier in Versuchung geführt. Unverwandt blickt er auf eine fast nackte Frau, die ihm in aufreizender Haltung gegenüberhockt. Links neben dem jungen Mann steht vermutlich eine Staffelei, an der ein gerahmtes Bild lehnt.

Wenn wir also annehmen, dass es sich um eine Atelier-Szene handelt, haben wir in dem Mann wohl einen Künstler vor uns. Fraglich ist, ob es sich bei dem weiblichen Wesen um sein Modell handelt. Links neben der Frau sind zwei weitere weibliche Gestalten zu erkennen. Die vordere wird allgemein als archaische Fruchtbarkeitsgöttin gedeutet. Hinter dem dunklen Profil der mythischen Figur erscheint ein großer weißer Kopf mit dunklen Haaren, nur ein Auge blickt uns an. Ersetzen die drei Frauen die Dämonen?

Am Boden liegende Schriften geben Deutungshinweise. Dort ist zu lesen: „Am Anfang war das Wort“ (so beginnt das Johannes-Evangelium). Mit dem „Wort“ setzt die Schöpfung ein. Beckmann verweist auf die Parallele zum Tun des Künstlers, der, wie der göttliche Schöpfer, Neues hervorbringt. Ganz links ist das Wort „Saturn“ zu entziffern. Seit dem 16. Jahrhundert gilt der Planet Saturn als Gottheit der Melancholie. Diese Charaktereigenschaft wird dem Künstler zugeordnet.

Auch die seitlichen Tafeln zeigen geheimnisvolle Szenen: Rechts sieht man eine barbusige Frau in einem Käfig. Ein Wiesel berührt mit der Schnauze ihre Brust. Durch die Gitterstäbe hindurch bedroht sie der spitze Schnabel eines Riesenvogels. Im Vordergrund schreitet ein Hotelboy weit aus, der eine Krone auf einem Tablett trägt und eine geknebelte, unter ihm hockende Frau wie einen Hund an der Leine hält. Die linke Tafel zeigt eine gefesselte Frau mit entblößter Brust, die von einem bedrohlich aussehenden Monster bewacht wird. Wartet sie auf einen Helden, der sie aus ihrer misslichen Lage befreit? Greift Beckmann hier ein Motiv aus der Perseus-Sage auf, das er stark entfremdet?

Im Vordergrund steht ein geharnischter Soldat im Wasser, der einen deformierten Körper kopfüber ins Nasse taucht.

Wir haben mit diesem Triptychon ein Beispiel für Beckmanns reifen Stil vor uns. Mit kraftvoller Pinselschrift und leuchtenden Farben gestaltet er die kompakt wirkenden Bildfelder. Spannungsvoll empfindet man den Kontrast zwischen der Plastizität der Gestalten und der Unbestimmtheit der räumlichen Situation. Eine durchgehende Komposition fasst die drei Bilder zusammen: Auf jedem Bild sieht man vorn den Mann, dahinter die Frau sowie eine weitere, rational nicht zu erklärende Gestalt. Die Aufteilung in Himmel und Wasser auf den Seitenflügeln entspricht einander. Farblich sind die Tafeln eng aufeinander bezogen. Gelb taucht in allen drei Bildern auf und wird durchgängig angewandt. Eine besondere Rolle spielt das Schwarz, die Lieblingsfarbe des Künstlers. Mit vieldeutigen Symbolen und malerischer Virtuosität schafft Beckmann Gleichnisse für die Gefährdung des Menschen. Sein Triptychon gleicht einem Mysterium, das eine starke Anziehungskraft auf den Betrachter ausübt.

„Vor dem Maskenball“ (1922)

Die beklemmende Stimmung in dem engen, künstlich beleuchteten Innenraum steht in merkwürdigem Gegensatz zum Thema „Maskenball“. In die Mitte des Bildes malt Beckmann sich selbst, auf einem schiefen Stuhl sitzend, eine schwarze Larve vor dem Gesicht. Er wendet sich dem Betrachter zu.

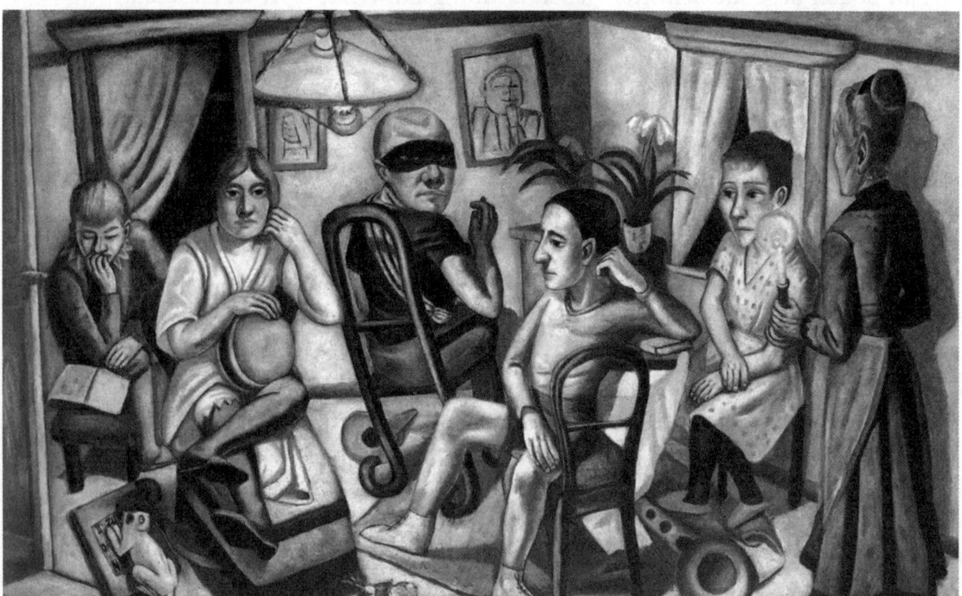

Max Beckmann: „Vor dem Maskenball“ (1922), Öl auf Leinwand, 80 × 130 cm. Pinakothek der Moderne, München.

Links neben ihm sitzen Minna und Sohn Peter. Die schwarz gekleidete Frauengestalt, die (als Senkrechte) den rechten Bildrand betont (Pendant zur Tür links), ist die Schwiegermutter des Künstlers. Ein als Akrobat verkleideter, maskenhaft geschminkter Mann sitzt zwischen ihr und Beckmann, am Fenster vermutlich ein Dienstmädchen. Stumm blickt jeder in eine andere Richtung.

Am Boden sind verschiedene Utensilien verstreut, die auf den bevorstehenden „Maskenball" hindeuten: Trompete, Papierblume, Hut. Eine weiße Katze hockt an einer mit geheimnisvollen Zeichen beschriebenen Tafel.

Die Personen scheinen eingeschlossen zu sein, Tür und Fenster zeigen kein „Draußen", führen vielmehr ins Dunkle, Ungewisse. Alles kippt: die Wände des Raumes, die Stühle. Der Boden fällt schräg nach unten ab.

Abgewinkelte Gliedmaßen und schiefe Raumkanten geben dem Bild etwas Eckiges und Schiefes. Die Körper dagegen sind nach Helldunkel modelliert und haben eine glatt und weich anmutende Oberfläche. Das Bunte der Kostüme ist durch Beimischung von Weiß gedämpft. Es herrscht völlige Ruhe. Nicht einmal die Kerze in der Hand der Schwiegermutter flackert. Die beängstigende Wirkung, die von dem Bild ausgeht, ist auf eben diese Ruhe, ja Starre zurückzuführen. In banger Erwartung verharrt die kleine Gesellschaft, ein Ende der beklemmenden Situation ist nicht vorstellbar.

3 Marc Chagall

Der jüdische, dem Chassidismus (stark gefühlsbetonte Lehre von der Allanwesenheit Gottes) angehörende MARC CHAGALL wird 1887 in Witebsk (Russland) geboren und wächst in dörflicher Atmosphäre in einem Judengetto auf. Mithilfe eines Stipendiums geht er 1907 nach Paris, wo ihn der erfolgreiche Kunsthändler Vollard vertritt. In Paris entsteht gerade der Kubismus, der Chagalls erste Meisterwerke in der Version des Orphismus beeinflusst (z. B. „Ich und das Dorf", 1911). 1941 flieht er vor der Gestapo nach New York. Nach dem Krieg lässt er sich in Vence (Côte d'Azur) nieder, wo er 1985 stirbt – bis zuletzt künstlerisch aktiv.

Rationale Bildkonstruktionen liegen ihm fern. Sein Werk entsteht abseits der revolutionären Stilströmungen seines Jahrhunderts, von Anfang an ist er ein Außenseiter. Seine Vorbilder sind große Maler der Vergangenheit: Tizian, El Greco, Rembrandt und Goya. Umgekehrt beeinflussen seine Bilder jedoch Zeitgenossen wie die Vertreter des Blauen Reiters und die Surrealisten.

Über den Surrealismus sagt er einmal: *„Ich wusste nicht, was Surrealismus ist; ich weiß es noch heute nicht. Ich male, was ich sehe und was ich träume [...]. Was mich betrifft, so habe ich auch ohne (Sigmund) Freud stets gut geschlafen.“*[49]

Erinnerungen an seine Kindheit, geprägt durch chassidisches Judentum und dörfliches Leben in Russland, begleiten ihn und vermischen sich mit Bildern aus der Wirklichkeit. **Fantastisches und Reales** gehen merkwürdige, rational nicht nachvollziehbare Symbiosen ein: Märchen entstehen.

Bis ins hohe Alter bewahrt Chagall eine kindliche Religiosität. Der Glaube ist Quelle seines Schaffens. In der traumartigen Atmosphäre seiner Bilder gibt es kein festes Stehen der Figuren auf einem Boden. Ein Bildraum ist nicht mathematisch bestimmbar, die Komposition hat nichts Tektonisches. Tiere, Menschen und Dinge schweben. Glühende Farben wirken emotional: Sie können Zärtlichkeit, Poesie, Glück, Freude oder Schwermut ausdrücken. Wie im Traum verschwimmen die Grenzen zwischen den Dingen.

Den „Weg nach innen“, von dem der Romantiker Novalis spricht, suchen Künstler seit Beginn des 20. Jahrhunderts, d. h. seit der Abkehr vom Naturalismus. Chagall gehört zu ihnen. Die geistige Verwandtschaft mit der Romantik tritt ebenso wie bei Klee oder Marc deutlich zutage. Die Surrealisten streben einen Zustand zwischen Fantasie und Realität als Grundlage schöpferischer Tätigkeit an. In Chagalls Bildern scheint der Gegensatz von Bewusstem und Unbewusstem, Ich und Welt, Traum und Wirklichkeit nicht zu existieren. Wenn Chagall male, so sagt Picasso einmal, wisse man nicht, ob er schlafe oder wache. Er müsse einen Engel im Kopf haben.

4 Paul Klee

PAUL KLEE, geboren 1879 in Bern (Schweiz), entscheidet sich nach langem Schwanken zwischen Kunst und Musik für ein Studium an der Münchener Akademie bei Franz von Stuck. Anfangs ist er vor allem als Grafiker tätig, doch wird sein Bezug zur Farbe durch die Verbindung zum Blauen Reiter und zu Delaunay intensiviert. Den künstlerischen Durchbruch bringt eine **Tunis-Reise** mit den Künstler-Freunden MACKE und MOILLIET. In einem Brief heißt es: *„Die Farbe hat mich. Ich brauche nicht mehr nach ihr zu haschen [...] ich und die Farbe sind eins. Ich bin Maler.“*

Es folgen äußerst erfolgreiche Jahre am Bauhaus und an der Düsseldorfer Akademie. Als „entartet“ verfemt, verliert er schließlich seine Professur und geht zurück nach Bern. Trotz schwerer Krankheit (Sclerodermie) hat er eine fruchtbare letzte Schaffensphase, bevor er 1940 in Locarno stirbt.

Grundlage bildnerischer Arbeit ist für Paul Klee die **Natur**. Allerdings hat er das äußerlich Sichtbare nie direkt nachgeahmt:

> *Früher schilderte man Dinge, die auf der Erde zu sehen waren, die man gern sah oder gern gesehen hätte. Jetzt wird die Relativität der sichtbaren Dinge offenbar gemacht und dabei dem Glauben Ausdruck verliehen, daß das Sichtbare im Verhältnis zum Weltganzen nur isoliertes Beispiel ist [...]*[34]

Seine Schrift „Schöpferische Konfession“ beginnt mit dem berühmt gewordenen Satz: *„Kunst gibt nicht das Sichtbare wieder, sondern macht sichtbar.“*

Vergleichbar mit Franz Marc – beide stehen in der Tradition der Romantik – versenkt er sich in die Natur und sucht unter der sichtbaren Oberfläche der Erscheinungen nach deren innerem, geheimnisvollem Leben. Sein Weg führt vom „Vorbildlichen“ (objektiv Gegebenen) zum „Urbildlichen“: *„Unser pochendes Herz treibt uns hinab, tief hinunter zum Urgrund“*, heißt es in einem Vortrag (1924), *„was dann aus diesem Treiben erwächst, ist ganz ernst zu nehmen, wenn es sich mit den passenden bildnerischen Mitteln restlos zur Gestaltung verbindet.“*[49] „Gesehenes“ solle nicht mehr wiedergegeben, sondern „geheim Erschautes“ sichtbar gemacht werden.

Oberflächlich betrachtet mögen Bilder von Klee an Kinderzeichnungen erinnern. Einen Zustand, der vor dem Bewusstsein liegt, zu berühren, ist sein Bestreben. Während seiner Tätigkeit am Bauhaus geht es ihm darum, Grundlagen der Gestaltung zu vermitteln. Zum einen lehrt er den Umgang mit den elementaren Mitteln des bildenden Künstlers (Punkt, Linie, Fläche, Helldunkel, Farbe). Zum anderen formuliert er in seiner Schrift „Wege des Naturstudiums“ (1923): *„Die Zwiesprache mit der Natur bleibt für den Künstler conditio sine qua non.“*[33] In seinem „Gleichnis vom Baum“ beschreibt er die Funktion des Künstlers:

> *Die Orientierung an den Dingen der Natur und des Lebens, diese vielverästelte und verzweigte Ordnung möchte ich dem Wurzelwerk des Baumes vergleichen. Von daher strömen dem Künstler die Säfte zu, um durch ihn und durch sein Auge hindurchzugehen. So steht er an der Stelle des Stammes ... Der Künstler tut an der ihm zugewiesenen Stelle beim Stamm gar nichts anderes, als aus der Tiefe Kommendes zu sammeln und weiterzuleiten ... Er nimmt also eine wahrhaft bescheidene Position ein.*[24]

Natur ist nichts in sich Abgeschlossenes, sondern verändert sich unaufhörlich. Wenn Kunst aus der Natur erwächst, muss die Bewegung, die allem Werden innewohnt, im Bild erkennbar sein. Klees Bilder haben nichts Statisches, Konstruiertes. Seine gemalten Figuren sind „in der Schwebe", wirken leicht und befinden sich in einem Raum fern jeder mathematischen Berechenbarkeit. Sein Bild ist Ausschnitt aus einem dynamischen Prozess, denn „alles fließt" (Heraklit).

Häufig sind seine Kompositionen von horizontalen schwingenden Linien durchzogen, die auch an Schrift- oder Notenzeichen erinnern. Ein „Weitergehen" über die Grenze des Rahmens hinweg wird damit angezeigt. Tanzende, schwimmende und schreitende Wesen bevölkern die gemalten Szenen, von Klee poetisch betitelt mit „Was läuft er?", „Die Flut schwemmt die Städte", „Erhöhte Wellen", „Abenteurerschiff" usw.

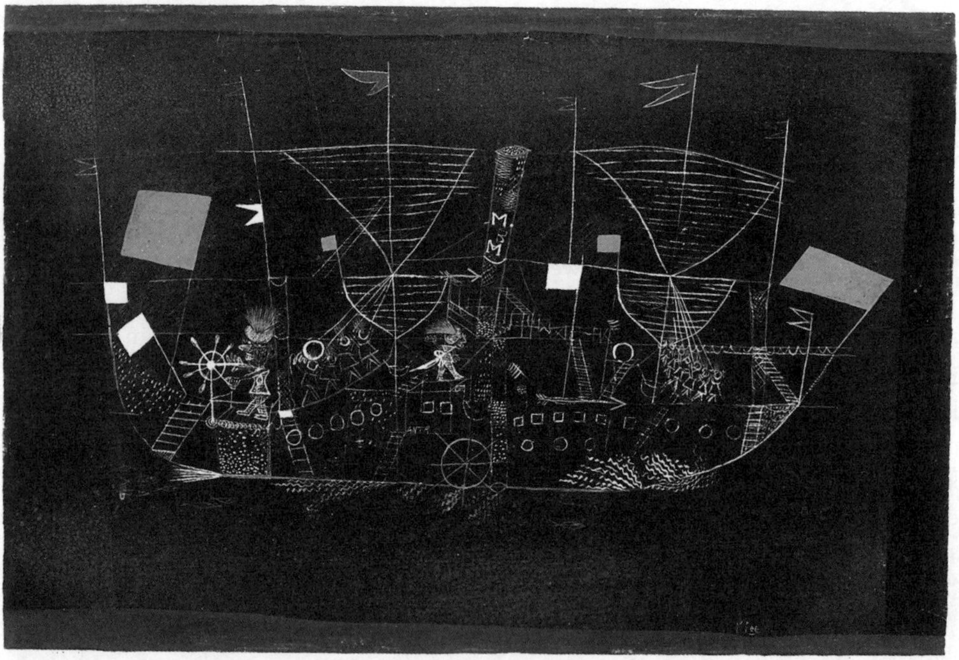

Paul Klee: „Das Abenteurerschiff" (1927), Aquarell, teilweise gespritzt, und Gouache auf schwarzer Grundierung auf Papier, oben und unten Papierstreifen mit Gouache und Bleistift angestückt, auf Karton, 29,8/30,3 × 46,1/46,5 cm. Staatliche Graphische Sammlung, München.

In Klees Werk durchdringen sich die optische und sprachliche Ebene. Die Bildtitel zeigen seine sprachschöpferische Begabung („Urchs", „Feuerwind", „Zahlenbaumlandschaft"). Auch seine große Musikalität hat sich stets auf Inhalt und Form seiner Bilder ausgewirkt. Bildunterschriften lauten z. B. „Haus der Opera buffa" oder „Orden vom hohen C". Das scheinbar Spielerisch-Einfache, die Heiterkeit und sanfte Melancholie seiner kleinformatigen Bilder der mittleren Schaffensphase lassen ihn Mozart, den er liebt, verwandt erscheinen. Neben dem Heiteren ist auch das Düstere, Unheimliche, Dämonische möglich. Seine Bilder haben eine Intensität, die tief ins Unbewusste führt.

Die Spirale, Symbol des Vegetativen, dient ihm häufig dazu, das Wachstum der Natur sichtbar zu machen. Die Pfeile geben dabei Richtungen an. *„Bewegung liegt allem Werden zugrunde"*[33], schreibt Klee. Aus der Bewegung entsteht das Kunstwerk, das selbst Ausschnitt aus einem unaufhörlichen Werden und Vergehen ist: *„Die Genesis der ‚Schrift' ist ein sehr gutes Gleichnis der Bewegung. Auch das Kunstwerk ist in erster Linie Genesis, niemals wird es rein als Produkt erlebt."*[33] Auch hier zeichnet sich eine auffällige Nähe zur abstrakten Kunst nach dem Zweiten Weltkrieg ab. Paul Klee gehört zu den Künstlern, die nach dem Krieg eine besondere Vorbildfunktion einnahmen.

Konstruktivismus und Suprematismus

Die streng rational ausgerichteten Kunstströmungen der ersten Hälfte des 20. Jahrhunderts sind vor allem in Russland und in Holland beheimatet. Exilanten tragen den Stil später ins westliche Europa (z. B. EL LISSITZKY) bzw. in die USA (MONDRIAN).

Die Kunstszene in Russland ist zu Beginn des Jahrhunderts von einer Aufbruchsstimmung getragen, wie sie nicht einmal in Paris herrscht. Russische Sammler hatten bedeutende Werke der französischen Moderne nach Moskau geholt, wo sie nun die Avantgarde inspirieren. Einen besonderen Einfluss üben Kubismus und Futurismus aus, die abstrakte Tendenzen aufweisen, aber auch einen bisher unbekannten Umgang mit der Farbe. Nach der russischen Revolution von 1917 wird der Austausch Moskau – Paris für einige Jahre sogar noch lebendiger. Als jedoch die Terrorherrschaft der Bolschewisten einen naturalistischen Einheitsstil fordert, verebben die Kontakte. Viele Künstler, u. a. Kandinsky, verlassen das kunstfeindliche Klima.

In Holland steht die rational-abstrakte Form in einer geistesgeschichtlichen Tradition, die ihre Wurzeln im 16. Jahrhundert hat. Das calvinistische Bekenntnis hatte sich durchgesetzt und der radikale Reformator Calvin hatte zum Bildersturm aufgerufen. Auch später lehnte man jedes Bild, ob Gemälde oder Plastik, ab, da es in irgendeiner Weise Natur abbildete.

Vorbereitet wurde die konstruktiv-abstrakte Malerei bereits durch Cézanne. Die Kubisten lösten sich in stärkerem Maße von der Natur als ihr großes Vorbild. Die Konstruktivisten verlassen schließlich den Bereich des Erfahrbaren ganz. Ihr Formenrepertoire entstammt der **Geometrie**, nicht der Anschauung.

Konstruktivistische Strömungen treten während und nach dem Ersten Weltkrieg auf, parallel zur surrealistischen Bewegung, die (auch als Reaktion auf die Abstraktion) den Gegenstand wieder betont und das Unbewusst-Irrationale anstrebt.

Das Bauhaus, die holländische De-Stijl-Gruppe (Van Doesburg, Mondrian) und der russische Konstruktivismus (Malewitsch, El Lissitzky) repräsentieren verschiedene Richtungen des sachlich-kühlen Stiles, der nach dem Zweiten Weltkrieg u. a. in der **Post-Painterly Abstraction**, der **Op-Art** und der **Minimal-Art** fortlebt.

Konstruktivistische Stilrichtungen sind im Ausdruck unsentimental, kühl-rational und ruhig. Ihre Protagonisten bevorzugen geometrisch-abstrakte Formen und „reine" Farben (Spektrum) in ihrem Eigenwert. Im Allgemeinen gehören Lineal und Zirkel zu ihrem Handwerkszeug. Beim Malen erzeugen sie eine glatte Oberfläche, die keinerlei handschriftliche Spuren zeigt. Zwei bedeutende Vertreter des Konstruktivismus werden im Folgenden behandelt.

Piet Mondrian

PIET MONDRIAN (1872–1944) löst sich Schritt für Schritt von der Natur und findet über den Kubismus 1920 zu seiner endgültigen Bildform.

Als Mondrian 1911 nach Paris kommt, arbeitet er an seiner berühmten „Apfelbaumserie" (1909–1912), an der sein künstlerischer Wandel vom Naturalismus über kubistische Versuche bis hin zur radikalen Abstraktion ablesbar ist. Die puritanisch-calvinistische Naturverneinung findet hier ihre Fortsetzung.

Als Angehöriger von De Stijl ist Mondrian vom holländischen Theosophen Schoenmaeker beeinflusst, der dem Aufbau des Universums eine mathematische Struktur zugrunde legt. Ähnliche Gedanken leiten die Kunstauffassung der Renaissance: Das Göttliche soll mithilfe mathematisch-geometrischer Gesetzmäßigkeiten, die in der Natur aufzuspüren sind, darstellbar gemacht werden. Mondrian ist überzeugt, dass in der Natur *„alle Verhältnisse verschleiert sind durch die Materie"*; folglich führt Nachahmung nicht zur Erkenntnis der Wirklichkeit. Er fordert: *„Man muss die natürlichen Formen auf reine, unveränderliche Verhältnisse zurückführen."* „Unveränderlich" sind für ihn die abstrakt-geometrischen Formen als das schlechthin Objektive. Der Künstler (Subjekt) steuert diese objektiven Formen in bestimmter Weise. Das Kunstwerk entsteht als „Ausgleichsprodukt" zwischen „Objekt" und „Subjekt". Jede Gestaltung zielt auf Harmonie, die er als **„Gleichgewicht aus Kontrasten"** versteht.

Als elementare Kontraste setzt er Senkrechte und Waagerechte ein, deren Kreuzung Ausgleich bedeutet. Den stärksten Farbkontrast rufen komplementäre Farben bzw. Schwarz-Weiß hervor. Die drei Primärfarben bieten dem Auge die Totalität der Farben und damit deren Harmonie. Farbflächen, getrennt durch schwarze Linien, kontrastieren im Spannungsfeld „Bildfläche" und stehen zugleich in harmonischem Verhältnis zueinander. Wer sich Zeit für die Betrachtung eines Mondrian-Bildes nimmt, empfindet den Ausgleich der Spannungen als wohltuend. Senkrechte und Waagerechte sind für ihn jedoch nicht nur Formmaterial, sondern haben auch eine symbolische Komponente: Die Senkrechte steht für das männliche Prinzip (Geist, Ratio), die Waagerechte für das weibliche (Materie, Sinne), die unser Denken bestimmenden

Pole, die im Kunstwerk in harmonischem Verhältnis stehen. Mondrian zufolge weist das Kunstwerk den Weg in eine humanere Zukunft: *„Kunst wird verschwinden in dem Maße, als das Leben an Gleichgewicht gewinnt.“*[24] Wie die Romantiker sieht Mondrian die Aufgabe des Künstlers darin, den (unausgeglichenen) Menschen zu heilen und die Welt zu verbessern. Kunst ist damit „Mittel zum Zweck“ und nicht Selbstzweck (l'art pour l'art).

Kasimir Malewitsch

KASIMIR MALEWITSCH (1878–1935) gelangt mit seiner „Malerei“ an einen Punkt, von dem aus weiteres Vordringen nur noch gedanklich möglich ist, d. h. Malerei mündet bei ihm in Philosophie. Er schreibt: *„Im Jahre 1913, als ich mich verzweifelt bemühte, die Kunst vom Ballast der gegenständlichen Welt zu befreien, floh ich zur Form des Quadrats.“*[20]

Alles Sinnliche (Farbe, Plastizität, Raum), das ein Bild mit der gegenständlichen Welt verbindet, ist nunmehr verbannt. Zurück bleibt das schwarze Quadrat auf der weißen Leinwand, kein „Bild“ im traditionellen Sinn, sondern – laut Malewitsch – *„eher die Erfahrung der reinen Gegenstandslosigkeit“*.

Das schwarze Quadrat auf weißem Grund zeigt das absolute Ende des perspektivischen, d. h. berechenbaren Raumes an. Es bedeutet zugleich die Öffnung in den **unendlichen Raum:** *„Die suprematistische Leinwand stellt den weißen Raum dar, nicht den blauen. Das Blaue gibt keine reale Vorstellung vom Unendlichen“*[1]. Die schwarze, abstrakte Form (Quadrat) ist der größtmögliche Gegensatz zum „weißen Raum“: Materie – Geist. Eine stärkere Reduktion innerhalb des Anschaubaren ist nicht denkbar.

Später reichert Malewitsch sein Formenrepertoire wieder an und belebt es durch Farbe und perspektivische Konstruktionen. 1917 ähneln seine Arbeiten abstrakten Architekturen, verwandt den Entwürfen der holländischen De-Stijl-Gruppe. Malerei und Architektur haben denselben Grad von Abstraktion erreicht und befruchten sich gegenseitig. In den 30er-Jahren kehrt Malewitsch gar zur gegenständlichen Malerei zurück.

Das Bauhaus

1 Geschichte und Lehre

2009 feiert das Bauhaus, die bekannteste und erfolgreichste Kunstschule des 20. Jahrhunderts, sein 90-jähriges Gründungsjubiläum. Seit 1919 entwickelt es eine Formen- und Gedankenwelt, die bis in die Gegenwart hinein wirkt. Einer der zu jener Zeit führenden Architekten in Deutschland, WALTER GROPIUS (1883–1969), ist Direktor der Kunstakademie und der Schule für angewandte Kunst in Weimar und fasst beide Institutionen zum staatlichen „Bauhaus“ zusammen. Nach mittelalterlichem Vorbild strebt er eine neue Einheit von **Kunst und Handwerk** an. Daher beruht die Ausbildung auf einer gründlichen handwerklichen Schulung:

Es gibt keinen Wesensunterschied zwischen dem Künstler und dem Handwerker. Der Künstler ist eine Steigerung des Handwerkers. Gnade des Himmels lässt in seltenen Lichtmomenten unbewusst Kunst aus dem Werk seiner Hand erblühen, die Grundlage des Werkmäßigen aber ist unerläßlich für jeden Künstler … Bilden wir also eine neue Zunft der Handwerker ohne klassentrennende Anmaßung, die eine hochmütige Mauer zwischen Handwerkern und Künstlern errichten wollte.[19]

Solides handwerkliches Können soll auch in den Dienst der industriellen Fertigung, die durchaus bejaht wird, gestellt werden. Gropius fordert die Einheit von Kunst und Technik. Sein Ziel ist das **Gesamtkunstwerk** (Zusammenwirken aller Kunstgattungen im Dienst der Architektur), das vor allem in der gotischen Kathedrale verwirklicht worden war, d. h. im Mittelalter, als man noch nicht zwischen Kunst und Handwerk unterschied. Seit der Renaissance hatte sich die „hohe“ (zweckfreie) Kunst vom Handwerk immer mehr entfernt.

Bereits ALBRECHT DÜRER (16. Jh.) äußerte sich kritisch gegenüber bloßer handwerklicher Perfektion und hob die Qualität einer schlichten, handwerklich anspruchslosen Handzeichnung hervor, welche die Idee des Künstlers am reinsten zum Ausdruck bringe. Mit einer gewissen Arroganz begegneten künftig die „freien“ Künstler dem Handwerker, der „nur“ zweckgebundene Dinge herstellt. Sie sahen ihre besondere Aufgabe fortan in der Verwirklichung eigener Ideen, die man seit der Renaissance auf göttliche Inspiration zurückführte. Als von Gott begnadetes „Genie“ hielt sich der „wahre“ Künstler häufig nicht mehr an konkrete Vorgaben von Auftraggebern.

Als im 19. Jahrhundert die serienmäßige Produktion von Gebrauchsgegenständen in den Fabriken anlief, verminderte sich zusehends die Qualität der Form, die bis dahin in den geschulten Händen von guten Handwerkern lag.

William Morris steuerte bereits dieser Entwicklung entgegen und löste die Arts-and-Crafts-Bewegung in England aus, die wiederum für die Entstehung des Jugendstils mitverantwortlich war. Auch dem „Deutschen Werkbund“, 1907 nach englischem Vorbild gegründet, ging es um die Qualität der industriellen Formgestaltung. Es herrschte bereits die Überzeugung vor, dass jeder Gebrauchsgegenstand funktional sein muss, d. h. seine Form soll der Funktion angepasst und damit dieser untergeordnet sein („Form follows function“). Daraus folgte eine streng-nüchterne Formgebung, die alles Subjektiv-Expressive sowie Ornamentale vermied. Hier knüpft das Bauhaus an.

Trotz widriger äußerer Umstände (für die professionelle Ausstattung der Werkstätten fehlen die Geldmittel) arbeiten Lehrer (die „Meister“ genannt wurden) und Schüler („Lehrlinge“) als verschworene Gemeinschaft an der Entwicklung zukunftsweisender Formideen. In einem sog. Vorkurs wird den Studenten handwerklich-technisches Grundwissen vermittelt. Anschließend entscheidet sich der Student für eine der Ausbildungsrichtungen, die von den „Meistern der Form“ gelehrt werden. Zur Wahl stehen Maler, Designer, Bildhauer und vor allem Architekt. Berühmte Lehrer sind u. a. Oskar Schlemmer (Bühnenexperimente, Bildhauerei), Johannes Itten (Tischlerei, Farbtheorie), László Moholy-Nagy (experimentiert mit Licht, Film, Kinetik), Wassily Kandinsky (Wandmalerei), Paul Klee (Glasmalerei), Lyonel Feininger (Druckgrafik). Als Designer wirken z. B. Wilhelm Wagenfeld und Marcel Breuer, als Architekten Gropius und Mies van der Rohe. Malerei ist nur Hilfsdisziplin und als Lerngegenstand umstritten. Diejenigen, die Malerei lehren, verbindet die Tendenz zur Abstraktion und die Beschäftigung mit Farbtheorie.

1925 muss das Bauhaus aus finanziellen Gründen und bereits wegen politischer Anfeindungen nach Dessau verlegt werden, das sich als Industriestandort anbietet. Hier entsteht die Schule als veritabler Gebäudekomplex, der bis heute mit dem Begriff „Bauhaus“ untrennbar verbunden ist. Einige der Häuser stehen heute noch und sind zum Weltkulturerbe erklärt worden.

Neben dem eigentlichen Lehrgebäude, das Gropius als kastenartigen Stahl- und Glaskörper baut, werden die Meisterhäuser errichtet, in denen die Meisterfamilien leben. In einem Einzelhaus wohnt der Direktor Hannes Meyer (Gropius war 1928 zurückgetreten) und danach Mies van der Rohe. Flache

Dächer, glatte, weiß verputzte Wände, schwarze Fensterrahmen und Türen und eine graue Sockelzone wirken klar und nüchtern und bestimmen das Äußere. Zusammengefügt sind die Gebäude aus asymmetrisch aneinandergefügten Kuben, sodass sich von allen Seiten ein neuer Anblick bietet. Die Asymmetrie in der Gliederung der Wände und das Ausgreifen einzelner Baublöcke in den Außenraum führt zur optischen Verzahnung mit der umgebenden Natur (in den Bauten des amerikanischen Architekten F. L. WRIGHT zu Beginn des 20. Jahrhunderts ist ein ähnliches Ineinandergreifen von Außen und Innen zu beobachten). Auch die Innenarchitekten bevorzugen klare, einfache Formen und als Materialien vor allem Glas und Metall, was eine gewisse Kühle bewirkt. Da man in der damaligen deutschen Wohnkultur „gemütliche", mit viel Holz und Polstermöbeln bestückte Inneneinrichtungen liebt, empfindet man den avantgardistischen Stil der „Bauhäusler" als „antideutsch".

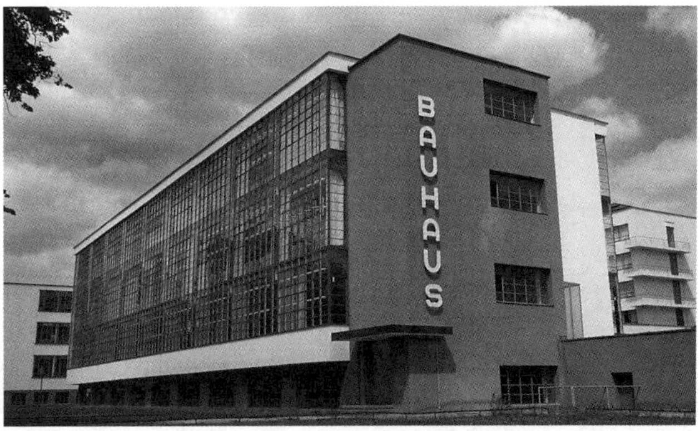

Das Bauhaus in Dessau.

In Dessau wird aus dem „Bauhaus" die „Hochschule für Gestaltung", aus den Meistern „Professoren". Die freien Künste erhalten wieder eine größere Bedeutung. Klee und Kandinsky leiten hier freie Malklassen, ehemalige Studenten übernehmen als „Jungmeister" die Werkstätten, aus denen erfolgreiche Designer hervorgehen. Die Zusammenarbeit mit der Industrie floriert und bildet die finanzielle Grundlage für die Schule. Berühmt werden die Stahlrohrmöbel, vor allem die Freischwinger von Breuer und Mies van der Rohe. Auch die „Bauhaus-Tischlampe", entworfen von Wilhelm Wagenfeld, gehört zu den erfolgreichen Produkten, die auch heute noch hergestellt werden.

Wegen massiver Repressalien durch die Nazis, die das Bauhaus als „Brutstätte des Kulturbolschewismus" (Kandinsky stammt aus Russland) bezeichnen, verlegt Mies van der Rohe es in ein leerstehendes Fabrikgebäude nach Berlin.

Exkurs
Kunstlehre – Kunstschulen

Mittelalter

Im Mittelalter erfolgt die handwerkliche Ausbildung vornehmlich in **Klosterschulen** oder **Bauhütten**.

- **Klosterschule:** Den Klöstern sind Werkstätten angeschlossen, die vor allem zur Fertigung von Handschriften dienen.
- **Bauhütte:** Blütezeit 12./13. Jahrhundert; eine hierarchisch organisierte Arbeitsgemeinschaft von Steinmetzen und anderen Handwerkern, die dem Bauhütten-Meister unterstellt sind. Ihre Hauptaufgabe ist der Kirchenbau.

Ab dem 14. Jh. lösen sich Maler und Bildhauer aus den Bauhütten und im 15. Jh. auch die Bauleute. Sie lassen sich als selbstständige Handwerker nieder, organisiert in **Zünften** (Vereinigung von selbstständigen „Unternehmern"). Diese regeln z. B. die Auftragsvergabe und nehmen sich öffentlicher Bauaufgaben an. Die Schönheit des Kunstwerks, das im Mittelalter einzig im Dienst der Religion steht, ist von handwerklicher Perfektion abhängig; es weist durch seine Schönheit (wertvolle Materialien) auf die „Schönheit" (Wahrheit) Gottes hin.

Neuzeit

In Italien lösen sich die Künstler im 15. Jahrhundert als Erste aus den Zunftverbänden. 1490 wird in Florenz die erste Schule für Maler und Bildhauer durch den Medici-Herrscher Lorenzo il Magnifico gegründet. Es erfolgt eine immer klarere Trennung zwischen **Handwerkern** und **Künstlern**, in dem sich Letztere immer mehr ihrer kreativen, über das rein Handwerkliche hinausgehenden Fähigkeiten bewusst werden. Auch die Einheit von Lehr- und Arbeitsstätte – Künstler des 15. Jahrhunderts sind zunächst Gehilfen in der Werkstätte eines Meisters – zerfällt. Ausgangspunkt für künstlerisches Schaffen ist nun die Natur, die z. T. wissenschaftlich erforscht wird. Theoretische Kenntnisse wie Anatomie, Proportionslehre und Perspektive sind also erforderlich. Künstlerische Arbeit gleicht immer mehr der wissenschaftlichen, was dazu führt, dass der bildende Künstler dem Dichter, Musiker und Wissenschaftler gleichgestellt wird (vgl. Exkurs: Geschichte des Selbstporträts). Damit wird er zum ersten Mal als „geistig" Schaffender anerkannt.
1563 wird von VASARI die erste Kunstakademie gegründet, die **Accademia del Disegno** in Florenz.

Deren Lehrplan ist bis ins 19. Jahrhundert gültig: 1. Zeichnungen kopieren, 2. Gipsabgüsse kopieren, 3. Zeichnen nach lebendem Modell.
Kunstideal ist die Nachahmung von Natur, wobei idealisierende und realistische Tendenzen einander abwechseln. Einigkeit besteht darüber, dass zeichnerische Fertigkeiten bis zu einem gewissen Grad erlernbar sind, nicht jedoch die künstlerische Leistung in ihrer Einmaligkeit. Allerdings wird, seit es Kunstschulen gibt, diskutiert, ob Kunst überhaupt lehrbar sei.
Im 17. Jahrhundert entstehen zahlreiche **Privatschulen** (z. B. von Rubens, den Brüdern Carracci). Die erste deutsche Kunstschule wird 1674 in Nürnberg begründet. 1720 gab es 19 Akademien in Europa.
Seit dem 18. Jahrhundert wird der Sinn der Akademien immer mehr infrage gestellt. Das künstlerische Genie („Sturm und Drang") duldet keine Regeln über sich.

19. Jahrhundert

Künstlerischer Subjektivismus bestimmt ebenfalls das 19. Jahrhundert („Des Künstlers Gefühl ist sein Gesetz", C. D. Friedrich). In der Avantgarde ist die Akademie als „verstaubt" verpönt. Akademie-Professoren sind meist „Salonkünstler", die an den Publikumsgeschmack Zugeständnisse machen. Bedeutende Künstler besuchen Akademien oft nur sehr kurz oder überhaupt nicht, sondern sind **Autodidakten** (z. B. van Gogh). Es wird unterschieden zwischen Akademien der „edlen" (Malerei, Bildhauerei) und der „mechanischen" Künste (Kunstgewerbe). Reformbestrebungen kommen aus England: Morris will Kunst und Handwerk wieder zusammenführen und damit auch die Kluft zwischen Gesellschaft und Künstler schließen. Die Vereinigung von „idealen" und „nützlichen" Künsten hat auch der Deutsche Werkbund zum Ziel, ein Vorläufer des Bauhauses (s. d.), ebenso wie der Jugendstil.

20. Jahrhundert

Um 1900 bilden sich verschiedene Künstlervereinigungen **(Sezessionen)**, die gegen die akademische Ausbildung protestieren und zu Keimzellen der modernen Kunst werden (z. B. Der Blaue Reiter).
„Kunstakademien" bestehen bis heute. Angeboten wird die Ausbildung in Werkstätten und das Studium in freien Klassen unter der Leitung von Professoren, welche die Entwicklung einer Künstlerpersönlichkeit fördern sollen. Der Grad der Lehrbarkeit von Kunst bleibt Diskussionsstoff. Das Autodidaktentum ist weit verbreitet.

1933 lösen die Bauhauslehrer ihre Schule selbst auf, um nicht für die Nazis arbeiten zu müssen. Zusammen mit ihren Schülern wandern sie zum großen Teil in die USA aus und verbreiten dort die Bauhaus-Ideen. Moholy-Nagy leitet bald das „New Bauhaus Chicago". Nach dem Zweiten Weltkrieg wird der Bauhausschüler MAX BILL Direktor der „Hochschule für Gestaltung" in Ulm, welche die Bauhaus-Tradition fortsetzt.

Parallel zum Bauhaus arbeitet die in Holland von PIET MONDRIAN und THEO VAN DOESBURG gegründete De-Stijl-Gruppe an modernen Lösungen für Gestaltungsaufgaben. Auch in Holland bevorzugt man die rein abstrakte Formensprache. Hinzu kommen – wie im malerischen Werk Mondrians – die drei Primärfarben. Man glaubt, mit klaren Formen und Farben zum Wohlbefinden des Menschen beitragen zu können. Van Doesburg prägt den Begriff „konkret", der nun Architektur, Innenraumgestaltung, Typografie, Plakat und vieles mehr charakterisiert.

2 Die Bauhaus-Lehrer Schlemmer und Moholy-Nagy

Einer der herausragenden Bauhaus-Lehrer ist OSKAR SCHLEMMER (1888–1943). Sein Werk verkörpert weitgehend die Ideen des Bauhauses. Er versucht, die verschiedenen Kunstgattungen zu vereinen und arbeitet als Maler, Bildhauer, Zeichner, Bühnenbildner, schafft Kostümentwürfe und ist auch choreografisch tätig. Im Zentrum seiner künstlerischen Arbeit steht die menschliche Figur, die er geometrisch abstrahiert. Die nicht individuell gezeichneten Menschenfiguren wirken plastisch und dennoch ungreifbar, stehen untereinander und zum umgebenden Raum in harmonischer Beziehung (z. B. „Bauhaustreppe", 1932).

Seit 1920 arbeitet er am „Triadischen Ballett", das 1922 in Stuttgart uraufgeführt wird (erhaltene Kostümentwürfe sind heute in der dortigen Staatsgalerie). Seine Kostüme „verpuppen" den menschlichen Körper und lassen keinen expressiven Tanz zu. Sie zwingen vielmehr zum „tänzerischen Konstruktivismus"[70]. Der Tänzer muss sich der von Schlemmer erfundenen „Kunstfigur" einfügen, wird dadurch selbst zur Kunstfigur und muss neue, vom raumplastischen Kostüm bestimmte Ausdrucksformen entwickeln. Ein in dieser Weise kostümierter und in Aktion tretender Tänzer bewegt sich eher wie eine Marionette denn als ein lebender Mensch.

Im Dritten Reich zählt Schlemmer zu den „Entarteten“. László Moholy-Nagy (1895–1946) ist ebenfalls vielseitig tätig. Ein besonderes Anliegen ist es ihm, neue Materialien wie Glas, Plexiglas und Stahl für seine Objekte einzusetzen und die ihnen innewohnende Ästhetik zur Wirkung zu bringen. Sein „Licht-Raum-Modulator“ (1930) aus Stahl, Kunststoff und Holz ist eine motorisierte Apparatur, die Lichtstrahlen in bewegten Rhythmen bricht und spiegelt. Zusammen mit Klangeffekten fungiert sie als kleines modernes Gesamtkunstwerk. Moholy-Nagy wirkt auch wegbereitend für die experimentelle Fotografie. Seine Malerei ist konstruktivistisch geprägt.

3 Bauhaus-Design: Stuhlentwürfe

Die Entwürfe von Möbeln, Haushaltsgeräten, Geschirr, Tapeten u. a. beruhen auf den von Gropius formulierten Postulaten. In seinen „Grundsätzen der Bauhausproduktion“ (1919–1928) schreibt er, das Bauhaus wolle der zeitgemäßen Entwicklung der Behausung dienen. Vom einfachen Hausgerät bis zum fertigen Wohnhaus solle alles sozusagen aus einem Guss sein. Voraussetzung für die Formfindung sei die Erforschung der Gestalt des Gegenstandes aus seinen natürlichen Funktionen. Ein Produkt solle seine Funktionen praktisch erfüllen, haltbar, billig und schön sein. Dabei seien moderne Herstellungsmethoden und Materialien zu berücksichtigen. „Schönheit“ ergäbe sich gleichsam von selbst, wenn **Form und Funktion im Einklang** miteinander stünden. Zusätzliche Dekoration sei nicht vonnöten. Folglich müssten Designer Technik (Herstellung) und Formfindung gleichermaßen beherrschen.

Jeder Entwurf wird zuerst in Handarbeit hergestellt, bevor er in serielle Produktion geht. Besonders erfolgreich sind die Stuhlentwürfe von Breuer und Mies van der Rohe. Ihre „Freischwinger“ werden zum ersten Mal in einer Ausstellung in der Stuttgarter Weißenhofsiedlung gezeigt, wo sie Verblüffung auslösen. Hatten seit Jahrhunderten zu einem Stuhl vier Beine gehört, die einen festen Stand gewährleisten, fehlen diese nun. Man sieht Konstruktionen aus Metallrohr, deren Sitzflächen über U-förmigen „Füßen“ in der Luft hängen und schwingen, wenn man sich hineinsetzt. In den neuen hellen Innenräumen, nicht mehr mit prunkvollen, dunklen Tapeten beklebt und schweren Damastvorhängen verziert, fügen sich die Sitzmöbel als durchlässige Gebilde ein und betonen das Lichte und Leichte des Raumeindrucks.

Technisch vollkommen ist bereits das Modell von Mies van der Rohe, der 25 mm starke Stahlrohre mit einer Wandstärke von 2 mm verwendet, die sich als stabil erweisen und federn können. Dieser erste **„Freischwinger“** wird unter der Bezeichnung „MR 10“ bekannt. Bis heute wird der sog. „Barcelona-Sessel“ hergestellt, den Mies 1929 für seinen Deutschen Pavillon entwirft. Hier arbeitet er mit Spezialfederstahl, der für das Gestell hochglanzverchromt wird. Die mit Rindsleder bezogenen Sitz- und Rückenkissen, gefüllt mit Schaumstoff, sind abnehmbar.

Breuer, Leiter der Möbelwerkstätten, entwickelt den „B 32“, der zum Welterfolg wird. Das Korbgeflecht von Sitzfläche und Rückenlehne hängt nicht direkt an den Metallrohren, sondern wird zuerst auf einen Holzrahmen gespannt, der mit dem tragenden Gerüst verschraubt wird. Das Holz mildert die kühle Metallästhetik und macht den Stuhl auch für Traditionalisten akzeptabel. Gefertigt werden Breuers Sitzmöbel von der Firma Thonet, die bereits seit der Mitte des 19. Jahrhunderts bequeme und leichte Stühle aus Rundhölzern, die im Wasserdampf biegsam gemacht wurden, vertrieb und die heute ebenfalls „Klassiker“ sind.

Auch der Finne ALVAR AALTO, der die Idee des freien Schwingens in Helsinki aufnimmt, hat Vorbehalte dem Metall gegenüber, das der menschlichen Psyche seiner Meinung nach nicht zuträglich ist, und konstruiert 1930 als Gegenentwurf einen schwingenden Rahmen aus Birkenholz, das er in dünnen Schichten verleimt. Als ungemein bequem gilt seine „Liege 43“, die an eine Hängematte erinnert. Heute profitiert vor allem die Firma Ikea von seinen Modellen, die in abgewandelter Form als Massenprodukt vertrieben werden.

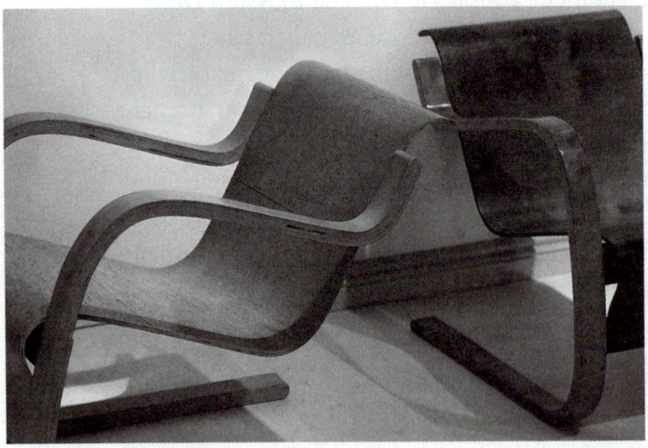

Alvar Aalto: Freischwinger aus verleimtem Birkenholz.
Alvar Aalto-Ausstellung, Helsinki.

Die Bauhaus-„Klassiker“ werden immer noch hergestellt und wegen ihrer Bequemlichkeit gekauft und geliebt. Unsere Wohnkultur wird weitgehend von Bauhaus-Ideen geprägt, die vor 80 Jahren noch als zu nüchtern verschmäht und während des Dritten Reiches als „entartet“ diffamiert worden sind.

4 Architekten am Bauhaus: Gropius und Mies van der Rohe

Sowohl Gropius als auch Mies van der Rohe gehören zu den herausragenden Architekten des 20. Jahrhunderts, wenn auch Mies die spektakuläreren Bauten wie etwa das Seagram-Building (New York) hinterlassen hat.

Walter Gropius (1883–1969)

Walter Gropius ist Schüler von Peter Behrens (1868–1940) und Hermann Muthesius (1861–1927), die mit neuen Baumaterialien, vor allem mit Eisenbeton, arbeiten. Sie lieben große Glasflächen, entwerfen kompakte, in sich geschlossene Baukörper und vermeiden unnötigen Dekor. Ihr Wiener Kollege Adolf Loos verkündet um 1900, Ornament sei „Verbrechen“.

Ihr Vorbild ist vor allem Louis Sullivan (1850–1924), einer der erfolgreichsten Architekten der sog. Schule von Chicago. Er hatte als Erster ein Gebäude über einem Stahlgerüst errichtet (Warenhaus Carson, Pirie&Scott, Chicago, 1899–1904). Gliederungselemente der Fassade sind nicht mehr Pilaster oder Lisenen, wie bei der historisierenden Architektur des 19. Jahrhunderts, sondern in der Senkrechten nur die tragenden Pfeiler, in der Waagerechten die Deckenbalken. Die Sockelzone überzog er allerdings noch mit einem filigranen Ornament, gleichsam als Ausgleich zum nüchternen Äußeren der oberen Geschosse.

Über Muthesius kommt Gropius mit der Arts-and-Crafts-Bewegung in Berührung, die sein Lehrer bei seinem Londoner Aufenthalt kennengelernt hatte. Auch die Bauten von Behrens, ursprünglich Maler und Kunstgewerbler, beeinflussen Gropius. Vorbildhaft wirken dessen Fabrikgebäude für die AEG, vor allem die Turbinenfabrik von 1909 mit ihren mächtigen Eckpfeilern und den hohen, durchgehenden, von Pfeilern unterbrochenen Glaswänden, die an gotische Kathedralfenster erinnern und dem Bau etwas Sakrales verleihen. Gropius vermeidet allerdings bei seinem ersten großen Bau alles Pathos. Für die Faguswerke, eine Schuhleistenfabrik in Alfeld/Leine, entwirft er 1911 einen aufsehenerregenden Stahlskelettbau mit nicht tragenden Wänden aus Glas und gelbem Klinker, der ausschließlich von senkrechten und waagerechten Achsen gegliedert wird. Dieser „abstrakte" Bau beeinflusst stark die Entwicklung der modernen Architektur.

Nach seiner Bauhaus-Zeit emigriert Gropius 1934 in die USA und wird 1937 an die Havard-Universität berufen.

Ludwig Mies van der Rohe (1886–1964)

Als Sohn eines Steinmetzes wächst er in Aachen auf und entwickelt sehr früh die Liebe zum Stein. Nach einer Lehre bei einem Stukkateur arbeitet er im Büro von Peter Behrens, ebenso wie Gropius und LE CORBUSIER. Bei einem mehrwöchigen Aufenthalt in Vicenza (Norditalien) studiert er eingehend die Bauten Palladios, des Architekten der Spätrenaissance (z. B. die Villa Rotonda). Einen besonders starken Einfluss übt der Klassizismus SCHINKELS auf ihn aus. Bei seinen späteren Bauten wird er dessen Idee aufgreifen, den Bau auf einen Sockel zu stellen, was die Wirkung deutlich erhöht. Seit 1910 lernt er Arbeiten von F. L. WRIGHT kennen. Großes Interesse zeigt er auch an den Eisenbauten des 19. Jahrhunderts. Er studiert den Kristallpalast von Paxton und setzt sich mit der Schule von Chicago auseinander, vor allem mit den ersten Hochhausbauten. Im Ersten Weltkrieg arbeitet er als brücken- und straßenbauender Pionier. Nach Aufgabe des Bauhauses, das er von 1930–1933 leitet, emigriert er 1937 in die USA.

Oberstes Gesetz für Mies ist die Formreduktion. Seine Maxime lautet: „Less is more" (weniger ist mehr). Damit kann seine ästhetische Auffassung umschrieben werden. Die Reinheit der Form als oberstes Gesetz bedeutet den Verzicht auf alles Unwesentliche. Bei seinen Entwürfen zeigt er „konstruktive Ehrlichkeit", d. h. er fordert, das Material solle als solches zu erkennen sein und seine spezifische Ästhetik entfalten. Seit den 20er-Jahren bevorzugt er das **Stahlbetonskelett** und die Verkleidung mit durchgehenden **Glasflächen**, die den Bau wie eine transparente Haut überziehen und als spiegelnde Flächen vergessen machen, dass sich dahinter ein für die Statik notwendiges Gerüst verbirgt. Die Steine, mit denen er am liebsten arbeitet, sind Granit und wertvoller Marmor. Den freien, offenen Grundriss übernimmt er von F. L. Wright. Optisch ineinanderfließende, sich wechselseitig durchdringende Räume (Interpenetration) gehören bei seinen Wohnbauten (meist luxuriöse Villen) zum Formenrepertoire. Das ursprüngliche Rechteck des Grundrisses wird aufgelöst, vielfältig ein- und ausgewinkelt, um verschiedenen Wohnfunktionen gerecht zu werden. Durch Wandflächen werden offene Nischen, nicht geschlossene Räume, abgegrenzt. Es gibt keine Schauseite. Wände enden nicht mehr an der Grenze des Hauses, sondern greifen wie Windmühlenflügel („Windmühlengrundriss“) in die Umgebung, oft in die Natur. Statt herkömmlicher Fenster belichten Glaswände das Innere.

Den Weltruhm von Mies van der Rohe begründet der **Barcelona-Pavillon**, den er für die Weltausstellung baut (nach der Weltausstellung abgerissen, wird er 1986 am selben Ort wieder aufgebaut). Er hinterlässt einen so nachhaltigen Eindruck, dass er zum Schlüsselwerk der Architektur des 20. Jahrhunderts wird. Ohne einem Zweck dienen zu müssen, kann Mies eine Ideal-Architektur schaffen, die auch als begehbare Skulptur bezeichnet werden könnte. Nichts erinnert mehr an ein herkömmliches Gebäude, das einer geschlossenen Schachtel glich. Alle Raumgrenzen sind verschleiert bzw. aufgehoben. Die wenigen Wandelemente haben in dieser Skelettkonstruktion nichts mehr zu tragen, bestehen entweder aus getöntem Glas, das in polierten Stahlrahmen gefasst ist, oder aus Marmor, der ebenfalls spiegelt. Die große Dachplatte tragen frei im Raum stehende Stahlstützen. Dünne Wände trennen Raumzonen voneinander, schließen aber keine Räume ab. Ungehindert gleitet der Blick durch die Parzellen, hinaus auf die Terrassen und die Wasserfläche des Bassins, in der sich der Bau wiederum spiegelt. Zwar wird der Pavillon durch einen Sockel und eine Umfassungsmauer eingefasst, strukturiert wird er jedoch durch Licht und Schatten, deren wechselndes Spiel den Bau belebt.

In den von nichttragenden grünen und schwarzen Marmorwänden unterteilten Räumen stehen nur die vom Architekten entworfenen Barcelona-Sessel auf einem hellen Travertin-Boden. Fast wie ein Ornament wirkt die auffällige Maserung der Marmorplatten, hinter denen sich ein Eisengerüst verbirgt. Der Marmor wurde aus Kostengründen in dünnen Platten aufmontiert. Als einziger plastischer Schmuck fungiert eine Bronzeplastik von Georg Kolbe (1877–1947), ein weiblicher Akt, genannt „Der Morgen“. Sie ist an der Ecke eines Beckens aufgestellt. Die radikale Reduktion auf wenige, klare Bauelemente bezeichnet Mies van der Rohe als das Prinzip von **„Knochen und Haut“**.

Die wichtigsten Werke von Mies van der Rohe im Überblick:

1919	Entwurf für einen Wolkenkratzer aus Glas
1927	Bauten in der Weißenhofsiedlung bei Stuttgart
1929	Barcelona-Pavillon für die Weltausstellung

1930	Haus Tugendhat in Brünn (ehemalige Tschechoslowakei)
1949	Hochhäuser am Michigan-See (USA)
1940	„Illinois Institute of Technology", Chicago (Crown-Hall: Massive Stahlträger fungieren als Grundgerüst, vorgefertigte Wände werden eingehängt. Im Innern ergibt sich dadurch ein großer Raum, der nicht gestützt zu werden braucht.)
1956	Seagram-Building, New York (Die Rasterfassade wird vorbildhaft für Hochhäuser. Sie liegt unsichtbar hinter dem „curtain wall", der Glashaut, die den Bau überzieht.)
1950	Haus Farnsworth (In dem auf acht Pfeilern „schwebenden", fast völlig transparenten „Gehäuse" befindet sich nur im Zentrum ein Nasszellenkern, der abgeschlossen ist.)
1963	Berliner Nationalgalerie

Neue Sachlichkeit

Unter dem Schock des Ersten Weltkrieges entstehen Gegenbewegungen auf den Expressionismus, der bis dahin die Kunstszene beherrschte. Nach DADA und Pittura Metafisica bildet sich in Deutschland zu Beginn der 20er-Jahre eine neue Malerei heraus. Ihre unterschiedlichen Tendenzen werden als **Verismus, Neoklassizismus** oder **Magischer Realismus** bezeichnet. Schließlich setzt sich der Name „Neue Sachlichkeit" als Sammelbegriff durch. Nach der ekstatischen Malerei des Expressionismus, einer stark subjektiv geprägten Kunst, orientiert man sich wieder an der Realität der Außenwelt und konstatiert nüchtern, was man sieht. Als Zeugen ihrer Zeit protokollieren die Künstler gleichsam die Weimarer Republik, d. h. die Jahre nach dem Ende des Ersten Weltkrieges bis zur Hitler-Diktatur, oft als die „Goldenen Zwanziger" apostrophiert. Von ihrem Glanz sind allerdings nur die Vergnügungsetablissements des Nachts erfüllt. In der Alltagswirklichkeit herrscht überwiegend soziales Elend (Inflation, Arbeitslosigkeit).

Fast alle Maler des sachlichen Stils hatten zuvor eine expressionistische bzw. dadaistische Phase durchlebt. Die überragenden Künstlerpersönlichkeiten sind George Grosz (1893–1959) und Otto Dix (1891–1969). Typische Vertreter der Neuen Sachlichkeit sind Christian Schad (1894–1982) und Georg Schrimpf (1889–1938). Thematisch kreisen ihre Bilder im Allgemeinen um die Großstadt, in der die Schattenseiten der Gesellschaft besonders auffallen, es werden z. B. Kriegskrüppel und das Außenseitermilieu (Prostitution, Verbrechen usw.) geschildert. In Kontrast dazu stehen vergnügungssüchtige Großstädter im grellen Licht der Nachtlokale (vgl. „Großstadt-Triptychon" von Otto Dix). Hinzu kommen Themen aus der Arbeitswelt, z. B. Szenen aus dem Krankenhaus oder der Fabrikhalle, die emotionslos vorgetragen werden.

Die Intensität, mit der die Dinge gesehen und gemalt werden, lässt an die Pittura Metafisica denken. Die oft beklemmende Wirkung, die von einem solchen Bild ausgeht, verleiht ihm eine surreale Komponente. Die Bildräume scheinen, wie in der surrealistischen Malerei, luftleer zu sein. Die Präzision in der Ausarbeitung auch kleinster Details wird durch nichts Atmosphärisches getrübt. In altmeisterlicher Malweise erzielen die Künstler eine glatte Bildoberfläche, die keine handschriftlichen Spuren aufweist. Vorbilder sind Maler der Spätgotik oder der Romantik (Runge), die im Detail ebenfalls nahezu fotorealistisch gearbeitet haben. Die Auseinandersetzung mit der Fotografie wirkt sich auf ihre Malerei aus: Wie mit der Kamera werden oft ungewöhnliche Blickpunkte (z. B. Froschperspektive, extreme Nah- oder Aufsicht) gewählt. Da die Bilder eng mit dem politischen Geschehen der 20er-Jahre in Deutschland verbunden sind, haben sie ihre Brisanz weitgehend verloren.

George Grosz und Otto Dix

George Grosz ist zunächst kubistisch beeinflusst (z. B. „Großstadt", 1917), hatte jedoch schon vor dem Ersten Weltkrieg seine Themen gefunden: *„Ich zeichnete Betrunkene, Kotzende, [...] Frauenmörder, die skatspielend auf einer Kiste sitzen, [...] Schnapstrinker, fliehende Männchen, die einsam und wie wahnsinnig durch leere Straßen liefen."*[10] Der Mensch ist für ihn nicht im Grunde „gut", wie die Expressionisten meinten, sondern ein „Vieh". Helfen könne man ihm nur, wenn man die gesellschaftlichen Verhältnisse ändern würde. 1918 schließt sich Grosz der Kommunistischen Partei an. Es entstehen aggressive Illustrationen (nahe an der Karikatur) für Zeitschriften; Kunst ist für ihn ein Mittel, politische Ideen zu propagieren. Um 1920 ist er in der DADA-Szene in Berlin führend. Von den Nazis verfemt, emigriert er 1933 schließlich in die USA.

Seit 1919 ist Grosz mit Otto Dix befreundet, der in den 20er-Jahren sozialkritische Themen in veristischer Manier behandelt, seine expressionistische Grundhaltung dabei jedoch nie verleugnet. Beiden Künstlern bringt die Aggressivität und der Zynismus ihrer frühen Werke Prozesse wegen Gotteslästerung und Verstößen gegen die öffentliche Moral ein. Dix erhält 1927 eine Professur in Dresden. 1929 entsteht sein Hauptwerk, das Triptychon „Krieg". 1933 wird er seiner Professur enthoben und mit einem Malverbot belegt. Dix wählt die sogenannte Innere Emigration und bleibt in Deutschland.

Kunst als Propagandainstrument im Dritten Reich

Gleich nach der Machtergreifung der Nationalsozialisten im Jahre 1933, also nach der Umwandlung der Weimarer Republik in eine Einparteien- und Führerdiktatur, ergreift Hitler „richtungsweisende" Maßnahmen. Wesentliche Grundrechte wie die Freiheit der Person, die Meinungs- und die Pressefreiheit werden gestrichen. Damit wird die Diffamierung und Verfolgung unbequemer Intellektueller „legalisiert".

Schon vor dem Ersten Weltkrieg war die Kunst des „Erzfeindes" (Frankreich) geächtet worden. Nur unter großen Schwierigkeiten gelang z. B. dem Museumsdirektor Tschudi in München der Ankauf impressionistischer Bilder. Die Ausstellungen der Brücke-Maler in Dresden riefen heftige Proteste hervor. Der Blaue Reiter konnte ebenfalls nur einen kleinen Kreis von Intellektuellen erreichen. *„Uns trägt kein Volk"*, stellte Klee bereits in den 20er-Jahren fest.

Im Mai 1933 organisieren nationalsozialistische Studenten Bücherverbrennungen „undeutscher" Autoren. Erich Kästner, Bertolt Brecht und Thomas Mann gehören zu den Opfern. Gleichzeitig wird eine Kampagne gegen die moderne Kunst in Gang gesetzt. Die „Säuberungswelle" beginnt mit der Gleichschaltung der Kunstverbände und der Entlassung missliebiger Professoren an den Kunstakademien (z. B. Paul Klee). Kandinsky, dem man Bolschewismus unterstellt, wird zum Hauptfeind stilisiert. Er erhält jedoch die französische Staatsbürgerschaft und kann so im Pariser Exil in Sicherheit leben. Die Mehrheit der bedeutenden modernen Künstler geht ins Ausland, u. a. Beckmann und Klee. Wer in Deutschland bleibt, wird mit Arbeits- und Ausstellungsverbot belegt, die jüdischen Künstler werden deportiert. Da das breite Publikum der Moderne gegenüber eine ablehnende Haltung einnimmt, haben die Verantwortlichen dieser Aktionen leichtes Spiel.

Die Aktion **„Entartete Kunst"** wird 1937 in die Wege geleitet. Den Begriff „entartete Kunst" hatten die Nationalsozialisten von dem jüdischen Schriftsteller Max Nordau übernommen. Nordau bezeichnet in seinem Buch „Entartung" (1893) die gesamteuropäische Kunst um 1900 als dekadent und als gefährlich für die „geistige Gesundheit" des Volkes.

Der von den Nazis zum Professor ernannte Adolf Ziegler wird von Goebbels ermächtigt, Exponate aus den deutschen Museen auszuwählen und „sicherzustellen". Unter dem Motto „Säuberung des Kunsttempels" wird 1937 in München die „Schandausstellung" eröffnet. Mit dieser Ausstellung verfolgt die Parteispitze rein propagandistische Zwecke. In der Eröffnungsrede Hitlers zur Wanderausstellung „Entartete Kunst" in München heißt es:

> *Bis zum Machtantritt des Nationalsozialismus hat es in Deutschland eine sog. „moderne" Kunst gegeben, d. h. also, wie es schon im Wesen des Wortes liegt, fast jedes Jahr eine andere. Das nationalsozialistische Deutschland aber will eine deutsche Kunst, und diese soll und wird wie alle schöpferischen Werte eines Volkes eine ewige sein [...]. Wir werden von jetzt an einen unerbittlichen Säuberungskrieg führen [...]. Wir werden Sorge tragen, daß gerade das* Volk *von jetzt ab wieder zum Richter über seine Kunst aufgerufen wird, denn allein das Volk habe eine „natürliche Weltanschauung in seinem Instinkte".*[11]

Über 700 Bilder von Kirchner, Heckel, Nolde, Grosz, Dix, Beckmann, Picasso, Boccioni, Mondrian, Schwitters, Kandinsky u. v. a. werden dicht nebeneinander gehängt und mit diffamierenden Texten „geziert". Die Künstler werden als „Judenfreunde", „Dummköpfe" usw. beschimpft. In den Schmähsätzen fallen Schlagworte wie „Verniggerung" deutscher Kunst, „seelische Verwesung", „geisteskranke Nichtkönner". Ihre Werke seien von „Judencliquen preisgekrönt" worden, die Museen hätten – unter dem Druck der Juden – Millionenbeträge „deutschen Volksvermögens verschleudert", um die „Verfallsprodukte" zu erwerben.

Besonders verpönt ist der Dadaismus. Seine Vertreter gelten unter Hitler als Bolschewisten, ihre Werke schimpft man „krankhafte Fantasien irrsinniger und verkommener Menschen". Die konfiszierten Bilder werden 1939 in Luzern auf einer Auktion versteigert und gelangen auf diese Weise in ausländische Museen.

Zwei Millionen Menschen sehen 1937 die Ausstellung „Entartete Kunst". Gleichzeitig findet im neu errichteten „Haus der deutschen Kunst" in München die Gegenausstellung von „wahrer" deutscher Kunst statt, hier zählt man nur 500 000 Besucher. In Arno Schmidts Roman „Aus dem Leben eines Fauns" erlebt der Held eine „deutsche" Kunstausstellung in der Hamburger Kunsthalle, die sich in nichts von der Münchener Ausstellung unterscheidet und schildert seine Eindrücke so:

> *Bieder und glatt hingen die Schinken des Dritten Reiches alle Wände herunter: getreidige Landschaften mit unerhört breithüftigen Garben straften den Verdacht geistiger Missernte handgreiflich Lügen; Charaktermenschen sahen volksnah in ein unsichtbares Großdeutschland; Mädchen steckten in ihren Trachten wie in Urnen: ums gedrungene Bauernhaupt hatte der Pinsler ihnen die blonde Zopfanakonda gewickelt, dass man den armen Dingern gleich hätte Aspirin anbieten mögen. Bildhauer hatten stark Nackte gemacht, mit straffen Parteikörpern und ewigen stolzen Profilen, alle frappant familienähnlich – und alles war so bedrückend eintönig und genormt ausdruckslos, und in hoffnungslos verständlichen Techniken hergestellt [...].*[11]

In der Eröffnungsrede zur Ausstellung im „Haus der deutschen Kunst" sagt Hitler, er wolle mit den „Phrasen" im deutschen Kunstleben aufräumen:

> *Kunstwerke, die an sich nicht verstanden werden können, sondern als Daseinsberechtigung erst eine schwülstige Gebrauchsanleitung benötigen, [...] werden von jetzt ab den Weg zum deutschen Volk nicht mehr finden [...]. Wir werden einen unerbittlichen Säuberungskrieg führen gegen die letzten Elemente unserer Kulturzersetzung [...] Diese vorgeschichtlichen [...]. Kunststeinzeitler [...] mögen unseretwegen in die Höhlen ihrer Ahnen zurückkehren, um dort ihre primitiven internationalen Kritzeleien anzubringen.*[11]

Der gewalttätige Hass auf die moderne Kunst ist ein besonderes Phänomen im Dritten Reich. Man fürchtet sie, weil sie die Vielfalt der Stile und Ideen zulässt und der Künstler in erster Linie Subjekt ist und sich selbst ausdrückt. Moderne Kunst empfindet man als zu aggressiv, herausfordernd und schockierend. Verzerrte Proportionen, „unnatürliche" Formen, Flächigkeit statt Raumtiefe, grelle Farben, die übersteigerte Emotionen zeigen, sind angeblich nicht „allgemeinverständlich" und entsprechen nicht dem althergebrachten Schönheitsbegriff.

Die linientreuen Künstler arbeiten im Sinne der nationalsozialistischen Weltanschauung, d. h. ihre Bilder verherrlichen die Volksgemeinschaft, das Führerprinzip, die Rassentheorie und den Militarismus. Der platt-naturalistische Einheitsstil kann angeblich das Volk nicht „verwirren" und ist, wie man vorgibt, dem „Volksempfinden abgelauscht". Künstlerische Vorbilder sind die alten deutschen Meister, an erster Stelle Albrecht Dürer. Aus dem 19. Jahrhundert lässt man z. B. Thoma und Leibl gelten.

Dem „Kunstideal" der Nazis entspricht die Kombination von Monumentalisierung und realistischer, handwerklich perfekter Detailschilderung. Ein beliebtes Thema der Propagandakunst ist z. B. die deutsche Landschaft (bevorzugt wird die „vorindustrielle" Landschaft, „heile" Welt in Wald und Wiese, Idylle des Landlebens). Das nationalsozialistische Menschenideal verkörpert der trutzige Bauer auf seiner Scholle, der biedere Kleinbürger, die deutsche Mutter und der heroische Arbeiter und Sportler („nordische Leistungsmenschen"). Führerporträts und heldenhafte Soldaten dürfen nicht fehlen. Auch die Filme von Leni Riefenstahl haben propagandistischen Charakter.

Sehr beliebt sind Aktbilder von Arierinnen, z. T. in mythologisch-verbrämtem Ambiente. Ein repräsentatives Beispiel für diese „Kunst" sind „Die vier Elemente" von Adolf Ziegler (1937): Das Triptychon wird für den „Führerbungalow" in München gemalt, wo es dann über dem Kamin hängt. Die Nacktheit der vier Frauen hat etwas Aufdringlich-Realistisches. Verschämt sitzen die vier Akte, blond und robust, auf einem schwarzen Block in einem Raum von kühler Badezimmeratmosphäre. In den Händen halten sie geziert ihre Attribute, z. B. ein Wasserschälchen oder eine Fackel; Dinge, die sie als allegorische Figuren ausweisen. Der Kontrast von genauer Detailschilderung und Idealisierung fällt hier besonders unangenehm auf. Obwohl Pornografie offiziell verboten ist, erfreuen sich Akte als künstlerisches Sujet großer Beliebtheit.

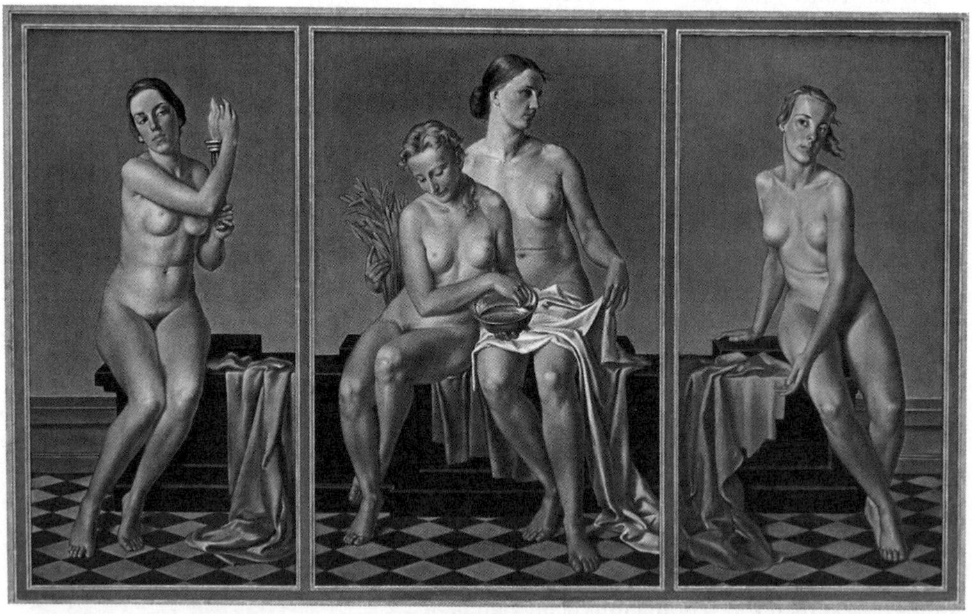

Adolf Ziegler: „Die vier Elemente" (1937), Öl auf Leinwand, 180 × 300 cm. Deutsches Historisches Museum, Berlin.

Kunstentwicklung seit dem 2. Weltkrieg: Abstraktion als vorherrschende Strömung

Das Jahr 1939 markiert die Bruchlinie zwischen der klassischen und einer „zweiten" Moderne. Bis zum Beginn des Zweiten Weltkriegs spielt sich die Entwicklung der Moderne in europäischen Metropolen ab, vor allem in Paris. Hier dominiert in den 30er-Jahren nach der Hauptphase des Surrealismus die geometrische Abstraktion. Die Vereinigung **„Abstraction-Création"** wird 1931 gegründet; ihr gehören u. a. KANDINSKY, MONDRIAN, BAUMEISTER, BILL und ALBERS an. Diese Künstler verbindet die Vorliebe für geometrisch klar definierte Formen, die in streng flächiger Ordnung die Bildfläche gliedern. Ziel ist die Ausgewogenheit aller Bildelemente zueinander. Die **konkrete (konstruktive) Malerei** setzt sich in den 50er-Jahren fort (z. B. Op-Art).

Zwischen den Kriegen kann man in der Kunst eine emotionale Strömung verfolgen, deren Ausdrucksformen aber auch betont subjektiv geprägt sind. Hierzu gehören die Surrealisten und die veristischen Expressionisten, die bei der gegenständlichen Darstellung bleiben. Konstruktivismus, De Stijl, Bauhaus und Neue Sachlichkeit suchen dagegen nach der objektiven, klaren Form und orientieren sich zum Teil an CÉZANNE, SEURAT oder am Klassizismus. Ihr Ziel ist eine von persönlicher Handschrift befreite Ausdrucksweise.

Seit den 30er-Jahren verlagert sich der Schwerpunkt der Kunst in die Vereinigten Staaten. In der Architektur waren die USA bereits zu Beginn des 20. Jahrhunderts führend (F. L. WRIGHT). Mit der Machtergreifung Hitlers beginnt der Exodus der Intellektuellen aus Deutschland und (etwas später) aus dem besetzten Frankreich. Sehr viele der Künstler gehen nach New York, darunter die Komponisten Bartok und Strawinsky, die führenden Bauhaus-Leute (GROPIUS, MIES VAN DER ROHE, MARCEL BREUER, MOHOLY-NAGY, JOSEF ALBERS u. a.), die Surrealisten DALÍ, ERNST und ihr „Prophet" BRETON sowie MONDRIAN und LÉGER. MARCEL DUCHAMP lebt bereits seit 1915 häufig in New York. Die Exilanten repräsentieren die beiden wichtigsten Strömungen der Vorkriegszeit: die abstrakt-rationale Richtung und die surrealistisch-emotionale Richtung. Der Einfluss auf junge amerikanische Künstler ist offensichtlich, wenn sie auch offiziell die Vorbildfunktion der Europäer verneinen. Nach dem Krieg wird New York zur neuen Kunstmetropole und degradiert Paris zum Nebenschauplatz.

1 Abstrakte Malerei in den USA

1.1 Action Painting: Jackson Pollock

Die unreflektierte, spontane Niederschrift der Abstrakten Expressionisten, die in der New Yorker Kunstszene seit den 40er-Jahren den Ton angeben, geht auf die Idee von der **„psychischen Improvisation“** (PAUL KLEE) bzw. dem **„psychischen Automatismus“** (André Breton) sowie die frühen abstrakten Bilder von Kandinsky zurück.

Mit JACKSON POLLOCK (1912–1956) gelingt in den USA der Durchbruch zu einer eigenständigen, von Europa nicht mehr abhängigen Malerei. Ähnlich wie WOLS (vgl. S. 195) entwickelt er Bildformen, die die Aktivität des Betrachters fordern: Der Entstehungsprozess soll nacherlebt werden. Beide Künstler haben zudem einen Hang zum Tragischen. Allerdings bevorzugt Pollock riesige Formate, während WOLS ein Blatt Papier bzw. eine kleine Leinwand genügen.

Der junge Pollock setzt sich mit El Greco und dem Isenheimer Altar (Grünewald) auseinander und zeichnet nach Picassos Guernica-Skizzen. Angeregt wird er weiterhin von den expressiven Wandmalereien der Mexikaner OROZCO und SIQUEIROS und der Kunst der Indianer, deren symbolische Formen, abstrakte Muster und leuchtende Farben ihn faszinieren. In seiner ersten Einzelausstellung bei Peggy Guggenheim (1943) zeigt er vom „Automatismus“ der Surrealisten beeinflusste Arbeiten. Obwohl Figürliches erkennbar ist, spielt der Mal-Akt bereits eine wesentliche Rolle. Seine Motive erinnern noch an die mythologische Bildwelt Picassos. In den „Totem-Bildern“ bezieht er sich auf Religiös-Kultisches. Seit 1946 schließt er figurative Assoziationsmöglichkeiten aus. *„Technik ist das Resultat eines Bedürfnisses“*, notiert Pollock. Um Energie und Bewegung sichtbar zu machen, kann er nicht mehr in konventioneller Weise mit dem Pinsel an der Staffelei stehen. Körperliche Bewegung muss möglich sein: Er legt die Leinwand auf den Boden und kann nun um sie herumgehen, von allen vier Seiten an dem Bild arbeiten und damit tatsächlich „im Bild“ sein. „Oben“ und „unten“ zählen nicht mehr. Der Widerstand einer harten Oberfläche ist für ihn wichtig. Auf dem Boden fühlt er sich wohler: *„Dort bin ich dem Bild näher und so eher ein Teil von ihm.“*[13] Diese neue Technik, die er bei Max Ernst kennengelernt hat, nennt er **„Dripping“**. Dünnflüssige Farbe wird nicht mehr mit dem Pinsel aufgetragen, sondern aus einer mit einem Loch versehenen Farbdose auf die Leinwand getropft. Indem er mit der Hand die Farbdose über dem Bild bewegt, überträgt er innerste, psychische Regungen auf die Bildfläche; was er „malt", ist er selbst. Innere Unruhe und ein selbstquälerischer Zug bestimmen den Entstehungsprozess. Farbspuren überziehen die gesamte Bildfläche, man spricht von einem **„Allover"**.

Einerseits hat er alles Intellektuelle verbannt und „unbewusst" gearbeitet: *„Wenn ich in meinem Bild bin, merke ich nicht, was ich tue."* Die ausdrucksstarke Pinselschrift ist Merkmal des **Action Painting**. Andererseits verhält er sich äußerst konzentriert: *„Wenn ich die Fühlung mit dem Bild verliere, gerät alles durcheinander."*[13] Das Bild wird zwar nicht bewusst komponiert, entsteht aber aus einem bestimmten inneren, dem Künstler eigenen Rhythmus heraus. Als er gefragt wird, ob er nach der Natur male, antwortet er: *„Ich bin Natur."* Diese Auffassung verbindet ihn mit der existentialistischen Haltung von WOLS. Pollock betont, der Maler müsse Wege finden, „die Welt um sich herum" auszudrücken. Nach Jean-Paul Sartre (1905–1980, Philosoph des Existentialismus) kann der Mensch die Welt nicht als Gegenüber betrachten, sondern nur als eine ihn umgebende.[23] Kunst kann aufgrund dessen nicht abbildhaft sein, sie würde sonst ein falsches Verhältnis zur Welt demonstrieren. Sein Bild wird wiederum Teil der Natur, also nichts besonders „Herausgehobenes". Pollocks „Natur" ist nicht mit „Landschaft" zu verwechseln. Seine Bilder projizieren ein Lebensgefühl, das immer bestimmt ist von der Großstadt (New York). Er drückt damit aus, was seine Zeit charakterisiert: unaufhörliche Bewegung bis hin zu Hektik und Aggression, Faszination durch die Technik und zugleich Wahrnehmung ihrer zerstörerischen Wirkung.

In seinen „späten" Bildern tritt die grafische Komponente besonders hervor. Reduziert auf Schwarz-Weiß, entladen sich psychische Energien immer heftiger. Pollock kommt bei einem Autounfall in New York mit 44 Jahren ums Leben. Heute gilt er als einer der bedeutendsten amerikanischen Maler des 20. Jahrhunderts.

WILLEM DE KOONING (1904–1997) steht Pollock als „Action-Painter" nahe, bleibt jedoch immer bis zu einem gewissen Grad gegenständlich. Seine Bilder zeichnen sich durch aggressive Farben aus. Heftiger malerischer Gestus bestimmt ferner die Arbeiten von MOTHERWELL (geb. 1915), KLINE (1910–1962) und GORKY (1905–1948). Zur meditativen Arbeitsweise neigen dagegen die sogenannten **Colour-Field-Painter**, für die Farbe dominierendes Gestaltungsmittel ist.

1.2 Colour-Field-Painting: Mark Rothko

Marcus Rothkowitz (1903–1970) kommt 10-jährig aus Russland in die USA. Nach einem abgebrochenen Studium der Psychologie und Philosophie belegt er Kurse in einer Kunstschule und studiert Schauspielerei. Theater und Musik bleiben für ihn für das ganze Leben von großer Bedeutung. Wenn er seine Bilder betrachtet, pflegt er Musik zu hören.

Nach einem regulären Kunststudium unterrichtet er bald selbst. Seit den 30er-Jahren stellt er erfolgreich aus. 1940 verkürzt er seinen Namen zu „Mark Rothko". Weltruhm erlangt er seit den 50er-Jahren. 1958 vertritt er die USA bei der Biennale in Venedig; im Museum of Modern Art, New York, ist 1961 eine Retrospektive zu sehen, das Guggenheim-Museum zeigt ihn 1963. Ein bedeutender Auftrag wird ihm 1958 erteilt. Es geht um Wandbilder für das Restaurant im Seagram Building (Hochhaus von Mies van der Rohe), die er „Murals" nennt und in seinem Atelier anfertigt. Als er zum ersten Mal das pompöse Lokal sieht, tritt er von dem Auftrag zurück und schenkt die Bilder der Tate-Gallery in London. Wiederholt unternimmt er mit seiner Familie ausgedehnte Reisen nach Europa und befasst sich eingehend mit europäischer Kultur. 1965–68 arbeitet er an der Ausgestaltung einer Kapelle in Houston (Texas), die 1971 als interkonfessioneller Gebetsraum eingeweiht wird. In den letzten Lebensjahren leidet er unter Depressionen. Dunkle Farben überwiegen zu dieser Zeit, zuletzt arbeitet er fast nur noch mit Grau oder Schwarz. 1970 sucht er den Freitod in seinem Atelier.

Rothko, Pollock, Newman u. a. amerikanische Maler, die in den 40er/50er-Jahren zu ihrer endgültigen Ausdrucksform gefunden haben, führen in gewisser Weise fort, was in der europäischen Moderne um 1900 begonnen hatte. Allerdings entwickeln sie dabei eine Freiheit, die ihnen in der Alten Welt wohl nicht zugestanden worden wäre. Für Rothko beginnt die „Klassische Phase" 1947. Seine Bilder sind von nun an nicht mehr figurativ, sondern rein flächig und gegenstandslos (Colour-Field-Painting). Auf großformatigen Leinwänden türmt er meist drei Farbfelder in horizontalen Schichtungen übereinander, die eine ungeheure Wirkung auf den Betrachter ausüben. Die Farbflächen scheinen von innen heraus zu leuchten, Werner Haftmann hat seine Bilder als **„Lichtwände"** bezeichnet. Man hat den Eindruck, die farbigen Flächen würden vor einem monochromen Grund schweben bzw. aus ihm auftauchen. W. Sauerländer schreibt in der Besprechung der großen Rothko-Retrospektive in München (2008) von den *„atmenden Bewegungen der Farben durch die imaginären Räume im Inneren der Bilder."* Der „weiche" Charakter der Oberflächen lässt vermuten, die Leinwand sei mit Farbe getränkt. Tatsächlich hat

Rothko die Farben stark verdünnt, sodass sie von der Leinwand aufgesogen worden sind. Die Leinwandstruktur bleibt daher sichtbar, was allerdings nur zu sehen ist, wenn man ganz nah vor ein Bild tritt. Rothko wehrt sich dagegen, als „abstrakter" Maler eingeordnet zu werden.

> *Ich bin kein abstrakter Maler, ... ich bin nicht an der Beziehung von Farben und Formen interessiert, sondern einzig und allein daran, urmenschliche Gefühle auszudrücken – Tragödie, Ekstase, Tod und so weiter.*[13]

Sein Anliegen ist es, die Menschen mit seinen Bildern zu berühren, Gefühle auszulösen. Er ist der Auffassung, die Kunst müsse „von allem schmückenden Beiwerk" befreit werden, d. h. er meint, Gegenständliches würde den Ausdruck seiner Bilder mindern. In seinen Skizzenbüchern der 40er-Jahre finden sich Zeichnungen, die den Schluss nahelegen, dass Rothko über Studien zur menschlichen Figur zu seiner „klassischen" Bildordnung gelangt ist. Er zeichnet zum Beispiel Variationen zum „Homo Vitruvianus" (männlicher Akt, eingespannt in Kreis und Quadrat) von Leonardo da Vinci. Seine Bildabmessungen, vor allem die Hochformate, leiten sich mit großer Wahrscheinlichkeit aus menschlichen Maßverhältnissen ab. Dafür spricht auch, dass er für die Hängung seiner Bilder kleine, niedrige Räume bevorzugt, die sich auch am menschlichen Maß orientieren und dieses nicht übersteigen. Vor allem die ganz großen Formate sollen dicht über dem Boden aufgehängt werden, denn so seien sie auch gemalt worden. Auf diese Weise entwickeln sie eine äußerst direkte Wirkung auf den Betrachter, vor allem in Nahsicht. Man wird geradezu in diese Bilder hineingezogen, beim längeren Hinschauen aus der realen Welt entrückt. Sie entwickeln eine spirituelle Dimension, die auf Sakralbilder des Mittelalters verweist. Damit bewegt sich Rothko zwischen Kunst und Philosophie bzw. Religion.

Andere Maler seiner Zeit hatten sich der Monochromie verschrieben. Sein Freund AD REINHARDT (1913–1967) bevorzugt zum Beispiel Schwarz und erarbeitet streng-meditative Bilder. ROBERT RYMAN (geb. 1930) genügen rein weiß gehaltene Flächen als Ausdrucksfeld. Rothko nutzt den ganzen Farbkreis. Er arbeitet mit allen Brechungen von Rot, Orange, Purpur, mit stechendem Gelb, selten mit Grün, gern mit Braun- und Pflaumentönen, am liebsten mit dem dunklen Blau, der Farbe der Romantik.

Stets bettet er die Farbfelder auf eine monochrome (einfarbige) Grundfläche, die selbst sehr zurückhaltend ist, sodass die horizontal gelagerten Flächen aufleuchten können.

In Deutschland sind nur wenige Bilder von Rothko zu sehen. Eines davon hängt in der Staatsgalerie Stuttgart (Ohne Titel, 1962, Kunstharzfarbe auf Leinwand, 206,5 × 193 cm).

Das annähernd quadratische Bild hat keinen Rahmen. Die Kanten des Keilrahmens, über den die Leinwand gespannt ist, hat Rothko in einem dunkelvioletten Ton, der ins Rötliche changiert (Farbe der Grundfläche), bemalt. Er beschränkt sich hier auf zwei annähernd rechteckige Farbfelder, die aus dem dunklen Grund aufleuchten. Das obere Feld malt er in mattem Rot, das untere etwa halb so breite Feld in leuchtendem Orange. Ein schmaler dunkelvioletter Streifen trennt beide Flächen voneinander. In der unteren Bildhälfte bewirkt das helle Orange, dass der Grund dunkler erscheint als oben, wo Rot und Violett sich im Helligkeitswert annähern.

Das große rötliche Feld im oberen Bereich hat etwas Sanftes, Weiches im Vergleich zum schmaleren, intensiv wirkenden unteren, das an den Rändern unregelmäßig und an den Schmalseiten leicht abgerundet ist. Die rötliche Fläche ist dagegen klarer und nahezu rechtwinklig begrenzt, wenn die Ränder auch in den Ton des Untergrunds unmerklich übergehen. Scharfe Grenzen gibt es innerhalb des Bildes nicht. Nur die gesamte Bildfläche stellt ein exaktes Rechteck dar.

Die Bildproportionen sind ungewohnt. Bei der Gestaltung einer Textseite würde man zum Beispiel den schmaleren Block nach oben versetzen und das „schwerere“ Feld unten positionieren. Auch ist man gewohnt (etwa bei einem Passepartout), den breiteren Rand unten zu sehen. Rothko kehrt derartige Sehgewohnheiten um.

Fast möchte man meinen, die rötliche Fläche sei etwas nach unten gerutscht, da sie nicht am oberen Rand „hängt“. Um die obere Fläche nicht zu „schwer“ erscheinen zu lassen, wählt er eine weniger intensive Farbe. Die untere Fläche hat dagegen etwas Energisches, Kräftiges, und kann mühelos der großen darüberschwebenden Fläche Widerpart leisten.

Jeder, der die Bilder von Rothko betrachtet, wird sie anders sehen und empfinden. Immer ist es notwendig, sich genügend Zeit zu nehmen und sehr genau hinzuschauen. Die Wirkung des Bildes wird dann umso stärker sein.

2 Abstrakte Malerei in Europa

2.1 Schauplatz: Paris

Parallel zum Abstrakten Expressionismus amerikanischer Prägung und als Reaktion auf die geometrische Abstraktion der 30er-Jahre entsteht in Paris seit den 40er-Jahren eine eher lyrisch-gegenstandsfreie Malerei, die **Tachismus** bzw. informelle Malerei (Informel) genannt wird. Dieser Strömung sind neben WOLS als Initiator HARTUNG, BAZAINE, FAUTRIER, BISSIÈRE, MANESSIER, SOULAGES, MATHIEU u. a. zuzurechnen. Letzterer wird durch seine öffentlichen Malaktionen bekannt. Vor 200 Zuschauern wirft er z. B. in Stockholm seine „Schlacht von Brunkeberg" (1958) auf die Leinwand. Die Schnelligkeit, mit der er seine oft sehr großen Formate fertigstellt, gilt ihm als Beweis für die „Unbewusstheit" des Malvorgangs, auf die es ihm ankommt. Während die Bilder von WOLS aus existenzieller Not erwachsen, stellt sich bei Mathieu und anderen Vertretern der informellen Malerei die Frage nach der „Echtheit" des Selbstausdrucks. Es besteht die Möglichkeit, dass die Bildsprache an Authentizität verliert und in kalligrafische Dekoration abgleitet.

Eine strenge Trennung zwischen Abstraktem Expressionismus (New York) und Tachismus (Paris) ist nicht möglich. Kein „Manifest" steckt künstlerische Ziele ab. Die Spontaneität des schöpferischen Aktes und das Freisein von Bezügen zur sichtbaren Realität verbinden beide Richtungen. Die Ausdrucksweise ist in den USA im Allgemeinen heftiger, ekstatischer, während sich die Tachisten etwas zurückhaltender geben.

WOLS (1913–1951)

WOLS, der eigentlich ALFRED OTTO WOLFGANG SCHULZE hieß, wird 1913 in Berlin geboren und wächst in einer hochkultivierten, großbürgerlichen Familie auf. Als Jugendlicher zeigt er sich vielseitig interessiert, begeistert sich für Musik, Zoologie, Fotografie u. v. a. Mit 19 Jahren geht er 1932 aus politischen Gründen nach Paris und lebt dort im Milieu der Avantgarde als Fotograf und Musiker. Während eines Spanienaufenthaltes wird er als Deutscher inhaftiert, später in Frankreich interniert. Nach seiner Freilassung 1940 lebt und arbeitet er unter ärmlichsten Verhältnissen im Versteck, immer wieder auf der Flucht vor der Gestapo. Haft und Lagerleben ruinieren seine Gesundheit und lassen ihn zum Alkoholiker werden. Nach dem Krieg gelingt es ihm nicht mehr, ein geregeltes Leben zu führen. Auch als sich allmählich künstlerischer Erfolg einstellt, setzt er seinen selbstzerstörerischen Lebenswandel fort. Geschwächt von einer Entziehungskur stirbt er 1951 an einer Fleischvergiftung.

Die „automatische Schrift“ (écriture automatique), die André Breton gefordert hatte und die für die Surrealisten ein „Kunstgriff“ wurde, um Bilder aus dem Unbewussten zu evozieren, muss WOLS sich nicht künstlich aneignen: Was er zeichnet, ist seine Biografie, die sich uns ohne den Umweg über eine vorgeprägte Kunstsprache mitteilt. Die Blätter sind authentische Mitteilungen, keine „Kompositionen“, die ästhetischen Kriterien unterliegen.

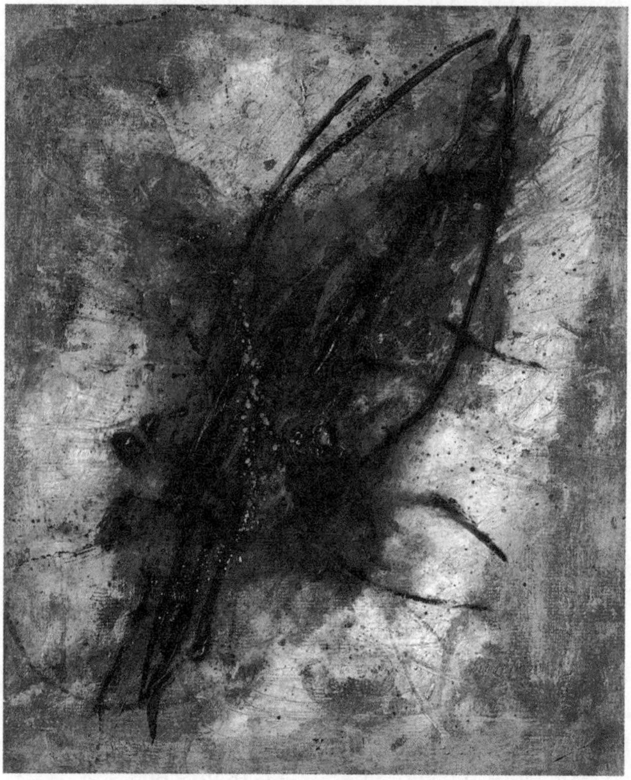

WOLS: „L'aile de papillon“ („Schmetterlingsflügel“, 1947), Öl und andere Techniken auf Leinwand, 55 × 46 cm. Centre Pompidou, Paris.

Der „Autor“ kennt keine Distanz zu seinem „Produkt“ und wertet es auch nicht als „Kunst“. Seine frühen Aquarelle, Federzeichnungen und Radierungen sind vom Surrealismus (TANGUY, MIRÓ) und von Paul Klee beeinflusst. Unzusammenhängendes wird aneinandergereiht wie in einer fantastischen Erzählung (z. B. „Das Geschwür, die Zähne und die Muse“, Aquarell, 1939). In seinen poetischen Bilderfindungen herrscht eine traumähnliche Atmosphäre. Vor seiner Internierung 1939 in Frankreich hatte er als Fotograf in Paris gearbeitet. Seine bevorzugten Motive stimmen im Ausdruck mit den späten Ölkompositionen überein: z. B. rostige Nägel, abgerissene Plakatwände, zerknüllte Zeitungen und enthäutete Hasen. Verletzung und Zerstörung markieren seinen Lebensweg ebenso wie sein Werk. Die tragischen Lebensumstände haben den sensiblen Künstler psychisch deformiert und ihn letztlich zur Selbstaufgabe getrieben. Bei seinen Ölbildern nach 1945 stellt er nicht bewusst ein Bezugsfeld zwischen einzelnen Form- und Farbwerten her, dennoch wird der Entstehungsprozess seiner Bilder von einem hoch entwickelten Farbempfinden gesteuert. Gegenständliches ist nahezu eliminiert. Die Bilder drücken Schwermut aus, nichts Aktives, Lebensbejahendes bleibt. Dass zuletzt doch ein Bild entsteht, dessen Gestaltungsakt nachvollziehbar ist, scheint das einzige Positive zu sein: Eine neue Form ist entstanden, ein Zeichen gesetzt. Die Leinwand enthält tagebuchähnliche „Aufzeichnungen" seiner Selbstzerstörung. In der existentialistischen Grundhaltung ist er dem Bildhauer GIACOMETTI (1901–1966) verwandt.

2.2 Schauplatz: Nachkriegsdeutschland

Kandinsky und Klee sind tot, Beckmann stirbt 1950. Mit Picasso und Miró zusammen werden Klee und Kandinsky von den jungen Künstlern am meisten bewundert. Die von den Nazis verfemte abstrakte Kunst gilt nun als Symbol der Freiheit. Gleich nach dem Krieg beginnt aber auch die Diskussion um die Berechtigung der abstrakten Kunst. Den „Ungegenständlichen" wird vorgeworfen, sie würden sich aus der Wirklichkeit (des Krieges, der Verwüstung, des Elends) zurückziehen. Man fordert sie auf, mit den Mitteln der Kunst den Krieg „aufzuarbeiten". In den „Darmstädter Gesprächen" attackiert der Kunsthistoriker Hans Sedlmayr die Moderne und interpretiert sie als „Verfall". Einer der Kontrahenten ist Willi Baumeister. Viele Künstler sind während des Krieges (z. T. trotz Malverbot) unbeirrt ihren Weg weitergegangen. Der Bauhaus-Schüler FRITZ WINTER (1905–1976) schafft z. B. während des Krieges seinen großen Zyklus „Triebkräfte der Erde". Romantische Naturmystik und Unendlichkeitssehnsucht sind die Quellen seiner Kunst. Nach dem Krieg zählen weiterhin ERNST WILHELM NAY und WILLI BAUMEISTER zu den wichtigsten abstrakten Malern in Deutschland.

Willi Baumeister (1889–1955)

Baumeister ist in der Zeit nach 1945 der wohl bedeutendste Maler in Deutschland und übt großen Einfluss auf die jungen Künstler der 50er-Jahre aus. Er schafft in erster Linie **Bildreihen**, deren Inhalte auf ein übergeordnetes Thema bezogen sind. Der erste Bilderzyklus, noch in konstruktiver Strenge („Mauerbilder"), entsteht Anfang der 20er-Jahre.

Obwohl während des Dritten Reiches mit einem Malverbot belegt, bleibt er in Deutschland und ist in einer Lackfabrik tätig, in der er mit neuen Maltechniken experimentiert und Forschungen zur Technik der steinzeitlichen Höhlenmalereien treibt. Sein Interesse an frühen Kulturen reicht von der Höhlenmalerei bis zu den Sumerern. Damit steht er in der Tradition der klassischen Moderne, die bis zu den Ursprüngen der Kultur, zum Mythischen und Nicht-Rationalen vordringen wollte. Die Auseinandersetzung mit fernöstlichen Schriftzeichen geht mit dem archäologischen Interesse einher. Seit den 40er-Jahren arbeitet er an den „Reliefbildern". Sand und verschiedene Pasten werden der Farbe beigemischt oder über eine farbige Grundfläche gelegt – Vorbild für viele Materialbilder in den 50er-Jahren.

Berühmt geworden sind Baumeisters abstrakte Bildreihen zum Gilgamesch-Epos, zu Dramen von Shakespeare und zu alttestamentlichen Themen. Aus den von Künstlern des 20. Jahrhunderts verfassten kunsttheoretischen Schriften ragen das „Geistige in der Kunst" von Kandinsky und das „Unbekannte in der Kunst" von Baumeister heraus. Das Buch erscheint 1947 als Rechtfertigung seiner abstrakten Kunst. Das „Unbekannte" ist für ihn das, was beim Malen sichtbar wird. Dazu existieren keine Vorbilder in der Realität.

Die aus dem Irrationalen auftauchenden Zeichen lassen in die Welt des Unbewussten schauen. Baumeister arbeitet nicht nach der Natur, sondern, und darin ist er Klee vergleichbar, wie die Natur. Abstrakte Bilder sind für ihn Gleichnisse der Natur. In seiner Rede bei den Darmstädter Gesprächen sagt er:

> *Durch originale, immer wieder kreativ auftretende Künstler mit ihren neu kreativ gefundenen Formen entstehen echte Gleichnisse zur Schöpfung [...]. Die Kunst, und besonders die moderne Kunst, ist ausdrücklich irrational und kann sich nicht auf Rationalität stützen, ebenso wie der Glaube.*[54]

3 Weiterentwicklung abstrakter Tendenzen seit den 50er-Jahren

Ungegenständlich arbeitende Künstler, wie z. B. der Franzose JEAN DUBUFFET oder der Spanier ANTONI TÀPIES entwickeln **neue Arbeitsmethoden** und bringen Materialien ins Spiel, mit denen sich die Ausdrucksmöglichkeiten enorm erweitern lassen. Fernöstliche Schreibkunst fasziniert z. B. MARC TOBEY (USA), an den Konstruktivismus der 30er-Jahre knüpft VICTOR VASARELY, der aus Ungarn stammt, an.

Jean Fautrier (1898–1964) und Jean Dubuffet (1901–1985)

JEAN FAUTRIER gehört zum Umkreis der Informellen (als Art Informel, lyrische Abstraktion oder Tachismus wird die Malerei der spontanen Gestik bezeichnet). Berühmt wird Fautrier durch seine „Geiselbilder" („Les Otages"), die zu Beginn der 50er-Jahre entstehen und als Reaktion auf das Grauen des Krieges interpretiert werden. Die schemenhaften Gesichter wirken abstoßend, ja sogar ekelerregend. Scheinbar blutig, beschmutzt und zerschunden treten sie aus der Bildfläche plastisch hervor. Die Oberflächen sind mit pastos aufgetragener Farbe bearbeitet und schillern. Fautrier ist der Auffassung, dass keine Kunstform Emotionen vermitteln kann, *„wenn sie sich nicht mit einem Teil des Realen vermischt"*[4].

In der ersten Ausstellung (1944) des künstlerischen Einzelgängers Jean Dubuffet sind infantil gekritzelte Figuren zu sehen, die an Klee erinnern. Seit 1946 bearbeitet er die Bildoberflächen mit Gips, Leim, Kitt, Sand, Pappmaché, Schlacke usw. Er übernimmt damit das Verfahren der „Hautes Pâtes" von Fautrier. Dubuffet wird – im Unterschied zu Fautrier – von den plastischen Strukturen (ähnlich wie MAX ERNST in seiner Frottage-Technik) zu Bilderfindungen angeregt. Der Untergrund ähnelt einer alten Mauer, ist zerkratzt und fleckig. Auf diese scheinbar verwitterten „Wände" zeichnet (eher: „kritzelt") er Figuren: Köpfe, Masken, absurde Fantasiegestalten, kleine sonderbare Tiere. 1950 entsteht der Zyklus „Corps des Dames" („Frauenleiber"). Die „rohen" Körper treten aus erdiger Struktur hervor und erinnern an Fruchtbarkeitssymbole. Dubuffet selbst hat seine Kunst als **„Art brut"** bezeichnet.

Antoni Tàpies (geb. 1923)

ANTONI TÀPIES ist heute einer der bedeutendsten Künstler Spaniens. Die Wirkung seiner „Bilder" ist ernst, streng, fast asketisch. Das Düster-Melancholische ist ein Grundzug spanischer Kunst. In seinen Arbeiten verschwimmen die Grenzen zwischen „Relief" und „Malerei". Der Reliefcharakter der Bildoberflächen entsteht durch die Verwendung von Materialien wie Lehm, Gips, Leim, Wachs, Kitt usw. Aus den Materialien ergibt sich die Farbigkeit: Schwarz (dominiert) und erdige Töne. Die Oberflächen werden abgeschabt, durchlöchert, reißen durch Trocknungsprozesse auf, blättern ab usw. Oft werden sie mit einem leuchtend roten (oder andersfarbigen) Zeichen versehen, das an Geheimschriften erinnert.

Seine „Mauerbilder" weisen Abdrücke von alten Ziegeln, Balken usw. auf. Die lebendige, verwittert scheinende Maueroberfläche ruft Erinnerungen an alte Tempelmauern, Fensterläden, heilige Bezirke o. Ä. wach. Die „Verletzungen" (Risse, Abgeschabtes usw.) besitzen suggestive Kraft: „Wenn die stumpfe und träge Materie mit einer unvergleichlichen Ausdruckskraft zu sprechen beginnt, dann ist das Ziel erreicht"[4], meint Tàpies. Immer wiederkehrende Motive sind Wand, Fenster, Mauer, Tür und Tor. In der Realität sind sie „Trennscheiben" zwischen zwei Welten, dem „Innen" und dem „Außen". Sichtbar für den Betrachter ist nur die geschlossene, schweigende Bildfläche, von der einerseits eine starke Anziehungskraft ausgeht und die sich andererseits nicht „auftut". Die Frage, ob sich etwas „dahinter" befindet, bleibt offen. Kunst ist für Tàpies ein **„therapeutisches" Mittel**, insbesondere aber Protest gegen das Laute in unserer Welt:

> *Wir wissen die Dinge kaum mehr richtig anzuschauen, wir haben dafür keine Zeit. Unsere Sinne entgleiten uns vor dem Übermaß an Belastungen aller Art, an Buntheit, Verwirrung, Lärm. Wir müssen das Ursprüngliche zurückerobern: die Fähigkeit zur Kontemplation. Wir müssen uns Zeit zur Meditation nehmen, uns ein Minimum an Anstand und Freiheit in unserem Leben bewahren.*[49]

Lucio Fontana (1899–1968)

Der italienische Bildhauer und Maler LUCIO FONTANA beginnt 1949 den sog. **Concetti spaziali (Raumkonzepte)**, mit Papier- und Stoffperforationen: Mit einem Stichel durchlöchert er Papier und befestigt es auf einer Leinwand. Daraus ergibt sich eine leicht reliefartige Wirkung. Das Durchstoßen des Papiers kann als ein Akt der Selbstbefreiung angesehen werden. Die Geste ist entscheidend. In den 50er-Jahren bilden die mit einem Skalpell aufgeschlitzten Leinwände einen Höhepunkt seines Schaffens. Sie werden straff auf den Keilrahmen gespannt, monochrom bemalt und in blitzschneller Bewegung aufgeschlitzt. Fontana ähnelt darin einem chinesischen Maler, der nach langer Meditation spontan den Pinselstrich setzt. Ähnlich wie bei seinen aufgesprengten, kugelförmigen Keramiken und Metallplastiken versucht er die Leere (Loch, Vertiefung) als positives, räumliches Element anschaubar zu machen. Unter den Schnitten befestigt er schwarze Gaze, sodass kein Durchblick möglich ist und der auf diese Weise erzielte „Raum" dunkel und geheimnisvoll wirkt.

Alberto Burri (1915–1995)

Ebenfalls aus Italien stammt ALBERTO BURRI, der zuerst Medizin studiert. Nach Kriegsdienst und Gefangenschaft beginnt er 1944 zu malen. 1952 entstehen die ersten Sackbilder. Burri hat seit dieser Zeit in seinen Materialbildern aus zerrissenen Stoff- und Sackfetzen („Sacchi") das eigene Kriegserleben verarbeitet. Seit 1956 verwendet er auch Holz, Blech und Kunststoff in seinen Assemblagen.

Emil Schumacher (1912–1999)

In den Bildern des deutschen Malers EMIL SCHUMACHER verbinden sich spontane **tachistische Malgesten** mit **pastoser Malmaterie:** Die informelle Malerei geht mit dem Materialbild eine Synthese ein. Sein Verhältnis zur Farbe hat etwas geradezu Körperliches. Er trägt sie so dick auf, dass die Oberflächen aufplatzen müssen. Teilweise werden die Bilder auch von der Rückseite her bearbeitet. Oftmals bereichern weitere Materialien die Bildstruktur, z. B. verkohltes Holz, Textilien oder vulkanisches Gestein. Die aufgerissenen, schrundigen Oberflächen erinnern an Landschaften, die sein eigentliches Thema sind. Auf seine enge Beziehung zum Orient (zahlreiche Reisen durch Nordafrika) weisen die Bildtitel hin: „Sodom", „Harun", „Hiob" usw.

3.1 Kalligrafische Abstraktion – Skripturale Malerei

In den 50er- und 60er-Jahren kommen europäische und amerikanische Künstler mit der ostasiatischen Kalligrafie (Schreibkunst) in Berührung. Während der Einfluss fernöstlicher Kunst auf die europäische Malerei am Ende des 19. Jahrhunderts nur formaler Art war (vgl. Japonismus bei van Gogh u. a.), vertiefen sich Künstler des westlichen Kulturraumes seit den 20er-Jahren auch in das Denken des Fernen Ostens. Der Chinese Yü Shihnan (6. Jh. nach

Christus), Meister der Kalligrafie, schreibt: *„Zum Zeitpunkt, da man zu schreiben beabsichtigt, muß man die Sinnestätigkeit des Sehens und Hörens zurückhalten. Man stelle den Gedanken ab und konzentriere seinen Geist.“*[18]

Der automatische, unbewusste künstlerische Akt war Ziel vieler Künstler der klassischen Moderne. Das Ideengut der Romantik war wieder lebendig geworden: Die Versenkung in das eigene Ich weist den Weg zum Ursprung, zur Einheit von Subjekt und Objekt. Das „Es“ soll aus dem Künstler sprechen, sei es die „Leere“ der Zen-Buddhisten oder das ganz andere „Es“ der Freud'schen Psychologie, das sich in der „Ecriture automatique“ (automatische, vom logischen Denken unberührte Arbeitsweise) der Surrealisten auslebt.

Zu den Ersten, die versuchen, Geist und Form der ostasiatischen Kalligrafie zu begreifen, gehören um 1925 in den USA MARK TOBEY, in Deutschland JULIUS BISSIER und WILLI BAUMEISTER, in Frankreich HANS HARTUNG (Wahlfranzose), MICHAUX, MASSON und GEORGE MATHIEU. Um 1960 geht die Phase zu Ende, in der sich fernöstliche Schriftkunst mit westlicher Abstraktion berührt.

Obwohl sich Tobey und andere Bewunderer östlicher Kalligrafie intensiv mit ostasiatischer Philosophie befassen, gibt es entscheidende Unterschiede zwischen ihrer Arbeitsweise und derjenigen japanischer Sho-Meister. Die sensiblen Instrumente Pinsel, Tusche und Papier bringen im östlichen Kulturraum den Menschen in seiner Ganzheit zum Ausdruck. Der Schaffensvorgang ist ein **philosophisch-ethischer** Prozess, der wichtiger ist als das Werk selbst. Der ostasiatischen Kalligrafie kommt es auch auf die Lesbarkeit der Zeichen an. Den der fernöstlichen Sprachen nicht mächtigen Europäer interessiert dagegen primär die Form. Der Japaner überträgt die fertig entwickelte Idee mit sicherer Technik in die adäquate Form. Dabei ist er ausgeglichen, ruhig, seine Bewegungen erfolgen kontinuierlich.

Die europäischen „Schriftmeister“ arbeiten auch aus der Bewegung heraus und die Geschwindigkeit spielt für sie eine wichtige Rolle. Sie fügen jedoch mehrere Bewegungen aneinander, unterbrechen sie, arbeiten an der Form. In Ostasien steht das Zeichen vor einem unendlichen, scheinbar unbegrenzten Raum, dem weißen Papier als Bildgrund. Leere bedeutet „Licht“ und „Atem“ der Welt. Der Europäer empfindet das Papier als Begrenzung für die „Komposition“. Dem kontemplativen Zeichen Ostasiens steht die „befreite“ Linie gegenüber, die selbst zum Gegenstand der Darstellung geworden ist und „automatisch“ hingeschrieben wird.

Mark Tobey (1890–1976) lernte 1923 bei dem chinesischen Maler Teng Kwai in den USA. Studienreisen führen ihn auch in das Zen-Kloster von Kyoto. Er fühlt sich danach befähigt, die *„frenetischen Rhythmen der modernen*

Großstadt zu malen und mittels der kalligraphischen Linie das rastlose Pulsieren heutiger Städte einzufangen.“[18]

Seit den 40er-Jahren entstehen seine „White Writings“, die ihn berühmt machen und mit denen er sich von aller Gegenständlichkeit löst: *„Ein Bild soll kein anderes Sujet haben als den Malakt“*, fordert er. Er füllt die Fläche mit feinen, ineinandergreifenden oder sich überschneidenden Linien, die hell und dünn, ohne scharf zu wirken, einen dunklen Hintergrund überziehen. Die Linien wirken wie ein dichtes, jedoch nicht mechanisch-regelmäßiges, daher lebendiges Gespinst aus Licht.

Wenn sich der Schreibvorgang verselbstständigt, verliert er seine ursprüngliche Funktion, nämlich gedanklichen Inhalt zu visualisieren. „Schrift“ dient dazu, sprachlich nicht artikulierbare Spuren des Unbewussten sichtbar zu machen. Im „Hinschreiben“ entstehen abstrakte Bilder. Schreiben und Zeichnen sind einander verwandt: Der individuelle Duktus ist spürbar, stellt die direkte Beziehung zur Persönlichkeit her, die **Linien als „Spuren“** hinterlässt.

In der traditionellen Malerei wird durch verschiedene Arbeitsprozesse der Entstehungsvorgang „vertuscht“. Im Barock löst sich zum ersten Mal die Pinselschrift von der darunterliegenden Form und bildet ein Eigenleben. Die Auflösung der glatt gemalten Oberfläche setzt sich im Impressionismus fort. Erst aus der Entfernung wird die Form erkennbar. Für Vincent van Gogh sind Zeichnen und Malen ein und dasselbe: *„Ich fange an, dies (das Malen) so zu handhaben, wie man schreibt, mit der derselben Leichtigkeit.“*[24]
Malerei ist eine statische Kunst, ihre „Produkte“ sind unbeweglich. Für Vertreter des Abstrakten Expressionismus und des Tachismus ist die Bewegung zentrales Anliegen. Der spontane, rhythmische Schaffensprozess soll sichtbar und für den Betrachter nachvollziehbar bleiben. Es kommt nicht in erster Linie auf das Endprodukt an, sondern auf den **Prozess der Entstehung**. Vorbereitet wird diese neue Kunstauffassung u. a. von Paul Klee:

> *Auch im Weltall ist die Bewegung das Gegebene [...]. Die Genesis der Schrift ist ein gutes Gleichnis zur Bewegung. Auch das Kunstwerk ist in erster Linie Genesis, niemals wird es als Produkt erlebt [...]. Dem gleich einem weidenden Tier abtastenden Auge des Beschauers sind im Kunstwerk Wege eingerichtet.*[24]

„Skripturale“ Maler „schreiben“ häufig in Zeilen, was bereits in Arbeiten von Klee zu beobachten ist. Assoziationen zu Schriftzeilen liegen nahe, Übergänge zur konkreten Poesie sind fließend. Die Schreibbilder werden rhythmisch angelegt, entstehen aus der Körperbewegung heraus, in reiner psychischer Improvisation. Sie stehen so im Gegensatz zur klassischen Kunst, die eine vorhandene Idee sichtbar machen will. Der skripturale Künstler hört eigentlich nie auf, seine Empfindungen niederzuschreiben, die „Seiten“ bleiben Fragmente, auch bei CY TWOMBLY (geb. 1928), der sich in seiner Arbeitsweise an seine eigene Forderung hält, die Aktion müsse fortwährend die Realisierung der Existenz erzeugen. Jedes Element seiner Bildfelder zeigt Bewegung. In Weiterführung des abstrakten Expressionismus entwickelt er eine gestische Zeichensprache und schafft Zeichnungszyklen, deren skripturale Notationen an Sgraffiti auf Hauswänden erinnern. Der Amerikaner lebt seit 1957 bei Rom. Das 2009 eröffnete Brandhorst-Museum in München zeigt bedeutende Werkzyklen aus der späten Schaffensphase, u. a. die Rosenbilder und den für die Biennale in Venedig 2001 geschaffenen Lepanto-Zyklus. Leuchtende Farbspuren suggerieren auf 12 Bildfeldern den Ablauf der größten Seeschlacht der Geschichte (1571) zwischen Osmanen und der „Heiligen Liga“ der Europäer.

3.2 Konkrete Malerei in Europa – Op-Art

Op-Art (Abkürzung für Optical Art) geht aus **konstruktivistischen Strömungen** der Zeit vor dem Krieg hervor. Vertreter der sog. Abstraction-Création (JOSEF ALBERS, MAX BILL, VICTOR VASARELY u. a.) setzen in den 50er-Jahren die abstrakte Malerei mit der reinen Farbe in konsequenter Weise fort. Die farbtheoretischen Untersuchungen basieren zum Teil auf dem Pointillisten Georges Seurat, zum Teil auf dem Orphismus des Robert Delaunay. Die strenge Geometrisierung weist auf De Stijl und das Bauhaus hin. Op-Art-Künstler wollen mit rein geometrischen Formen die optisch wechselnden Erscheinungen von Farbe und Licht zeigen. Durch regelmäßige Bildstrukturen und den bewussten Einsatz von Farbkontrastwirkungen werden Flimmereffekte erzeugt und tiefenräumliche Wahrnehmung von Farbräumen ermöglicht, d. h., optische Täuschungen werden als künstlerisches Mittel eingesetzt. Die „gemalte“ Op-Art übt auf Dekor und Design bald großen Einfluss aus.

Für VICTOR VASARELY (1908–1988) ist die sog. **Unité Plastique**, die plastische Einheit (geometrische Form), der Ausgangspunkt. Dieser „Baustein“ kann beliebig vervielfältigt und in unendlich vielen Variationen kombiniert werden. In jedem Bild experimentiert er von Neuem mit den Gesetzen der Wahrnehmung. Eine neue Auffassung vom Kunstwerk steht hinter seinen Arbeiten: Entscheidend ist für ihn lediglich die Idee. Die Ausführung der Idee kann auch von Mitarbeitern unter Zuhilfenahme mechanischer Verfahren (z. B. Siebdruck) besorgt werden. Spuren einer persönlichen Handschrift bleiben nicht zurück. Jedes Bild kann seriell gefertigt werden.

Von der Minimal-Art zur Land-Art

In ähnlicher Weise wie Malewitsch mit dem „Schwarzen Quadrat" (1914) an die Grenzen der Malerei stieß, erreichen die Vertreter der Minimal-Art in der Plastik einen äußersten Grad an Abstraktion. Malewitsch beendet mit seinem radikalsten „Bild" einen Abstraktionsprozess und geht später dazu über, seine Arbeiten wieder mit Formen und Farben anzureichern. Jenseits der erreichten Grenze beginnt die Philosophie, d. h. das Nachdenken über den Sinn des menschlichen Daseins in abstrakten Begriffen, die nicht mehr greifbar oder noch sichtbar darstellbar sind.

Die Minimal-Art entwickelt sich in den USA. Klare geometrische Formen und moderne Kunststoffe bestimmen das Schaffen von Sol LeWitt (1928–2007), Donald Judd (1928–1994) und Dan Flavin (1933–1996), die zu den bedeutendsten Vertretern dieser Richtung zählen. Die streng formale Ausrichtung kann als Reaktion auf das Gestische und Emotionale des Abstrakten Expressionismus der 50er-Jahre gedeutet werden.

Donald Judd führt seine minimalistischen Arbeiten auf den Einfluss von Barnett Newman (1905–1970) zurück, der hart voneinander abgegrenzte geometrische Flächen malt (Hard-Egde-Malerei), deren Farben von höchster Intensität sind. Rigoros lehnt Judd jeglichen Illusionismus ab, d. h. er wendet sich ausdrücklich gegen die Nachahmung des Sichtbaren und setzt sich dafür ein, dass ein Kunstwerk in Form, Farbe und Material eine Einheit darstellen soll. In der Fabrik lässt Judd Kästen aus eingefärbtem Metall oder farbigem Kunststoff anfertigen, um nicht nachträglich Farbe auftragen zu müssen. Pinselspuren könnten u. U. etwas Handschriftliches hinterlassen, die Oberfläche des Materials verändern und den Eindruck einer kühl-rational, geradezu klinisch „sauberen" Konstruktion stören.

Kompositionsprinzip ist die Wiederholung bzw. Aneinanderreihung gleichartiger Körper. So montiert er etwa hohle Quader („specific objects") aus blauem Plexiglas und eloxiertem Aluminium wie Sprossen einer Leiter an die Wand oder reiht auf dem Boden liegende Würfel aneinander. Solche Objekte entbehren jeglicher literarischer Bezüge und verweisen allein auf sich selbst.

Sol LeWitt arbeitet mit standardisierten „Modulen", d. h. mit Kuben, die aus Stäben zusammengefügt sind. Seine Konstruktionen wirken wie geometrische Zeichnungen im Raum. Immer wieder kombiniert er sie auf andere Art und Weise und türmt sie z. B. zu einer Stufenpyramide auf (Module: „Stufen“, 1971).

Einige Künstler gehen dazu über, einen ganzen Raum in einer Galerie oder einem Museum zu gestalten. Am radikalsten verhält sich dabei CARL ANDRE (geb. 1935), der 36 quadratische graue und schwarze Platten aus Stahlmagnesium (1969) auf den Bretterboden des Ausstellungsraumes legt. Auf diese Weise blickt der Betrachter von oben auf das Kunstwerk hinunter, statt zu ihm hinauf, und kann es sogar betreten.

Konsequent vermeiden die Vertreter der Minimal-Art den Sockel, der als Synonym für die traditionelle Plastik verstanden wird. Ebenso wie ein pompöser Bilderrahmen transferiert der Sockel das Kunstwerk in eine andere Sphäre und trennt es vom alltäglichen Leben. Die Einbindung des Kunstwerks in das Leben gehört aber zu den erklärten Zielen der Kunst des 20. Jahrhunderts. Bereits Rodin hatte den hohen Sockel für seine „Bürger von Calais“ abgelehnt, um die Gestalten in direkten Kontakt zum Betrachter zu stellen und nicht ein „Aufschauen zum Kunstwerk“ zu erzwingen. Erst nach seinem Tod wurde dieser Wunsch realisiert.

DAN FLAVINS Medium ist die normierte Leuchtstoffröhre. Seine Konstruktionen aus fluoreszierenden Röhren erfordern einen weißen Raum, in dem sich ihr magisches Leuchten entfalten kann. In genauester Abstimmung mit den räumlichen Verhältnissen stellt er die Röhren frei in den Raum oder montiert sie an der Wand. Das farbige Licht umgibt den Wahrnehmenden ohne ihn zu blenden oder zu betäuben. Da die Installationen immer situationsbedingt sind, können sie an anderen Orten nicht wiederholt werden.

In der zweiten Hälfte der 60er-Jahre verändert sich die Kunstszene in den USA. Es werden kaum noch industriell gefertigte Teile aus grell-farbigem Kunststoff verwendet. Die bisher unpersönliche und kühle Ausdrucksform beginnt, lebendiger und natürlicher zu werden.

Dies geschieht vor dem Hintergrund des Vietnamkrieges, gegen den vehement protestiert wird. Der naive Fortschrittsglaube, der sich auch in der Pop-Art spiegelt, ist erschüttert. Neue Materialien evozieren Verletzlichkeit, Fragilität, Vergänglichkeit. Eine neue Sensibilität ist in der Kunst spürbar, in der die Beziehung des Menschen zur Natur thematisiert wird. Kunst wird als Interaktion zwischen Mensch und Natur verstanden.

Werke des deutschen Bildhauers ULRICH RÜCKRIEM (geb. 1938) und des Amerikaners RICHARD SERRA (geb. 1939) weisen sowohl minimalistische Züge auf als auch den engen Rückbezug auf die Natur.

RÜCKRIEMS meist sehr schmale Steinquader scheinen auf den ersten Blick naturbelassen. Nachdem er sie sorgfältig im Steinbruch ausgewählt hat, markiert er bestimmte Punkte, an denen die Arbeiter Metallkeile ansetzen, um den Stein vertikal zu spalten. Dabei entstehen raue Flächen und unregelmäßige Kanten. Mitunter setzt er einen horizontalen Schnitt dagegen und glättet die Schnittflächen. In bisher ungewohnter Weise geht Rückriem mit dem Stein um. Während der Bildhauer bisher durch Wegschlagen von Material den Stein zu einer Figur formte, stellt ihn Rückriem nahezu unbearbeitet auf. In einer Fußgängerzone wirkt er als Fremdkörper. Mit einem Stück Natur zwischen Beton und Leuchtreklame will Rückriem den Betrachter sensibilisieren, ihn empfänglich machen für die Schönheit des einfachen Steinblocks. Natur und Kunst versteht er nicht als Gegensätze, sondern als Bereiche, die einander ergänzen.

SERRA setzt die unbearbeiteten Oberflächen seiner präzise geformten Stahlplatten der Korrosion aus. Sie verfärben sich und entwickeln eine natürlich wirkende Patina. Witterungsbedingt bildet sich ein rostiger Belag, der für seine Arbeiten charakteristisch ist.

Ähnlich wie Judd lehnt es Serra ab, seine Arbeiten mit inhaltlichen Aspekten in Verbindung zu bringen. Ihn interessiert z. B. die Frage, wie sich Stahlkörper zu dem sie umgebenden Raum verhalten, wie sich die Schwerkraft auswirkt und inwieweit Gleichgewicht hergestellt werden kann. Seine Stahlzylinder und -blöcke sind meist tonnenschwer. In sich ruhend betonen sie das Gewicht und die Eigenart des Werkstoffs Stahl. Seine Liebe zu konkreten Formen wird während seiner Studienjahre begründet, die er auch bei dem ehemaligen Bauhauslehrer Joseph Albers (Farbtheoretiker, Maler) verbringt. Seit den Anfängen in den 70er-Jahren sind die Arbeiten ins Gigantische gewachsen. Für einen Raum des Guggenheim-Museums in Bilbao schafft er 2005 die raumgreifende, begehbare Installation „The Matter of Time“ aus acht monumentalen Stahlskulpturen in Form von Spiralen, Ellipsen und sich schlängelnden Formen. Seine vorläufig letzte große Schau fand 2008 in Paris statt, wo er unter dem Titel „Promenade“ seine Skulpturen unter die gewölbten Glasdächer des Grand Palais stellte.

Während Rückriem und Serra der banalen menschlichen Umgebung **Natur und Geometrie** entgegensetzen, arbeiten ROBERT SMITHSON (1938–1973), RICHARD LONG (geb. 1945) und WALTER DE MARIA (geb. 1935) in der Natur mit der Natur. Man hat den Begriff **„Land-Art“** für diese Kunstrichtung geprägt, bei der es in erster Linie um Prozesse geht, die der Künstler selbst am stärksten erlebt, und die wir uns als Betrachter (soweit Betrachtung überhaupt möglich ist) nachträglich rekonstruieren müssen.

Berühmt wird die „Steinspirale" („Spiral-Mole", „Spiral Jetty") von Smithson, die er im Salzsee von Utah aufschütten lässt. Als er in Texas eine andere Arbeit aus der Luft betrachten will, stürzt er mit seinem Flugzeug in den Tod.

Richard Long hinterlässt bei seinen Wanderungen durch menschenleere Gegenden (z. B. die Sahara) Linien und diverse Formationen aus Steinen, Holz oder angefeuchteter Erde. Das Vergängliche einer solchen Kunst (Witterungseinflüsse beseitigen sehr bald die Eingriffe in die Natur) liegt auf der Hand.

Walter de Maria legt in New Mexico in den 70er-Jahren ein „Blitzfeld" („Lightning Field") an. Auf einer Hochebene fernab jeder menschlicher Behausung, auf der es besonders häufig zu Gewittern kommt, rammt er 400 Stangen aus rostfreiem Stahl in den Boden, die Blitze anziehen. Besuchern, die bei entsprechender Witterung das Feld aus sicherer Entfernung betrachten, bietet sich ein geradezu apokalyptisches Schauspiel.

Auch die Arbeiten von CHRISTO (geb. 1935) & JEANNE-CLAUDE (1935–2009) können in gewisser Hinsicht der „Land-Art" zugerechnet werden. Mit der Verhüllung bzw. Verpackung und der erneuten Enthüllung kann die Wahrnehmung gewohnter Dinge, Landschaftsabschnitte oder Gebäude verändert werden. Weltberühmt wird „Wrapped Reichstag" („Der verhüllte Reichstag"). 1995 lassen Christo & Jeanne-Claude den geschichtsträchtigen Berliner Reichstag vor dessen Umbau von Bergsteigern mit einem reißfesten, glänzenden synthetischen Gewebe überziehen, was dem Bau eine ungewohnte ästhetische Qualität verlieh.

Funktionalismus in der Architektur: Le Corbusier als Architekt und Stadtplaner

Le Corbusier ist einer der bedeutendsten Architekten des 20. Jahrhunderts, seine Ideen sind teilweise bis heute umstritten. Er wird 1887 im Schweizer Jura als CHARLES-EDOUARD JEANNERET, Sohn eines Uhrmachers und einer Musikerin, geboren. Nach einer Ausbildung zum Uhrmacher und Goldschmied wendet er sich unter dem Einfluss eines Lehrers der Malerei und der Architektur zu. Sein Lehrer verhilft dem 17-Jährigen 1905 zu einem ersten Auftrag. Mit dem Honorar kann er eine Reise nach Italien finanzieren, wo er die Architektur studiert. Im Büro von Auguste Perret (Paris) lernt er 1908 die Eisenbetonkonstruktion kennen, die am Ende des 19. Jahrhunderts entwickelt worden war. Einige Monate arbeitet er, wie auch Gropius und Mies van der Rohe, im Potsdamer Atelier von Peter Behrens. 1911 reist er mit Rucksack und Skizzenbuch durch Griechenland und begeistert sich für die antiken Bauten. 1917 zieht er endgültig nach Paris und widmet sich unter dem Einfluss des Kubismus der Malerei, die ihm sein Leben lang ebenso wichtig ist wie die Architektur. Als er zusammen mit seinem Cousin PIERRE JEANNERET 1922 in Paris ein Architekturbüro gründet, ändert er seinen Namen in „Le Corbusier“. Seit den 20er-Jahren veröffentlicht er seine Ideen zu einer neuen Architektur in vielen Schriften. Zwischen 1930 und 1960 entstehen seine wichtigsten Bauten. 1965 stirbt er mit 78 Jahren beim Baden in der Nähe seines Ferienhäuschens bei Nizza.

Le Corbusiers Domäne ist der **Beton-Bau**. Durch die Formbarkeit des flüssigen Betons ist es ihm möglich, seine Idee vom Bau als einem plastisch-räumlichen Gebilde auszuführen, was ihm vor allem bei der Kapelle von Ronchamp in einzigartiger Weise gelingt. Wie ein Bildhauer nutzt er hier die Möglichkeiten des Modulierens mit Masse und Hohlraum.

Seine Wohnbauten plant er dagegen streng rational. Im Allgemeinen wird er daher der **funktionalistischen** Richtung in der Architektur zugeordnet.

Begeistert von den neuen Möglichkeiten der Technik nimmt er sich die Maschine zum Vorbild. Daraus resultieren klar geformte Baukörper, die sich aus geometrischen Grundformen zusammensetzen. Er ist der Überzeugung, dass sich diese „primären und feinen Formen“ (Kugel, Kegel, Zylinder, Horizontale, Vertikale und Schräge) wohltuend auf die Sinne auswirken, weil der

Mensch die Übereinstimmung mit den Gesetzen des Universums empfindet. In Zusammenwirkung mit dem Licht würden die geometrischen Körper ihre ganze Schönheit entfalten.

Mitunter orientiert er sich bei seinen Entwürfen an Autokarosserien und Ozeandampfern. Für die Inneneinrichtung entwirft er Möbel, die bis heute hergestellt werden.

Bei der Konstruktion seiner Bauten, die er gern auf Stützen stellt, geht er von einem tragenden **Stahlbetonskelett** aus. Stützpfeiler im Inneren tragen das Dach. Die Außenwand ist dadurch entlastet, ein flexibler Grundriss wird möglich. Das Innere wird durch Trennwände unterteilt, die in den einzelnen Stockwerken nicht mehr übereinanderliegen müssen, da sie keine tragende Funktion mehr haben **(offener Grundriss)**. Ein fließender Übergang von Innen- und Außenraum, breite Fensterfronten und weiße Wände mit farbigen Akzenten charakterisieren die Architektur. Meist wird der Bau durch ein Flachdach abgeschlossen, auf dem ein Dachgarten angelegt werden kann. Auch unter dem Haus kann sich der Garten fortsetzen, da es auf Stützen steht. Neu sind Rampen, welche Treppen ersetzen können. Beispielhaft hat er seine Ideen 1930 in der Villa Savoye (Poissy) realisiert.

Seit 1948 richtete sich Le Corbusier bei seinen Entwürfen nach einem von ihm entwickelten Proportionsschema, das er **„Modulor“** nennt. Durch Anwendung des Goldenen Schnitts auf die menschliche Figur kommt er seiner Überzeugung nach zu idealen Maßverhältnissen.

Der Goldene Schnitt wurde in der Antike erdacht. Man versteht darunter die Teilung eines Ganzen in zwei ungleiche Teile, und zwar so, dass sich der kleinere Teil zum größeren verhält wie dieser zum Ganzen. Die Proportionsstudien erinnern an Künstler der Renaissance, vor allem an Albrecht Dürer, der geradezu fanatisch zahllose Männer und Frauen abmaß, um zu idealen Maßverhältnissen zu gelangen. Anders als Le Corbusier wich Dürer später von seinem starren Schema ab, um nur noch nach der Natur zu arbeiten.

Der „Modulor“ basiert auf der Vorstellung, dass der Mensch aus der Natur hervorgegangen und damit durch deren Gesetze, zu denen der Goldene Schnitt gehört, geformt ist. Wenn er sich in einem Gebäude aufhält, das nach den gleichen Gesetzen gebaut ist, muss er seine Umgebung als harmonisch empfinden.

Le Corbusier ersetzt das abstrakte Dezimalsystem durch eine Proportionsreihe, die sich auf die Maße des menschlichen Körpers bezieht. Er geht von einer Körpergröße von 1,82 m aus; mit erhobenem Arm kommt man auf 2,26 m. Die Hälfte davon ist 1,13 m. So kommt er zu den drei Grundmaßen 113, 70 und 43 cm, die zueinander im Verhältnis des Goldenen Schnitts stehen. Von den Grundmaßen leitet er zwei Reihen ab (4–6–10–27–43–70–113–183–296 usw. und 3–33–53–86–140–226–366–592 usw.) Mit derartigen Maßverhältnissen plant er die Grundrisse von Wohneinheiten. Praktische Erwägungen (z.B. zu geringe Raumhöhe) stehen der exakten Verwirklichung meist im Wege. Anwendung finden die Maßverhältnisse bei dem Gebäudekomplex „Unités d'Habitation" in Marseille, der 1947–1952 entsteht. Der Wohnblock steht auf mächtigen Stützen und wird von Le Corbusier „Wohnmaschine" genannt, was seine Kritiker in ihrer Ablehnung bestärkt. Sein Ziel ist, lebensnotwendige Funktionen möglichst praktisch auf engem Raum unterzubringen, um unnötige Wege zu sparen und damit mehr freie Zeit für Aktivitäten außerhalb des Wohnblocks zu gewinnen. So finden sich unter demselben Dach, ähnlich wie auf einem Ozeandampfer, neben den Wohnungen auch Geschäfte, Friseurläden, Restaurants usw., nur die Kirche fehlt. Auf dem Flachdach, versehen mit einem Bassin, können die Kinder betreut werden.

Le Corbusier sieht sich in erster Linie als autonomen, kreativ handelnden Künstler, der sich nicht den Wünschen von Auftraggebern zu fügen hat. Nicht die Ergebnisse sind für ihn entscheidend, sondern der schöpferische Akt, hervorgegangen aus seiner Idee. Seine Kompromisslosigkeit verhindert jedoch häufig die Verwirklichung seiner Ideen.

„Notre Dame du Haut" bei Ronchamp

In Ronchamp, wo Corbusier völlig freie Hand hat, kann er sich sehr genau am „Modulor" orientieren. Die Kapelle von Ronchamp, „Notre Dame du Haut", wird heute als Höhepunkt seines Schaffens angesehen. *„Indem ich diese Kapelle baute, wollte ich einen Ort der Stille, des Gebets, des Friedens, der inneren Freude bauen. Das Gefühl des Heiligen beseelte unser Bemühen,"* sagt er bei der Einweihung 1955. Bereits kurze Zeit später ist der Bau weltweit bekannt.

Schon seit der Antike wurden auf dem Hügel in den südlichen Vogesen Sakralbauten errichtet. Seit dem 17. Jahrhundert fanden Wallfahrten zum Gnadenbild der Madonna statt. Die letzte Kapelle war 1944 durch einen Bombenangriff zerstört worden, das Gnadenbild konnte gerettet werden. 1950 wird dann ein Wettbewerb ausgeschrieben, um dem Gnadenbild eine neue würdige Hülle zu schenken.

Le Corbusier geht dafür radikal neuartige Wege. Er entwirft weder einen Längs- noch Zentralbau, vermeidet Symmetrie und rechte Winkel. Das Ergebnis könnte man als Architektur und Skulptur zugleich ansehen. Fotos der Kapelle vermitteln eine nur unzureichende Vorstellung. Um das „Gehäuse" optisch zu erfassen, muss man an Ort und Stelle sein und den Bau umschreiten.

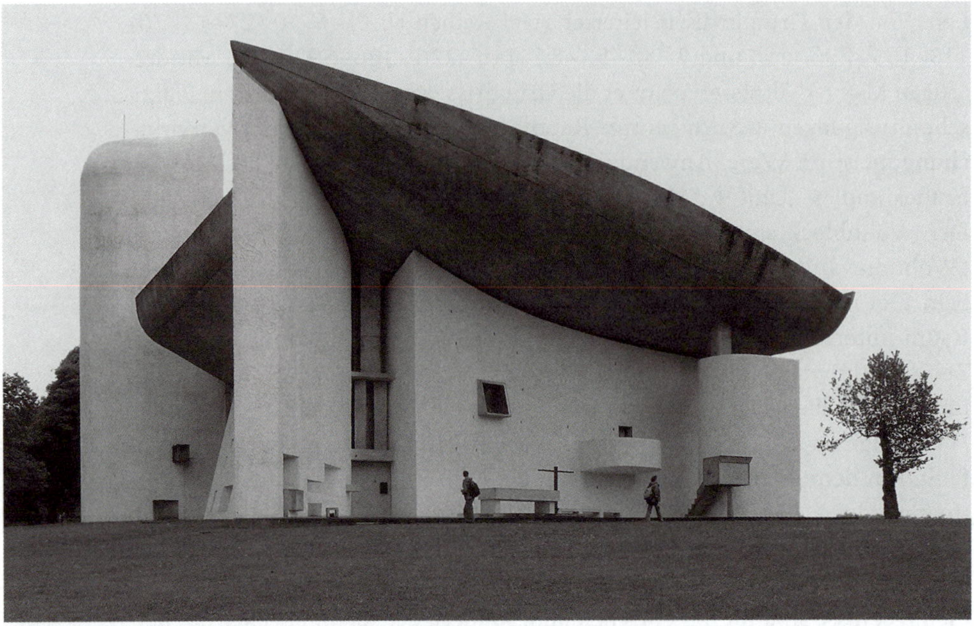

Le Corbusier: „Notre Dame du Haut“ (1953–55). Ronchamp (von Osten gesehen).

Wer sich vom Tal aus nähert, sieht zunächst die massive weiße Mauer mit tief eingeschnittenen, unregelmäßig verteilten Fenstern. Ein graubraunes geschwungenes Dach senkt sich auf die gekurvten Mauern. Man könnte die Assoziation „Schiffsbug“ haben.

Da im Inneren nur 200 Personen Platz finden, ist der Außenraum so gestaltet, dass während der Wallfahrten der Gottesdienst im Freien stattfinden kann. Die Marienstatue ist so eingebaut, dass sie von innen und außen gesehen und sogar auf Knopfdruck gedreht werden kann. Der Außenchor mit Altar befindet sich im Osten, wo die Wand mit 10 Metern am höchsten ist.

Die Kapelle wirkt wie ein durchgeformtes plastisches Gebilde. Mauerflächen treten vor und zurück, sind gewölbt, erzeugen Licht und Schatten **(„Skulpturaler Stil“)**. In gewisser Weise erinnern sie an kubistische Bilder, in denen sich Flächen durchdringen, überlappen, zum Teil nach Helldunkel modelliert sind und eine lebendige, reliefartige Oberflächenwirkung erzeugen. Dabei spielt der Lichteinfall eine entscheidende Rolle.

Im Innenraum wird man von Dämmerlicht empfangen, das dem Gebetsraum einen meditativen, nahezu mystischen Charakter verleiht, der vor allem auf die farbig verglasten, schießschartenähnlichen Fenster zurückzuführen ist. Ungewohnt ist die transparente, ebenerdige Verglasung mancher Fenster, die einen von innen nach außen sehen lassen. Der Raum fällt zum Altar hin ab und weitet sich zugleich, während das Dach, das sich im Inneren wie ein Baldachin senkt, nach Osten ansteigt. Die Fenster befinden sich in der Südwand, die äußerst massiv wirkt und sich nach oben verjüngt. Am Boden ist sie 370 cm stark, unter dem Dach nur 50 cm. Sie wurde über einem Gerüst aus armierten Zementmauerscheiben errichtet, ist also im Inneren hohl. Eine besonders meditative Wirkung haben die völlig schmucklosen Seitenkapellen, die nur von oben beleuchtet werden.

Die zugrunde liegende Konstruktion bleibt von außen unsichtbar. Die Wände haben keine tragende Funktion, sie sind zwischen Pfeilern aus Stahlbeton wie Segel gespannt und können daher sehr dünn sein. Ihre Oberfläche wurde mit einer dafür von Le Corbusier erfundenen „Spritzkanone" 4 cm dick mit flüssigem Beton überzogen und weiß gekalkt. Zwischen Dach und Wand bleibt ein Spalt als zusätzliche Lichtquelle. Man hat den Eindruck, das Dach schwebe über der Mauer. Die Dachkonstruktion erinnert an die Bauweise von Flugzeugtragflächen. Es besteht aus nur 6 cm starken Schalen, zwischen denen ein Abstand von 280 cm ist, der eine Eisenkonstruktion enthält.

Von 1956–1960 realisiert er noch einen Sakralbau, nämlich das Kloster La Tourette in Eveux bei Lyon, das ebenfalls von den Gläubigen begeistert angenommen wird.

Le Corbusiers **städtebauliche Konzepte** finden Verbreitung durch zahlreiche architektur-theoretische Schriften. 1922 entwirft er die Vision einer neuen Stadt: Wohnhäuser und Wolkenkratzer, angeordnet in einem streng-geometrischen Gitternetz, sollen drei Millionen Einwohnern Platz bieten. Verkehrstechnische Probleme interessieren ihn dabei allerdings nicht. Le Corbusier schwärmt von den „Turmstädten" nach amerikanischem Vorbild, die sämtliche Probleme der Großstädte wie Verkehrslärm, Luftverschmutzung, Übervölkerung usw. lösen können: *„Vom 14. Stock an wird die Ruhe vollkommen, die Luft rein sein."* Zwischen den Wolkenkratzern sei viel Platz für Parkanlagen.

Nur in Pakistan kann Le Corbusier einige seiner Ideen umsetzen. Die Regierung des Bundesstaates Punjab beruft ihn als Berater für die Planung der neuen Hauptstadt Chandigarh. Bis 1952 stellt er die Raumplanung fertig, danach entwirft er Regierungsgebäude, die bis 1961 gebaut werden.

In gewisser Weise orientieren sich einfallslose Architekten nach dem Zweiten Weltkrieg an Ideen des Funktionalisten Le Corbusier und lassen gesichtslose Vorstädte emporwachsen, die Alexander Mitscherlich in seiner berühmten Schrift „Über die Unwirtlichkeit unserer Städte" geißelt:

Während in Renaissance und Barock die Stadt noch eine in sich geschlossene, von einer Mauer umgebene Siedlung war, ein Ort der Sicherheit, der Produktion (Handwerker) und der Gemeinschaft, begann sich dieses System zu Beginn des 19. Jahrhunderts aufzulösen. Die Städte wuchsen über die Mauern hinaus. Alte Stadtkerne wurden mancherorten saniert. So ließ G. E. Haussmann in Paris 1853–1870 alte Stadtviertel abreißen, um Platz zu schaffen für breite Boulevards, die dem modernen Straßenverkehr angepasst waren.

Vor allem seit der Wende zum 20. Jahrhundert setzte aufgrund der sprunghaft angewachsenen Bevölkerungszahlen ein enormes Wachstum ein. Nicht überall entstanden Mustersiedlungen wie z. B. in Stuttgart (Weißenhofsiedlung) oder in Berlin (Hansa-Viertel, 1957), bei denen namhafte Architekten (in beiden Fällen auch Le Corbusier) mitwirkten.

Mitscherlich wendet sich gegen die Auswüchse der Stadtentwicklung vor allem seit den 50er-Jahren, warnt vor den Auswirkungen auf die Psyche des Menschen und weist auf die Gefahr der Vereinsamung insbesondere älterer, nicht mehr mobiler Menschen in den neuen Vorstädten hin. Unter dem Einfluss des Funktionalismus wird in kurzer Zeit nach dem Zweiten Weltkrieg notwendige Wiederaufbauarbeit geleistet. Geldmangel und unbedachte Planung lassen gesichtslose Siedlungen entstehen, in denen die Bewohner auf öffentliche Verkehrsmittel oder das Auto angewiesen sind. Die Straßen, die in die Vorstädte führen, fungieren lediglich als Verkehrsadern und werden nur noch von Autohändlern, Tankstellen und Supermärkten flankiert.

In dieser Hinsicht hat sich bis heute kaum etwas geändert. Schon 1976 klagt Albert von Schirnding in der Süddeutschen Zeitung:

Das lokale Kolorit schwindet, Gleichförmigkeit und Anonymität breiten sich aus. Das Stadtbild zerfällt in ein additives Konglomerat aus Gebäuden, die in sterilem Autismus nur noch auf sich selbst verweisen. Den Menschen hat ihre architektonische Umwelt immer weniger zu sagen: Die Wüste der Sprachlosigkeit wächst.[53]

Plastik zwischen Figuration und Abstraktion

1 Henry Moore

Henry Moore (1898–1986) wächst zusammen mit sieben Geschwistern in Yorkshire auf. Sein Vater, Angestellter in einem Bergwerk, legt großen Wert auf eine gute Ausbildung der Kinder. Nach einem vom Vater gewünschten Lehramtsstudium ist Moore zunächst als Volksschullehrer tätig. Ab 1919 wendet er sich der Bildhauerei zu und studiert an verschiedenen Instituten. Stipendien ermöglichen ihm Reisen nach Paris und Italien, wo er sich mit der europäischen Kunst vertraut macht und vor allem das Werk Michelangelos kennenlernt. 1925 erhält er einen Lehrauftrag am Royal Collage of Art. Es folgen bald Ausstellungen, die ihn schnell bekannt machen.

Während des Zweiten Weltkriegs wird er zum offiziellen Kriegskünstler ernannt. In dieser Funktion zeichnet er Menschen, die sich vor den Luftangriffen der deutschen Bomber in die U-Bahn-Schächte von London geflüchtet haben, und schafft damit eindrucksvolle und ergreifende Dokumentationen.

Seit den 40er-Jahren erlangt er internationale Anerkennung. 1946 wird bereits die erste große Retrospektive im Museum oft Modern Art, New York, ausgerichtet. 1948 erhält er den Bildhauer-Preis auf der Biennale Venedig. Unzählige weitere Auszeichnungen folgen. Seine Aufträge kann er bald nur noch mit einem Team von Assistenten bewältigen, zumal die Größe der Skulpturen immer mehr zunimmt.

Sein Privatleben verläuft unspektakulär. 1929 heiratet er Irina, sein bevorzugtes Modell, die russisch-polnischer Herkunft ist. Die einzige Tochter Mary wird 1946 geboren. Immer wieder greift er in der Folgezeit das Thema „Mutter und Kind“ auf. Seit Kriegsende bewohnt er ein ehemaliges Bauernhaus in Hertfordshire, das ihm bis zum Lebensende Heimat bleibt.

Von Anfang an ist Moore von primitiver bzw. archaischer Kunst beeindruckt. Ihn faszinieren afrikanische und mexikanische Skulpturen, die er im Britischen Museum sieht. Von den großen Bildhauerpersönlichkeiten üben Michelangelo und Rodin den stärksten Einfluss auf ihn aus. Seit 1929 löst er sich allmählich unter dem Einfluss von Arp, Brancusi und Picasso von der Bindung an die naturalistische Wiedergabe und entwickelt zunehmend abstrakte Formulierungen. Dennoch ist die Natur immer unerschöpfliche Quelle für Moores Arbeiten. Er fühlt sich eng mit ihr verbunden, wie ein Teil von ihr. Auf seinen Spaziergängen am Meer sammelt er Kieselsteine, Wurzelholz, Knochen, Muscheln usw., deren Form häufig Ausgangspunkt für eine Plastik ist. Doris Schmidt schreibt in der Süddeutschen Zeitung zu seinem 75. Geburtstag:

> *Natur und Kunst waren für Moore niemals Gegensätze. Für ihn ist die Beobachtung der Natur ständige Anregung, ihn fasziniert das Körperlich-Räumliche in jeder Form: Der Baum, um den man herumgehen muss; die großen Steine, zwischen denen man herumgehen kann und von denen Moore einmal gesagt hat, man müsse sie sich einfach wegdenken und sich den Raum vorstellen, den sie einnehmen, um sie ganz zu begreifen.*

Es geht ihm nicht um die Wiedergabe des objektiv Sichtbaren, sondern um ein Sich-hinein-Versetzen in elementare Wachstumsvorgänge und deren Umsetzung in plastische Form, die ihn als **Form an sich** interessiert. Er bevorzugt die hegende, meist weibliche Figur, die möglichst in der Natur, nahe dem Boden, aufgestellt werden soll. In den weiblichen Skulpturen sieht er eine Metapher für die Beziehung des Menschen zur Erde. Der Leib der Frau ist für ihn Symbol für die Erdmutter, die immer wieder neues Leben gebiert. Ihr Körper enthält Urformen wie Berge, Täler und Höhlen, Einschnitte und Durchbrüche, die ebenso in der Landschaft vorkommen.

Früh schon durchbohrt er geschlossene Formen, später löst er immer wieder die geschlossene Figur auf und entwickelt so die **„Landschaftsskulptur“**:

> *„Mir wurde bewusst, welchen Vorteil eine Komposition aus zwei Teilen für das Verhältnis zwischen Figur und Landschaft besitzt. Die Knie und die Brüste sind Berge. Wenn die beiden Teile voneinander getrennt erscheinen, erinnert nichts an eine realistische Figur, was folglich rechtfertigt, dass sie wie eine Landschaft oder ein Felsen aussieht. Bei einer Figur aus einem Stück ahnt man von vornherein, wie sie sein wird. Bei einer Figur aus zwei Teilen lässt sich von der Frontalansicht nicht auf ihre Rückansicht schließen. Wenn man sie umschreitet, überschneiden sich die beiden Teile stellenweise oder weichen auseinander, ein Zwischenraum entsteht. Die Skulptur ähnelt einer Reise. Man kehrt mit einer anderen Ansicht zurück …“*[8]

„König und Königin“ (1952/53)

Das bronzene Figurenpaar, das zu seinen berühmtesten Arbeiten zählt, steht in völliger Einsamkeit in der schottischen Hochebene bei Dumfries. Die leicht geschwungene Hügellandschaft klingt in den Formen der Figuren wieder. Ihre Oberflächen sind geglättet und ohne scharfe Kanten oder Winkel. Das Urtümliche, Fremdartige, Mythische des Herrscherpaares ist v. a. auf deren Köpfe zurückzuführen, die eher Tieren als Menschen zu gehören scheinen. Mischwesen sind aus der Sage bekannt, man könnte auch an ägyptische Gottheiten denken. König und Königin sitzen aufrecht dicht nebeneinander, ohne sich zu berühren und blicken starr geradeaus. Die Augen sind Löcher, die Moore durch die Köpfe bohrte. Der „Thron“ ist eine einfache Bank ohne Lehne, geformt als weit gespannter Bügel mit abgerundeten Kanten. Die Basis bildet eine flache, rechtwinklige Platte, auf der die nackten Füße der Herrscher ruhen.

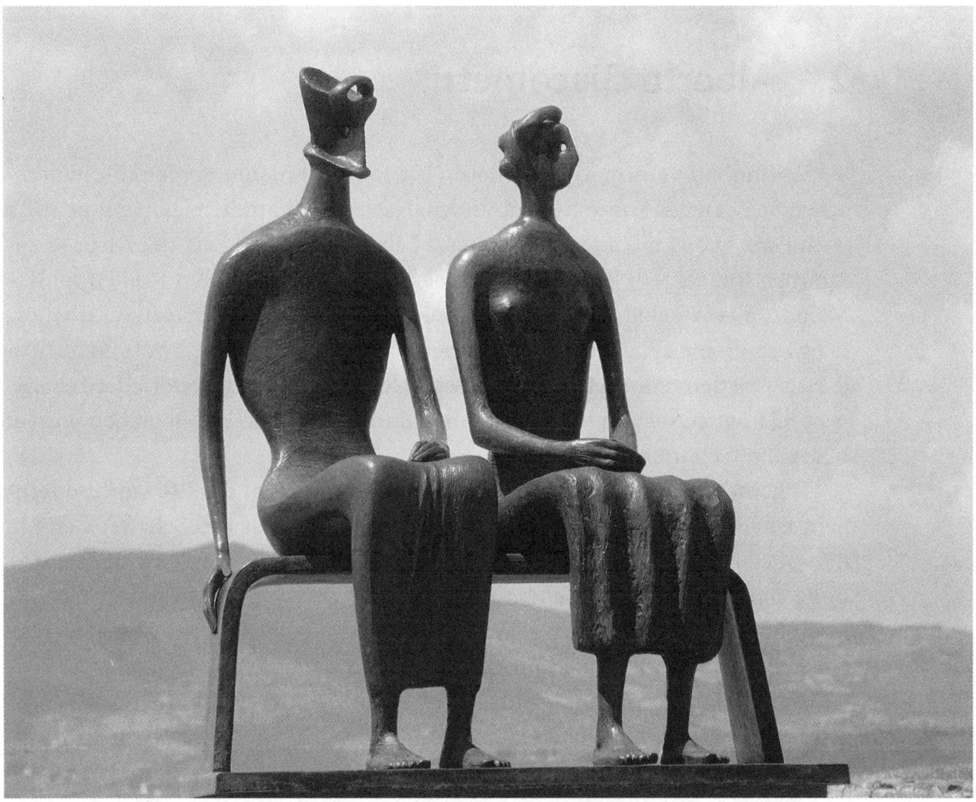

Henry Moore: „König und Königin“ (1952/53), Bronze. Dumfries (Schottland).

Der breitschultrige Mann hat einen Oberkörper, der an einen Schild erinnert. Er thront neben der kleineren Gattin, deren etwas zarter geformter Kopf und Brüste ihr etwas Feminines verleihen. Beide tragen enganliegende Gewänder, die aber nur zwischen Knie und Wade deutlich sichtbar sind und Falten werfen. Die Köpfe wirken wie Knochen ohne Fleisch. Der des Königs hat Ähnlichkeit mit einem Helm; die Höcker auf der Stirn lassen jedoch auch an einen Widder denken. Moore sagt über seine Arbeit:

> *Der Schlüssel zu dieser Gruppe ist vermutlich der Kopf des Königs. In seiner Kombination von Schädel, Krone, Bart und Gesicht symbolisiert er eine Mischung von primitivem Königtum und etwas Animalischem, Panhaftem. Der König ist entspannter und sicherer in seiner Haltung als die Königin, die aufrechter und bewußter königlich sitzt.*[41]

2 Alberto Giacometti

Seine Kindheit verbringt Giacometti (1901–1966) in den Bergen der italienischen Schweiz im Kanton Graubünden. Nach seiner Studienzeit zieht er 1922 nach Paris, wo er die meiste Zeit seines Lebens verbringt. Seit 1927 lebt er zusammen mit seinem Bruder Diego, ebenfalls Bildhauer, in der Rue Hippolyte Maindron, wo beide in einem bescheidenen Atelier im Souterrain arbeiten. Diego stellt allerdings die eigene Arbeit weitgehend zurück, um seinem Bruder zu assistieren und Modell zu sitzen. Albertos selbstzerstörerischer Lebenswandel trägt zu seinem relativ frühen Tod im Jahre 1966 bei. Begraben wird er in seinem Geburtsort Borgonovo.

Giacometti gehört zu den bedeutendsten Bildhauern des 20. Jahrhunderts. Sein früher Ruhm setzt in der surrealistischen Phase seines Schaffens ein. In den 30er-Jahren entstehen Objektkonstruktionen aus freier Assoziation und ohne die Absicht, eine Bedeutung in ihnen zu suchen. Meist führt er die Skulpturen in Gips aus, den er über einem Metallgerüst (Draht usw.) aufträgt. Anschließend werden sie in Bronze gegossen.

Mit dem Objekt „La Table Surréaliste“ (1933), einer Kombination aus abgeschnittener Hand, halbverdeckter Büste und Kelchform, die auf einem hochbeinigen Tisch angeordnet sind, könnte er sich auf den bekannten Ausspruch von Lautréamont beziehen, der das „Zusammentreffen einer Nähmaschine und eines Regenschirms auf dem Seziertisch“ besonders reizvoll fand. 1932 schafft Giacometti die Skulptur „Femme Égorgée“ („Frau mit durchschnittener Kehle"), bei der sich botanische, zoologische und amorphe Elemente zu einem insektenähnlichen Etwas verbinden, von dem man den Eindruck hat, es würde sich wehren, zertreten zu werden. Ein zentrales Thema der Surrealisten – die Verbindung von Liebe und Gewalt, Sexualität und Mordlust – wird hier in besonders aggressiver Form verarbeitet.

Seit den 40er-Jahren beschäftigt ihn einzig und allein die Gestalt des Menschen, der er eine unverwechselbare neue Form verleiht. Dabei interessiert ihn weder das individuelle Äußere noch das körperliche Volumen. Er modelliert hohe und schmale silhouettenähnliche Figuren mit angedeuteten Gebärden, die auf menschliches Leben verweisen und uns aufrecht und hoheitsvoll im Raum gegenüberstehen bzw. scheinbar schreitend auf uns zukommen. Alles führt auf den Blick hin. Unwillkürlich versucht man, der Figur in die Augen zu sehen. Giacometti äußert einmal, das Einzige, was einem beim Betrachten eines Menschen wirklich lebendig vorkomme, sei der Blick.

Mit seinem bevorzugten Material Gips arbeitet er meist nachts und zerstört häufig am Morgen, was er aufgebaut hat. Jede Figur sieht er als eine Station auf einem Weg an, der zu einer absoluten Lösung führen soll, an die er aber nicht glaubt. Sein Ziel ist es, der menschlichen Figur ein wenig von der lebendigen Existenz mitzugeben und damit der Vergänglichkeit menschlichen Lebens entgegenzuwirken. Ihm geht es nicht um „schöne" Endresultate, sondern um den schöpferischen Akt, den **nie endenden Arbeitsvorgang**, der sein Leben ist. Hierin ähnelt er seinem Idol Paul Cézanne, der seine Arbeiten ebenfalls als Stationen auf einem Weg begriff, dessen Ende er nie erreichen würde. Das Unvollendete der Figuren, das Ungeglättete der Oberflächen hängt mit dieser Auffassung zusammen. Jede Arbeit ist ein Versuch, der unfertig abgebrochen wird, um neu starten zu können. Giacomettis erste Arbeiten, bei denen er den Menschen nach der Natur modelliert, fallen sehr klein aus, oft sind es nur wenige Zentimeter hohe Figürchen. Er modelliert also die Figur nur so groß, wie er sie aus einer bestimmten Entfernung tatsächlich sieht. Lebensgröße ist seit dieser Zeit nicht mehr der Maßstab. Aus geringer Entfernung nehmen wir eine Gestalt bereits sehr klein wahr. Unser Gehirn übersetzt den Seheindruck allerdings in die gewohnte Lebensgröße. Giacometti übernimmt die reale Wahrnehmung für seine Gipsfigur.

Charakteristisch ist die raue, krustig und fast wie verkohlt wirkende Oberfläche der Gestalten, welche die Figuren etwas fülliger erscheinen lässt. Eine perfekt geglättete Figur würde noch schmaler wirken. Durch das Spiel von Licht und Schatten, erzeugt durch die zerklüftete Oberfläche, wirken die Figuren von Weitem unscharf. Die unregelmäßigen Ränder suggerieren eine leichte Bewegung, als ob die Gestalt etwas zittern würde. Stets haben die Figuren eine gerade und aufrechte Haltung, was ihnen Würde verleiht. Sie dehnen sich im Raum nicht aus, sondern ziehen sich bis auf ein schmales Gerüst optisch zusammen, wirken ausgesetzt, isoliert, einsam. Man könnte sie als **Zeichen im leeren Raum** begreifen und mit vorzeitlichen Stelen vergleichen.

Giacometti schildert einmal, wie er durch sein Modell hindurchschaute bis zum Skelett. Die Fragilität der Gestalten spiegelt das Lebensgefühl der Nachkriegszeit. Der Existenzialismus von Jean-Paul Sartre, mit dem Giacometti befreundet ist, mag Einfluss auf sein Denken haben.

1961 schafft er eine Büste seiner Frau Annette, die wie alle seine Modelle ungeheuer viel Geduld aufbringen muss, denn die Sitzungen ziehen sich stets über viele Monate hin. Die etwa 46 cm hohe bemalte Bronzeplastik befindet sich heute im Bündner Kunstmuseum, Chur (Schweiz). Während Giacometti das Gesicht durchaus realistisch formt, deutet er den Oberkörper nur an. Scharfe Linien markieren Falten um den Mund und in der Stirn, Tränensäcke hängen unter ihren ausdrucksvollen, weit geöffneten Augen, mit hochgezogenen Brauen blickt sie uns staunend an. Leicht hervorstehende Backenknochen, ein voller, geschlossener Mund und ein ausgeprägtes Kinn verleihen ihr etwas Energisches. Über der Stirn sind die Haare aufgetürmt, was den symmetrischen Aufbau betont. Vom Hals an verliert sich die Nähe zur Realität. Der schmale Hals verjüngt sich zum Kopf hin, sodass die Verbindung Oberkörper – Kopf äußerst fragil wirkt. Steil abfallende Schultern enden in angedeuteten Armstümpfen. Dem Fragment des Oberkörpers könnte man eine unten abgeflachte Raute einbeschreiben.

Giacomettis Plastiken werden stets begleitet von grafischen und farbigen Arbeiten, die er ebenfalls als Versuche versteht, sich dem menschlichen Wesen auf bildnerischem Wege zu nähern.

3 Eduardo Chillida

Eduardo Chillida (1924–2002) wird in San Sebastián geboren und ist der baskischen Heimat sein Leben lang eng verbunden. Fast sein ganzes Leben verbringt er in San Sebastián, wo er in einem Haus über den Meeresklippen lebt. Wegen einer Knieverletzung muss er eine Karriere als Profifußballer abbrechen. Über ein Architekturstudium gelangt er schließlich zur Bildhauerei.

Seine abstrakten Eisenskulpturen werden seit den 50er-Jahren weltweit beachtet und unter anderem im Guggenheim-Museum (New York), auf der Biennale (Venedig) und wiederholt auf der documenta (Kassel) gezeigt.

1966 erhält Chillida den Wilhelm-Lehmbruck-Preis (den zwanzig Jahre später Joseph Beuys erhalten sollte), 1985 den Kaiserring der Stadt Goslar, den höchsten Kunstpreis, den Deutschland zu vergeben hat.

Kurz vor seinem Tod kann Chillida sich einen Traum verwirklichen. Nahe San Sebastián wird Chillida-Leku („Chillidas Ort") eingeweiht, ein Museum, das einen Großteil seines Lebenswerkes beherbergen soll. Das Zentrum bildet ein umgebautes Bauernhaus. In 17-jähriger Arbeit lässt Chillida die Felder des Anwesens Zabalaga in einen Park mit Wiesen und Baumgruppen verwandeln und macht die Landschaft zu einem Teil des Museums. Auf dem zwölf Hektar großen Gelände waren bis zur Schließung von Chillida-Leku Ende 2010 etwa 40 monumentale Plastiken aus Stahl, Eisen und Granit ausgestellt.

Chillida bevorzugt als Materialien Holz, Stahl, Granit, Beton, Alabaster und Ton. Am liebsten arbeitet er aber mit **Eisen**. Dazu meint er einmal, er habe gemerkt, dass er mit Eisen den leeren Raum formen, das Vakuum provozieren und den Horizont umarmen könne. Eisen ist ihm aus den Schmiedewerkstätten seiner baskischen Heimat vertraut, deren Tradition bis in die Römerzeit reicht. 1950 entwickelt Chillida in San Sebastián mithilfe eines Dorfschmieds seine weltberühmten abstrakten, in den Raum ausgreifenden Eisenskulpturen. Er hegt eine besondere Vorliebe für dunkle Materialien, weil er, wie er sagt, zu einem Land gehöre, das ein dunkles Licht habe. Der Atlantik sei dunkel, das Mittelmeer nicht. Er gehöre zum schwarzen Licht. Als er die Werkstatt des Schmieds Illaramendi betrat, hätte er sofort gewusst, dass er richtig lag. Alles sei schwarz gewesen, und dort habe er das Eisen entdeckt:

> *„Ein Stück Eisen, das ist vor allem eine Idee, die einen erfaßt, eine Idee und eine Kraft, unnachgiebig wie ein Ding. Ich weiß, dass ich es mir unterwerfen muss, ihm die Spannung aufzwingen muss, die ich in mir fühle, dass ich aus dieser Dynamik ein Thema entwickeln muss. Es kommt vor, dass sich das Eisen mir verweigert, ein Widerstand, dem ich nicht aus dem Weg gehen kann. Wenn ich endlich ans Ziel komme, gibt mir irgend etwas ein Zeichen: in einer Art plötzlichem Schock schließt sich zusammen, was vorher Fragment war. Alles ist jetzt untrennbar, der Raum und die Form, die sich um ihn geschlossen hat."*[8]

Er nennt sich selbst gern einen „Architekten der Leere", weil es sein Ziel ist, den offenen, „leeren" Raum durch geformtes Material zu umfangen.

Wenn Chillida auch ein exzellenter „Handwerker" ist, so geht seine Kreativität doch nicht von der „Hand-Arbeit", sondern vom Denken aus: *„Meine Arbeit beschäftigt viel mehr meinen Geist als meine Hände. Ich gebrauche zwar meine Hände, aber sie sind nicht der Ursprung meiner Arbeit."*

Gedanklich setzt er sich mit Dichtern der deutschen Klassik und Romantik auseinander. Besonders verehrt er Goethe, Hölderlin und Novalis und huldigt ihnen mit Skulpturen. In Frankfurt errichtet er ein „Haus" für Goethe, einen ovalen Mauerring aus Beton, der mit offenen Kreissegmenten zum Himmel zu streben scheint. Wie die Romantiker fühlt er sich der Natur, insbesondere den vier Elementen, sehr nahe, was man bei der Betrachtung seiner Werke intensiv empfinden kann. So sind die 1977 entstandenen „Windkämme" in San Sebastián (drei Stahlskulpturen, die während der Flut von Wasser umspült sind) dem Wind und den Gezeiten ausgesetzt.

Seine besondere Liebe gilt Johann Sebastian Bach. Ähnlich wie Bach mit seinen Solosuiten für Violoncello, also mit einer einzigen Stimme, ganze Welten erschaffen hat, so erschafft Chillida mit einem bewusst reduzierten Formenrepertoire einen geistigen Kosmos. Außer Bach übt nur noch das Meer eine ähnlich magische Wirkung auf ihn aus. („Das Meer ist mein Meister.")

Chillidas größte raumschöpferische Arbeit, der 40 m hohe, breite und tiefe künstliche Hohlraum im Vulkan Tindayo auf Fuerteventura, ist unvollendet. Durch einen Tunnel gelangt man ins Innere des Berges und blickt durch zwei nach oben gerichtete Lichtschächte zu den Gestirnen, durch einen nach unten gerichteten zum Meer.

Neben Skulpturen schafft er ein umfangreiches grafisches Werk, bei dem er sich auf Schwarz und Grau beschränkt. Ein Lieblingsmotiv ist die Hand bzw. das kraftvolle Ineinandergreifen von Klammern, das auch in den Skulpturen dominiert. Immer wieder warnt er vor einer allzu virtuosen Art des Zeichnens. Obwohl er Rechtshänder ist, zeichnet er oft mit der linken Hand, um das „Gekonnte", allzu leicht Hingeworfene, zu vermeiden.

„Berlin" (2000)

Eine seiner großen Skulpturen aus goldrotem, rostendem Cortenstahl steht seit dem Jahr 2000 vor dem Bundeskanzleramt in Berlin und trägt den Titel „Berlin". Hergestellt wurde die Skulptur im baskischen Stahlwerk von Reinosa, wo das Material, nachdem es rot glühend aus dem Hochofen ausgetreten war, über Monate mit Ketten und titanischen Hämmern geformt wurde. Dabei entstand eine gewaltige Stahlskulptur von ca. 90 Tonnen Gewicht, die sich in zwei vertikalen Achsen fast sechs Meter hoch aufrichtet. In der Höhe streben zwei massive Querausleger aufeinander zu, ohne sich jedoch zu berühren. Man könnte die sich oben auffächernden Stelen als „Bäume" sehen, die mit ihren gestisch ausholenden Ästen wie mit Händen eindrucksvoll ineinandergreifen. Eine Verklammerung der gebogenen „Finger" deutet sich an, die man als die wiedergefundene Einheit Deutschlands deuten könnte.

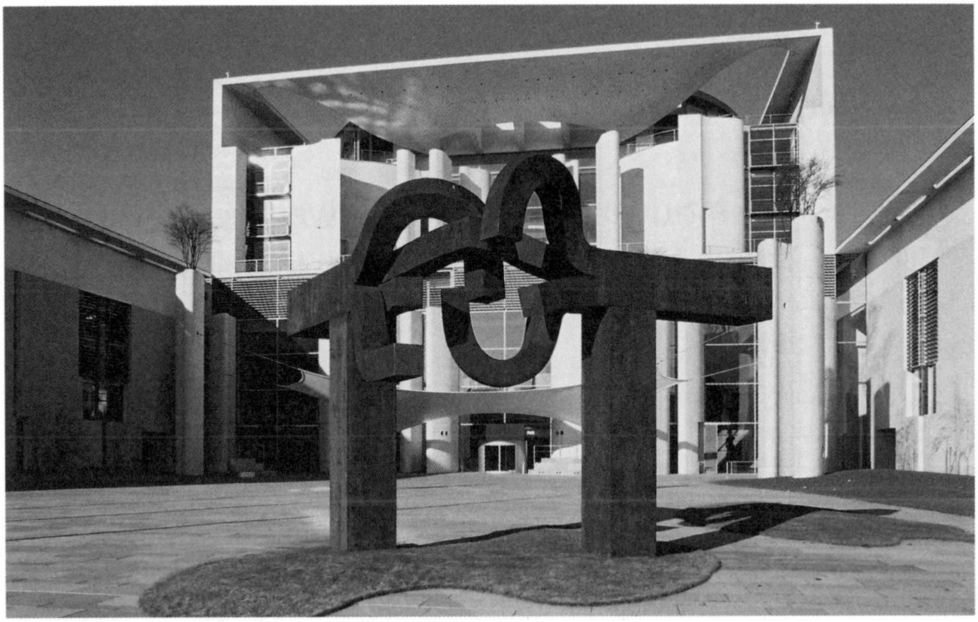

Eduardo Chillida: „Berlin“ (2000), Stahl, Höhe 5,5 m. Bundeskanzleramt, Berlin.

Neue Formen des Realismus

1 Le Nouveau Réalisme: Bewegte Maschinenskulpturen von Jean Tinguely

Als Reaktion auf die vorherrschenden abstrakten Strömungen wie dem Abstrakten Expressionismus oder dem Tachismus entsteht in den 50er-Jahren das Verlangen nach konkreten, erkennbaren Formen aus der sichtbaren Realität. In den USA gipfelt die neue Gegenständlichkeit in der Pop-Art, deren Anfänge Bezüge zur Bewegung des Neuen Realismus (Nouveau Réalisme) zeigen. Als „Neue Realisten“ bezeichnet sich eine Künstlergruppe in Paris, deren zentrales Anliegen die kritische Auseinandersetzung mit einer von der Maschine und dem Konsum bestimmten Lebenswelt ist. Häufig werden banale Dinge z. B. Abfallmaterialien zum Ausgangspunkt für die Gestaltung von Skulpturen. Der Rückbezug auf den Dadaismus ist offensichtlich.

Der Neue Realismus französischer Prägung tritt vor allem als **Objekt- und Aktionskunst** auf. Der Franzose ARMAN (1928–2005) wird mit seinen Objekt-Akkumulationen bekannt. Indem er gebrauchte Gegenstände, wie etwa Email-Gießkannen, dicht an dicht in Plexiglaskästen ausstellt, beraubt er sie ihrer Funktion und verwandelt sie in Kunst. Der Schweizer DANIEL SPOERRI (geb. 1930) klebt Überreste von Mahlzeiten auf Tischplatten, präsentiert diese Relikte senkrecht an der Wand und kreiert dafür den Begriff „Fallen-Bilder“. CÉSAR (1921–1998, Paris) erregt 1960 Aufsehen mit zusammengepressten Autokarosserien („Compressions“) und der französische Maler YVES KLEIN (1928–1962) macht Furore mit seinen „Anthropometrien“: Vor Publikum wälzen sich nackte, blau bemalte weibliche Modelle auf Leinwänden und hinterlassen so ihre Körperabdrücke darauf.

Der Schweizer Bildhauer JEAN TINGUELY (1925–1991) stößt 1951 zur Gruppe der Neuen Realisten. Seine zahlreichen motorenbetriebenen „Maschinen“ machen ihn weltberühmt (seit 1996 werden sie im Tinguely-Museum in Basel präsentiert). Während seiner Ausbildung zum Dekorateur entdeckt er die Kunst Schwitters und Klees, die ihn seit 1944 zu kleinen, fragilen Konstruktionen aus Draht und Blech anregen, die sich, von Elektromotoren angetrieben, bewegen, denn „in dem Moment, wo Leben fixiert wird, ist es nicht mehr wahr, ist es tot und uninteressant." Diese Erkenntnis prägt seinen Kunst- und Lebensstil.

Seit den 50er-Jahren arbeitet er an kinetischen (bewegten) Reliefs, Assemblagen aus Fundstücken, und geht dann über zu absurden Maschinen, die er aus Gerümpel, ausgedienten Maschinenteilen, Rädern, Achsen, Abfallprodukten unserer modernen Industriegesellschaft und nostalgisch anmutenden Fundstücken vom Trödelmarkt zusammensetzt. Seine immer monumentaler konzipierten, mit Elektromotoren betriebenen „Meta-Maschinen" wirken laut Werner Spies wie ein „sich vergeblich abmühender, unproduktiver Maschinenpark" und rücken in die Nähe der „irrationalen Nutzlosigkeit". Sie funktionieren trotz ihres schäbigen Aussehens. Rostige Oberflächen, abblätternde Farbe, quietschende und rasselnde Geräusche stehen in Kontrast zur funktionalen, auf Hochglanz polierten Maschine und ironisieren spielerisch übertriebenen Perfektionismus. Rumpelnde und z. T. Wasser verspritzende „Monster" vermögen noch heute kindliches Erstaunen über das „Wunder der Technik" hervorzurufen, das Menschen seit dem 17. Jh. bewegt. Seine dadaistisch-surrealistisch beeinflussten Plastiken heißen z. B. „Heureka", „Hannibal" oder „Studie für das Ende der Welt" (diese hat sich 1960 im Hof des New Yorker Museum of Modern Art unter Rauch und Donner selbst zerstört).

Auf einem Platz gegenüber des Centre Pompidou (Paris) schafft Tinguely 1982/83 zusammen mit seiner Lebensgefährtin Niki de St. Phalle den „Strawinsky-Brunnen". Während Niki 9 Plastiken aus Stahl entwirft, die mit Polyester beschichtet und bemalt werden und bunt und fröhlich wirken, konstruiert Tinguely 16 Maschinen aus Aluminium und rostfreiem Stahl, die er mit schwarzer Asphaltfarbe überzieht. Die einzelnen Skulpturen beziehen sich inhaltlich auf Kompositionen von Strawinsky, wie etwa „Der Feuervogel". Mithilfe von 17 Motoren drehen und bewegen sich die Figuren wie in einem farbenprächtigen Wasserballett. Nachts verstärken farbig strahlende, kreisende Scheinwerfer die zauberhaft-verspielte Wirkung.

Seine letzten Arbeiten, riesige Maschinen aus Zivilisationsmüll, muten dagegen erschreckend an. Während frühere Arbeiten noch auf einen naiven Spieltrieb verweisen, witzig-ironisch und tiefgründig zugleich anmuten, empfindet man die letzten Arbeiten als erschütternd. Seit den 1980ern erzeugen ratternde, vehement stampfende, hysterisch quietschende und zuckende Maschinen ein wahrhaft höllisches Spektakel. Tinguely nennt sie z. B. „Inferno" oder „Mengele" (KZ-Arzt). Unglaubliche Mengen industriellen Abfalls und eine makaber wirkende Sammlung von Skeletten, Schädeln und abstrus kostümierten Puppen versetzen uns in eine bösartige Fastnachtwelt, verweisen auf Tod und Vernichtung und erzeugen eine schrille Endzeitstimmung.

1991 wird Tinguely in Fribourg zu Grabe getragen; seinem letzten Willen zufolge gleicht sein Begräbnis einem Karnevalsumzug, den Trommler und Pfeifer anführen.

Tinguely überwindet letztlich die bloße Kritik an der Fortschrittsgläubigkeit, um die es den Dadaisten zu tun war. Seine Maschinen spiegeln nicht mehr das Unmenschliche einer mechanisierten Welt wider, das etwa Charlie Chaplin in seinem Film „Modern Times“ kritisierte. Mit seinen „altmodischen“ Kunstgebilden aus Rädern, Achsen, Förderbändern, angetrieben mit unzeitgemäßen Mechanismen, setzt er einer vergangenen Epoche ein ironisches Denkmal, das oft nostalgisch und zugleich melancholisch wirkt. Die Welt großer Maschinen, die Bewunderung und Entsetzen hervorrufen, ist vergangen, an ihre Stelle sind Informatik und Mikrotechnik getreten, die nicht mehr konkret fassbar und darstellbar sind.

2 Figurativer Realismus in den USA und in England: Hopper, Bacon, Hockney

Die neue Bewegung des Realismus in der Malerei, die in den 50er-Jahren ihren Anfang nimmt, ist facettenreich und wird mit verschiedenen Begriffen umschrieben. Keinesfalls handelt es sich dabei um eine Renaissance des akademischen Naturalismus des 19. Jh. Zwar tauchen in der Malerei wieder Gegenstände aus der sichtbaren Realität auf, doch werden sie um der Aussage willen verändert bzw. verfremdet. Auch Vertreter der Pop-Art werden zunächst als „New Realists“ bezeichnet, weil sie an der greifbaren (banalen) Realität ansetzen. Heute werden u. a. der Amerikaner Edward Hopper und die Engländer David Hockney und Sir Francis Bacon zu den wichtigsten Protagonisten der figürlichen Malerei in der zweiten Hälfte des 20. Jh. gezählt.

Edward Hopper (1882–1967)

HOPPERS Wurzeln liegen in der französischen Malerei des 19. Jahrhunderts. Vor allem Manet hat er eingehend studiert und kopiert. Bereits in den 30er-Jahren entwickelt er seinen **kühl-realistischen Stil**, der von manchen als Vorform des Fotorealismus gesehen wird. Hopper arbeitet jedoch kaum mit Fotos, sondern mit Modellen und macht Skizzen nach der Natur. Dennoch ist der Einfluss der Fotografie unübersehbar. Kennzeichnend wird für ihn eine kontrastreiche und plastisch modellierende Malerei. Mit leuchtenden Farben setzt er gezielt Akzente. Hopper verfolgt seinen Malstil konsequent, auch als die Abstrakte Malerei in den USA die Szene bestimmt.

Seine Themen kreisen um das amerikanische Kleinstadtleben. Die Tristesse von Wohngebäuden und billigen Hotelzimmern, einsame Personen in kahlen Räumen, die sich nichts zu sagen haben, Straßen, Tankstellen (seine Themen findet er oft während langer Autofahrten), das Leben auf See, Leuchttürme, Lokale und das Theater interessieren ihn. Ein meist kaltes, künstlich wirkendes Licht, das von Scheinwerfern zu kommen scheint, verleiht den Szenen oft etwas Bühnenbildhaftes. Auch Filmsequenzen aus Streifen der 40er-Jahre stellen sich als Assoziationen ein. *„Hopper sah das Theater sicher als Metapher für das menschliche Leben und sich selbst als eine Art Regisseur, der Szenen arrangierte, um sie dann zu malen,"*[38] schreibt Hopper-Kenner Gail Levin.

Immer wieder malt er nächtliche Szenen. Ein besonders populäres Bild ist „Nighthawks" (Nachtschwärmer) von 1942. Dazu Hopper: *„Nighthawks zeigt, was ich mir unter einer Straße bei Nacht vorstelle; unbewusst wahrscheinlich habe ich die Einsamkeit einer großen Stadt gemalt."* Nacht bedeutet für Hopper Erotik und Einsamkeit zugleich, beides wird deutlich spürbar.

Einsamkeit ist auch das Thema seines Bildes „Morning Sun" (1952): In einem vom Morgenlicht durchfluteten, völlig kahlen Raum sitzt sein Modell (seine Frau Jo) mit angezogenen Knien auf einem breiten Bett, das mit einem weißen Laken überzogen ist. Das Kopfkissen scheint unbenützt. Die Frau starrt durch ein geöffnetes Fenster, dessen Viereck sich klar umrissen auf der rückwärtigen Wand als helle Fläche abbildet. Mit ihrem ganzen Körper nimmt sie die wärmenden Strahlen der Morgensonne auf.

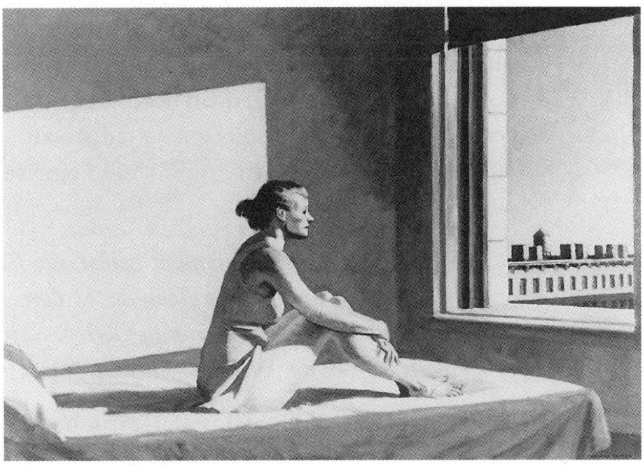

Edward Hopper: „Morning Sun" (1952), Öl auf Leinwand, 71,4 × 101,9 cm.
© Columbus Museum of Art, Ohio: Howald Fund Purchase 1954.031.

Der Betrachter sieht die Gestalt nur im Profil; wohin ihr Blick fällt, ist ungewiss. Uns zeigt Hopper nur ein ziegelrotes Fabrikgebäude (?) bzw. dessen oberstes Stockwerk. Das Zimmer liegt vermutlich im oberen Stock eines Hochhauses.

Die Frau hat etwas Verhärmtes. Ihre streng zurückgekämmten, am Hinterkopf zusammengesteckten Haare lassen ihr schmales, hartes Gesicht sehen, die leicht nach unten gezogenen Mundwinkel, die rot geschminkten Lippen, das spitze Kinn. Ihr hellrotes Trägerkleid verhüllt kaum den nicht mehr jungen, etwas schwammig wirkenden blassen Körper.

Robert Hughes, der amerikanische Kunstkritiker, sieht bei Hopper auch die Nähe zu Bildern des frühen DE CHIRICO. Beim Betrachten solcher Räume, die hermetisch in sich abgeschlossen zu sein scheinen und deren eigenartige Atmosphäre sich intensiv auf uns überträgt, kommt das Gefühl auf, etwas Fremdem und dabei magisch Anziehendem zu begegnen.

Sir Francis Bacon (1909–1992)

Gemälde von FRANCIS BACON wurden als Horrorvisionen, als Ausdruck von Verzweiflung und Hoffnungslosigkeit, als Zeichen ungehemmter Gewalt und Aggression gedeutet. Stilistisch steht er zwischen **Abstraktion** und **Gegenständlichkeit**. Er selbst verstand sich als „Realist“ und wandte sich dagegen, zu den Expressionisten oder Surrealisten gezählt zu werden.

Bacon wird in Dublin geboren. Auf Reisen nach Berlin und Paris arbeitet er als Innendekorateur. Der Besuch einer Picasso-Ausstellung regt ihn dazu an, selbst Maler zu werden. Als Autodidakt widmet er sich seit 1931 nur noch der Malerei. 1945 malt er sein erstes großes Triptychon („Drei Studien für Figuren am Fuß einer Kreuzigung“), bald erhält er internationale Auszeichnungen und stellt in den großen Metropolen aus. Lebensmittelpunkt ist für ihn London, wo er 1992 stirbt. Bacon bestreitet, *„dass er je absichtlich das Entsetzliche gesucht habe“*. Andererseits gibt er jedoch zu, *„dass das Gewaltsame ein zentrales Thema seiner Kunst ist“*[73]. Er stellt keine selbst erlebten, gewaltsamen Szenen dar:

> *Die Gewaltsamkeit in meinem Leben, die Gewaltsamkeit, mit der ich gelebt habe, ist etwas anderes als die in der Malerei. Die Gewaltsamkeit der Farbmaterie hat nichts zu tun mit der des Krieges. Sie hat zu tun mit dem Versuch, die Gewalttätigkeit der Wirklichkeit selbst neu zu schaffen.*[45]

Seine Bilder enthalten nichts „Literarisches“. Er sagt, er wolle

> *[...] keine Idee vermitteln, nicht Schmerz oder Einsamkeit oder Lust kalligraphieren. Und sie [die Bilder] sind ohne Geschichte. Mich interessiert beim*

Malen nichts als Farbe und Form. Selbst der Schrei als Schrei – also Ausdruck von irgendetwas, sagen wir: Entsetzen – hat mich nie interessiert: es war mehr ein formales Problem: Ich hatte Eisensteins ‚Panzerkreuzer Potemkin' gesehen, Poussins ‚Betlehemitischen Kindermord' und ein medizinisches Buch über Mund- und Rachenkrankheiten. Das wollte ich malen.[45]

Seine Bildsprache zeichnet sich vor allem durch die besondere Art der Oberflächenbehandlung seiner Bilder und die verfremdende Darstellung von Raum und Körper aus. Die eigentümliche Textur ist auf Bacons individuelle Arbeitsweise zurückzuführen. „Schönheit" bzw. Virtuosität der Malerei wird für den Betrachter spürbar, hebt aber den schockierenden Eindruck, bedingt durch die „Erkennbarkeit" der dargestellten Szene, nicht auf. Farbe trägt er flüssig auf. Die Hintergründe sind oft einfarbig gemalt. Mitunter verwendet er flüssige Pastellkreide, die eine besonders „weiche" Textur erzeugt. Teilweise mischt er aber auch Sand in die Farbe, sodass sich Unebenheiten ergeben. In jedem Fall ist ihm die **Oberfläche** wichtig. Sofort nach Fertigstellung lässt er seine Bilder verglasen, um Beschädigungen vorzubeugen. Das Emotionale der Bilder überträgt sich auf den Betrachter auch durch schwungvolle und heftige Pinselstriche, aus denen die Figuren auf den glatten, oft monochromen Hintergründen entstehen. Dabei ergeben sich mitunter zufällige Farbspuren, die für den Bildeindruck sogar bestimmend sein können. Hier zeigt sich eine gewisse Beziehung zum Surrealismus. Wie Max Ernst drückt Bacon mit dem Schwamm Farbe auf die Leinwand oder arbeitet mit einer Bürste. Die Affinität zum Surrealismus erschöpft sich jedoch in seiner Arbeitsweise, keineswegs geht es ihm um die Wiedergabe von Träumen. Als Ausgangspunkt für eine Bildidee kann ihm ein Foto dienen. Die verfremdende Darstellungsweise bzw. die Wahl eines Ausschnittes löscht jedoch nahezu alles Fotografische. Die „Körper" liegen auf einem Bett oder sitzen auf einem Stuhl nie in gelassener Haltung, sondern immer gequält, angestrengt. Wenn es zwei oder drei Figuren sind, verschmelzen sie miteinander als „Farbmasse" und gehen ineinander über. Meist malt er männliche Körper, dabei macht er aus seiner Homosexualität keinen Hehl.

Bacons Gestalten – sowohl jene, die sich eindeutig in (meist sexueller) Aktion befinden, als auch die lediglich sitzenden oder stehenden Figuren – scheinen im Bann einer Muskelgewalt, eines Energiekampfes zu stehen, der ihre lebendige Gegenwärtigkeit nicht vermindert, sondern zu intensivieren scheint. Sie begegnen uns nicht als selbstbeherrschte, kommunikative Wesen, sondern sind von jenen Instinkten getrieben, die Bacon als unausweichlichen Kontrapunkt zur Verzweiflung angesichts des Todes betrachtet.[66]

Die menschlichen Körper (z. B. „Drei Studien von Figuren auf Betten“, 1972, Triptychon) sind verstümmelt, haben verzerrte Gliedmaßen, sehen eher aus wie Fleischklumpen und nicht wie lebendige, menschliche Wesen. Die Farbigkeit unterstreicht das „Fleischliche“ der Körper. Er bevorzugt Rot, Orange, Rosa, denn, so sagt er, *„wir sind ja schließlich selbst Fleisch, potentielle Kadaver“*. Es kommt vor, dass er Menschen mit tierischen Kadavern in Verbindung bringt. „Schlachthof“ und „Chirurgie“ stellen sich mitunter als grauenvolle Assoziationen ein.

In seinen Köpfen betont er den Mund, der oft weit aufgerissen ist und zu schreien scheint. Der Schrei verbindet Mensch und Tier, beide schreien in höchster Not. Gespenstisch schreit uns z. B. Papst Innozenz X. an, den Bacon in verschiedenen Variationen 1951 nach dem Gemälde von Velázquez (17. Jh.) malt. Das Umfeld der Körper zeigt keine Form von Illusionismus, kein „wirklicher“ Raum wird angedeutet. Die Gestalten werden häufig durch ein feines Liniengerüst, das Stuhl oder Sessel meint, wie in einen Käfig gesperrt, in dem sie kaum noch Luft bekommen. Sein Menschen- und Weltbild – gänzlich ohne religiösen Hintergrund – drückt sich direkt in seinen Bildern aus. Er malt, wie er sagt, die „nackte Tatsache der Existenz“, denn *„nichts kann schrecklicher sein als das Leben selbst“*. Einer seiner Lieblingssätze lautet: *„Es gibt nur ein Unglück, geboren zu sein.“*

David Hockney (geb. 1937)

HOCKNEYS Popularität als Künstler ist gegen Ende des 20. Jahrhunderts nur mit derjenigen von Picasso oder Warhol zu vergleichen. Sein Image, vergleichbar mit dem eines Filmstars, geht auch auf eine Art **Selbststilisierung** zurück, die – nicht ohne ironischen Unterton – den Glamour-Star hervorkehrt. 1963 lässt er sich in einem Goldlaméjackett fotografieren und bewusst nicht als Maler mit Pinsel vor der Leinwand. Damit macht er sich über allzu ernsthafte Selbstdarstellungen von Künstlern lustig, die sich umgeben von Verehrern und eigenen Werken in Szene setzen.

Der gebürtige Engländer hat seit 1960 Ausstellungen in aller Welt und lehrt an verschiedenen Kunstschulen. Lange schon pendelt er zwischen England und den USA. In immer größerem Umfang ist er auch als Bühnenbildner tätig, z. B. für die renommierte Glyndebourne Festival Opera. Die Fotografie spielt für ihn seit den 70er-Jahren eine wichtige Rolle. Obwohl man ihn häufig zu den Pop-Künstlern zählt, hebt er sich in Themenwahl und Arbeitstechnik deutlich von der Pop-Szene ab.

In den 50er-Jahren übt FRANCIS BACON großen Einfluss auf ihn aus, der sich mit seiner figürlichen Malerei gegen die Übermacht des Abstrakten Expressionismus stellt. Auch Hockney arbeitet weitgehend gegenständlich, übernimmt aber nicht die selbstzerfleischende Besessenheit Bacons.

Seit Ende der 80er-Jahre experimentiert er auch mit abstrakten Motiven, kehrt aber immer wieder zu konkreten, „erkennbaren" Bildelementen zurück. Kennzeichnend für ihn ist eine bunte, eher helle Palette, wobei das Blau des makellosen kalifornischen Himmels oder das der spiegelnden Wasserflächen besonders auffällt. Als Grundzug seiner Malerei kann auch das Spiel mit verschiedensten Stilmitteln angesehen werden. Immer wieder imitiert er „Markenzeichen" seiner Künstlerkollegen, wie etwa die Farbstreifen eines KENNETH NOLAND. Man bemerkt deutliche Anklänge an Picasso; bis heute ist er fasziniert von dem spanischen Jahrhundertgenie, besonders von dessen neoklassizistischer und kubistischer Phase. Auf die Frage, ob er sich als Eklektizist begreife, antwortet er:

> *Bis jetzt haben nur sehr wenige diese Idee aufgegriffen, dass man aus der Vielfalt dessen, was es schon gegeben hat, schöpfen und das alles in sein Schaffen einbringen kann. So, wie ich es ausdrücke, klingt das wie ein Plädoyer für den Eklektizismus, aber ich meine es nicht in einem eklektizistischen Sinn. Es kann letztlich auch eine Synthese sein.*[40]

Neben Interieurs, stilllebenartigen Arrangements und Landschaften ist der Mensch in allen möglichen Posen sein Lieblingsmotiv, d. h. wir finden eine durchaus konventionelle Themenwahl. Immer wieder spielt er mit dem Mythos „Wasser" und dem Mythos „Traum". Besonders beschäftigt ihn die wechselseitige Beziehung von **Maler und Modell**, ein Leitmotiv Picassos. Zur Vielfalt seiner Ansätze sagt er, er male, was ihm gefalle, wann es ihm gefalle und wo es ihm gefalle. Seine Bildwelt klammert offensichtlich negative Seiten des Daseins aus. Er zeigt das Schöne im Leben: die schöne Natur, die schönen Menschen, wobei er junge Männer bevorzugt. Seine Homosexualität hat er nie verborgen. In seinen kompositionellen Konzepten ist er äußerst flexibel. Innerhalb eines Bildes können räumlich angelegte Passagen und völlig flächige Zonen abwechseln. Die mathematische Zentralperspektive entfällt: *„Mir wurde allmählich klar, dass Perspektive dem Erzählen hinderlich ist. Erzähltes sollte zeitlich dahin fließen, die Zentralperspektive aber lässt Zeit und Raum erstarren."*[63]

Nie ist es seine Absicht, dem Betrachter Illusionen vorzugaukeln. So lässt er absichtlich Leimreste auf Collagen zurück, um auf die handwerkliche Arbeit des Künstlers hinzuweisen. Pinselspuren sind oft deutlich und das Fragmentarische mancher Arbeiten deutet auf den Arbeitsprozess. Populär wie kaum ein anderes seiner Bilder wurde „A bigger splash" (1968), entstanden in Los

Angeles. Dem amerikanischen Kritiker Robert Hughes kommt es vor wie *„ein freundlicher, enthistorisierender de Chirico."*[29] Ebenso wie auf den italienischen Plätzen des Metaphysikers fehlt der Mensch, die Atmosphäre scheint luftleer. Glasklar, fast schmerzend liegt der Bungalow mit seinem Pool vor uns, ein verlassener Stuhl und das aufspritzende Wasser lassen einen Menschen vermuten, der gerade untergetaucht ist, das Sprungbrett bleibt jedoch unbewegt. Das Rätselhafte entbehrt hier jedoch des Düsteren, Melancholischen, das de Chirico geradezu feiert. Es handelt sich auch keineswegs um eine satirische Sicht auf die amerikanische Lebensweise. Dazu Werner Spies:

> *Ein kalifornisches Postkartenidyll – Bungalow, blauer Himmel, Palmen, vor denen, vereinzelt wie Warhols elektrischer Stuhl, ein leerer Sessel steht. Vorn das blaue Schwimmbecken, in das ein gelbes Sprungbrett ragt. Die makellose blaue Fläche wird durch weißes, aufspritzendes Wasser, das Nachbild eines Sprungs, verletzt. In ein kalifornisches Klischee tritt etwas Unverwechselbares ein; eine unnachahmbare Störung, aufspritzendes Wasser, ein Bruchteil einer Sekunde steht gegen die Unbeweglichkeit.*[63]

„Model with Unfinished Self-Portrait" (1977)

Das Bild (Öl auf Leinwand, 152×152 cm, Paris) gibt deutlich Hockneys homoerotische Neigung preis. Das Gemälde fällt in eine Zeit, in der sich Hockney verstärkt mit der neoklassizistischen Periode Picassos auseinandersetzt und seine eigene malerische Meisterschaft einen Höhepunkt erlebt. Sowohl die Motive als auch Malweise und Formbehandlung erinnern an zahlreiche Werke Picassos aus der Zeit um 1920, z. B. an das Bildnis der Olga Koklowa von 1917. Über beiden Bildern liegt etwas Elegisches. Die Modelle – hier Picassos künftige Ehefrau, dort der Geliebte Hockneys – ruhen, sind in sich gekehrt bzw. schlafen. Picasso feiert die Schönheit der jungen Ballerina, Hockney diejenige eines jungen Mannes, der, eingehüllt in einen weichen, azurblauen Morgenmantel, mit angezogenen Beinen auf der streng geometrisch gemusterten Tagesdecke eines Bettes schlummert, den Kopf auf Kissen gebettet. Der weich fallende Stoff, die weißen, das Harte männlicher Füße kaschierenden Socken und die ebenmäßigen Gesichtszüge verleihen ihm etwas Weibliches.

Hinter dem räumlich und plastisch ausgearbeiteten Vordergrund liegt ein weiterer Raum, dessen Begrenzungen offenbleiben. Definiert ist er durch einen Zeichentisch, an dem sich Hockney selbst arbeitend darstellt. Man erkennt ihn an den blondierten Haaren und der runden Brille. Beide Zonen sind getrennt und zugleich verbunden durch einen leuchtend blauen Vorhang, dessen Falten in altmeisterlicher Manier gemalt sind, ebenso wie der Morgenmantel des Jünglings. Ein zurückgezogener Vorhang gilt seit dem Barock als Anspielung auf die Sage vom Wettstreit der Maler in der Antike: Erst als einer der Juroren versuchte, den Vorhang von dem Bild des Malers Apelles wegzuziehen, bemerkte er, dass er „nur“ gemalt war.

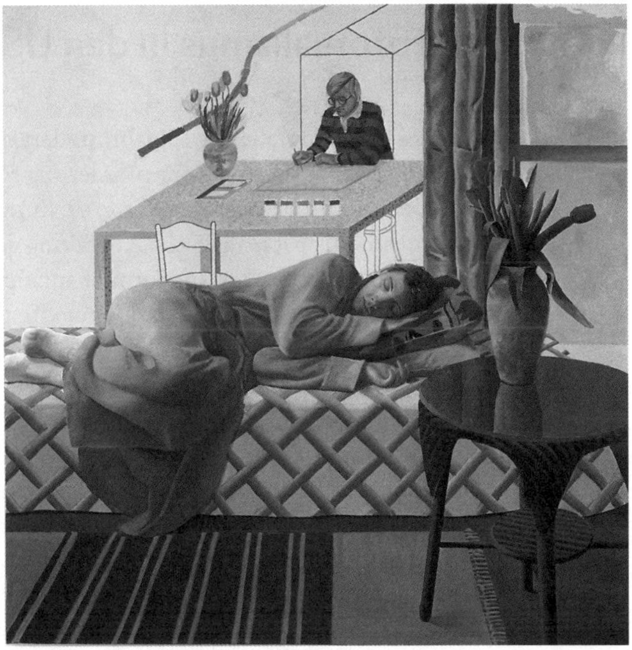

David Hockney: „Model with Unfinished Self-Portrait“ (1977), Öl auf Leinwand, 152 × 152 cm. Privatsammlung

Als Trompe l’œil (Augentäuschung) ist der Vordergrund gemalt, zeichenhaft-abstrahierend dagegen der Hintergrund, wenn auch Hockneys unvollendetes Selbstbildnis realistisch anmutet. Ein auf Umrisse reduziertes Haus mit flachem Giebel rahmt seinen Oberkörper. Die Hosenbeine unter dem Tisch bestehen nur aus Umrissen. Auf dem Zeichentisch stehen fünf Schachteln, die als „Farbproben“ die wichtigsten verwendeten Farben zeigen: Rot, Blau und Gelb, die drei Primärfarben, sowie Grün und Schwarz. Der stärkste Farbkontrast besteht zwischen Blau und Orange, er wiederholt sich im Hintergrund in einem gestreiften Farbband. Das Grün des Tischchens leuchtet wieder im Pullover von Hockney auf und verbindet die real erfassbare Zone mit der dahinterliegenden eines irrealen Bereiches.

Malt Hockney ein Traumbild? Ist der Schlafende als Wunschbild zu begreifen? Vor beiden Männern steht je ein Strauß roter Tulpen, was auf die innige Beziehung hindeutet. Der Künstler bleibt im Hintergrund, ist dabei aber unübersehbar. Er sitzt in „seiner“ Welt, in der er denkt, zeichnet, Imaginäres schafft. Spuren handwerklicher Arbeit bleiben ausgespart, sein Arbeitstisch ist klinisch sauber: Die Arbeit passiert im Kopf. Einzig das Unfertige verweist auf den absichtlich nicht zu Ende geführten Arbeitsprozess.

3 Fotorealismus in den USA und in Europa

Nachdem die Fotografie im 19. Jahrhundert erfunden worden war (siehe Exkurs S. 52), stellte sie eine Herausforderung für das traditionelle, gemalte Bild dar. In der Zeit des Realismus (Mitte 19. Jh.) wetteiferten Maler und Fotografen um die möglichst realistische Abbildung des Sichtbaren.

Als die Konkurrenz bizarre Formen annahm – Maler versuchten, mit fotografischen Mitteln zu arbeiten und Fotografen mit malerischen Tricks ihre Fotos in Gemälde zu verwandeln – setzte sich die Einsicht durch, dass beide Bereiche die ihnen innewohnenden Qualitäten auf verschiedenen Wegen weiterentwickeln sollten.

Seit Beginn der modernen Kunst wird besonders deutlich proklamiert, dass es den Künstlern nicht um einen Abklatsch der Realität geht, sondern dass sie Unsichtbares – Gedanken, Träume, Fantasien – sichtbar machen wollen: *„Kunst gibt nicht das Sichtbare wieder, sondern macht sichtbar"* (Paul Klee). Unabhängig von der Malerei entwickelte sich die Fotografie zu einem eigenen künstlerischen Medium. Fotografisches Material wurde allerdings bereits im Dadaismus (z. B. Collagen von Hannah Höch und George Grosz) als Ausdrucksmittel eingesetzt. Seit der Zeit des Neuen Realismus gehört sie zum selbstverständlichen Arbeitsmittel für bildende Künstler. Dies zeigt sich zunächst vor allem in der Pop-Art und im Fotorealismus.

Der Fotorealismus amerikanischer Prägung wird auch Hyper- oder Superrealismus genannt und stellt eine Reaktion auf den Abstrakten Expressionismus und die Minimal-Art dar.

Ausgangspunkt für den Fotorealisten ist das Diapositiv, das stark vergrößert als direkte Bildvorlage dient. Mit maltechnischer Virtuosität setzt er das Foto meist in ein Ölgemälde um und versucht dabei, durch ein großes Format, eine überlegte Komposition und mit malerischer Raffinesse erzeugten illusionistischen Effekten den Betrachter in Erstaunen zu versetzen. Thematisch konzentrieren sich die Fotorealisten meist auf Wohlstandsträume der modernen Gesellschaft bzw. zeigen deren Fragwürdigkeit.

Der Amerikaner RICHARD ESTES (geb. 1936) kombiniert mehrere Fotovorlagen desselben Motivs und überträgt sie durch Quadrierung auf die Leinwand. Seine Bilder der 60er- und 70er-Jahre zeigen zum Beispiel Schaufensterscheiben („Süßwarenladen"), hinter denen die Auslagen zu sehen sind, ebenso aber auch, was in der Glasscheibe gespiegelt wird und sich außerhalb des Supermarktes befindet (Autos, gegenüberliegende Fassade usw.). Dabei entsteht ein verwirrendes Spiel mit Realität und Illusion. Die Oberflächen der unmittelbar sichtbaren Dinge unterscheiden sich nicht von denen der gespiegelten, die in Wirklichkeit unscharf erscheinen würden. Nichts ereignet sich in den starr und kühl wirkenden großen Bildern, fast immer sind die Schauplätze menschenleer.

CHUCK CLOSE (geb. 1940) konzentriert sich auf überdimensional vergrößerte Porträtfotos seiner Freunde und Kollegen. Bei der Übertragung auf die Leinwand wird das kleine Foto, das oft Passfotocharakter hat, mittels eines Rasters vergrößert und zerlegt. Es entsteht also durch die Vergrößerung keine Unschärfe, wie sie bei der rein fotografischen Methode auftreten würde. Anfangs verwendet er die Spritzpistole, um Farbe möglichst glatt auftragen zu können, mitunter setzt er die Bilder aus Fingerabdrücken zusammen oder klebt winzige Pappmaschee-Kügelchen aneinander, die wie die Teile eines Puzzles schließlich das Porträt ergeben.

Seit den 90er-Jahren löst er seine Arbeiten in ein gleichmäßiges geometrisches Raster auf und füllt jedes kleine Quadrat mit gleicher Farbintensität aus. Betrachtet man die Bilder von Weitem, fügen sich die bunten Bildpartikel zum Porträt zusammen. Seit einer Querschnittslähmung arbeitet er mit eigens konstruierten Hilfsmitteln vom Rollstuhl aus. Weitere namhafte Vertreter des Fotorealismus in den USA sind u. a. RALPH GOINGS (geb. 1928) und HOWARD KANOWITZ (1929–2009).

Der Schweizer Maler FRANZ GERTSCH (geb. 1930) wird als europäischer Vertreter des Fotorealismus seit seiner Teilnahme an der documenta 5 (1972) und der Biennale in Venedig international bekannt. Für seine frühen Arbeiten wählt er Motive aus der Welt der Hippies, so malt er z. B. die Rocklegende Patti Smith. Dafür entwickelt er eine raffinierte Maltechnik, um das Illusionistische und Brilliante eines Diapositivs kongenial auf der Leinwand wiedergeben zu können. Spuren des Malprozesses tilgt er fast vollständig, weil er die Farbe nicht aufstreicht, sondern mit dem Pinsel auf die ungrundierte Leinwand tupft. So entstehen minutiös ausgearbeitete Details, kein Bildbereich ist unscharf. Ungemein körperhaft und präsent wirken die Personen z. B. auf dem großen Gemälde „Marina schminkt Luciano" (1975, 234×346 cm, Museum Ludwig, Köln), das, von Weitem betrachtet, einem leuchtenden Diapositiv besonders nahe kommt.

Fotorealistische Züge zeigt auch die Malerei des Spaniers CLAUDIO BRAVO (geb. 1936), der mit altmeisterlicher Präzision arbeitet. Seine Bilder (Stillleben, Akte) sind von fotografischer Schärfe. Der deutsche Maler KONRAD KLAPHECK (geb. 1935) schildert Alltagsgegenstände, vor allem technische Objekte wie Schreibmaschinen, Bügeleisen usw. mit einer fast beängstigend wirkenden Eindringlichkeit. Die Oberflächen sind von fotografischer Schärfe, Komposition und Wahl des Blickwinkels verwandeln jedoch die Dinge in nahezu furchterregende „Monster", wie er selbst sagt. Man hat dafür den Begriff „Magischer Realismus" geprägt. Auch den Vertretern der Gruppe „Zebra" dienen Fotos als Vorlage. Ihr Augenblickscharakter wird jedoch im Arbeitsprozess ausgemerzt. Zebra-Mitglieder sind DIETER ASMUS, PETER NAGEL und NIKOLAUS STÖRTENBECKER. Ihre Vorliebe für den scharfen Umriss, den glatten Farbauftrag und das scheinbar Luftleere des imaginären Bildraums lässt ihre Bilder auch in die Nähe der Neuen Sachlichkeit rücken.

4 Hyperrealismus in der Plastik

Ähnlich wie die Maler des „Fotorealismus" sich des Hilfsmittels der Fotografie bedienen, um Realität objektiv einfangen zu können, setzen einige plastisch arbeitende Künstler die Methode des Körperabgusses ein, um den Menschen abzuformen. Dabei entstehen Nachbildungen menschlicher Körper, die zusammen mit Objekten aus der realen Welt zu ausdrucksstarken, oftmals beklemmenden Szenen komponiert werden. Man prägt dafür den Begriff **„Environment"**, das heißt wörtlich übersetzt „Umgebung" und meint im künstlerischen Zusammenhang die Gestaltung eines Raumes mit alltäglichen Gegenständen wie Möbeln, Lampen usw., die in einem Sinnzusammenhang mit menschlichen Figuren stehen, deren Lebensechtheit zumindest irritierend, wenn nicht beängstigend wirkt.

Edward Kienholz (1927–1994)

Heikle Themen greift vor allem Kienholz auf, der mit seiner Teilnahme an der documenta 4 (1968) weltberühmt wird. Dort präsentiert er seine provozierende Arbeit „Roxy's", ein nachgestelltes, begehbares Soldatenbordell aus dem Zweiten Weltkrieg. Fast wie ein Regisseur „erzählt" er detailreich Geschichten, in denen es um Aggression, Ängste und menschliches Leid geht. Dabei prangert er u. a. Rassismus und Krieg an und wirkt mit seinen ausdrucksstarken Szenen moralisierend.

In seinen aus Alltagsobjekten und menschlichen Figuren komponierten „Bühnenbildern“ kann man als Ausstellungsbesucher herumgehen und erlebt dabei eine von Kienholz gleichsam eingefrorene Situation, die sich im zeitlichen Abstand von einigen Jahrzehnten abgespielt haben könnte – was wiederum eine Distanz zum Geschehen schafft. Die verschiedenen Materialien und Objekte seiner Szene überzieht er mit einer gelblich glänzenden Firnisschicht, die das Environment (Kienholz nennt seine Arbeiten „Tableaux“) wie vergilbt erscheinen lässt und so das Triste der geschilderten Situation unterstreicht. Der Überzug vereinheitlicht die unterschiedlichen Versatzstücke und verleiht der gesamten Komposition etwas Zeichenhaftes. Besonders beklemmend wirkt z. B. sein Tableau „The Birthday“ (1964, Staatsgalerie Stuttgart), bei dem es um Abtreibung in brutalster Form geht.

„The Portable War Memorial“ (1968)
Mit der Absurdität des Krieges setzt er sich im „Tragbaren Kriegerdenkmal“ auseinander, das während des Vietnamkrieges entsteht. In eine amerikanische Kleinstadtidylle, bestehend aus Gartenmöbeln, einem Cola-Automaten, einer Hot-Dog-Bude (als Foto eingefügt) und zwei Grabsteinen (die wie Fremdkörper wirken und die Tragik des Geschehens andeuten) sind fünf Marine-Soldaten eingebrochen, haben bereits einen Stuhl umgeworfen und versuchen mit dramatischer Gestik, ihre Flagge auf einem Gartentisch aufzupflanzen. Dazu ertönt ununterbrochen der Song „God bless America“, der im 2. Weltkrieg fast der Nationalhymne gleichkam. Der silbrige Überzug der Soldaten verleiht der Gruppe etwas Denkmalhaftes, was wiederum an ein tatsächlich existierendes Kriegerdenkmal aus Bronze auf dem Arlington-Soldatenfriedhof erinnert. Dieses hatte ein Kriegsfoto (das auch Kienholz verwendet) zum Vorbild, das 1945 um die Welt ging und US-Soldaten bei der Flaggenhissung kurz nach der Einnahme einer japanischen Insel im Pazifik zeigt. Dieser Sieg wurde zum Symbol für den endgültigen Sieg der USA über Japan.

Kienholz‘ Arbeit ist ein Mahnmal für den Frieden. Der zweite, ganz rechts stehende Grabstein drückt eine gewisse Resignation aus: Er ist unbeschriftet, die Namen weiterer Opfer sinnlosen Tötens können noch eingraviert werden.

Duane Hanson (1925–1996)
Hanson zeigt mit schonungsloser Härte soziale Missstände, entlarvt die Banalität bzw. Oberflächlichkeit alltäglicher Szenen und thematisiert die Anonymität des Menschen in der Massengesellschaft. Aus Polyesterharz fertigt er lebensgroße Abgüsse menschlicher Körper an, bemalt sie äußerst penibel mit Acrylfarbe und versieht sie mit echten Kleidungsstücken und diversen Uten-

silien, sodass eine fast erschreckende realistische Wirkung eintritt. Jeder Raum, in dem eine solche Figur aufgestellt wird, verwandelt sich automatisch in ein Environment. In der Stuttgarter Staatsgalerie ist man von einer am Boden hockenden Putzfrau irritiert, die vor dem Hintergrund berühmter Kunstwerke das Parkett zu wischen scheint.

Die „Frau mit Einkaufswagen" (1970) ist eine amerikanische Hausfrau, die ihre unvorteilhafte Figur mit eng anliegender Kleidung in Bonbonfarben betont und ihre auf Lockenwickler gedrehten Haare nur dürftig mit einem Kopftuch bedeckt. Im Mundwinkel klemmt ein Zigarettenstummel. Ein kleines, schwarz glänzendes Handtäschchen wirkt lächerlich im Vergleich zum massigen Körper. Der übervolle Einkaufswagen eines Supermarktes enthält vor allem Fertiggerichte und Coladosen. Man stellt sich unwillkürlich vor, wie die süßen und ungesunden Billigprodukte in dem aufgedunsenen Leib verschwinden werden.

5 Pop-Art

Auch die Pop-Art kann als Reaktion auf den dominierenden Abstrakten Expressionismus gesehen werden, an dem man vor allem den unreflektierten Selbstausdruck und die spontane, gestische Arbeitsweise kritisiert. Gegen die angebliche Unverbindlichkeit der Abstrakten Kunst will man den konkreten Gegenstand, also die klare, erkennbare und verständliche Form setzen. Diese Richtungsänderung in der Kunst vollzieht sich vor einem gewandelten gesellschaftlichen Hintergrund: Auf die entbehrungsreiche Nachkriegszeit folgt die Wohlstandsgesellschaft. Werbung, Konsum und Wirtschaft florieren. In den USA herrscht der Optimismus der Kennedy-Zeit und man lebt gemäß dem „American Way of Life". Die Pop-Art spiegelt wie keine andere Kunstrichtung des 20. Jahrhunderts das Lebensgefühl jener Zeit.

Mit „Pop" assoziiert man Popcorn, Pop-Musik u. v. m. Werbung und Pop-Art beeinflussen sich gegenseitig, was auch damit zusammenhängen mag, dass viele Pop-Art-Künstler anfangs Werbegrafiker waren.

Als das erste Pop-Art-Werk gilt die Foto-Collage des Engländers RICHARD HAMILTON (geb. 1922) mit dem Titel: „Just what is it that makes today's homes so different, so appealing?" Alle Klischees des Wohlstandsbürgers sind auf dem Bild vereint. Hamilton erklärt selbst, er strebe eine neue Kunst an, die *„populär, vergänglich, entbehrlich, billig, in großer Auflage reproduzierbar, jung, geistreich, sexy, trickreich, verzaubernd und geschäftstüchtig"*[27] sei.

Die Collage eignet sich wie keine andere bildnerische Technik dazu, Merkmale der Konsumgesellschaft direkt ins Bild einzubeziehen. Nach dadaistischem Vorbild greifen Pop-Art-Künstler auf vorgefertigtes, triviales Bildmaterial aus der Alltagswirklichkeit zurück. Die Grenzen zwischen Kunst und Alltagsrealität entfallen. Pop-Art besteht aus Wirklichkeit und stellt sie nicht dar. *„Ich will nicht, dass ein Bild wie etwas aussieht, was es nicht ist. Und ich bin der Meinung, dass ein Bild wirklicher ist, wenn es aus Teilen der Wirklichkeit gemacht ist."*[27] (Robert Rauschenberg)

In der englischen Pop-Art ist der gesellschaftskritische Unterton unüberhörbar. Zu den Hauptvertretern gehören neben Hamilton EDUARDO PAOLOZZI, der auch mit Collagen arbeitet, PETER BLAKE, der u. a. eingängige Popmusikerporträts malt und RONALD B. KITAJ (geb. 1932), der z. B. zeitgeschichtliche Stoffe umsetzt, wie in „Cecil Court, London WC 2" (1984), ein Bild, das sich mit dem Schicksal meist jüdischer Emigranten auseinandersetzt.

Für die Pop-Art in den USA sind JASPER JOHNS, CLAESZ OLDENBURG, ROBERT INDIANA und ROBERT RAUSCHENBERG wegweisend; ihre „typischen" und populärsten Vertreter sind ROY LICHTENSTEIN, JAMES ROSENQUIST und ANDY WARHOL. Während in England Abbildungen von Alltagsutensilien Bestandteil einer Komposition (z. B. Collage) sind, werden banale Motive in den USA meist isoliert und damit monumentalisiert. Alle Pop-Künstler befassen sich mit der Kultur der Massengesellschaft, die stark von der Werbung geprägt ist.

JASPER JOHNS (geb. 1930) beginnt mit Trivialmotiven (Flagge, Zielscheibe u. a.) in den 50er-Jahren. Berühmt wird z. B. „Three Flags" (1958): die amerikanische Flagge als dickes Wachsbild (Enkaustik-Technik). 1960 gießt er zwei Dosen seines Lieblingsbieres Ballentine in Bronze und bemalt sie. Die Präsentation auf einem Steinsockel und die minimal verwaschene Bemalung schaffen eine gewisse Distanz zur Alltagswirklichkeit. Später geht er zu starkfarbiger Malerei von expressiver Gestik über.

CLAESZ OLDENBURG (geb. 1929) stellt mit seinen plastischen Arbeiten alle überlieferten Begriffe von Skulptur infrage und erweitert zugleich entscheidend die Grenzen dessen, was Kunst sein kann. Seit 1962 entstehen seine „Soft-Sculptures", wie etwa „Giant Hamburger", der mit Schaumgummi gepolstert und weich wie ein Federbett ist.

ROBERT RAUSCHENBERG (geb. 1925) ist ursprünglich „nur" Maler und in seinen Anfängen vom Abstrakten Expressionismus geprägt. Seit 1955 nennt er seine Arbeiten, bei denen er Malerei und plastische Elemente kombiniert, „Combine Paintings". Unter dem Einfluss von Schwitters fügt er Abfallmaterialien, Postkarten, industriell hergestellte Produkte, aber auch ausgestopfte Tiere neben- oder übereinander. Er präsentiert die Objekte nicht nur, sondern greift gestalterisch ein, komponiert die einzelnen Dinge bewusst zueinander und verändert zum Teil durch Bemalung die Oberflächen. In seinen Assemblagen entfallen jegliche Grenzen zwischen Trivialem und Kunst. Das bunte Gemisch aus Konsumgütern, Fundstücken aus der Natur, Fotografien und Zeitungsausschnitten verbindet er mit gemalten Bildpartien und schafft so ein ganz persönliches Erinnerungsarchiv, das heute zu einer Bild gewordenen Biografie angewachsen ist.

ROY LICHTENSTEIN (1923–1997) vergrößert die charakteristischen Elemente der Comics. Er wählt sentimentale oder aggressive Bildszenen aus, die er mit Schablonen im Siebdruckverfahren auf Leinwand überträgt.

Gleichzeitig mit der Pop-Art entsteht das **Happening**, in Europa „Fluxus" genannt. Die Aktionskunst, die im Wesentlichen auf den Komponisten John Cage zurückgeht, hat ihre Wurzeln ebenfalls bei den Dadaisten. In improvisierten Inszenierungen von Lebenssituationen sollen alle menschlichen Sinne angesprochen und damit eine bewusstere Wahrnehmung der Realität herbeigeführt werden.

Andy Warhol (1928–1987)

Der schüchtern und melancholisch wirkende, immer blasse Künstler gilt als „Pop-Papst". Die platingraue Perücke gehört zur Selbststilisierung wie Filzhut und Fliegerweste bei Beuys. Warhol beginnt seine Laufbahn in den 50er-Jahren als Werbegrafiker. Als er berühmt wird, gründet er eine eigene „Factory", in der er viele Angestellte beschäftigt.

Widersprüchlich erscheinen in seinem Frühwerk die gegenständlichen, banalen Sujets, z. B. Konservendosen, im Verhältnis zur Malweise, die deutlich vom Abstrakten Expressionismus beeinflusst ist. Einen Massenartikel malt er mit unwiederholbarer „Geste". Später bevorzugt er den Siebdruck. Immer wiederkehrende Themen seiner Siebdruck-Serien sind das Konsumverhalten seiner amerikanischen Mitbürger (Suppendosen, Coca-Cola), Stars wie Marilyn Monroe, Jackie Kennedy, Liz Taylor oder Elvis Presley, aber auch das politische Geschehen (Ermordung Kennedys, Elektrischer Stuhl) und historische Motive (Lenin). Bei der Auswahl des Motivs, dem eigentlichen künstlerischen Akt, orientiert er sich am augenblicklich Populärsten, durch Werbung und Massenmedien Bekanntesten, einem „Symbol" der Zeit.

Ausgangspunkt für die „Produktion" eines Siebdrucks ist immer eine Fotografie (nie eine Zeichnung nach der Natur), d. h. eine gedruckte Vorlage (z. B. Zeitungsfoto), die durch die erstmalige Reproduktion bereits etwas an Schärfe verloren hat. Bei der Vergrößerung verselbstständigt sich das Raster der Vorlage und überzieht das Motiv mit einer deutlichen Struktur. Damit wird es von fotografischer Präzision endgültig befreit. Ungenauigkeiten, die sich beim Druckvorgang einstellen, tragen weiterhin zur Verfremdung des Motivs bei: Unschärfen entstehen, wenn zwei Fotoschablonen nicht genau übereinanderpassen, Flecken, weil Farbe nicht völlig gleichmäßig zugegeben werden kann. Stellenweise angebrachte Übermalungen ergänzen mitunter die Drucke. All dies trägt dazu bei, dass jeder Druck individuell ausfällt. Durch die Verwendung greller Farben wird das Dargestellte in eine Scheinwelt entrückt. Nie handelt es sich um bloße Reproduktion der sichtbaren Wirklichkeit.

Wichtigstes künstlerisches Ausdrucksmittel ist für Warhol die **Wiederholung:** *„Ich [...] liebe die mechanistische Wiederholung und wäre selbst gern eine Maschine [...].“*, sagt er einmal. Durch die Reihung unterstreicht er einerseits das Thema, andererseits jedoch führt das serielle Verfahren letztlich zur Zerstörung des Ausgangsmotivs. Das Auge ermüdet und gewöhnt sich an die Bilder. Dabei wird das einzelne Bild immer unwichtiger. Der abgebildete „Star“ ist bald nicht mehr aufregend, sondern langweilig. Berühmt werden die Arbeiten zu Marilyn Monroe (1962):

> *Durch die Wiederholung erhielt das Gesicht etwas Maschinell-Austauschbares, aber auch etwas Beschwörendes. Der Star wurde nicht zum Kunstwerk erhoben, sondern zum überall gleichermaßen verfügbaren Konsumartikel für ein Massenpublikum.*[27]

In seinen „Non-Motion“-Filmen operiert er mit Dauereinstellungen, d. h. die Kamera ist über Stunden hinweg nur auf ein Motiv gerichtet. Kleinste Schwankungen der Lichtverhältnisse etwa empfindet man als dramatisch. Das Zeitbewusstsein verändert sich. Andy Warhol leugnet einen Sinn seiner Werke und macht einen Kult daraus, sich oberflächlich zu zeigen *„Schauen Sie ruhig auf die Oberfläche meiner Bilder und meiner Filme und auf mich selbst, und dort bin ich. Nichts ist dahinter.“*[59] Warhol bewegt sich immer genau auf der Grenze zwischen Kunst und Unterhaltungsindustrie und ist sich dieser Zwischenstellung bewusst. Seine Werke weisen sowohl auf das fragwürdige, manipulierbare Konsumverhalten des Wohlstandsbürgers hin als auch auf dessen Gier nach Horrorszenen. Er entlarvt den Starkult als etwas Unmenschliches: Das künstlich aufgebaute Image wird verkäuflich und damit das Individuum zerstört.

Fotografie und neue Medien

1 Fotografie als Arbeitsmittel in der Klassischen Moderne

Seit Beginn des 20. Jahrhunderts arbeiten viele Künstler mit der Fotografie Hand in Hand.

Als Picasso und Braque 1912 die Collage erfanden, griffen sie bereits auf Bildmaterial zurück, das auf fotografischem Wege entstanden war. DADA-Künstler entwickelten die Fotomontage: JOHN HEARTFIELD, RAOUL HAUSMANN, HANNAH HÖCH oder GEORGE GROSZ, alle politisch engagiert, stellten Zeitungsfotos zu provokativen Collagen zusammen.

Nahezu jeder Surrealist arbeitete mit Fotografie. Entweder setzte er dieses Medium zur Bildfindung ein oder er ahmte mit dem Pinsel die Präzision des Fotos nach. Die akkurat gemalte Schein-Wirklichkeit war das wichtigste Stilmittel des Surrealismus.

Auch Vertreter der Neuen Sachlichkeit, wie etwa CHRISTIAN SCHAD, malten im „fotografischen Stil", d. h. ohne Pinselspuren zu hinterlassen, und zeigten kühl-sachlich, was sie sahen.

LÁSZLÓ MOHOLY-NAGY (1895–1946), zeitweise am Bauhaus, experimentierte mit Fotogrammen, einer kameralosen Art der Bildherstellung, die meist als Abklatsch oder Kopie von Gegenständen und anderen Vorlagen bei diffusem Licht entstanden. Auch der Bauhaus-Künstler LYONEL FEININGER (1871–1956) war als Fotograf und Maler zugleich tätig. Sein Sohn ANDREAS FEININGER (1906–1999) war einer der bekanntesten Fotografen des 20. Jahrhunderts.

MAN RAY (1890–1976) experimentierte mit dem Fotogramm (er nannte es „Rayogramm"): Er belichtete lichtempfindliches Papier in der Dunkelkammer und legte dabei irgendwelche Gegenstände auf das Papier. Um die Unikate vervielfältigen zu können, fotografierte er die Ergebnisse und machte davon Abzüge. Die Gegenstände als solche sind nicht mehr zu erkennen, ihre Formen lassen vielfältige Assoziationen zu. Die Grenze zwischen der Arbeit des Fotografen und derjenigen des bildenden Künstlers wird unscharf.

2 Entwicklung der Fotografie nach 1945

Während vor dem Krieg bildende Künstler mit Fotografie experimentierten bzw. Fotos als Bildvorlagen einsetzten, entwickelt sich die Fotografie nach dem Krieg technisch weiter. Seit den 30er-Jahren gibt es die Farbfotografie, die vor allem in der Werbefotografie (Mode, Einrichtung, Design) nach 1945 einen ungeheuren Aufschwung nimmt und beachtliches Niveau (vgl. Zeitschrift Vogue) erlangt.

Neben der kommerziellen und zugleich künstlerischen Seite der Werbefotografie entstehen rein künstlerische Fotografien. Die Gruppe „fotoform", gegründet 1949, sucht ungewohnte Ausschnitte des Sichtbaren wie etwa Öltropfen, die als Bild nicht „lesbar" sind, obwohl sie absolut scharf durchgezeichnet sind. Da die Fotos nichts „darstellen", sondern autonome Bildwelten zeigen, könnte man sie als abstrakt bezeichnen.

Eine besondere Bedeutung erlangt der Bildjournalismus. HENRI CARTIER-BRESSON (1908–2004), einer der bekanntesten Fotojournalisten der Nachkriegszeit behauptet, nie gestellte Szenen zu fotografieren. Allerdings unterzieht er seine Negative im Fotolabor einer gründlichen Nacharbeitung – er korrigiert den Bildausschnitt, ändert Tiefenschärfe und Licht, verstärkt in manchen Bereichen die Unschärfe usw. und schafft auf diese Weise aussagekräftige Fotodokumente.

In den USA entwickelt sich das New Bauhaus (Chicago) zur wegweisenden Ausbildungsstätte für junge Fotografen. In Deutschland ist ab den 50er-Jahren OTTO STEINERT (1915–1978) wegweisend, der einen gesellschaftlich engagierten Bildjournalismus vertritt.

Nach dem Erscheinen des Films „Blow Up" (1966) von Antonioni, in dem es um einen Fotografen geht, avanciert dieser Beruf zum Modeberuf. Neben der Rock- oder Pop-Musik sowie der Mode wird die Fotografie zum Zeitausdruck.

Der „Bund freischaffender Foto-Designer" (1969) prägt bis heute das Berufsbild des Fotografen. Ein breites Aufgabenfeld bietet die Produktfotografie, d. h. die technisch perfekte Abbildung neuer Kreationen von Designern.

Einer der prominentesten Fotografen ist HELMUT NEWTON (1920–2004). Er gelangt über die Modefotografie zur Aktfotografie. Kühl-erotisch wirkende, langbeinige Schönheiten posieren auf häufig lebensgroßen Abzügen, die in der Dunkelkammer nachbearbeitet werden. Zur Objektivität des Fotos gefragt, antwortet Newton, eine Kamera lüge nicht, seine lüge jedoch immer.

Zu den bekanntesten noch lebenden Fotografen zählt WILLIAM EGGLESTON (geb. 1937), der nicht dem traditionellen Bild des Fotokünstlers entspricht. Er selbst bezeichnet sich gern als Amateurfotograf. Mit einfachen Apparaten (zum Teil mit Automatik) knipst er scheinbar willkürlich, was er sieht. Nichts wird arrangiert bzw. inszeniert, der Horizont kann auch schief sein. Die Farbe seiner Bilder bzw. Bildserien steuert er jedoch gezielt mit einem speziellen Druckverfahren.

Seit den 1990er-Jahren verlagert sich das Interesse mancher Fotokünstler vom stillstehenden Bild auf das bewegte (vgl. Video-Kunst). Für Aktionskünstler (Happening, Fluxus, Performance) bleibt jedoch die Fotografie das Dokumentarmedium schlechthin, wenn auch einige, wie etwa HERMANN NITSCH oder OTTO MÜHL (beide Österreich), die Filmaufnahme bevorzugen.

Nahezu ikonenhaften Charakter erhält das Foto, das Joseph Beuys mit blutender Nase während einer Aktion (1964) zeigt. Ein Zuschauer hatte ihn ins Gesicht geschlagen. Als wehrlos Leidender ähnelt er Darstellungen des gegeißelten Christus.

Der Wiener Maler ARNULF RAINER (geb. 1929) beginnt in den späten 50er-Jahren mit Übermalungen bzw. Überzeichnungen von Passfotos, denen er mit expressiver Geste starken Ausdruck verleiht. Am berührendsten sind die übermalten Fotos von Leichen und Totenmasken.

3 Fotoarbeiten von Gursky, Wall und Sherman

Bilder von GURSKY oder WALL könnte man als **fotografische Gemälde** bezeichnen. Mit dem Mittel der Fotografie erarbeiten sie seit Ende der 80er-Jahre ihre Kompositionen, bei denen es nicht mehr um die objektive oder dokumentarische Wiedergabe der sichtbaren Realität geht, sondern um die Verwirklichung subjektiver Vorstellungen. Nicht mit Pinsel und Farbe, sondern mit der Kamera und am Computer entwickeln z. B. THOMAS RUFF und THOMAS STRUTH Bilder, die die Wirklichkeit stark verändert zeigen und dem Ausdruckswillen des Künstlers angepasst sind. CINDY SHERMAN wird mit ihrer fotografischen Selbstinszenierung weltbekannt.

Andreas Gursky (geb. 1955)

Gursky wird 2008 mit dem Kaiserring der Stadt Goslar ausgezeichnet, dem renommiertesten Preis, der in Deutschland an Künstler vergeben wird. 2007 zeigt er seine monumentalen, auf fotografischem Wege entstandenen Bilder im Münchener Haus der Kunst. Gursky verwendet eine Großbildkamera und, wegen seiner sehr langen Belichtungszeiten, ein Stativ. Sorgfältig wählt er den Standpunkt, von dem aus er das Objekt aufnimmt. Die Fotos sind meist ungemein detailreich und vermitteln eine extreme Nahsicht. Selbst kleinste Einzelheiten sind absolut präzise wiedergegeben. Die gleichmäßige Schärfe in allen Bildbereichen und die Vielzahl der Formen irritiert und fasziniert zugleich.

Da sich digitale Bilder am Computer stärker verändern lassen als herkömmliche Fotos in der Dunkelkammer (mitunter arbeitet er noch analog), digitalisiert er seine analog aufgenommenen Bilder. Am Computer fügt er mehrere Aufnahmen desselben Motivs, die sich z. B. durch unterschiedliche Standpunkte unterscheiden, zu einem neuen Bild zusammen.

Erst bei längerer Betrachtung wird einem das Erfundene der Situation klar. Wirklichkeit sei überhaupt nur darzustellen, indem man sie konstruiere, bemerkt Gursky.

Seine Arbeit „Wahre Wahrnehmung“ (2000) zeigt die unüberschaubare Zuschauermenge bei einem Konzert der „Toten Hosen“. Nur bei sehr genauem Hinschauen fällt einem auf, dass manche Zuschauer mehrmals zu sehen sind. Auch hat man das Gefühl, die Menschenmasse zuerst von der Seite und dann von oben zu sehen, so, als ob man über sie hinwegflöge – ein Stilmittel, das in seinen Kompositionen immer wieder auftaucht. Daraus ergibt sich, dass er den Horizont sehr weit oben ansetzt, meist ist er überhaupt nicht mehr zu sehen. Damit bedient er sich im Grunde eines spätmittelalterlichen Bildkonzeptes. Figurenreiche Gemälde von Pieter Brueghel (16. Jh.) wie „Die holländischen Sprichwörter“ sieht man als Betrachter von einem erhöhten Standpunkt aus, der Horizont liegt fast am oberen Bildrand. Die Vielzahl der einzelnen Figuren bzw. Objekte kann nur auf diese Weise dargestellt werden. Auf ähnliche Weise hat Albrecht Altdorfer die „Alexanderschlacht“ (1530) mit winzigen Details angefüllt.

Jeff Wall (geb. 1946)

Der gebürtige Kanadier ist von Haus aus Kunstwissenschaftler, lehrt in Vancouver und hat seit den 80er-Jahren ein umfangreiches fotografisches Werk geschaffen. Seine Arbeiten könnten als **„inszenierte Fotografie“** bezeichnet werden. Während der Fotograf für gewöhnlich passiver Betrachter ist, der im „richtigen Moment“ auf den Auslöser drückt, ansonsten aber nicht eingreift, arrangiert Jeff Wall Objekte und/oder Personen akribisch zu einer Szene, die er fotografiert, anstatt sie zu malen. Zum Teil „komponiert" er seine Bildvorlagen in Anlehnung an Gemälde alter Meister. Seine großformatigen Cibachrom-Folien präsentiert er in Leuchtkästen. Inspiriert dazu hat ihn Leuchtreklame, d. h. von innen mit Neonröhren erhellte Leuchtkästen auf Bahnhöfen oder Flughäfen. *„Alles – Malerei, Fotografie, Fernsehen, Kino, Video – schien in diesen Kästen zu sein"*, sagt Jeff Wall. *„Es schien eine Möglichkeit, das Bild zurückzuerobern."*[1]

In Deutschland wird der „fotografierende Maler" zuerst durch seine Arbeit „The Storyteller" („Der Geschichtenerzähler") von 1986 bekannt, die auf der documenta 8 zu sehen ist.

> *Die über 2 m hohe und 4 m breite Photographie zeigt eine Wiese, die vom Unterbau einer Autobahn am rechten Bildrand nach links zu einer Baumgruppe abfällt. An drei Stellen befinden sich Menschen. Es sind Indianer. Die Szene spielt in Vancouver, einer Stadt mit hohem Indianeranteil. Was auf den ersten Blick wie ein Schnappschuss wirkt, ist in Wirklichkeit hochgradig konstruiert und zentralperspektivisch organisiert, eine perfekt geplante, von Schauspielern bevölkerte Kulisse (...). Eine junge Frau erzählt mit lebhaften Gebärden zwei Männern eine Geschichte.*[73]

Wall setzt sich mit der sozialen Wirklichkeit der Indianer, den Ureinwohnern Kanadas, auseinander und zeigt ihr Außenseiterdasein. Dabei bezieht sich Wall auf drei Gemälde von MANET und SEURAT. Die Dreiergruppe in Walls Foto erinnert an das „Frühstück im Grünen" von Manet, der wiederum auf „Das Konzert" von GIORGIONE und „Das Urteil des Paris" von RAFFAEL Bezug nimmt. Die Zweiergruppe im Foto zitiert Seurats Gemälde „Une Baignade à Asnière", und der einzelne, rechts unter der Brücke Hockende ähnelt in der Haltung der männlichen Figur auf Seurats Bild „Petit paysan assis dans un pré".

Wall wendet sich mit seinen Fotografien gegen den *„Mythos von der entscheidenden Sekunde (in der Fotografie), gegen die Jagd nach dem sprechenden Moment, der ein Ereignis zum Foto macht."*[1] Der künstlerischen Spontaneität gegenüber verhält er sich skeptisch; er bringt den Zufall in seine Gewalt, absolut nichts überlässt er diesem Risikofaktor.

Das Überschwappen der Milchtüte in der Hand des Obdachlosen („Milk", 1984) beispielsweise wird so lange geprobt, bis die weiße Flüssigkeit genau die Spritzer hervorbringt, die sich der „Regisseur" vorstellt. Zunächst filmt Wall seine Szenen, die von Laienschauspielern „einstudiert" werden; nach der

Auswertung zusätzlich geschossener Testfotos legt er jede Körperhaltung und jede Blickrichtung bis ins Kleinste fest.

Walls Arbeiten faszinieren durch ihr Leuchten und wirken äußerlich makellos-schön. Bei intensiverer Analyse des Inhalts trifft man jedoch auf nachdenkliche, auch deprimierende Themen. Wall setzt in Szene, was für ihn das heutige Leben ausmacht, insbesondere die Entfremdung der Menschen untereinander. Seine schönen Bilder spielen in einer seiner Auffassung nach hässlichen Welt.

Cindy Sherman (geb. 1954)

Die weltweit gefragte Foto- und Verwandlungskünstlerin wächst in den 1950er-Jahren in Buffalo/New York in kunstferner Umgebung auf. Wie viele andere Kinder liebt sie es, sich zu verkleiden, in die Rollen der Filmstars zu schlüpfen, die sie im Fernsehen sieht. Sie gehört zur ersten Generation von Kindern, die mit dem Fernsehen aufwachsen.

Zunächst studiert sie Malerei, wendet sich aber bald der Fotografie zu. Seit 1977, als sie nach New York geht, arbeitet sie mit dem eigenen Körper, der ihr „Material" ist. In immer neuen Verkleidungen und Masken fotografiert sie sich selbst und gibt dabei ihre Identität weitgehend auf. Es ist ihr Verdienst, das uralte Thema der Metamorphose (griech.: „Gestaltwandel") in der Kunst des ausgehenden 20. Jahrhunderts wiederbelebt zu haben. Shermans Selbstinszenierung kann ironisch, schaurig-schön, monströs oder obszön sein, aber immer ist ihr Verkleidungsspiel durchdacht, sorgfältig vorbereitet und mit technischer Raffinesse abgelichtet. In ihrem Studio arbeitet sie allein, was ihre ganz auf sich selbst bezogene Arbeit ihrer eigenen Auffassung nach erfordert.

Shermans verfremdete Selbstbildnisse verraten keine Emotionen, die Mimik bleibt starr, das Gesicht scheint oft aus Kunststoff zu bestehen. Man könnte gewisse Parallelen zu den wächsernen Gesichtern etwa eines Pontormo (Manierist, 16. Jahrhundert) ziehen. Hinter dicker Schminke verbirgt sich das eigentliche Ich, wobei Sherman die Frage nach diesem „eigentlichen Ich" in jeder ihrer Arbeiten neu stellt. Dabei entstehen *„Bilder eines psychischen Zustands, der nie ein Du, erst recht nicht ein Wir zulässt, sondern nur das Gefangensein im eigenen Ich kennt, dessen bildliche Spiegelung die Blicke auf sich zieht, aber nie diese Blicke erwidert."*[51]

Mit ihrem lockenden Äußeren vermag sie Blicke anzuziehen, doch ihre ganz auf sich selbst konzentrierte, nach außen verschlossene Haltung lässt Neugierige nicht zu nahe kommen. Sie wahrt Distanz und verweigert sich dem zudringlichen Betrachter. Hier zeigt sich deutlich ein feministischer Aspekt ihres Werkes.

Seit ca. 30 Jahren arbeitet sie an thematisch eingegrenzten Bildfolgen. Während sie in ihren ersten Arbeiten noch schüchtern-verträumt wirkt („Doll Clothes“, „Puppenkleider“, Ende der 70er-Jahre), gibt sie sich seit den 80er-Jahren auch mysteriös, grausam oder lasziv. Mit den „Untitled Film Stills“ (1977), noch in Schwarz-Weiß, beginnt ihr Weltruhm. Ihr Äußeres gleicht sie Weltstars wie Sophia Loren oder Marilyn Monroe an, auch die Umgebung entlehnt sie jeweils einem imaginären Filmklassiker. Bis ins kleinste Detail bereitet sie das „Standfoto“ vor, das aus einer Filmszene zu stammen scheint, von der nur dieses eine Bild existiert.

Seit 1980 fotografiert sie in Farbe und wählt größere Formate. 1982 erscheint Sherman in verführerischen Posen („Centerfolds Horizontals“): Mit aufgelösten Haaren und feuchten Lippen räkelt sie sich auf Betttüchern und evoziert erotische Träume. In den „Sex-Pictures“ der 90er-Jahre fotografiert sie perverse sexuelle Praktiken und prangert damit den pornografischen Voyeurismus an, allerdings mit großen Puppen, nicht mit dem eigenen Körper.

Ihre berühmtesten Verkleidungsbilder sind die „History-Portraits“ von 1988/90, auf denen sie Porträts alter Meister „nachspielt“. Sie posiert als Botticellis Judith oder als ein Knabe von Caravaggios Hand. Respektlos und ironisch verfährt sie mit berühmten Gemälden. Ausstaffiert mit Perücken, historischen Kostümen und stilechten Requisiten verleiht sie Gestalten aus vergangenen Jahrhunderten eine neue, den Betrachter irritierende Existenz in unserer Zeit. Dabei führt sie den Kult um die großen alten Meister ad absurdum.

Seit 2002 thematisiert sie alte, ausgemusterte Schauspielerinnen. Ihre bislang letzten berühmt gewordenen Arbeiten sind die „Clowns“ (2003/04), bei denen ihr Gesicht nur noch Maske ist und sie nicht mehr in irgendeine vorgegebene oder erdachte Rolle schlüpft.

„Wenn die Welt total verrückt geworden ist, bleibt nur noch das Gelächter der Narren“.[51]

4 Video-Installationen

Seit Beginn des 20. Jahrhunderts sind die bis dahin üblichen Kunstgattungen (Malerei, Plastik, Architektur) enorm erweitert worden, auch sind die Grenzen zwischen den Gattungen fließend geworden. Zur Malerei kommt z. B. die Collage, mit der Assemblage eröffnet SCHWITTERS dem Relief neue Ausdrucksmöglichkeiten und die Architektur hat mitunter skulpturale Züge angenommen, wie man etwa bei der Kapelle von Ronchamp (Le Corbusier) oder dem Guggenheim-Museum in Bilbao (Frank O. Gehry) beobachten kann.

Die bewegte Skulptur tritt neben die statische, plastische Arbeiten werden häufig in einen Raumzusammenhang gebracht (Environment) und ganze Landschaftsstriche werden zum Material für den Künstler (Land-Art). Mit elektrischem Licht arbeiten z. B. DAN FLAVIN oder OLAFUR ELIASSON, der 2005 im Münchener Petuelpark einen kreisenden, durchsichtigen Acrylring montierte, der im Licht eines Scheinwerfers Regenbogenfarben an die Wände wirft.

Vom Einfluss der Fotografie auf das Kunstgeschehen war soeben die Rede. Seit den 50er-Jahren beeinflusst auch das Fernsehen entscheidend unser Leben. So scheint es nur konsequent, dass auch dieses Medium künstlerisch eingesetzt wird. Der Koreaner NAM JUNE PAIK (1932–2006) arbeitet seit 1963 mit TV-Geräten und Videoaufnahmen. Seine „Skulpturen" bestehen aus übereinandergetürmten alten Fernsehgeräten, die voneinander unabhängige Filmsequenzen zeigen, z. B. tanzende, singende, kämpfende Menschen. Für seine Video-Pyramide („V-yramid", 1982) stapelt er 40 Geräte übereinander. Man nimmt ein buntes, flimmerndes Spektakel wahr – Gleichnis für eine von optischen Reizen überflutete Welt. Die alten TV-Geräte schaffen eine gewisse Distanz und lassen keine Verwechslung mit dem Elektrofachhandel zu.

BRUCE NAUMANS (USA) Videoinstallationen sind manchmal komisch, oft aggressiv, und immer gelingt es ihm, den Ausstellungsbesucher z. B. durch entnervendes Geschrei zu belästigen. 1970 baut er einen Video-Korridor, in dem Besucher von Überwachungskameras gefilmt werden und sich auf verschiedenen Monitoren beobachten können. Ihm ist es ein Anliegen, Kommunikationsprobleme anzusprechen.

BILL VIOLA (geb. 1951 in New York) ist heute einer der führenden Video- und Installationskünstler.

5 Gerhard Richter als Maler und Fotograf

Seit den 70er-Jahren gehört RICHTER zu den weltweit gefragtesten Künstlern. Um 1960 entscheidet er sich dafür, Fotos als Vorlagen für seine Bilder zu verwenden. Gefragt nach seinen Beweggründen, antwortet er 1966:

Ein Foto, sofern es nicht von einem Kunstfotografen ‚gestaltet' ist, ist einfach das beste Bild, das ich mir denken kann. Es ist perfekt, es ändert sich nicht, es ist absolut, also unabhängig und unbedingt, es hat keinen Stil. Das Foto ist das einzige Bild, das wahrhaft informieren kann, auch wenn es technisch mangelhaft und das Dargestellte kaum erkennbar ist.[74]

Stammen seine Bildvorlagen zunächst aus alten Familienalben oder Zeitungen, so geht er bald dazu über, selbst Fotos anzufertigen und legt damit einen „Bilder-Atlas" an, den er hin und wieder ausstellt und damit die Herkunft seiner Motive offenlegt. Sein Ziel ist es, **absolut realistisch** bzw. objektiv darzustellen, was sichtbar ist. Dabei bleibt alles Transzendente, Spekulative, Visionäre ausgeklammert.

Ich brauche das objektivere Foto, um meine Sehweise zu korrigieren: Wenn ich z. B. einen Gegenstand nach der Natur zeichne, fange ich an zu stilisieren und ihn so zu verändern, wie es meiner Anschauung und meiner Vorbildung entspricht. Wenn ich aber ein Foto abmale, kann ich die ganzen Kriterien dieser Vorbilder vergessen und sozusagen gegen meinen Willen malen.[74]

Die Auswahl bleibt für Richter ein wesentlicher Teil des künstlerischen Prozesses: *„Ich sehe unzählige Landschaften, photographiere kaum eine von 100 000, male kaum eine von 100 photographierten Landschaften, – ich suche also etwas ganz Bestimmtes."*[74] Richter gibt vor, bei der Suche nach einem geeigneten Motiv möglichst alles, was *„überhaupt Probleme, malerische, soziale, ästhetische"* birgt, zu vermeiden und entscheidet sich für das Banale, oft Unscheinbare. Die Art und Weise, wie er es in Malerei übersetzt, enthebt das Motiv allerdings seiner Banalität.

Da Richter seine Vorbilder oft in trostlosen Objekten, nicht im Glamour der Konsum- und Starwelt findet, unterscheidet er sich deutlich von zeitgenössischen Künstlern aus den USA, die ebenfalls ihre Motive von Fotos übernehmen.

Sein Zyklus „18. Oktober 1977", der sich mit dem Ende der ersten Generation der „Rote-Armee-Fraktion" befasst, belegt sein politisches Engagement. Meist greift er jedoch zu „harmlosen" Themen und malt Häuser, Akte, Porträts und vor allem Landschaften. Auf der 1971 entstandenen „Teyde-Landschaft“ sehen wir die in wabernde Nebelschwaden eingehüllte Kraterzone des Vulkans Teide auf Teneriffa. Eine gewisse Nähe zu CASPAR DAVID FRIEDRICH ist spürbar, ebenso wie bei zahlreichen „Seestücken“.

Seine „weich“ anmutende Malweise schafft eine gewisse Distanz zum Motiv, weil es dadurch nur unscharf zu sehen ist (die Vorlage scheint ein verwackeltes Foto zu sein). Die Unschärfe, mit der Richter die sichtbare Wirklichkeit im Bild „umnebelt“, erinnert an das Sfumato (ital.: „verraucht“) eines Leonardo. Gleichmäßig dünner Farbauftrag bedingt eine vollständig glatte Bildoberfläche. Neben der Unschärfe als durchgängigem Stilmittel fällt seine Vorliebe für Grau auf. Dazu äußert er sich folgendermaßen: *„Grau. Es hat schlechthin keine Aussage, es löst weder Gefühle noch Assoziationen aus ... Grau ist für mich die einzig mögliche Entsprechung zu Indifferenz, Meinungslosigkeit, Gestaltlosigkeit.“*[60]

Seit Mitte der 70er-Jahre wendet er sich auch der **abstrakten Malerei** zu. Das Nebeneinander von fotografischem Realismus und gegenstandsfreier Malerei wird er beibehalten. Seine abstrakten Bilder, Analogien zur Wirklichkeit, wie er sagt, sind beeinflusst von POLLOCK, DE KOONING und dem Informel.

Überwältigende Farbwirkungen scheinen einem rauschhaften Schaffensprozess zu entstammen und stehen in schärfstem Kontrast zu seinen stillen, zurückhaltenden, häufig nahezu monochromen, von Grau dominierten Arbeiten, die eine gewisse Tristesse hervorrufen.

2009 werden im Münchener Haus der Kunst jüngere abstrakte Bilder gezeigt, die der 77-Jährige von ihm verehrten Musikern widmet (J. S. Bach, John Cage). Dutzende von Farbschichten trägt er mit Pinsel oder Rakel auf, holt mit dem Spachtel Darunterliegendes wieder hervor, kratzt in die Oberfläche usw., bis feinste Marmorierungen in üppigen Farben ein Fest für die Augen bereiten. In London kann man gleichzeitig seine Porträts sehen, die immer in sich verschlossen bleiben. Kein Blickkontakt ist möglich, das Verwischte der Oberfläche verhindert den direkten „Zugriff“. Gefragt nach dem Unterschied zwischen seiner gegenständlichen und abstrakten Arbeit, antwortet er:

> *„Bei einem gegenständlichen Bild male ich den Anblick einer vorhandenen Sache, bei einem abstrakten formt sich allmählich das Bild einer Landschaft, die ich nicht kenne. Aber die Mittel sind die gleichen, also die Farben, Formen, Proportionen, Strukturen sind die gleichen wie beim Entstehen einer real existierenden Szene. Deshalb sollten abstrakte Bilder auch genauso betrachtet werden wie die fotorealistischsten Motive.“*[48]

Deutsche Kunstszene seit den 80er-Jahren des 20. Jahrhunderts

In der „Weltausstellung“ zeitgenössischer Kunst, der documenta 8 von 1987, ist Malerei mit nur wenigen Beispielen vertreten. Tonangebend sind zur Zeit der **Postmoderne** Künstler, die sogenannte Denk-Kunst zeigen, also vor allem Objekte und Installationen. Die deutsche Kunstszene unterscheidet sich hierin nicht von der anderer dort vertretener Staaten. Diese „Einseitigkeit“ ist bis zu einem gewissen Grad darauf zurückzuführen, dass die Konzeption der wichtigsten Ausstellung aktueller Kunst im Wesentlichen auf einen künstlerischen Leiter und dessen persönliche Auswahlkriterien zurückgeht. Gleichzeitig erlebt die Malerei, vor allem die gestisch-expressive, jedoch ein Comeback. BASELITZ und LÜPERTZ, die „Altmeister“ der figurativen Malerei, arbeiten sich an die Spitze vor. Eine Gruppe junger Maler, die sich auf die „Brücke“ und die „Fauves“ berufen, erhält den Namen „Neue Wilde“. Zwei Künstler von Weltrang sind JOSEPH BEUYS und sein Schüler ANSELM KIEFER, deren Werke oft hermetisch verschlüsselt zu sein scheinen und das geistige Engagement des Rezipienten fordern.

Seit einiger Zeit haben auch die Medien die Kunst entdeckt und nachhaltige Werbekampagnen führen dazu, dass Kunstausstellungen wahre Publikumsmagneten sind:

> *Die Politiker haben die Kunst entdeckt, die Illustrierten haben die Kunst entdeckt, die Banken, die Firmen, die Jugendlichen, [...] gemacht wird die Kunst jetzt von Kunstmachern, von ihnen wird alles vorausgeplant, ihnen werden die Gelder bewilligt, sie bestellen die Presse. Der Erfolg scheint immer sicher.* [12]

So äußert sich 1989 der Maler KLAUS FUßMANN (geb. 1938), der das Kunstgeschehen in seinen Schriften immer wieder kritisch begleitet hat. Eine Tendenz innerhalb unserer Gesellschaft ist beispielsweise, dass meist konfliktlos konsumiert wird und zwischen den zahllosen „Events“ kaum noch ein qualitativer Unterschied wahrgenommen wird.

1 Neuer „Symbolismus"

Seit Beginn des 20. Jahrhunderts ist der Kunstbegriff offen, herkömmliche Kriterien zur Beurteilung von Kunst werden auf ihre Gültigkeit überprüft. Eigenhändigkeit, seit der Renaissance von großer Bedeutung, gilt z. B. nicht mehr unbedingt als verlässliches Kriterium. Die überkommene Vorstellung vom Künstler als einem handwerklich geschulten Könner wird ad acta gelegt. Es kommt vor, dass die handwerkliche Ausführung vergeben wird und vom Künstler selbst allein die Idee stammt.

Probleme für den Rezipienten ergeben sich aus der oft eklatanten Diskrepanz zwischen „Form" und „Inhalt". Bröckelnder Gips z. B. (Bestandteil der Installation „Dernier espace avec introspecteur", Beuys) stößt manchen vor den Kopf und löst nicht ohne Weiteres – wie Beuys es sich gewünscht hätte – Denkprozesse aus, an deren Ende die kritische Auseinandersetzung mit Politik und Gesellschaft steht.

Die moderne Kunst fordert die Aktivität des Betrachters, allerdings tut dies nicht erst die „Denk-Kunst" unserer Tage. Ein Action-Painting-Gemälde von JACKSON POLLOCK z. B. forderte ebenfalls gleichsam dazu auf, die Rhythmik der Farbspuren auf der Leinwand und damit den Entstehungsprozess des Bildes innerlich nachzuvollziehen.

Kunstwerke stellen Anforderungen an den „Konsumenten": Er muss offen und empfänglich sein, kann dies aber nur, wenn er im Umgang mit Kunst geübt ist. Das Kunstwerk ist im Grunde nicht „fertig", wenn es allein für sich existiert. Der Rezipient muss aktiv werden, Farben und Materialien intensiv erleben, Fragen stellen, Assoziationen äußern und selbst Schlüsse ziehen.

Zwei „Denk-Künstler" haben in den letzten Jahrzehnten die deutsche Kunstszene nachhaltig beeinflusst. Es ist ihnen gelungen, die sinnliche Ebene ihrer Werke so zu gestalten, dass eine geistige Ebene erschließbar ist. Beide setzen sich mit alten Mythen auseinander bzw. schaffen neue Mythen aus der Einbeziehung autobiografischer Aspekte in ihr Denkgebäude.

Der jüngere ist ANSELM KIEFER, ein Beuys-Schüler. JOSEPH BEUYS selbst ist der berühmteste deutsche Künstler der zweiten Hälfte des 20. Jahrhunderts.

1.1 Joseph Beuys

1921 in Krefeld geboren, nimmt er nach dem Abitur zunächst ein naturwissenschaftliches Studium auf. Während des Krieges, an dem er als Sturzkampfflieger teilnimmt, wird er auf der Krim abgeschossen und trägt schwerste Kopfverletzungen davon, die zunächst von Tataren behandelt werden – ein für Beuys wegweisendes Erlebnis. Nach seiner Entlassung aus der Kriegsgefangenschaft 1946 studiert er bei dem Bildhauer Mataré, der vor allem für die Kirche arbeitet. In Düsseldorf bekleidet er von 1961 bis 1972 eine Professur, die ihm entzogen wird, als er die Aufnahmebeschränkungen für angehende Kunststudenten nicht mehr akzeptiert. 1979, mittlerweile weltberühmt, zeigt er als erster deutscher Künstler eine Einzelausstellung im Guggenheim-Museum New York. Kurz vor seinem Tod 1986 wird ihm der renommierte Lehmbruck-Preis der Stadt Duisburg verliehen.

Joseph Beuys strebt eine neue **Synthese von Kunst und Leben** an. Im Mittelalter war „Kunst“ selbstverständlich ins „Leben“ eingebunden, erfüllte einen bestimmten Zweck und war von allgemeinem „Nutzen“. Den ersten, für das 20. Jahrhundert revolutionären Vorstoß hatte Duchamp unternommen, indem er Alltagsgegenstände zu Kunst „erklärt“ und damit die Sphäre des Alltags derjenigen der Kunst angenähert hatte. Als Idealist und Anthroposoph glaubt Beuys an die Möglichkeit, den Menschen zur Kunst hinführen und durch Kunst bessern zu können, wobei Kunst im Sinne des von Beuys geprägten „erweiterten“ Kunstbegriffes verstanden werden muss. In seiner Rede anlässlich der Verleihung des Lehmbruck-Preises stellt er die besondere Bedeutung Lehmbrucks für sein Schaffen heraus: Er sei durch Lehmbruck zu der Überzeugung gelangt, dass geistige Aussagen durch plastische Formulierungen möglich seien. Entscheidend sei für ihn die Aussage.

Sein Werk ist stark symbolisch geprägt. Während im Mittelalter Symbole allgemein verständliche Zeichen waren, leiten sie sich bei Beuys zum großen Teil aus seiner Biografie ab. Kindheits- und Kriegserlebnisse sowie die Todesnähe beim Absturz über der Krim (wegen der schweren Kopfverletzung trägt er stets einen Hut) spielen dabei eine große Rolle. Die Beschäftigung mit seiner Biografie kann daher zu einem tieferen Verständnis des Werkes führen.

Sein Denken und Wirken steht unter dem **Einfluss der deutschen Romantik** (Caspar David Friedrich nennt er einmal als sein Vorbild): Er fühlt sich mit den Philosophen der Romantik und dem deutschen Idealismus (Goethe, Schiller, Hegel) verbunden, der als Voraussetzung für Freiheit im Denken und Handeln die gleichmäßige Ausbildung von Intellekt und Gefühl sah. In der Romantik hatte man zum ersten Mal den Dualismus von Gefühl und Verstand, Glaube und Wissen, Kunst und Wissenschaft als schmerzlich empfunden. Der Blaue Reiter griff zu Beginn des 20. Jahrhunderts romantisches Gedankengut auf. Das materialistische Zeitalter (19. Jh.) sollte überwunden werden.

Beuys reagiert auf die übertechnisierte, einseitig vom Rationalen bestimmte Gesellschaft der Nachkriegszeit, die sich unter anderem in der Betonung der Naturwissenschaften an den Schulen manifestiert. Der freie Mensch ist kreativ. Da Kreativität den Künstler auszeichnet, kann jeder Mensch Künstler sein. Daraus folgt: Nur wer Künstler ist, ist Mensch.

Mensch – Kreativität – Kunst – Freiheit: Diese zentralen Größen in Beuys' Gedankengebäude bedingen sich gegenseitig. *„Also, dass die Menschen von ihrer Macht als Individuen, als freie kreative Menschen Gebrauch machen, das ist das Grundprinzip“* (Beuys, 1972).

Beuys ist von ausgeprägtem Sendungsbewusstsein erfüllt. Mit unendlicher Geduld erörtert er seine Ideen in Diskussionsrunden oder bei politischen Veranstaltungen. Seine Objekte und Aktionen sind für ihn „Mittel zum Zweck“ und sollen die „Rückbindung“ an die ursprünglichen Kräfte (Natur) ermöglichen, die den Gegenpol zum voll technisierten Leben darstellen. Bildnerische Ausdrucksformen ergeben sich aus seinen Zielsetzungen. Die Rückbindung des Menschen an die Natur will er durch Konfrontation mit „natürlichen“ Materialien, die Elementen aus der Technik gegenübergestellt werden, erreichen. Seine Gestaltungsmittel sind Fett, Filz, Honig, Blut usw., Stoffe also, die die Grundbedürfnisse des Menschen nach Wärme, Nahrung, Energie usw. symbolisieren. Organisches ist der Vergänglichkeit unterworfen, reagiert auf Umwelteinflüsse, verändert sich. Das Schmelzen, Bersten, Zerfallen usw. ist einkalkuliert. Für Beuys ist alles im Werden, ein „Kunstwerk“ ist im Grunde nie „fertig“.

Beuys geht es nicht um das abgeschlossene Werk, sondern um den Denkprozess, der Bewusstseinsveränderungen initiieren soll. Die „Bedeutung“ ist das Entscheidende, nicht der mehr oder weniger zufällige Zustand des Kunstwerks. Brüchige, bröckelnde Oberflächen gewähren keinen „schönen“ Anblick und assoziieren Vergänglichkeit. Seine **Objekte** und **Installationen** bezeichnet er als „soziale Plastik“ (Plastik für den Menschen). Die Themen sind bestimmt von den Polen Leben – Tod, Erstarrung – Bewegung, Materie – Geist. Von seinen zahlreichen **Aktionen** bleibt außer fotografischen Dokumentationen nichts Greifbares zurück. Die Fluxus-Aktionen (seit Ende der 50er-Jahre, Höhepunkt zwischen 1958 und 1963) gehen auf dadaistisches Vorbild zurück. Musik, Theater, bildende Kunst, Tanz usw. wirken zusammen und sollen die menschlichen Sinne reaktivieren. Der Mensch wird dabei selbst zu einem Teil des „Kunstwerks“, wird in das (improvisierte) Geschehen miteinbezogen und seiner bloßen Zuschauerrolle enthoben. Im Blickpunkt seiner Aktionen steht jeweils die Person „Beuys“, versehen mit ihren „Markenzeichen“: Filzhut und Fliegerweste.

„I like America and America likes me“

In New York führt er 1974 die dreitägige Performance mit dem Titel *„I like America and America likes me“* durch. Am Flughafen lässt er sich in Filz verpacken und fährt dann in einem Krankenwagen in eine renommierte Galerie in Soho. Dort verbringt er drei Tage in einem Raum zusammen mit einem Kojoten, der für ihn Symbol für das Amerika vor Kolumbus ist (die Europäer vertrieben Indianer und Kojoten. Erst dann soll der Kojote zum Raubtier geworden sein). Während der Aktion, die einem Mysterienspiel ähnelt, will er Zugang zur „Bestie“ finden. Angetan mit einem grauen Umhang, gestützt auf den Hirtenstab, erinnert seine Gestalt an den „Guten Hirten“.

Die Vision einer Endzeit, eines Zustandes nach der Katastrophe, beschäftigt ihn auch bei seiner Arbeit „Das Ende des 20. Jahrhunderts“ (1982, heute in München, Pinakothek der Moderne). Weitere bekannte Installationen:

- „Dernier espace avec introspecteur“ (1964–1982), Stuttgart, Staatsgalerie: Fettstuhl, Filzrollen, Gips und Bienenwachs im Kontrast zu Eisenstäben, Stativ, Batterien, Autospiegel.
- „Zeige deine Wunde“ (1983, Lenbachhaus, München. Hauptbestandteile des Environments: zwei gebrauchte Leichentische).

Beuys hinterlässt auch ein umfangreiches grafisches Werk. Sensibilität der Linie und der Einsatz verschiedener Materialien kennzeichnen seine symbolträchtigen Blätter. Auf den christlichen Hintergrund seines Denkens weist in besonderer Weise die „Kreuzigung“ hin, ein Objekt, das 1962/63 entsteht und ebenfalls in der Staatsgalerie Stuttgart aufbewahrt wird.

1.2 Anselm Kiefer

Seit der aufsehenerregenden New Yorker Ausstellung von 1989 ist Anselm Kiefer (geb. 1945) einer der erfolgreichsten deutschen Künstler der Gegenwart. Zu seinen vielfältigen Ausdrucksformen zählen Aktionen, Malerei, plastische Arbeiten und vor allem **Materialbilder** und **Bücher**. Mit seiner ersten Polit-Aktion (1969) berührt der damals 24-Jährige Reizthemen deutscher Vergangenheit: In geschichtsträchtigen Orten der Nachbarländer posiert er auf leeren Plätzen mit zum Hitlergruß erhobener Hand. Im Nachthemd oder im Soldatenmantel führt er das Nazi-Ritual ad absurdum. Die Auseinandersetzung mit der Geschichte, vor allem mit der deutschen Vergangenheit, bestimmt sein Schaffen. In jüngster Zeit greift er immer weiter bis zu den historischen und mythischen Wurzeln der Menschheitsgeschichte zurück.

Den „Maler" Kiefer beeinflussten Landschaften der Brücke-Maler und die Melancholie bei Munch. Er verleiht seinen Werken bedeutungsschwangere Titel, wie z. B. „Schlacht im Teutoburger Wald" oder „Deutschlands Geisteshelden". Häufig sind Wälder die Schauplätze seiner Bilder, wie bei eben angeführter „Schlacht" (200×270 cm; 1976): Rote Farbspuren markieren den Waldweg, Inschriften erinnern an die Gegner von einst, an Varus und Hermann. Hoch in den Bäumen liest man Namen deutscher Dichter, die sich mit dem Thema befasst haben (z. B. Kleist, Hölderlin).

„Deutschlands Geisteshelden" (1973) sind in einem Dachstuhl als brennende Fackeln angesiedelt. Gemalte hölzerne Dachböden erinnern an Kiefers ehemaliges Atelier, das sich in einem Speicher befand, sind aber auch metaphorisch gemeint – verlassene Orte haben etwas Geheimnisvolles an sich.

Zu seinen jüngeren Werken gehört „Frauen der Revolution" (seit 1989 im Lenbachhaus, München). Auf einer riesigen Bleitafel sind 17 verglaste Rahmen mit nahezu blinden Scheiben angebracht, die nicht, wie man vermuten möchte, die Porträts der auf den Rahmen angekündigten weiblichen Geschichtsgrößen zeigen, sondern getrocknete Blumen. Vergangenes erschließt sich einem nur durch Kontemplation, nicht durch das Betrachten einer „Schönheitsgalerie", bei der das „Aussehen" der Frauen im Vordergrund stehen und ein Weiterdenken evtl. verhindern würde.

Seit zwei Jahrzehnten beschäftigt sich Kiefer mit der Herstellung von Büchern, die sein wichtigstes und persönlichstes künstlerisches Medium sind. Ein vorläufiger Höhepunkt ist das „Zweistromland", das er 1989 beendet: Auf zwei Eisenregalen ist eine gigantische Bibliothek von 200 Büchern aus Bleifolie untergebracht. Drahtsonden aus Kupfer und wassergefüllte Reagenzgläser rufen Erinnerungen an ein batterieähnliches Aggregat wach. Die Bleiseiten wurden mechanisch bzw. chemisch bearbeitet, Fotos eingeklebt, zum Teil mit Tonerde oder mit Farbe, Tusche, Kohle, Asche, Sand u. a. überzogen. Unschärfen und Verwischungen ergeben sich, Oberflächen platzen auf.

Seine Bücher enthalten keine Texte, dafür Fotografien, Gemaltes, Collagiertes, Montiertes. Nur sporadisch kritzelt er scheinbar ungelenk Worte an den Rand, die allerdings inhaltlich von schwerem Gewicht sind. Diese verschiedenen, übereinanderliegenden, zum Teil transparenten Schichten sind nicht haltbar. Wenn sie getrocknet sind, beginnen sie zu bröckeln. Beim Blättern können sich brüchig gewordene Schichten ablösen. Wie Beuys, sein Lehrer, rechnet er mit der Vergänglichkeit des von ihm Geschaffenen.

Seine Bücher sind äußerst verschiedenartig: Es gibt kleine, zusammengenähte Hefte aus billigem Papier oder kunstvoll aquarellierte Skizzenbücher. Die Buchseiten können auch aus in Leinöl getränkten Rauhfasertapeten bzw. verkohlten Leinwänden bestehen. Ungemein schwer sind die aus Bleiplatten zusammengelöteten Folianten. In einer Reihe von Bleibüchern setzt er sich mit den Schrecken der Judenverfolgung auseinander. Er nennt sie „Sulamith" (1990) und zitiert damit die „Todesfuge" von Paul Celan. Blei, Asche und Frauenhaar setzen das Gedicht bildhaft um.

Der private Charakter der Bücher kommt auch dadurch zum Ausdruck, dass sie dem Betrachter kaum zugänglich gemacht werden. Sie liegen meist aufgeschlagen in Vitrinen, nicht zum Blättern „freigegeben". Pflanzen, Sand, Stroh, Tonerde, Asche und vor allem Blei sind die Materialien, die er bevorzugt (seine Bleivorräte stammen von der alten Dacheindeckung des Kölner Doms, die er aufkaufte). Blei steht seit der Renaissance mit dem Planeten Saturn in Beziehung. Die Lehre von den Temperamenten ordnete damals den nachdenklichen, zur Wehmut neigenden, aber auch kreativen Typus dem Saturn zu, der angeblich mit dem schweren und grauen Blei korrespondiert. Der saturnisch inspirierte Melancholiker ist seit der Renaissance der Prototyp des Genies.

Kiefer verehrt Böcklin, Caspar David Friedrich, Beuys. In einem seiner seltenen Interviews äußert er:

> *Das Blei wirkt mehr als andere Metalle auf mich. Wenn man so einem Gefühl nachforscht, erfährt man, dass Blei schon immer ein Stoff für Ideen war. Blei war einerseits dumpf und schwer und mit Saturn verbunden, dem hässlichen Mann – andererseits enthält es Silber und war auch schon der Hinweis auf eine andere, geistige Ebene.*[33]

Auch Sand, Stroh und Asche deuten auf Saturn, Stoffe, die keine Farben besitzen, etwas längst Gewesenes, Verstaubtes, Zerstörtes suggerieren. Kiefer steigert diesen Eindruck, indem er seine Materialien den Elementen Feuer und Wasser aussetzt. So lässt er beispielsweise Leinwände, Stroh usw. versengen oder verkohlen – Assoziationen reichen vom Brandstifter Nero bis hin zur Strategie der „verbrannten Erde" im Zweiten Weltkrieg – bzw. bei Wind und Wetter über lange Zeiträume im Freien liegen.

Die Anziehungskraft, die von den Bildern ausgeht, könnte auf den melancholischen Zauber des Vergänglichen, die Schönheit des Düsteren zurückgeführt werden. Sie beruht aber auch auf der ausdrucksvollen gestischen Malerei und den Titeln, die Erinnerungen evozieren.

Die schwärzesten Kapitel deutscher Geschichte sind aufgeschlagen, eine allgemeine Weltuntergangsstimmung kommt auf. Kiefers künstlerische Arbeiten werden durch ein ausgeprägtes Sendungsbewusstsein charakterisiert. Vergessenes und Verdrängtes soll bewusst gemacht werden: jüngste deutsche Vergangenheit genauso wie unsere zivilisatorischen Ursprünge. Dabei setzt er allerdings eine profunde historische, literarische und philosophische Bildung des Betrachters voraus. Geschichte, Religion und Mythologie gehen in den Werken ineinander über. Deutsche Mythen (Nibelungenlied, Kyffhäuser-Legende usw.), griechische Mythologie, kabbalistische Mystik etc. werden vermengt bzw. miteinander konfrontiert. Ein Gestaltungsprinzip ist die Gegenüberstellung von Gegensätzlichem: Archaische Kulturen berühren sich mit moderner Zivilisation, Natur mit Geschichte, Organisches mit Anorganischem. Hierin ist er Beuys verwandt.

„Lilith am Roten Meer“ (1991)

Die emotionale Wirkung der Kieferschen Materialien und die symbolischen Bezüge lassen sich besonders gut an einer Arbeit beschreiben: „Lilith am Roten Meer“. Auf einer über 6 m breiten, von feinen Rissen und Flecken überzogenen grauen Tafel sind drei etwas hellere, zerknitterte Bleiplatten angebracht, die wohl längere Zeit Witterungseinflüssen ausgesetzt und ursprünglich annähernd quadratisch waren. Ihre zerbeulte, geworfene Oberfläche verleiht der Arbeit zusammen mit weiteren aufmontierten plastischen Elementen Reliefcharakter. Die Dreiteilung lässt an ein Triptychon denken und verweist zusammen mit dem biblisch anmutenden Namen „Lilith“ auf etwas Sakrales.

Bei genauerer Betrachtung erkennt man zahlreiche leinenfarbene Kleidchen in verschiedenen Größen, die auf den Bleiplatten befestigt sind. Zum Teil sind sie mit Asche bestreut, sodass sie in den grauen Grund einzutauchen scheinen, an anderer Stelle treten sie hell hervor. Die Kleidchen konzentrieren sich im mittleren Feld, wobei ein größeres, langes Hemd auffällt, in dessen Halsausschnitt ein langes schwarzes Haarbüschel hängt – könnte hier die „Hauptperson“ Lilith gemeint sein? Die übrigen Gewänder erinnern an Puppen- und Kinderkleider aus vergangener Zeit. Das Helle des Leinenstoffs deutet auf weise Frauen bzw. Propheten. Asche (essentieller Bestandteil des jüdischen Klagerituals), Kleidungsstücke und abgeschnittenes Haar evozieren das Grauen des Holocaust.

„Lilith am Roten Meer“ hat Kiefer mit schwarzer Kreide über die Tafel geschrieben. „Lilith“ als Frauengestalt des alten Israel ist vielen heute nicht mehr geläufig. In der babylonischen Dämonologie tritt sie als böse Gottheit auf. Beschrieben wird sie als Kindestöterin und Versucherin mit langen Haaren. In der kabbalistischen Tradition steht sie gleich neben dem Satan, scharlachrot und mit langem rotem Haar. Ob Kiefer die speziellen Bedeutungen des Namens im Sinn hat oder uns mit dem altjüdischen Namen nur in Richtung „Israel“ bzw. „Judentum“ lenken möchte, bleibt offen. Mit dem „Roten Meer“ erweitert sich die Bildbedeutung und zielt auf ein Geschehen, das im Alten Testament beschrieben wird. Die seitlichen Bleiplatten könnten das zurückgewichene Meer andeuten, durch welches das Volk Israel unter der Führung von Moses ins gelobte Land zog.

Kiefers Art und Weise, Materialien zu behandeln, leitet den Betrachter auf eine Fährte, die über das Sinnliche zum Sinnhaften führt, dabei vielschichtig und daher spannend bleibt. Tragik und Entsetzen sind spürbar, aber es vermittelt sich auch eine raffiniert erzeugte Ästhetik. Materie, die an Tod und Vergänglichkeit gemahnt, wird zugleich als grauenvoll und überwältigend schön empfunden.

Wegen seines kontinuierlichen Umgangs mit dem Buch als Ausdrucksträger und seiner unablässigen Erinnerungsarbeit, welche auf die Wunden deutscher Geschichte hinweist, erhielt Kiefer 2008 als erster bildender Künstler den Friedenspreis des deutschen Buchhandels. Werner Spies, der Laudator (Kunsthistoriker), wies darauf hin, dass sich Kiefer erfolgreich gegen die Geringschätzung der literarischen, d. h. erzählenden Malerei durchgesetzt und in die Kunst erneut konkrete Themen als Gegenpol zur unverbindlichen Abstraktion eingebracht hat.

1.3 Rebecca Horn

Rebecca Horn (geb. 1944), die mehrfache documenta-Teilnehmerin, verwandelt Gefühle und Erinnerungen in Bilder von magischer Kraft. Mit symbolträchtigen Materialien wie Quecksilber, Schwefel, Blei, Kohle, Gold, Federn und Spiegeln transportiert sie geheimnisvolle, verschlüsselte Botschaften. Ihre poetischen Symbole sind der Pfau, die Schlange, das Einhorn – Tiere, die in der Mythologie und im Märchen immer wieder auftauchen. Auch das Ei als Symbol für die Vereinigung von Gegensätzen gehört zu ihren „magischen Dingen“.

In den 70er-Jahren beginnt sie mit Aktionen, in denen sie ihren eigenen Körper einsetzt und sich dabei in eine lebende Skulptur verwandelt. Im „Mechanischen Körperfächer“ (1973/74) bildet ihr Körper die senkrechte Achse eines aufgespannten Fächers. Um sie herum schließt sich auf diese Weise ein Kreis. Die Konstellation ähnelt der Leonardo-Zeichnung, die einen männlichen Akt inmitten von Kreis und Quadrat und damit den Menschen als Maß aller Dinge zeigt.

In ihren Objekten und Installationen wird ein surrealistischer Grundton deutlich. Eine besondere Affinität besteht zu Max Ernst. Bei einer Performance, die 1975 in Berlin („Berlin-Übungen in neun Stücken") stattfindet, gefilmt und fotografiert wird, stellt sie sich ganz aufrecht mit geschlossenen Beinen und ausgebreiteten Armen in einen hellen Raum. Ihre Hände stecken in Handschuhen, an denen ca. 2 m lange spindeldürre „Finger" (Assoziationen: Spinne, Flügelknochen) befestigt sind und deren Enden knapp die seitlichen Wände berühren. Damit ist sie eingespannt in den Raum und erinnert in dieser Haltung an „Die schwankende Frau" (1923) von Max Ernst. Auf seinem Gemälde ist eine weibliche Gestalt zu sehen, die von einer seltsamen Maschine hin- und herbewegt wird. Völlig reglos lässt sie die Tortur mit ausgestreckten Armen über sich ergehen, ein Traumerlebnis?

Rebecca Horns Affinität zu Maschinen hat Vorbilder. Sie wird in Filmen von Buster Keaton, den sie bewundert, thematisiert. Auch Charlie Chaplin („Moderne Zeiten") setzte die traurige Analogie Maschine-Mensch in Bilder um. In ihrem Film „Busters Bedroom" nimmt Horn direkt Bezug auf ihr Vorbild. Daneben ließ sie sich von den Romanen von R. Roussel inspirieren, in denen eine Welt voller fantastischer Objekte und bizarrer Maschinen minuziös beschrieben wird. Das Beklemmende mancher Installationen ruft die Welt von Franz Kafka in Erinnerung. In jedem Fall steht sie dem **Surrealismus** sehr nahe. Zu einigen Objekten schreibt sie Gedichte, die biografische Beziehungen aufzeigen. Eigene Erinnerungen, vor allem an die Kindheit, sind ihre wichtigsten Inspirationsquellen.

Dem Betrachter kommt die Aufgabe zu, in ihren geheimnisvollen Installationen Sinnzusammenhänge aufzuspüren. Eine Kunst, die sich auf das Optische beschränkt, lehnt sie ab. Mit Klängen, Bewegungen, verschiedensten Materialien aktiviert sie alle Sinne des Betrachters. Trotz ausgeprägter persönlicher Symbolik weisen ihre Werke über das Biografische hinaus und erzeugen geradezu magische Wirkungen.

Ihre Installationen konzipiert sie für jeden Ausstellungsraum neu. So hängt sie z. B. zwei gegeneinander gerichtete Gewehre in der Galerie Goodman (New York) an der Decke auf. Unterhalb der Gewehrläufe fließt in einer flachen Rinne rote Flüssigkeit, die in der Mitte überschwappt und den Boden rötlich färbt. Unweigerlich taucht die Assoziation „Blut" auf, zumal die Installation den Titel „High Noon" trägt.

Immer wieder setzt sie sich mit dem Holocaust auseinander. So schafft sie z. B. 2002 in Weimar, Zentrum der deutschen Klassik und dem Konzentrationslager Buchenwald benachbart, eine große Installation im E-Werk. Vor eine spiegelnde Wand legt sie Dutzende von Instrumenten (Geigen, Gitarren) auf den Boden. Sie erinnern an Weihegaben oder Blumengebinde, die an einer Stelle niedergelegt werden, an der Menschen ums Leben kamen. Während sie auf die kulturelle Tradition der Stadt verweist, wird einem zugleich die traurige Rolle bewusst, die Weimar während der NS-Zeit spielte.

1998 findet in der Berliner Nationalgalerie, dem Bau von Mies van der Rohe, eine umfassende Schau ihrer Werke statt. Werner Spies (Kunsthistoriker) beschreibt vor allem ein Objekt, das er als symptomatisch für die Arbeit von Rebecca Horn ansieht:

> *„Ein langer weißer Blindenstock, den eine Maschine in Bewegung setzt, empfängt den Besucher. Er durchstochert hilflos einen immer gleichen engen Radius. Einen präziseren Wegweiser durch die unbegreifliche Welt von Rebecca Horn könnte man nicht finden. Der symbolische Hinweis auf Blindheit und auf das Versagen der Sinneswahrnehmung bezieht sich auf die Realitätsflucht der Romantik, auf das Wandern im eignen Kopf".*

2 Expressionistische Tendenzen in Malerei und Plastik

2.1 Georg Baselitz

Georg Baselitz (geb. 1938) sieht sich selbst als Einzelgänger, wird aber oft zu den sog. Neuen Wilden gezählt, die seit den 80er-Jahren mit heftigem Gestus, leuchtenden Farben und gegenständlichen Motiven an die „Wilden" (Les Fauves) der expressionistischen Bewegung zu Beginn des 20. Jahrhunderts anknüpfen.

Fast alle stammen aus der ehemaligen DDR und leben heute in Berlin oder Düsseldorf. Ihre emotionalen, geradezu eruptiven bildnerischen Äußerungen lassen große Vorbilder erkennen, wie etwa die Brücke-Maler oder die Italiener Emilio Vedova und Renato Guttoso. Zu den bekanntesten Vertretern zählen Jörg Immendorf (1945–2008), Elvira Bach (geb. 1951), Salomé (geb. 1954) und A. R. Penck (geb. 1939).

„Baselitz“ ist der Künstlername von Georg Kern, der in Deutschbaselitz (Dorf bei Dresden) geboren wurde. Heute verkörpert Baselitz (zusammen mit Markus Lüpertz) den Prototyp des „Malerfürsten“, in der Lebenshaltung vergleichbar mit Lenbach oder Stuck. Er bekleidet verschiedene Professuren, erhielt sämtliche bedeutenden Auszeichnungen und genießt eine enorm hohe Markteinschätzung.

Baselitz verlässt bereits 1958 die DDR und arbeitet schon während der Phase des Abstrakten Expressionismus meist gegenständlich, wenn auch sein Frühwerk von der informellen Malerei stark beeinflusst ist. Zu seinen Vorbildern zählt er Munch, Rembrandt und Géricault. Während der Zeit der bunten und konsumorientierten Pop-Art malt er tragische, schockierende Bilder (u. a. abgehackte Gliedmaßen, verletzte, geschundene Körper, pervertierte Sexualsymbole) in gedämpften Farben. 1965 beginnt er mit der Bildgruppe der „Helden“ bzw. „Neuen Typen“. Junge Männer mit kräftigem Körperbau und übergroßen Händen stehen reglos vor einfarbigem Hintergrund oder in zerstörten Landschaften.

Seit 1969 stellt er die meisten seiner Bilder auf den Kopf. Diese Maßnahme, die zu seinem Markenzeichen geworden ist, wird mitunter als Vermarktungstrick bezeichnet. Die Geste des „Auf-den-Kopf-Stellens“ kann jedoch symbolisch gedeutet werden. Das gemalte Objekt könnte Zeichen einer verkehrten, aus den Fugen geratenen Welt sein, die durch das Umkehren neu gesehen werden kann. Seine pessimistische Weltsicht verbindet ihn u. a. mit Dubuffet (Art Brut) und Francis Bacon.

Auch wenn die Motive auf dem Kopf stehen, sind sie „erkennbar“ und relativ traditionell. Er malt Pflanzen, Tiere (z. B. „Adler-Fingermalerei“, 1972) und Menschen, dabei v. a. Köpfe, aber keine Porträts. Der Kopf sei ein Träger seiner künstlerischen Ideen, ihn interessiere mehr der Entstehungsprozess als das Endprodukt. Auch im Kopf sehe er allein das malerische Objekt:

> *„Das, was auf den Bildern zu sehen ist, hat nichts zu tun mit irgendeiner Wirklichkeit. Entweder es ist ein Bild. Oder es ist keins. Und ein Bild kann nicht schrecklich oder heiter sein. Es kann rot sein. Oder schwarz.“*[3]

Er betont, dass die Malerei für ihn „kein Mittel zum Zweck“ ist, d. h. er malt nicht, um etwas darzustellen, sondern um des Malens willen. Der Malvorgang verselbstständigt sich, wenn das Motiv mehr oder weniger beliebig ist. Das Ergebnis ist im Grunde etwas Abstraktes, nämlich Farbe und Form. Die Auswahl der Themen deutet andererseits darauf hin, dass der Bildgegenstand nicht unbedingt beliebig ist. So ist z. B. anzunehmen, dass der „Adler“ als „deutsches“ Wappentier auf eine bewusste Entscheidung zurückzuführen ist.

Charakteristisch für seine emotional aufgeladene Arbeitsweise ist der Zug ins Archaische, Primitive. Von Anfang an ist er aggressiv aufgetreten. Mit geradezu barbarischer Gewalt bearbeitet er die Leinwand. Er selbst bezeichnet seine Malerei als ungehobelt und holperig. Mitunter malt er direkt mit den Händen, manchmal mit den Füßen. Das **Material „Farbe"** tritt in den Vordergrund. In seinen jüngeren Bildern, in denen er immer wieder Themen seiner Frühzeit aufgreift und sie neu gestaltet, hellen sich die Farben auf und werden leuchtender.

Noch radikaler als in der Malerei bricht er in seiner bildhauerischen Arbeit mit allem Herkömmlichen. Große Holzblöcke bearbeitet er mit der Axt und gestaltet v. a. menschliche Körper und Köpfe. Im Unterschied zum frühen Expressionismus der beginnenden Moderne arbeitet er gegen das Holz und nicht mit dem Holz, sodass es splittert und aufplatzt. Nach dem rohen, geradezu brutalen Behauen bemalt er Partien seiner Skulpturen, die immer fragmentarisch bleiben.

Während die Gemälde noch etwas Erzählerisches und Symbolhaftes haben, beschränkt sich Baselitz bei seinen Skulpturen auf die aggressive Geste (Neoprimitivismus), die in den Raum ausgreift und Angst auszulösen vermag. Bildhauerische Arbeiten von Künstlern, die in erster Linie Maler waren, gab es auch in der Zeit der Klassischen Moderne. Berühmte Beispiele sind Kirchner, Matisse und Picasso. In den 80er-Jahren des 20. Jh. wiederholt sich dieses Phänomen im Zusammenhang mit der Erneuerung des Expressionismus.

Eine charakteristische Arbeit der früheren Schaffensphase ist der „Straßenbauarbeiter (Fremdarbeiter)" von 1973 (Öl auf Leinwand, 200×162 cm, Pinakothek der Moderne, München). Das Kopfüber des Mannes löst zunächst Irritation aus. Immer wieder ist man bemüht, das Bild „richtig" zu sehen. Es bedarf einiger Mühe, bis man sich auf die ungewohnte Perspektive eingestellt hat.

Zu erkennen ist ein stämmiger Mann im Unterhemd, etwa bis zur Hüfte zu sehen, der wohl auf der Straße steht. Links neben ihm sind Hausfassaden vage angedeutet, rechts löst sich die Farbe völlig von ihrer darstellenden Funktion. Mit Weiß gemischte, hell-bunte, locker aufgestrichene Farbflecken überziehen den Grund. Diese Bildzone erinnert an abstrakt-expressionistische Werke.

Im Gegensatz zum nahezu ungegenständlichen Hintergrund wirkt die Gestalt des Straßenbauarbeiters durchaus körperhaft. Das weiße Hemd, das sich zum oberen Bildrand hin rötlich färbt (Rot taucht in allen Bildzonen auf), umspannt den Rumpf. Die Arme sind leicht angewinkelt, kräftige Schultern verweisen auf schwere körperliche Arbeit. Unterarme und Bauch lösen sich nach oben hin gleichsam auf. Feste plastische Form geht ins Skizzenhafte über. Der Kopf ist am stärksten plastisch ausgearbeitet. Der Schatten unterhalb des Kinns und das dunkle Haar rahmen ein sonnengebräuntes Gesicht, das mit feineren Pinselstrichen modelliert ist. Man hat den Eindruck, dass der Mann während einer kurzen Arbeitspause direkt in der Sonne steht, die Augen liegen im Schatten und scheinen zu blinzeln. Einige Linien, die das Bild durchziehen, strukturieren die Bildfläche. Eine Senkrechte links neben der Figur verleiht der Komposition Halt und spannt die Gestalt in die Bildfläche ein. Zwei rötliche, diagonal verlaufende Pinselspuren bilden ein Dreieck unterhalb des Kopfes. Die Farbe hat etwas Cremiges, da fast allen Farbflecken Weiß beigemischt ist. Helle, warme Farbtöne dominieren. Große Flächen in leicht getöntem Weiß betonen das Lichte, Sonnige der Situation. Reine, in den Pinselduktus verliebte Malerei verbindet sich mit einem inhaltlichen Aspekt, dem des „Fremdarbeiters" (heute Gastarbeiter). Inwiefern Sozialkritik geübt wird, bleibt offen.

„Das Paradoxon reiner Malerei trotz einer über sie hinaus weisenden inhaltlichen Bedeutung scheint in diesen Bildern eine mögliche Lösung gefunden zu haben."[60]

2.2 Markus Lüpertz

Auch Markus Lüpertz (geb. 1941) gehört zu den auf dem Kunstmarkt am teuersten gehandelten deutschen Künstlern. Ähnlich wie Baselitz gibt er sich als Malerfürst und betont seine Außenseiterposition innerhalb der bürgerlichen Gesellschaft. Seine Selbstinszenierung als künstlerisches Genie entbehrt jedoch nicht eines ironischen Untertons.

Seine bildnerischen Arbeiten bezeichnet er als „Dithyramben" (griech.: Weihelieder auf den Gott Dionysos, die eine begeisternde und berauschende Wirkung haben).

Relativ unscheinbare Motive verschiedenster Art malt er stark vergrößert, sodass ein Mantel oder ein Baumstamm etwas Monumentales erhalten und zu Symbolen werden. Mit energischem Gestus streicht er vor allem dunkle Farbtöne auf die Leinwand und legt Wert auf wuchtige Plastizität.

Seit den 70er-Jahren verarbeitet Lüpertz auch Motive aus der jüngeren deutschen Geschichte. Hier erscheinen die Inhalte jedoch nicht mehr auswechselbar, sondern überlegt gewählt. Er konzentriert sich auf Sujets, die nach 1945 tabuisiert wurden, weil sie sich allzu eng auf die NS-Zeit bezogen.

Die martialische Darstellung von „braunen" Symbolen wie Ähren, Stahlhelmen oder Nazi-Uniformen könnte einen zunächst unangenehm berühren und an die Blut- und Boden-Ideologie denken lassen. Auch die Farbigkeit (Grün, Gelb, Khaki, Umbra, gemischt mit Schwarz und Weiß) verbindet sich mit der NS-Zeit. Die allzu pathetische Präsentation provozierender Objekte könnte jedoch auch die Wirkung haben, dass z. B. ein Stahlhelm nur als zweckentfremdetes Requisit eines Stillleben-Arrangements gesehen und damit auf ironische Weise banalisiert wird. Er selbst behauptet, keine politischen Bilder zu malen und bezeichnet sich als „abstrakten" Maler, der in erster Linie Interesse an der Form habe.

Sein Gemälde „Ohne Titel (Atelier)" von 1974 (Leimfarbe auf Papier auf Leinwand, 193×255 cm, Pinakothek der Moderne, München), das in dunklen Khaki-Tönen gehalten ist, zeigt eine Komposition, in deren Zentrum zwei erkennbare Motive stehen, ein Uniformierter und eine Palette. Auf einem schiefwinkeligen „Bild im Bild", das fast die ganze Bildfläche ausfüllt, ist ein schmächtig wirkender Uniformierter mit übergroßer Dienstmütze zu sehen. An die Stelle des Gesichts ist ein helmartiges Gebilde getreten. Neben diesem zentralen Motiv sind zwei weitere gerahmte Bilder, ebenfalls perspektivisch verzerrt, zu sehen. Was auf dem linken, vom Bildrand abgeschnittenen „Flügel" (der Vergleich mit einem Triptychon liegt nahe) dargestellt ist, ist nicht zu erkennen. Auf dem rechten Flügel ist eine dunkel umrandete, helle Palette zu sehen, die eine gewisse Ähnlichkeit mit der Mütze des Uniformierten hat. Ihre Oberfläche ist nicht mit Farbflecken bedeckt, sondern mit einzelnen Kreuzschraffuren bemalt, die an das Kreuzsymbol erinnern. Diese setzen sich im Hintergrund fort, sodass die Assoziation „Soldatenfriedhof" aufkommen könnte. Hinter dem „Triptychon" sieht man Balken eines Dachstuhls und an der hinteren Wand des Ateliers lehnen große Bildformate. Als einziger Farbtupfer leuchtet ein Pinselstrich in reinem Blau links neben dem Uniformierten. Ein etwas blasses Ultramarinblau akzentuiert die Objekte im rechten Bildbereich.

Attribute nationalsozialistischer Macht werden zu Requisiten eines Stilllebens und damit ihres Nimbus' beraubt. Sie dienen als „Elemente" einer düsteren, kraftvollen Farbkomposition, welche die Atmosphäre der NS-Zeit heraufbeschwört, auch wenn ein ironischer Unterton mitschwingen mag und keinerlei politische Absicht dahintersteht. Sollte auch hier die Bedeutung der dargestellten Dinge irrelevant sein, bleibt nur **„Malerei als Malerei"** zurück, die für Lüpertz Medium der Selbstdarstellung ist. Kunst sei etwas, was man nicht begreife, äußert Lüpertz 1985 in einem Interview.

In den letzten Jahren widmet er sich zunehmend der Bildhauerei. Dabei sind Deformation menschlicher Körperformen und derbe Gesichter zentrales Ausdrucksmittel. Als Maler-Bildhauer arbeitet er mit herkömmlichen Techniken und Materialien, modelliert z. B. in Gips und lässt die Figuren meist in Bronze gießen. 1982 greift er das Thema „Standbein-Spielbein" auf und schlägt damit die Brücke zur klassischen Antike. In verschiedenen Versionen entwirft er eine Neuinterpretation des Standmotivs und formuliert es als Torso, d. h. er führt nur den Unterkörper aus. Dabei ahmt er nicht den in sich ausgewogenen Kontrapost der Klassik nach, sondern schafft etwas Robust-Archaisches, das nichts mehr von der Eleganz der klassischen Statue aufweist. Die deutlich erkennbaren Spuren von Axt und Säge, mit denen er einen riesigen Gipsblock bearbeitet (Höhe 3,20 m), bezeugen eine fast gewaltsame, impulsive Arbeitsweise. Scharfkantig gegeneinanderstehende Flächensegmente bestimmen die Oberfläche seiner kräftigen, voluminösen Körper und werden oft mit Farbe überarbeitet.

> *„Bei der Arbeit an meinen Skulpturen habe ich ein einziges Handicap", sagte Lüpertz 1986, „das ist meine handwerkliche Ungeschicktheit, meine Unbeherrschtheit [...] Meine Vorstellung ist immer klar, nur das Material zwingt mir ganz bestimmte neue Dinge auf [...] die ich erst am Material erfahre. So ist der Arbeitsprozess selbst wichtig, auch für die Inspiration."*[39]

Lüpertz kokettiert mit seiner angeblichen Ungeschicklichkeit und könnte damit einen Bezug zu Vincent van Gogh herstellen, der ebenfalls mit einer gewissen Ungeschicklichkeit oder Ungelenkheit zu kämpfen hatte und dennoch – oder gerade deshalb – Meisterwerke schuf.

3 Surreale Welten: Der Maler Neo Rauch

Der Leipziger Maler (geb. 1960) wächst in der ehemaligen DDR auf und erlebt während seiner Studienzeit noch den sog. Sozialistischen Realismus, der seine Wurzeln in der nachrevolutionären Ära der ehemaligen UdSSR hatte und die offizielle Kunst der Ostblockländer bestimmte. Ähnlich wie im Dritten Reich entwirft man heroische Bilder von Politikern und der „arbeitenden Klasse" in einem platt-naturalistischen, „linientreuen" Stil.

Ab den 70er-Jahren beginnen Künstler der ehemaligen DDR, sich kritisch mit der gesellschaftlichen Realität auseinanderzusetzen und behalten ihre gegenständliche Ausdrucksform bei, die in den Akademien gelehrt wurde. Bis heute wird in den östlichen Bundesländern auf eine solide handwerkliche Ausbildung Wert gelegt. Zu den bekanntesten Vertretern des Realismus in der ehemaligen DDR zählen WILLI SITTE (geb. 1921), WOLFGANG MATTHEUER (1927–2004), WERNER TÜBKE (1929–2004) und BERNHARD HEISIG (geb. 1925).

NEO RAUCH bekennt sich ausdrücklich zum „Handwerk" der Malerei. In seinem Frühwerk ist noch der Gestus eines seiner Vorbilder, des Malers Bernhard Heisig, spürbar. Daneben prägt ihn bis zu einem gewissen Grad der Sozialistische Realismus sowie die Reklameästhetik der 60er-Jahre. Wichtigster Lehrer des Leipzigers ist jedoch Arno Rink, aus dessen Akademieklasse die meisten erfolgreichen Künstler der sog. Leipziger Schule stammen.

Westliche Kunst sieht Rauch vor dem Mauerfall nur in Moskau, wo ihn Bacon stark beeindruckt. Erst nach 1989 kann er Italien bereisen und die Monumentalität Giottos erleben. Heute ist er einer der erfolgreichsten Künstler Deutschlands, dessen malerische Virtuosität seit seiner großen Ausstellung in New York 2007 auch in den USA gefeiert wird.

Seine großformatigen Bilder wirken auf den ersten Blick bunt und verwirrend. Eigentümliche Gestalten aus vergangenen Zeiten, die sich in surreal anmutenden Landschaften und Innenräumen zusammenfinden, erzählen rätselhafte Geschichten, die in einer fremden, unwirtlichen Welt zu spielen scheinen. Keine Sonne erhellt die Schauplätze, Menschen agieren lustlos bzw. zwanghaft, ohne erkennbare Zielrichtung.

Zu seinen Versatzstücken gehören Panzer, Bagger, Baustellen, Fabriken. Sein „Personal" besteht aus Arbeitern, Soldaten, Studenten, Hausfrauen, Künstlern, Jägern usw., die sich meist in engen Räumen bewegen müssen, deren Hintergrund oftmals verhängt ist. Die schweren, gemalten Vorhänge erinnern an alte Meister und an das Thema „Theater". Der Bühnencharakter stellt wiederum einen gewissen Bezug zu Beckmann her, der ebenfalls zahlreiche Menschen in seine Bildräume „stopfte" und kein entspanntes Miteinander malte, sondern eher ein beziehungsloses Nebeneinander.

„Der Vorträger" (2006)

Das Gemälde mit dem Titel „Der Vorträger" (Öl auf Leinwand, 300×420 cm) zeigt eine Ansammlung von menschlichen Figuren, die sich ohne erkennbaren Sinn in einer ehemaligen Fabrikhalle zu schaffen machen. Die Wände des Innenraums sind türkis und mit großflächigen Graffitis bemalt. Der „Vorträger" steht rechts etwas erhöht und hält ein aufgeschlagenes Buch in der Rechten, das aus der am Boden stehenden Aktentasche (Schulmappe?) stammt. Weitere rot eingebundene Bücher scheinen hastig herausgerissen worden zu sein und liegen verstreut am Boden. Das Profil des Vorträgers zeigt selbstbildnishafte Züge. Fast alle Bilder von Neo Rauch sind mit Gestalten bevölkert, die an das Äußere des Malers erinnern. Ob der „Vorträger" nun in die Lektüre vertieft ist oder tatsächlich „vorträgt", ist schwer zu sagen.

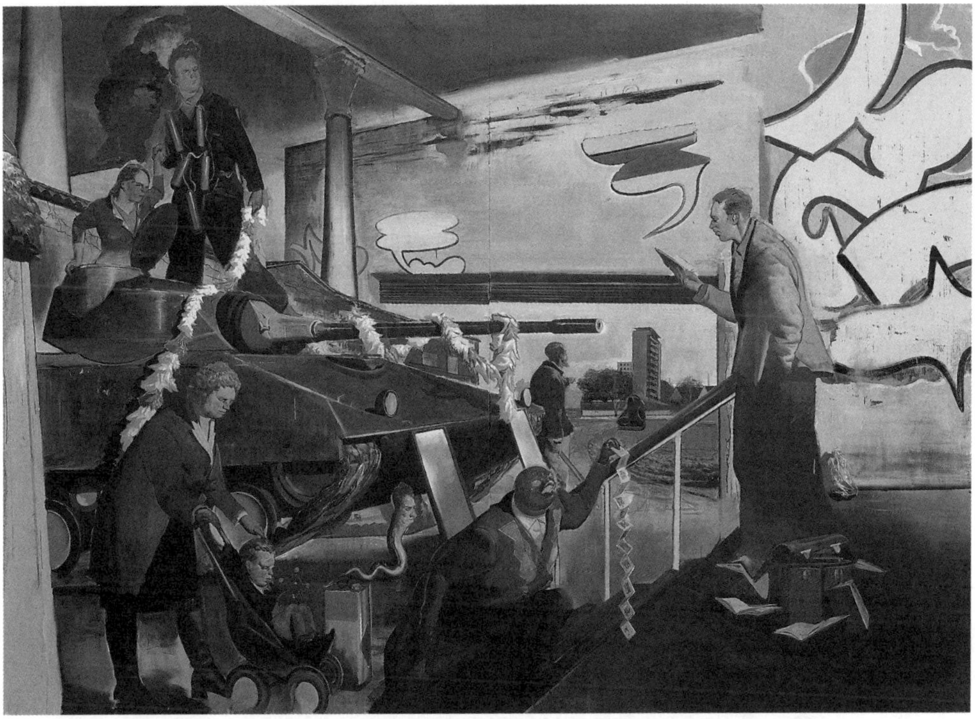

Neo Rauch: „Der Vorträger" (2006), Öl auf Leinwand, 300×420 cm. Galerie Eigen & Art, Leipzig/Berlin.

Schaut man geradeaus durch das hochgezogene Garagentor, fällt der Blick auf eine öde Wohngegend. Auf giftig-grünem Rasen steht eine abstrakte Skulptur, der Himmel über den grauen Blöcken ist mattgelb. Ein bärtiger Mann in rotem, historisch anmutendem Jackett zeigt auf die triste Siedlung.

Von links rückt ein wuchtiger, schwarzblauer Panzer heran, dessen Kanonenrohr auf den Vorträger zeigt. Auf dem Panzer, der den Raum zu sprengen droht (die hinter ihm befindlichen Mauern weisen bereits Risse auf), steht ein Mann in dunkler, uniformähnlicher Kleidung. Zylinderförmige Behälter (Munition?) baumeln an seinem Oberkörper. Befestigt sind sie an Gurten, die auch als Halterung für einen Fallschirm gedeutet werden könnten. Gerade hilft er einer jungen Frau, aus dem Inneren des Panzers zu klettern. Hinter den beiden qualmt es dunkel (ein Kriegsschauplatz?). Der Vorträger scheint von alledem nichts zu merken und fährt unbeirrt in seiner Lektüre fort.

Das „Kriegerische" des Panzers wird gemildert durch eine Papiergirlande, die um das Kanonenrohr gewickelt ist, so wie es bei Militärparaden in der ehemaligen DDR üblich war. Außerdem kleben dicke Schlieren gelber und roter Farbe an den Ketten, so als ob der Panzer soeben noch durch Farbmaterie gerollt sei – ein Hinweis auf den Künstler, der all das Rätselhafte mit Pinsel und Farbe gemalt hat?

Drei weitere Personen bevölkern die Szenerie. Im Vordergrund schiebt eine robuste grauhaarige Frau in Militärstiefeln einen Buggy, in dem ein Kind mit dem Kopf eines Erwachsenen hockt, dumpf ein Spielzeug betrachtend, das es auf den angezogenen Knien hält. Hinter einem Benzinkanister kriecht ein schlangenartiges Wesen mit menschlichem Kopf, roter Nase und hochtoupiertem Haar, das mit verbissener Miene auf den Vorträger starrt. Ein schwergewichtiges menschliches Monster mit blauer Kopfmaske arbeitet sich die Stufen zum Vorträger hinauf und hält ihm ein Postkarten-Leporello hin.

Die komplexe Komposition wird durch den perspektivisch konstruierten Raum und die Farbe zusammengehalten. Helles Türkis bildet den Grundton und rahmt die Bildfläche. Kräftiges Rot steht in starkem Kontrast dazu und ist in allen Bildzonen anzutreffen. Gelb tritt hinzu, allerdings in geringeren Dosen. Rot, Gelb und Blau, die Primärfarben, bilden den Grundakkord. Diese drei Farben treten noch einmal in „schmutziger" Form auf, im dunklen Stahlblau des Panzers, im Braun und im hellen Ocker. Grün bleibt auf das Bildzentrum beschränkt. Hier findet man eine absolut naturalistische Schilderung der Stadtkulisse. Nur der gelbliche Himmel irritiert.

Klar erkennbar ist, was Neo Rauch malt; einen Sinnzusammenhang zu erschließen, ist aber jedem Betrachter selbst überlassen. Hilfreich mag das Wissen um die Lebensumstände des jungen Neo Rauch in der ehemaligen DDR sein, deren freudlose, düster-dumpfe Atmosphäre in seinen Räumen präsent ist. Nach eigener Aussage lässt er sich von Kindheitserinnerungen inspirieren, vermischt sie mit Eindrücken aus Träumen und lässt sich von Assoziationen leiten, die beim Anblick des mit Farben bekleckerten Atelierbodens auftauchen. Seine Malerei sei die Fortsetzung des Traums mit anderen Mitteln, sagt Rauch. Er plane seine Bilder nicht, fertige keine Vorzeichnungen an und verwende kein zusätzliches Bildmaterial.

> *Die Sinntrümmer, die der Maler zusammenklaubt, ergeben kein sinnhaftes Ganzes – bis auf ihre Nachbarschaft im bemalten Geviert. So verweisen sie aber letztlich immer nur auf das eine: auf die Malerei selbst.*[46]

Postmoderne und Dekonstruktivismus in der Architektur

Seit den 20er-Jahren setzt sich in Europa ein funktionaler Baustil durch, der von geometrischen Grundformen, rechten Winkeln und meist weißen Wandflächen geprägt ist. Ornamentales vermeidet man und hält sich an Adolf Loos, der um 1900 verkündet hatte, Ornament sei „Verbrechen". Ganz im Sinne des Funktionalismus arbeiten das Bauhaus und die De-Stijl-Bewegung. Der Grundsatz „Form Follows Function" bestimmt jedes Bauvorhaben, ob Wohnhaus, Kirche oder Museum. Funktionalistische Bauten auf höchstem Niveau schafft z. B. Mies van der Rohe.

Seit den 70er-Jahren nimmt die Kritik an Auswüchsen funktionalistischer Architektur zu. Nach dem Zweiten Weltkrieg hatte man mit geringen finanziellen Mitteln in großer Eile vor allem Wohngebiete neu aufgebaut und sich dabei an funktionalistischer Ästhetik orientiert. Es entstehen häufig allzu monotone Blöcke. Immer deutlicher wird der Wunsch nach fantasievoller, optisch anregender Architektur.

ROBERT VENTURI (geb. 1925), der US-amerikanische Architekt, ist einer der Ersten, der in dem Bestreben, eigenwillige Bauten zu errichten, auf Formelemente aus der Vergangenheit zurückgreift und diese in seinen modernen Projekten „zitiert". Bald wird es üblich, Bauten mit griechischen Säulenformen oder klassizistischen Fenstermotiven auszustatten oder auch poppig-bunte Elemente mit Natursteinmauern zu kombinieren. Ohne Scheu vor hehren Architekturformen verquickt man Elemente verschiedenster Herkunft in spielerischer Weise und erzielt witzig-ironische Wirkungen. Ähnlich wie im 19. Jahrhundert bedient man sich eklektizistischer Prinzipien, was noch bis in die 60er-Jahre hinein verpönt war. Im Unterschied zum Historismus des 19. Jahrhunderts übernimmt man jedoch nur einzelne Formelemente und errichtet nicht ganze Gebäude in einem nachgeahmten historischen Stil.

Ein postmodernes Museumsgebäude in München ist z. B. die Neue Pinakothek, 1981 eingeweiht, bei der sich ALEXANDER VON BRANCA (geb. 1919) auf den klassizistischen Vorgängerbau Leo von Klenzes sowie auf das Gegenüber (Alte Pinakothek) bezieht und zugleich ein modernes Museum für die Kunst des 19. Jahrhunderts schafft.

Seit Ende der 80er-Jahre wird die Postmoderne von einem Architekturstil abgelöst, der als Dekonstruktivismus bezeichnet wird. Auslöser dieser Bewegung ist eine Ausstellung im Museum of Modern Art, New York (1988), in der Architekturentwürfe z. B. von FRANK O. GEHRY (USA, Kalifornien), DANIEL LIBESKIND, ZAHA HADID und der Gruppe COOP HIMMELBLAU (Wien) gezeigt werden. In einem Manifest der Wiener Architekten heißt es 1980:

Architektur muss schluchtig, feurig, glatt, hart, eckig, brutal, rund, zärtlich, farbig, obszön, geil, träumend, vernahend, verfernend, nass, trocken und herzschlagend sein. Lebendig oder tot, ... Architektur muss brennen.

Der Ansatz der Dekonstruktivisten scheint aller herkömmlicher Architektur zu widersprechen. Bisher hatte man senkrechte Elemente (Wände) auf ein horizontales Fundament gestellt, auf den rechten Winkel geachtet und den Bau oben mit dem Dach abgeschlossen. Grundformen sind geometrische Körper wie Würfel, Quader, Pyramide, Zylinder. Eine symmetrische Anordnung der Bauelemente (z. B. Fassade) ist nahezu selbstverständlich.

Bereits zu Beginn des 20. Jahrhunderts schaffen avantgardistische Künstler aus Russland schiefe, geometrische Konstruktionen. Zu ihnen gehören El Lissitzki und Kasimir Malewitsch sowie WLADIMIR TATLIN (1885–1953), der unter dem Einfluss von kubistischen Arbeiten Picassos seine sog. Kontra-Reliefs baut. Diese schiefwinkelig zusammengefügten Konstruktionen aus Holz und Metall hängt er an Drähten auf und spannt sie zwischen zwei Wandflächen.

Sein Entwurf für die III. Internationale Moskau (1920) nimmt viel von dem vorweg, was die Dekonstruktivisten am Ende des 20. Jahrhunderts entwickeln. Tatlin baut ein Holzmodell (nicht erhalten) für eine schräggestellte Stahlkonstruktion mit spiralförmig angeordneten Verstrebungen. Die im Inneren befindlichen Räume sollen aus geometrischen Körpern bestehen, drehbar sein (Symbol für die Drehung des Erdballs) und die Legislative, die Exekutive und ganz oben die Propagandaabteilung beherbergen. Das Original, das nie gebaut wird, soll 400 Meter hoch sein, schräg nach oben ins Weltall zeigen und scheinbar nicht mehr der Schwerkraft unterworfen sein.

Einen futuristisch-dynamischen Ansatz kann man auch bereits bei der Eiffelturm-Serie von Robert Delaunay (vgl. Orphischer Kubismus) beobachten. Nach kubistischen Prinzipien zerlegte Formen wirbeln bunt durcheinander und zeigen den Eiffelturm, damals Symbol modernster Technik, sozusagen in Aktion. Ähnlich dynamisch wirken dekonstruktivistische Bauten. Die geschlossene Grundform scheint aufgebrochen, einzelne eckige oder geschwungene Formen können schräg aneinandergefügt werden und erinnern in der

Gesamtsicht eher an eine Skulptur als an ein Haus. Bei manchen Bauten hat man gar den Eindruck, als seien sie zusammengebrochen und anschließend wieder notdürftig zusammengefügt worden.

Dass sich bei einer „gebauten Skulptur" von allen Seiten verschiedene Ansichten bieten und die Symmetrie keine Rolle mehr spielt, versteht sich von selbst. In gewisser Weise zeigt sich ein Bezug zur Kapelle von Ronchamp (1953), wo Le Corbusier bereits in einem „skulpturalen Stil" gebaut und den rechten Winkel weitgehend vermieden hatte.

Dekonstruktivistische Architekten gehen jedoch noch weiter. Während Le Corbusier u. a. mit seinem „Modulor" nach Harmonie strebt, kann das „Unharmonische" für den Dekonstruktivismus als ästhetisches Merkmal gelten. Es kommt vor, dass verschiedenste Materialien und Formen unvermittelt aufeinanderstoßen. Dynamisch wirkende Diagonalen, jähe Raumöffnungen, Durchbrechungen, optische Überschneidungen, spitze Winkel und metallisch-glänzende Verkleidungen erzeugen häufig eine harte, „krasse" Wirkung. Ohne komplizierte Stahlgerüste, die im Inneren verborgen sind und deren statische Verhältnisse mit speziellen Computerprogrammen berechnet werden müssen, wären derartige Bauten nicht realisierbar.

Selbstverständlich eignen sich die fantasievollen, extravaganten Gebäude kaum zum Wohnen. Die bedeutendsten Leistungen der Dekonstruktivisten wurden bisher auf dem Gebiet des Museumsbaus erbracht, bei dem der (Star-) Architekt weitgehend unabhängig von Bauvorschriften planen kann.

1 Postmoderne Architektur: Die Neue Staatsgalerie Stuttgart von James Stirling

Von 1977 an arbeitet der aus Schottland stammende Architekt James Stirling (1926–1992) an dem Projekt „Neue Staatsgalerie", das 1982 zum Abschluss kommt und weltweit gefeiert wird.

Heute erhebt sich neben der „Alten Staatsgalerie" ein moderner Museumsbau, der in verschiedenen Stockwerken den Höhenunterschied des Grundstücks widerspiegelt und aus vier Hauptteilen besteht: dem eigentlichen, zweigeschossigen Museum, das auf der Höhe des Altbaus liegt, dem parallel dazu angeordneten Kammertheaterflügel, der Musikhochschule, die an einen Konzertflügel erinnert, und dem Verwaltungsbau.

Den Besucher empfängt ein großer Portikus (repräsentativer Eingang) mit einem Glasdach, das auf vier Stahlträgern ruht. Er betont die Mittelachse des Museums und vermittelt zwischen der unteren Ebene (Straßenniveau) und der höher gelegenen Eingangsebene. Diese erreicht man durch Treppen, die nach links und rechts hinaufführen, optisch betont durch pinkfarbene Röhren, die als Handläufe dienen. Der Portikus deutet eine Achsensymmetrie an, die jedoch durch die schräge Führung der Fußgängerrampe und die seitlich verschobene Position des Eingangs abgeschwächt wird.

Vor dem Haupteingang steht eine Plastik von Henry Moore („Liegende“, 1958), die noch in den 70er-Jahren, als sie angekauft wurde, von der aufgebrachten Bevölkerung beschmiert worden war und aus dem Park, für den sie bestimmt war, entfernt werden musste.

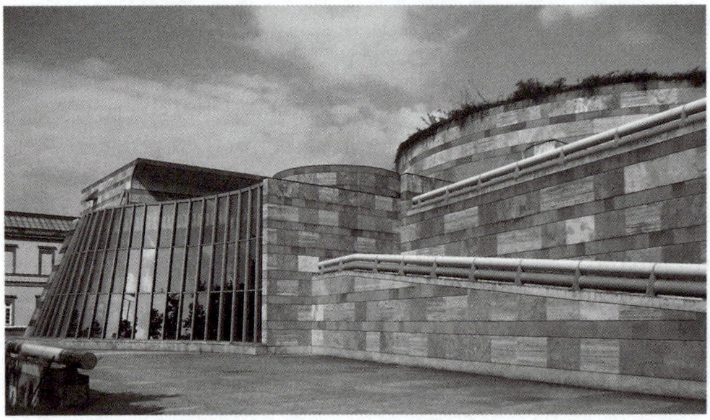

James Stirling: Neue Staatsgalerie Stuttgart (1977–1982).

Hinter einer geschwungenen Glasfassade verbirgt sich das Foyer, dessen intensiv-grüner Fußbodenbelag einen markanten Akzent setzt. Über Treppen oder Rampen gelangt man im Inneren in die Ausstellungsräume, die im ersten Stock auf dem Niveau des Altbaus liegen. Stirling wollte „modern“ bauen, aber gleichzeitig auf das vorgegebene Ambiente Bezug nehmen. Daher orientiert er sich in Proportionen und Höhe an den anschließenden historischen Räumen und verbindet nahtlos Altes mit Neuem. Im Verbindungsgang zwischen beiden Bauten greifen klassizistische (Pilaster, Konsolen) und moderne Motive ineinander.

Zentrum des Museumsbaus ist die **Rotunde** (Rundbau), u-förmig umschlossen von beiden Museumsflügeln. Durch die Rotunde führt ein öffentlicher Fußgängerweg, sodass man problemlos „im Vorbeigehen“ einen Abstecher ins Museum machen kann. Vorbild für Stirling ist ein Museumstyp mit Rotunde, die in der Vergangenheit als Ausstellungsort für Skulpturen diente. Derartige Bauten findet man z. B. in Rom (Vatikanische Museen, Cortile del

Belvedere) oder im Alten Museum in Berlin von K. F. Schinkel (1824–1828, Klassizismus). Letztlich gehen all diese Rotunden auf das Pantheon in Rom zurück. Stirlings Rotunde ist jedoch nicht wie die meisten seiner Vorbilder oben geschlossen und gewölbt, der zylindrige Baukörper ist vielmehr am oberen Rand „abgeschnitten“ und offen gelassen worden. Der Bewuchs mit Kletterpflanzen verleiht dem Raum etwas vom Flair einer überwucherten Ruine. Ein Hang zum Manierismus (Beginn des Ruinenkultes) und zur Romantik, in der man eine besondere Vorliebe für Ruinen entwickelte, ist spürbar.

Besonders auffällig und unkonventionell ist das Portal innerhalb der Rotunde, das von versenkt aufgestellten wuchtigen dorischen Säulen flankiert wird. Die Erinnerung an vergleichbare klassizistische Bauelemente wird v. a. durch die orangefarbene Drehtür und die Positionierung beeinträchtigt. Statt das Portal vor der Rotunde zu bauen und damit den Zugang zum Museumszentrum anzukündigen, hat es Stirling in den Rundbau hineingestellt.

Trotz aller heterogener Elemente und der Offenlegung moderner Konstruktion und Technik ist Stirling darum bemüht, die „Würde“ des Museums nicht zu zerstören. Sie wird allenfalls in ein ironisches Licht gerückt und etwas „angekratzt“. So kombiniert er eine Natursteinverkleidung mit poppigen Farben. Die Kalksteinplatten, die an den klassizistischen Vorgängerbau erinnern, sind allerdings nur vorgeblendet und nicht verfugt. Die Farben lassen an Farbgestaltungen der De-Stijl-Gruppe denken und die am Außenbau sichtbaren konstruktiven Elemente an das Centre Pompidou in Paris.

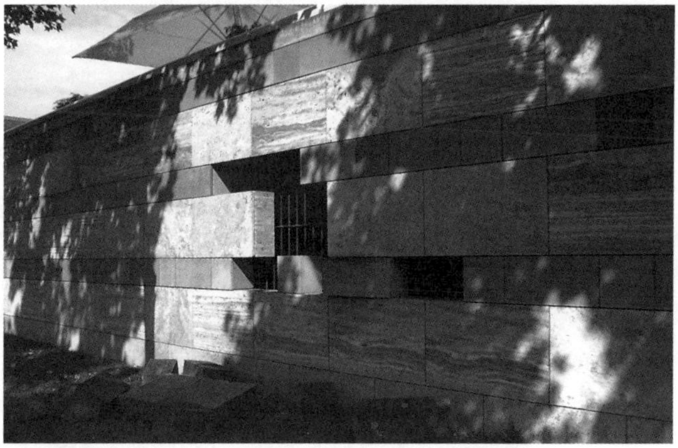

James Stirling: Neue Staatsgalerie Stuttgart (1977–1982).

Für die Entlüftung der Tiefgarage hat Stirling eine überraschende Lösung gefunden. Wie eine Metapher für die Bedrohung des historischen Baubestandes durch die Technik wirken die Maueröffnungen, aus denen scheinbar willkürlich Steine herausgebrochen worden sind, die nun auf dem Rasen davor liegen. Die Kalksteine könnten als Symbol für das Althergebrachte angesehen werden, das durch die Druckkraft der Maschinen herausgeschleudert worden ist. Der manieristische Architekt Giulio Romano gab seinem „Palazzo Te“ (um 1530, Mantua, Norditalien) einen ähnlich ruinösen Anstrich, indem er einige Steine verrückte oder Mauerlücken ließ. Als ironischer Kommentar könnten auch die Eingänge zu den Tiefgaragen aufgefasst werden, die ins Dunkle führen und in ihrer Form an Portale zu ägyptischen Grabmälern (Mastaba) erinnern.

Im Inneren tritt die Architektur zugunsten der Exponate zurück. Die Ausstellungsräume sind ruhig gehalten, ganz in Weiß und weitgehend unter Verzicht auf historische Zitate. Sie sind unterschiedlich hoch und werden durch die Dachfenster ideal belichtet. Die Fenstersprossen leuchten in hellem Türkisblau. Die einzelnen Räume sind durch Portale voneinander getrennt, die von einem flachen Dreieck bekrönt werden, das an das Giebelfeld des griechischen Tempels (Tympanon) erinnert. In einer kreisrunden Vertiefung befindet sich die Nummer des Saales.

Nach Abschluss von Sanierungsmaßnahmen und der Fertigstellung eines Anbaus macht die Staatsgalerie seit 2008 wieder auf sich aufmerksam. Die Hängung wurde grundlegend geändert, nur Beuys durfte in dem angestammten, für ihn entworfenen Raum bleiben. In den übrigen Räumen des Alt- und Neubaus mischte man z. B. mittelalterliche mit modernen Bildern und erreichte überraschende Wirkungen, welche die Werke in einem ganz neuen Licht erscheinen lassen.

2 Dekonstruktivistische Bauten von Gehry, Libeskind und Hadid

Frank O. Gehry (geb. 1929)

1990 stellt der kanadische Architekt (geb. in Toronto) seinen ersten Bau in Europa fertig, das Design-Museum der Möbelfirma Vitra in Weil am Rhein, in dem ausschließlich Stühle zu sehen sind. Das Gebäude aus ineinandergesteckten Körpern und Flächen wirkt zur Straßenseite hin schräg und unnahbar, ist fensterlos und glatt. Vom Fabrikgelände aus gesehen präsentiert es sich dagegen feierlich. Der Eingang liegt im Schatten unter einem vorspringenden, spitz zulaufenden Kubus und ist fast symmetrisch eingefügt. Umschreitet man das Museum, bieten unregelmäßige Kuben, spiralförmig angeordnete

Elemente und verschlungene Konturen die verschiedensten Ansichten. Im Inneren sorgt ein ausgeklügeltes System von Schächten und Schlitzen sowie unaufdringliches Oberlicht für eine ideale Beleuchtung der Exponate.

Als Vorreiter des Dekonstruktivismus baut Gehry in den späten 70ern sein eigenes Wohnhaus in Kalifornien um und arbeitet mit vorgefertigten Billigbauteilen. Rosa und hellgrün eingefärbte Spanplatten, Wellblech und Maschendraht zählen zu seinen Materialien, sodass der Charakter des Improvisierten, „Gebastelten" entsteht und die Nachbarn wegen des „schäbigen" Aussehens protestieren.

Für das deutsche Vitra-Museum, das in einer klimatisch nicht so begünstigten Gegend steht, verwendet er allerdings robustes Material und hält das Äußere in gediegenem Weiß.

Das Guggenheim-Museum in Bilbao (Nordspanien), eine Dépendance des New Yorker Museums, eröffnet 1997, gilt als vorläufiger Höhepunkt der Arbeiten Gehrys. Inzwischen ist es zum Wahrzeichen der baskischen Metropole geworden und man kann es wohl als das eigenwilligste Museum des 20. Jahrhunderts bezeichnen.

Der elegant geschwungene Baukörper, zusammengefügt aus unterschiedlich gekrümmten und gebogenen Elementen, ist mit einer silbrig glänzenden Schuppenhaut aus Titanzink überzogen. Von außen sieht der zur Mitte hin ansteigende, gigantische Bau wie ein leuchtendes Gebirge aus, das sich über der Stadt erhebt.

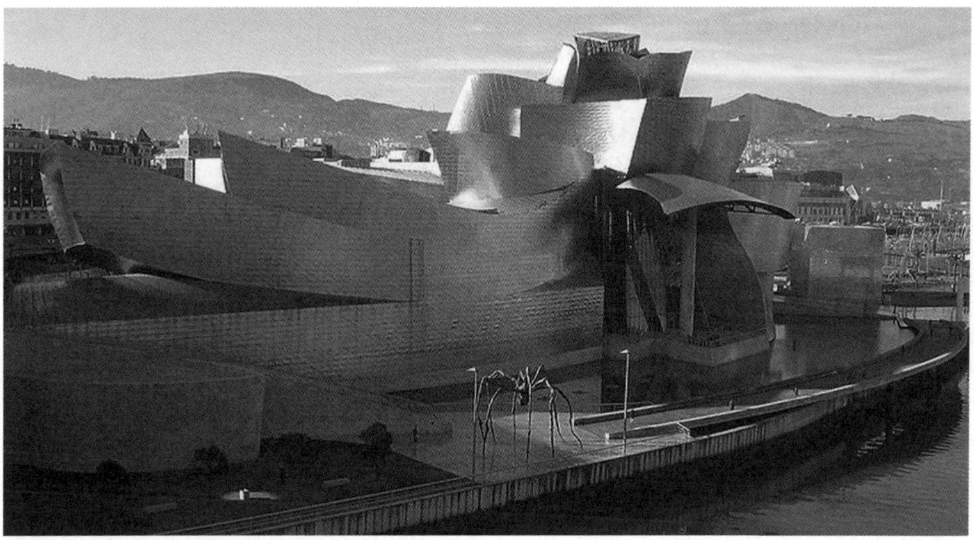

Frank O. Gehry: Guggenheim-Museum (1992–1997). Bilbao.

Nur wenige senkrechte Elemente (Stützen, Eingang) unterbrechen den Eindruck von Bewegung und bilden „Stützpunkte“ in einem schwingenden und gleichsam atmenden Bausystem. Umhüllt von schiefen, schwingenden Wänden, bedeckt von scheinbar fliegenden Dächern, stellt der Bau höchste Anforderungen an die Statik.

Zur Berechnung der tragenden und lastenden Kräfte setzte Gehry ein Computerprogramm ein, mit dem ein französischer Flugzeughersteller gekrümmte Flächen berechnet.

Im Innern zeigt sich das Museum labyrinthisch verzweigt, dennoch bietet es ideale Ausstellungsbedingungen. Von einer zentral gelegenen Atriumhalle, die bis zum Glasdach 50 m misst (Pantheon: 43 m) werden über gekurvte Brücken, gläserne Lifte und Treppentürme die einzelnen Galerien auf drei Ebenen erreicht. Die Säle sind zwischen 6 und 15 m hoch, der größte Raum ist 130 m lang, 30 m breit und kommt ohne Stützen aus.

Daniel Libeskind (geb. 1946)

Seit 2001 gehört das Jüdische Museum von Daniel Libeskind in Berlin zu den Sehenswürdigkeiten der Stadt. Es zog schon Besucherströme an, als es noch leer stand. Lange Zeit diskutierte man, ob man den Bau nicht als Holocaust-Mahnmal stehen lassen sollte, ohne ihn als Ausstellungsraum zu nutzen. Mittlerweile ist daraus jedoch ein viel besuchtes Museum geworden, das anschaulich macht, wie jüdische Bürger vor dem Dritten Reich in Deutschland lebten, wie sie verfolgt und ermordet wurden und wie heute jüdisches Leben in Deutschland aussieht.

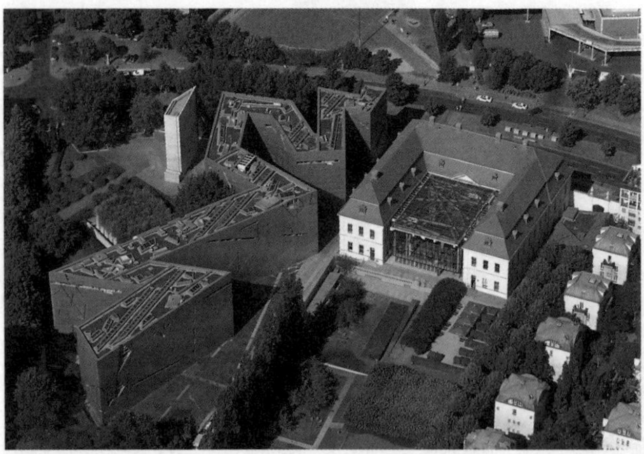

Daniel Libeskind: Jüdisches Museum (2001), Berlin. Luftaufnahme.

Aus der Luft gesehen erinnert der Zickzack des grauen Baukörpers an einen steinernen Blitz bzw. an einen zerbrochenen David-Stern (Abzeichen, das alle Juden im Dritten Reich tragen mussten). Das Museum besteht außen und innen aus unbehandelten, rohen Betonwänden, die spitzwinkelig aneinandergefügt sind und den Bau hart und unerbittlich wirken lassen.

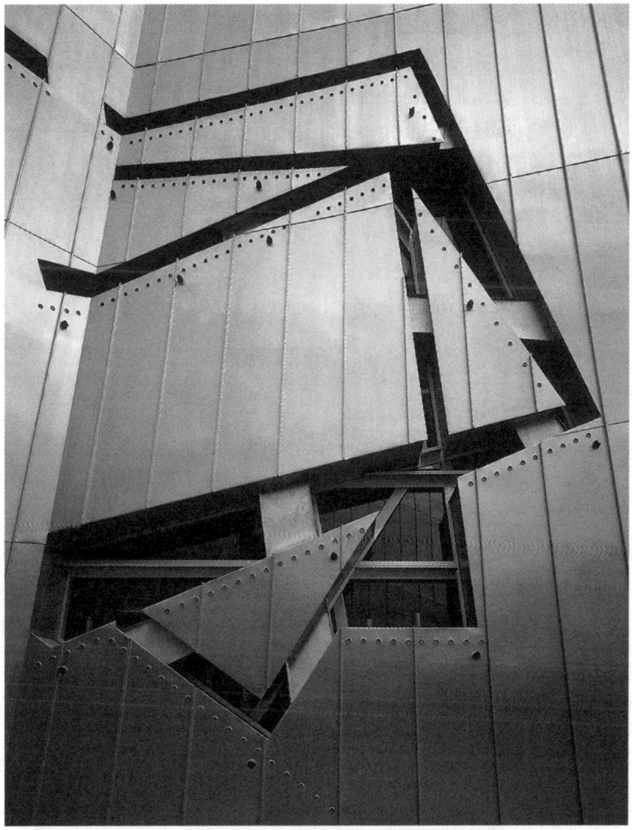

Daniel Libeskind: Jüdisches Museum (2001), Berlin. Detail der Fassade.

Im Inneren bietet sich eine Rauminszenierung, die etwas Bizarres hat. Für die Belichtung sorgen über 300 Fensterschlitze. Quer durch die in spitzen Winkeln aufeinanderstoßenden Räume verlaufen Keile der Betonträger. Sowohl bei den Fensterscharten als auch bei den abrupt auftauchenden Querstreben innerhalb der Räume könnte man Blitze assoziieren.

Der sog. Holocaust-Turm bietet ein beklemmendes Raumerlebnis, die Enge vermag Platzangst zu erzeugen. Zusammen mit den zumeist bedrückenden Exponaten wird das Museum zu einem Ort, der Erinnerung evoziert und das Aushalten von Erinnerung möglich macht.

Der Geniestreich des in Polen geborenen und in Berlin lebenden Amerikaners mag auch dazu geführt haben, dass man ihm die Bebauung von Ground Zero übertrug (Ort, an dem die Zwillingstürme standen, die am 11. September 2001 zerstört wurden). 2003 gewinnt er mit einem Entwurf verschiedener Hochhäuser, bei denen auch das Spitzwinkelige das hervorstechendste Merkmal ist, den Architekturwettbewerb, der für die Neubebauung von Ground Zero ausgeschrieben worden war.

Zu seinem Entwurf gehört eine Gedenkstätte. Die schrundigen Betonwände, die noch stehen und an bis heute nicht geheilte Wunden erinnern, sollen ebenso erhalten bleiben wie die Flächen, auf denen sich die Türme erhoben und die mit einer dünnen Schuttschicht bedeckt sind, untrennbar vermischt mit der Asche der Toten, gleichsam als Grabstätten. Um diesen Gedenkort herum sollen in einem Bogen angeordnet fünf Hochhäuser (Nutzung für Büros) entstehen, die sich von der Zone der Fundamente der Zwillingstürme spiralförmig nach oben „schrauben" (ein Turm höher als der andere). In der Gesamtschau ähneln die geplanten Hochhäuser den Ruinen des World Trade Centers. Auf die Spitze des höchsten Turmes will er eine spitze Nadel setzen (Höhe insgesamt 540 m, Baubeginn 2004). Dieses Hochhaus konzipiert Libeskind als „vertikalen Garten", der alle Klimazonen der Welt enthält, außerdem ein Restaurant und eine Aussichtsplattform. Der Turm soll etwas Optimistisches, in die Zukunft Weisendes haben.

Die Realisierung des Projekts wird noch geraume Zeit in Anspruch nehmen und nicht so vonstatten gehen, wie Libeskind es geplant hatte. Bisher musste er auf viele Änderungswünsche eingehen und Kompromisse schließen.

Zaha Hadid (geb. 1950)

Lange Zeit galten Entwürfe der Irakerin, die in London lebt (geboren wurde sie in Bagdad), als zu gewagt. Auch heute wird sie bei großen Bauvorhaben oft abgelehnt, obwohl sie zahlreiche Wettbewerbe bravourös gewann. Die „Machbarkeit" ihrer fantastischen Entwürfe wurde in Zweifel gezogen, der Mut zur Realisierung von Außergewöhnlichem fehlte oft.

1993 gibt ihr die Firma Vitra (Weil am Rhein) die Chance, auf dem Fabrikgelände, auf dem bereits Gehry das Design-Museum errichtet hatte, eine ihrer Visionen zu verwirklichen. Sie wird beauftragt, ein Feuerwehrhaus zu bauen, das zu einem Architektur-Ereignis gerät. Auf völlig neuartige Weise setzt sie den Baustoff Beton ein. Über dem Eisengeflecht der Armierung liegt eine dünne Betonschicht, deren Oberfläche ganz glatt ist. Aus scharfkantigen, schief stehenden und spitzwinkelig aufeinanderstoßenden Wänden und Baukörpern schafft sie eine begehbare Skulptur, die kaum noch rechte Winkel aufweist. Der Grundriss besteht aus einem Dreieck und einem gestreckten Parallelogramm, die sich durchdringen.

Am markantesten wirkt das von der Fahrzeughalle abgelöste „Flugdach", das wie ein Messer mit langer scharfer Spitze die Luft zerschneidet. Dünn und kaum abgestützt scheint es zu schweben bzw. wie ein Pfeil in jedem Moment in die Luft schnellen zu können. Ins Innere fällt kaum Licht. Schmale Sehschlitze lassen das Gefühl, in einem Bunker zu sein, aufkommen. Die Räume sind unterschiedlich geformt, die ausschließliche Verwendung von Metall und Glas wirkt kühl und unpersönlich. Auf ein gemütliches Wohnklima (wie man es etwa mit viel Holz erreicht) kam es Hadid nicht an. Sie wollte vielmehr ein Sinnbild für Geschwindigkeit und Dynamik schaffen und damit die Arbeit der Feuerwehr charakterisieren.

Inzwischen ist die Feuerwehr aus dem futuristischen Gebäude ausgezogen. Vitra benutzt das Gebäude als ein weiteres Design-Museum.

Anhang

1 Quellennachweis

1 ALBIG, Jörg-UWE, ART, Juni 1996
2 BADT, KURT: „Eine Wissenschaftslehre der Kunstgeschichte", Köln 1971
3 BASELITZ, GEORG, in: Magazin der Süddeutschen Zeitung, 20. 3. 92, Interview
4 BAUMGART, FRITZ: „Idealismus und Realismus 1830–1880", Köln 1975
5 BRÜCHLE, W. u. A.: „Von Rodin bis Baselitz. Der Torso in der Skulptur der Moderne." Staatsgalerie Stuttgart 2001
6 CRONE, R. (Hrsg.): „Rodin", München 1997
7 DAIX, PIERRE: „Der Kubismus in Wort und Bild", Stuttgart 1982
8 DUBY, GEORGES/DAVAL, JEAN-LUC (Hrsg.): „Skulptur", Köln 2002
9 ESCHER/KEYENBURG (Hrsg.): „Programmatische Texte zur Kunst des 20. Jahrhunderts 1890 –1930", Hannover 1974
10 FISCHER, LOTHAR: „George Grosz, Bildmonographie", Hamburg 1981
11 FRANKFURTER KUNSTVEREIN (Hrsg.): „Kunst im Dritten Reich. Dokumente der Unterwerfung", Frankfurt 1974
12 FUßMANN, KLAUS: „Die moderne Kunst haßt sich selbst"; Die Zeit vom 6. 1. 1989
13 GLOZER, LASZLO: „Der Maler im Bild"; Artikel in der Süddeutschen Zeitung vom 14. 3. 1982
14 GLOZER, LASZLO: „Spiel mir das Lied vom Tod", Süddeutsche Zeitung vom 17. 3. 1991
15 GLOZER, LASZLO: „Manet beim Malen der Malerei"; Artikel in der Süddeutschen Zeitung vom 14. 5. 1983
16 GLOZER LASZLO: „Eine Bruderschaft in Sehnsucht", Süddeutsche Zeitung vom 8. 12. 1973
17 GLOZER, LASZLO: „ ‚Millet' (Frankreich feiert den Maler des ‚Angelus')", Süddeutsche Zeitung, 300/1976
18 GÖPPER, ROGER: „Schriftkunst in Ostasien; in: Weltkulturenkatalog", München 1972
19 GROPIUS WALTER (Hrsg.): „Bauhaus Weimar 1919–25, Dessau 1925–28"; Stuttgart 1955, S. 16
20 HAFTMANN, WERNER: „Malerei im 20. Jahrhundert. Eine Entwicklungsgeschichte", München 1954
21 HAMMACHER, A. M. : „René Magritte", Köln 1975
22 HERDER-LEXIKON der Kunst, Bd. 12. Freiburg 1987
23 HERDER-LEXIKON der Kunst, Bd. 7. Freiburg 1987

24 HESS, WALTER: „Dokumente zum Verständnis der modernen Malerei", Hamburg 1956

25 HOFMANN, WERNER: „Das Irdische Paradies", München 1974

26 HOFMANN, WERNER: „Edouard Manet, Das Frühstück im Atelier, Reihe ‚Kunststück'", Frankfurt a. Main 1985

27 HONOUR/FLEMING: „Weltgeschichte der Kunst", München 1983

28 HUGHES, ROBERT: „Denn ich bin nichts, wenn ich nicht lästern darf", München 1993

29 ILLUSTRIERTE WELTKUNSTGESCHICHTE, Bd. IV, Zürich 1959

30 KANDINSKY, WASSILY: „Die gesammelten Schriften", Bern 1918

31 KIEFER, ANSELM: „ART", 1/1990

32 KIEFER, ANSELM: „Nachts fahre ich mit dem Fahrrad von Bild zu Bild", Süddeutsche Zeitung, Magazin Nr. 46, 1990, Interview von Christian Kämmerling und Peter Pursche

33 KLEE, PAUL: „Wege des Naturstudiums, in: Staatliches Bauhaus Weimar", München 1923

34 KLEßMANN, ECKART: „Die deutsche Romantik", Köln 1979

35 KÜSTER, BERN: „Claude Monet – Ein Maler-Leben", Hamburg 1987

36 LENZ, CHRISTIAN: „Hans von Marées'", München 1987

37 LEONHARD, KURT: „Paul Cézanne. Bildmonographie", Hamburg 1966

38 LEVIN, GAIL, in: „Katalog zur Edward Hopper-Retrospektive in Düsseldorf 1981", München 1981

39 LÜPERTZ, MARKUS in Art, 1985, S. 36

40 MELIA, PAUL /LUCKHARDT, ULRICH: „David Hockney", München 1994

41 MITCHINSON, DAVID (Hrsg.): „Henry Moore", Stuttgart 1981

42 MÜLLER, H.-J.: „Die imaginierte Erinnerung", „Die Zeit" vom 26.6.1985

43 NECKAR-VERLAG, „Meisterwerke der Kunst", Folge 34 (1986)

44 NÜNDEL, ERNST: „Kurt Schwitters. Bildmonographie", Hamburg 1981

45 RADDATZ, FRITZ J.: „Man tötet das, was man liebt", Zeitmagazin 10/1985

46 RAUCH, NEO, in: Süddeutsche Zeitung, Feuilleton, 13. 9. 06, Interview von Holger Liebs

47 RICHTER, A. L.: „Lebenserinnerungen eines Malers", Frankfurt a. M. 1886

48 RICHTER, GERHARD, in: Süddeutsche Zeitung, 14./15.3.2009, Interview von Eva Karcher

49 RUDLOFF, DIETER: „Unvollendete Schöpfung, Künstler im 20. Jahrhundert", Stuttgart 1982

50 SACHSSE, ROLF: „Fotografie. Vom technischen Bildmittel zur Krise der Repräsentation", Köln 2003

51 SAUERLÄNDER, WILLIBALD zur Ausstellung von Cindy Sherman im Berliner Martin-Gropius-Bau, Süddeutsche Zeitung, 6.7.07

52 SAUERLÄNDER, WILLIBALD: „Der verborgene Gott", Süddeutsche Zeitung, 8.2.08

53 SCHIRNDING, ALBERT VON, Süddeutsche Zeitung, 1976

54 SCHMIDT, DORIS: „Gleichnisse der Schöpfung", Süddeutsche Zeitung vom 22.1.1989

55 SCHMIDT, DORIS: „Goya, der Zeuge“ (Ausstellung Hamburger Kunsthalle); Süddeutsche Zeitung vom 16.11.1980

56 SCHMIDT, DORIS: „Der realisierte Traum“, Süddeutsche Zeitung vom 21.11.1987

57 SCHMIED, WIELAND: „Die Barbaren kehren zurück“, Die Zeit vom 29.5.1987

58 SCHNECKENBURGER, MANFRED: „Zen-Buddhismus. Tuschmalerei und moderne Kunst; in: Weltkulturenkatalog“, München 1972

59 SCHRÖDER (Hrsg.): „Die Dinge des Menschen“, Recklinghausen 1985

60 SCHULZ-HOFFMANN, CARLA: „Deutsche Kunst seit 1960“, München 1985

61 SPIES, WERNER: „Rosarot vor Miami. Ausflüge zu Kunst und Künstlern unseres Jahrhunderts“, München 1989

62 SPIES, WERNER: „Lachende Leere – Gerhard Richter“, in: Kunstgeschichten, Bd. 2, Köln 1998

63 SPIES, WERNER: „Das Auge am Tatort“, München 1979

64 SPIES, WERNER in „Kunstgeschichten“, Bd. 2, Köln 1998

65 SPRUTE/WEBER: „Experiment Kunst“. Hannover 1984

66 STAATSGALERIE STUTTGART (Hrsg.): „Francis Bacon“, Stuttgart/Berlin 1985

67 TITTEL/SCHUSTER: „Courbet und Deutschland.“ Köln 1978

68 URBANEK, WALTER: „Zu neuen Ufern. Lesebuch für die Oberstufe.“ Bamberg 1962

69 VERSPOHL, F. -J.: „Die Moderne auf dem Prüfstand“; in: Moderne Kunst (Funkkolleg Südwestfunk). Hamburg 1991

70 V. MAUR/INBODEN: Staatsgalerie Stuttgart, Katalog, Stuttgart 1982

71 WACKENRODER, W. H.: „Herzensergießungen eines kunstliebenden Klosterbruders“, Kempen 1948

72 „Welt – Kunst – Geschichte“, S. 421.

73 ZUSCHLAG, CHRISTOPH: „Vom Kunstzitat zur Metakunst, in: Wettstreit der Künste, Katalog zur Ausstellung“; Herausgegeben von Ekkehard Mai und Kurt Wettengl. München/Köln 2002

74 ZWEITE, ARMIN: „Sehen, Reflektieren. Anmerkungen zum Werk von Gerhard Richter. Aufsatz im Katalog zur Ausstellung , Gerhard Richter‘“, München 2005, Richter-Verlag Düsseldorf 2005

2 Stichwortverzeichnis

2.1 Personenregister

2.2 Sachregister

3 Abbildungsnachweis

S. 19 Francisco de Goya: „Erschießung der Aufständischen“
© bpk / Félicien Faillet

S. 23 Antonio Canova: „Venus Victrix“
© picture alliance / akg-images / Pirozzi

S. 25 Jacques-Louis David: „Schwur der Horatier“
© bpk / RMN / Blot, Gérard / Jean Christian

S. 36 Caspar David Friedrich: „Der einsame Baum“
© bpk / Nationalgalerie, SMB / Jörg P. Anders

S. 43 Théodore Géricault: „Das Floß der Medusa“
© bpk/RMN/Daniel Arnaudet

S. 45 Eugène Delacroix: „Der Tod des Sardanapal“
© bpk / RMN / Hervé Lewandowski

S. 51 Gustave Courbet: „Begräbnis in Ornans“
© bpk / RMN / Hervé Lewandowski

S. 54 Honoré Daumier: „Eisenbahnabteil 3. Klasse“
www.visipix.com

S. 55 Adolph von Menzel: „Das Flötenkonzert“
© bpk / Nationalgalerie, SMB / Jörg P. Anders

S. 60 Hans von Marées: „Die Hesperiden“,
© Artothek

S. 63 „Orangerie von Versailles“ (Foto: Urban) und „Stourhead Gardens“ (Foto: Lechona)
Wikimedia Commons: GNU Free Documentation License 1,2, Creative Commons Attribution ShareAlike 3.0 License.

S. 66 Joseph Paxton: „Kristallpalast”
© Getty Images

S. 68 Henri Fantin-Latour: „Im Atelier von Batignolle“
© bpk / RMN / Hervé Lewandowski

S. 71 Edouard Manet: „Frühstück im Atelier“
© Blauel / Gnamm – Artothek

S. 77 Pierre-Auguste Renoir: „Frühstück der Ruderer“
© picture alliance / akg-images

S. 78 Claude Monet: „Die Elster“
© bpk / RMN / Hervé Lewandowski

S. 79 Claude Monet: „Les Nymphéas: Matin“
© bpk / RMN / Hervé Lewandowski

S. 88 Gustav Klimt: „Bildnis der Margarete Stonborough-Wittgenstein“
© bpk / Bayerische Staatsgemäldesammlungen

S. 94 Frank Lloyd Wright: „Robie House“ (Foto: Dan Smith)
Wikimedia Commons: Creative Commons Attribution ShareAlike 2.5 License,

S. 96 Paul Cézanne: „Stillleben“
© Artothek

S. 101 Vincent van Gogh: „Die Sternennacht“
© Hans Hinz – Artothek

S. 116 Franz Marc: „Kämpfende Formen“
© bpk / Bayerische Staatsgemäldesammlungen

S. 117 Wassily Kandinsky: „Reitendes Paar“
© picture alliance / akg-images/ VG Bild-Kunst, Bonn 2009

S. 132 WILHELM LEHMBRUCK: „Kniende“
© Stiftung Wilhelm Lehmbruck Museum, Duisburg, Foto: Tomas Riehle
S. 149 MAX ERNST: „Die schwankende Frau“
© picture-alliance / imagestate / HIP / VG Bild-Kunst, Bonn 2009
S. 151 SALVADOR DALÍ: „Zerrinnende Zeit“
© Salvador Dalí, Gala – Salvador Dalí Foundation / VG Bild-Kunst, Bonn 2009
Foto: ARTOTHEK
S. 154 MERET OPPENHEIM: „Frühstück im Pelz“
© picture-alliance / KPA / TopFoto / VG Bild-Kunst, Bonn 2009
S. 158 PABLO PICASSO: „Guernica“
© Succession Picasso / VG Bild-Kunst, Bonn 2009, Foto: bpk / Alfredo Dagli Orti
S. 162 MAX BECKMANN: „Vor dem Maskenball“
© VG Bild-Kunst, Bonn 2009, Foto: bpk / Hermann Buresch
S. 166 PAUL KLEE: „Das Abenteurerschiff“
© VG Bild-Kunst, Bonn 2009, Foto: Blauel / Gnamm – ARTOTHEK
S. 173 Bauhaus Dessau,
© Jens Wolf / picture-alliance / ZB
S. 178 ALVAR AALTO: „Freischwinger-Stühle“
© Markku Ulander / picture-alliance / dpa
S. 188 ADOLF ZIEGLER: „Die vier Elemente“
© bpk / Bayerische Staatsbibliothek
S. 196 WOLS: „L'aile de papillon“
© VG Bild-Kunst, Bonn 2009
S. 212 LE CORBUSIER: „Ronchamps“
© Claudiodivizia/dreamstime.com / FLC / VG Bild-Kunst, Bonn 2009
S. 217 HENRY MOORE: „König und Königin“
© bpk / Scala / Scala
Reproduced by permission of the Henry Moore Foundation.
S. 223 EDUARDO CHILLIDA: „Berlin“
© picture alliance / dpa
S. 227 EDWARD HOPPER: „Morning Sun“
© Columbus Museum of Art, Ohio: Howald Fund Purchase 1954.031
S. 233 DAVID HOCKNEY: „Modell mit Selbstbildnis non finito“ („Modell with unfinished self-portrait ")
© David Hockney
S. 269 NEO RAUCH: „Der Vorträger“
© courtesy Galerie EIGEN + ART Leipzig / Berlin and David Zwirner, New York / VG Bild-Kunst, Bonn 2009, Foto: Uwe Walter, Berlin
S. 274 Neue Staatsgalerie Stuttgart, Frontansicht
© Tanja Hepperle
S. 275 Neue Staatsgalerie Stuttgart, Tiefgarage
© David Weller
S. 277 FRANK O. GEHRY: „Guggenheim Museum Bilbao“ (Foto: MykReeve)
Wikimedia Commons: GNU Free Documentation License 1.2, Creative Commons Attribution ShareAlike 3.0 License
S. 278 DANIEL LIBESKIND: „Jüdisches Museum Berlin“, Luftaufnahme,
© Studio Libeskind, Foto: Guenter Schneider
S. 279 DANIEL LIBESKIND: „Jüdisches Museum Berlin“, Detail der Fassade
© Studio Libeskind, Foto: Bitter Bredt

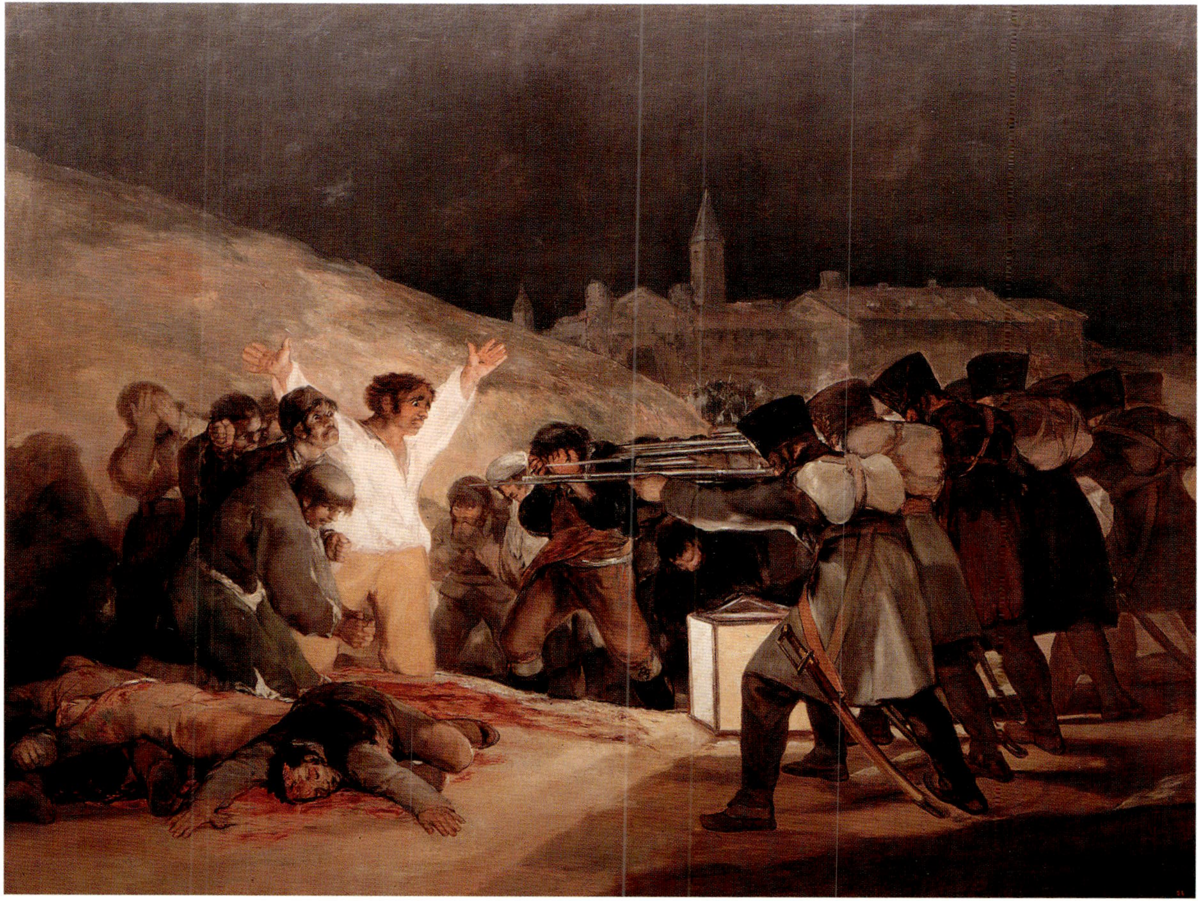

F 1: Francisco de Goya: „Die Erschießung der Aufständischen“ (1814), Öl auf Leinwand, 255 × 345 cm. Prado, Madrid.

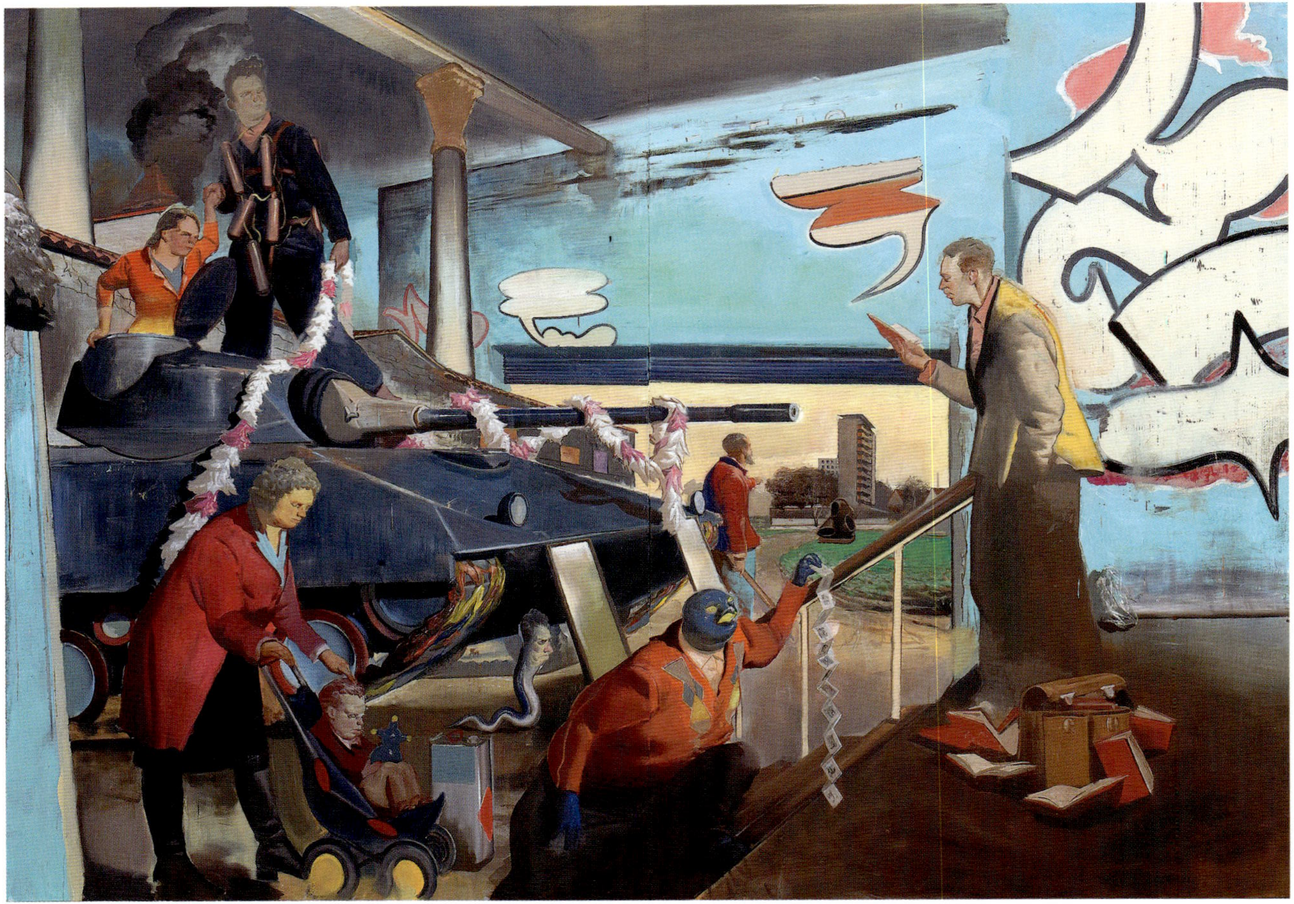

F 8: Neo Rauch: „Der Vorträger“ (2006), Öl auf Leinwand, 300 × 420 cm. Galerie Eigen & Art, Leipzig/Berlin.

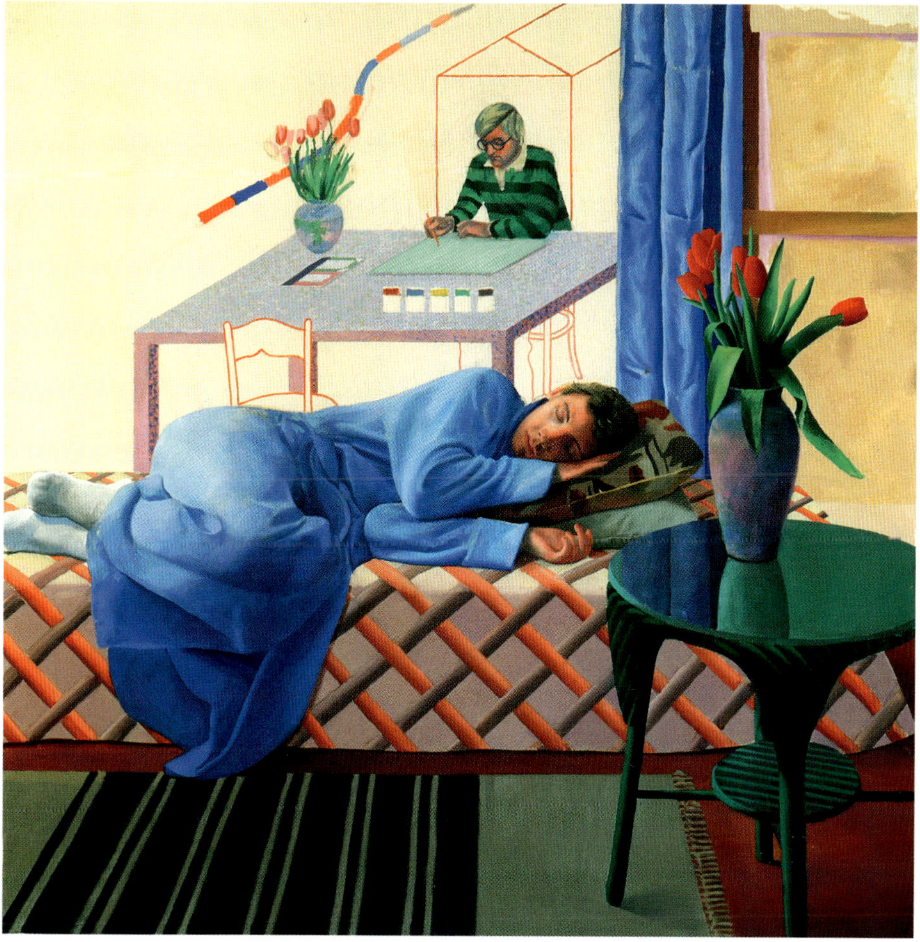

F 7: David Hockney: „Model with Unfinished Self-Portrait“ (1977), Öl auf Leinwand, 152 × 152 cm. Privatsammlung.

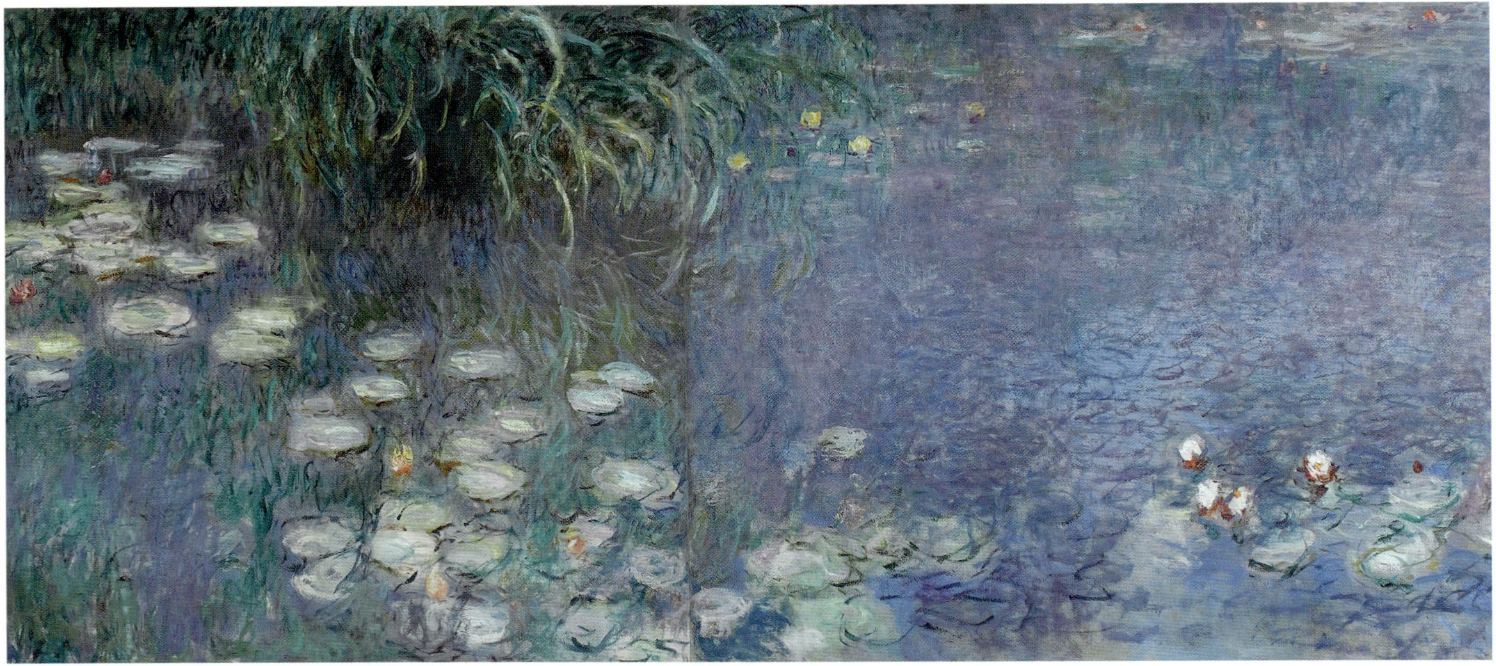

F 2: Claude Monet: „Les Nymphéas: Matin“ (1914 –1926), Öl auf Leinwand, 200 × 1275 cm. Musée de l’Orangerie, Paris.

Ihre Meinung ist uns wichtig!

Ihre Anregungen sind uns immer willkommen. Bitte informieren Sie uns mit diesem Schein über Ihre Verbesserungsvorschläge!

Titel-Nr.	Seite	Vorschlag

Bitte hier abtrennen

Lernen • Wissen • Zukunft
STARK

Zutreffendes bitte ankreuzen!

Die Absenderin/der Absender ist:

- ☐ Lehrer/in in den Klassenstufen: ______
- ☐ Fachbetreuer/in
  Fächer: ______
- ☐ Seminarlehrer/in
  Fächer: ______
- ☐ Regierungsfachberater/in
  Fächer: ______
- ☐ Oberstufenbetreuer/in
- ☐ Schulleiter/in
- ☐ Referendar/in, Termin 2. Staats-
  examen: ______
- ☐ Leiter/in Lehrerbibliothek
- ☐ Leiter/in Schülerbibliothek
- ☐ Sekretariat
- ☐ Eltern
- ☐ Schüler/in, Klasse: ______
- ☐ Sonstiges: ______

Unterrichtsfächer: **(Bei Lehrkräften!)**

______

STARK Verlag
Postfach 1852
85318 Freising

21-V1T_GW

Bitte ausfüllen und im frankierten Umschlag an uns einsenden. Für Fensterkuverts geeignet.

Kennen Sie Ihre Kundennummer?
Bitte hier eintragen.

Absender (Bitte in Druckbuchstaben!)

Name/Vorname

Straße/Nr.

PLZ/Ort/Ortsteil

Telefon privat

Geburtsjahr

E-Mail

Schule/Schulstempel (Bitte immer angeben!)

Bitte hier abtrennen

Sicher durch das Abitur!

Effektive Abitur-Vorbereitung für Schülerinnen und Schüler:
Klare Fakten, systematische Methoden, prägnante Beispiele sowie Übungsaufgaben auf Abiturniveau mit erklärenden Lösungen zur Selbstkontrolle.

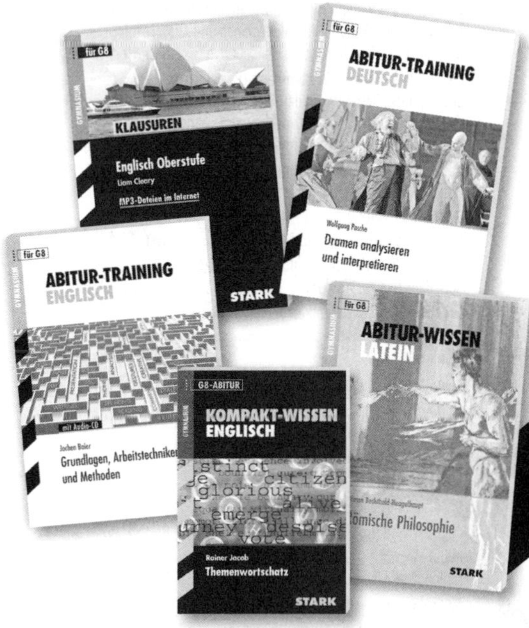

Deutsch

Dramen analysieren und interpretieren .... Best.-Nr. 944092
Erörtern und Sachtexte analysieren .... Best.-Nr. 944094
Gedichte analysieren und interpretieren .... Best.-Nr. 944091
Epische Texte analysieren und interpretieren ..... Best.-Nr. 944093
Abitur-Wissen
Erörtern und Sachtexte analysieren .... Best.-Nr. 944064
Abitur-Wissen
Textinterpretation Lyrik · Drama · Epik .... Best.-Nr. 944061
Abitur-Wissen Deutsche Literaturgeschichte .... Best.-Nr. 94405
Abitur-Wissen Prüfungswissen Oberstufe .... Best.-Nr. 94400
Kompakt-Wissen Rechtschreibung .... Best.-Nr. 944065

Englisch

Übersetzung .... Best.-Nr. 82454
Grammatikübungen .... Best.-Nr. 82452
Themenwortschatz .... Best.-Nr. 82451
Grundlagen, Arbeitstechniken, Methoden
mit Audio-CD .... Best.-Nr. 944601
Sprachmittlung .... Best.-Nr. 94469
Sprechfertigkeit mit Audio-CD .... Best.-Nr. 94467
Klausuren Englisch Oberstufe .... Best.-Nr. 905113
Abitur-Wissen Landeskunde Großbritannien ...... Best.-Nr. 94461
Abitur-Wissen Landeskunde USA .... Best.-Nr. 94463
Abitur-Wissen Englische Literaturgeschichte .... Best.-Nr. 94465
Kompakt-Wissen Abitur Themenwortschatz .... Best.-Nr. 90462
Kompakt-Wissen Abitur
Landeskunde/Literatur .... Best.-Nr. 90463
Kompakt-Wissen Kurzgrammatik .... Best.-Nr. 90461
Kompakt-Wissen Grundwortschatz .... Best.-Nr. 90464

Französisch

Sprachmittlung · Übersetzung .... Best.-Nr. 94512
Landeskunde Frankreich .... Best.-Nr. 94501
Themenwortschatz .... Best.-Nr. 94503
Textarbeit Oberstufe .... Best.-Nr. 94504
Klausuren Französisch Oberstufe mit MP3-CD ..... Best.-Nr. 105011
Abitur-Wissen
Französische Literaturgeschichte .... Best.-Nr. 94506
Kompakt-Wissen Abitur Themenwortschatz .... Best.-Nr. 945010
Kompakt-Wissen Kurzgrammatik .... Best.-Nr. 945011

Latein

Abitur-Wissen Lateinische Literaturgeschichte ...... Best.-Nr. 94602
Abitur-Wissen Römische Philosophie .... Best.-Nr. 94604
Abitur-Wissen Prüfungswissen Latinum .... Best.-Nr. 94608
Klausuren Latein Oberstufe .... Best.-Nr. 106011
Kompakt-Wissen Kurzgrammatik .... Best.-Nr. 906011

Natürlich führen wir noch mehr Titel für alle Fächer und Stufen: Alle Informationen unter
www.stark-verlag.de

Erdkunde/Geographie

Erdkunde – Atmosphäre · Relief- und Hydrosphäre · Wirtschaftsprozesse und -strukturen · Verstädterung .... Best.-Nr. 94909
Geographie 1 – Bayern .... Best.-Nr. 94911
Geographie 2 – Bayern .... Best.-Nr. 94912
Geographie – Baden-Württemberg .... Best.-Nr. 84904
Erdkunde – NRW .... Best.-Nr. 54902
Abitur-Wissen Entwicklungsländer .... Best.-Nr. 94902
Abitur-Wissen Die USA .... Best.-Nr. 94903
Abitur-Wissen Europa .... Best.-Nr. 94905
Abitur-Wissen Der asiatisch-pazifische Raum ...... Best.-Nr. 94906
Abitur-Wissen GUS-Staaten/Russland .... Best.-Nr. 94908
Kompakt-Wissen Abitur Erdkunde
Allgemeine Geografie · Regionale Geografie ...... Best.-Nr. 949010
Kompakt-Wissen Abitur – Bayern
Geographie Q11/Q12 .... Best.-Nr. 9490108
Lexikon Erdkunde .... Best.-Nr. 94904

Politik

Abitur-Wissen Demokratie .... Best.-Nr. 94803
Abitur-Wissen Sozialpolitik .... Best.-Nr. 94804
Abitur-Wissen Die Europäische Einigung .... Best.-Nr. 94805
Abitur-Wissen Politische Theorie .... Best.-Nr. 94806
Abitur-Wissen Internationale Beziehungen .... Best.-Nr. 94807
Kompakt-Wissen Abitur Grundlagen der nationalen
und internationalen Politik .... Best.-Nr. 948001
Kompakt-Wissen Abitur Grundbegriffe Politik .... Best.-Nr. 948002

(Bitte blättern Sie um)